V&R

Christian Möller (Hg.)

Geschichte der Seelsorge in Einzelporträts

Band 1

Von Hiob bis Thomas von Kempen

Mit 18 Abbildungen

Vandenhoeck & Ruprecht
in Göttingen und Zürich

Die Deutsche Bibliothek – CIP-Einheitsaufnahme

Geschichte der Seelsorge in Einzelporträts / Christian Möller (Hg.). – Göttingen; Zürich: Vandenhoeck und Ruprecht
NE: Möller, Christian [Hrsg.]
Bd. 1 Von Hiob bis Thomas von Kempen. – 1994
ISBN 3-525-62339-9 kart.
ISBN 3-525-62338-0 Gewebe

Umschlagabbildung:
Jesus bei Zachäus, Perikopenbuch Kaiser Heinrichs II., Reichenau, um 1012, Bayerische Staatsbibliothek, München (Ausschnitt).

Satz: Dörlemann-Satz, Lemförde
Druck und Bindearbeiten: Hubert & Co., Göttingen

Inhalt

Vorwort

Eine Geschichte der Seelsorge ist seit fast 100 Jahren nicht mehr erschienen. Zuletzt war es der Uslarer Superintendent August Hardeland, der 1897/98 eine »Geschichte der speciellen Seelsorge in der vorreformatorischen Kirche und der Kirche der Reformation« in zwei Bänden veröffentlichte. Seitdem gab es zwar verschiedene Untersuchungen zu einzelnen Epochen, Aspekten und Gestalten aus der Geschichte der Seelsorge. Insgesamt aber wurde die Lehre der Seelsorge wie die Praxis der Seelsorge immer geschichtsvergessener. Das zeigt sich bei Vertretern der kerygmatischen Seelsorge ebenso wie bei denen der therapeutischen Seelsorge.

Erst allmählich erwacht ein neues Bewußtsein dafür, wie sehr der Seelsorge ihre Identität verlorengeht, wenn sie ihre eigene Geschichte vergißt. Der amerikanische Pastoraltheologe Thomas C. Oden zum Beispiel, der den Weg der Seelsorgebewegung in den USA maßgeblich mitbegleitet hat, beklagte auf einem internationalen Kongreß für Seelsorge und Beratung in Edinburgh 1979 die Geschichtslosigkeit und den damit verbundenen Gedächtnisschwund der modernen Seelsorge. Mit Anton Boisen sei die klassische pastorale Weisheit über vier Jahrzehnte in einen Tiefschlaf gefallen, und erst jetzt komme es in den USA zu einem allmählichen Erwachen, weil die Zeit reif sei für eine größere Wiederentdeckung der klassischen christlichen Seelsorge. Oden selbst trieb diese Wiederentdekkung mit einem 1984 erschienenen Buch über »Care of Souls in the Classic Tradition« voran, worin er Gregor den Großen und dessen *regula pastoralis* als ein Beispiel für »kontextuelle« Seelsorge darstellt.

Mit der hier im ersten Band vorgelegten und auf drei Bände angelegten »Geschichte der Seelsorge« soll nun noch sehr viel breiter und umfassender an die Ursprünge der Seelsorge erinnert werden, und zwar zurück bis zu den Wüstenvätern, den Texten des Alten und Neuen Testaments und den sokratischen und platonischen Bemühungen um Seelsorge.

Wenn es vor allem Einzelporträts sind, mit denen die Geschichte der Seelsorge dargestellt wird, so geschieht das mit der Absicht, daß sich Geschichte auf diese Weise anschaulich und wirkungsvoll erschließt, zumal im Blick auf Seelsorge, die es in besonderer Weise mit einem auf Personen konzentrierten Geschehen zu tun hat. Natürlich drängt sich dann die Frage auf, welche Personen der Kirchen- und Profangeschichte im Blick auf Seelsorge auszuwählen sind. Die notwendige Auswahl wird wohl kaum gegenüber dem Vorwurf der Unvollständigkeit geschützt sein, so sehr auch in dem hier vorliegenden Werk der Versuch unternommen wurde, möglichst wichtige und für uns heute noch sprechende Seelsorgerinnen und Seelsorger auszuwählen. Dabei konzentriert sich jede Darstellung zunächst auf Biographie und seelsorgliches Wirken der Person. Es folgen sodann exemplarische Texte, in denen Seelsorge in Theorie und Praxis zur Sprache kommt. Schließlich wird eine Vergegenwärtigung für die heutige Seelsorge jeweils ansatzweise versucht.

Es sind Kolleginnen und Kollegen aus Theologie und Kirche, der katholischen ebenso wie der evangelischen und der orthodoxen Kirche, die an dieser Geschichte der Seelsorge in Einzelporträts mitgearbeitet haben. Als Herausgeber danke ich allen für die Zusammenarbeit. Wenn das vorliegende Werk dazu helfen sollte, daß die Seelsorge zu ihren eigenen Wurzeln findet, um dadurch klarer gelehrt, geistlicher geübt und im Gespräch mit anderen Disziplinen wie etwa der Psychotherapie profilierter zu werden, dann hat diese Geschichte der Seelsorge ihre Aufgabe erfüllt.

Christian Möller

Entstehung und Prägung des Begriffs Seelsorge

Christian Möller

1. Die Ursprünge des Begriffs »Seelsorge« bei Plato

»Bester Mann! Als ein Athener, aus der größten und für Weisheit und Macht berühmtesten Stadt, schämst du dich nicht, für Geld zwar zu sorgen, wie du dessen aufs meiste erlangest, und für Ruhm und Ehre; für Einsicht aber und Wahrheit und für deine Seele, daß sie sich aufs Beste befinde, sorgst du nicht, und hierauf willst du nicht denken?«[1]

Diese Worte aus der Apologie des Sokrates enthalten den ersten uns bekannten Beleg für »Seelsorge«, zwar noch nicht im substantivischen, sondern im verbalen Sinn von »seelsorgen« (epimeleisthai tes psyches).[2] Sokrates wird seinen Mitbürgern dadurch lästig, daß er sie dazu anhält, für ihre eigene Seele zu sorgen. »Denn nichts anderes tue ich, als daß ich herumgehe, um Jung und Alt unter euch zu überreden, ja nicht für den Leib und das Vermögen zuvor, noch überall so sehr zu sorgen als für die Seele, daß diese aufs Beste gedeihe, . . .«[3] Das sokratische »Gnothi seauton« (Erkenne dich selbst!) ist also Teil der Bemühung, die Menschen zur Selbstprüfung zu nötigen, damit sie sich nicht bloß um Geld, Ruhm und Ehre, sondern auch um Einsicht und Wahrheit und so um den bestmöglichen Zustand ihrer Seelen kümmern. Ein Leben, das nicht mit Sorge um die Seele gelebt wird, ist gar nicht lebenswert. In diesem Sinn sucht Plato in seinem Dialog »Laches« einen kompetenten Experten für erzieherische »Seelenpflege«. Als einen solchen Experten bringt er den »Volksmann« Sokrates ins Gespräch. Mit seiner hartnäckigen Nötigung der Menschen, sich selbst zu erkennen und sich um ihre Seele zu sorgen, sei er ein »technikos peri psyches therapeias«[4] (Fachmann für Seelsorge).

In der Schrift »Gesetze« geht Plato noch einen Schritt weiter: Teil der Staatskunst sei eine Psychologie, die die Seelen pflegen solle. In derselben

Schrift ist auch vom »Heil der Seele« (psyches soteria) die Rede. Wer nicht an die Fürsorge der Götter glaube, komme in den gelinderen Fällen für mindestens fünf Jahre in ein Besserungshaus und bekomme dort allein von solchen Menschen Besuch, die mit ihm zur Zurechtweisung und zum Heil seiner Seele umgehen.[5] Des Sokrates Bemühung um das »Seelsorgen« steigert also Plato noch, indem er Seelsorge geradezu gesetzlich verankern will. Die sokratischen Anregungen zum »Seelsorgen« systematisiert Plato alsbald, indem er eine trichotomische Psychologie entwickelt und die Seele des Menschen nach drei Seiten hin bestimmt: nach der vernünftigen (logistikon), nach der gemüt- und gefühlvollen Seite (timoeides) und nach der willentlichen und begierigen Seite (epitometikon). Die vernünftige Seite der Seele kommuniziert am stärksten mit dem reinen, nur dem Denken zugänglichen Sein, während die willentliche Seite am meisten der abbildhaften, nicht eigentlich seienden Sinnenwelt verhaftet ist. Darum muß der Mensch durch lebenslanges Bemühen um rechte Erkenntnis der vernünftigen Seite die gebührende Herrschaft über die anderen Seelenteile sichern. Das führt folgerichtig zu der Lehre, sittliches Bemühen müsse eine Flucht aus der Sinnenwelt und eine Angleichung des intelligiblen Seins an Gott bedeuten. Weil die Seele bzw. ihr wertvollster Teil dem transzendenten Sein zugehört, ist sie nicht an die Endlichkeit der Sinnenwelt gebunden, sondern präexistent und unsterblich. Mit Hilfe pythagoräischer Vorstellungen zur Seelenwanderung hat Plato diese Auffassung mythisch expliziert.

Die Psychologie des Plato ist in einzelnen Philosophenschulen bis in die Spätantike ausgestaltet worden, besonders im Blick auf die Unsterblichkeit der Seele. Seelsorge kann und muß in diesem Kontext eine Sorge darum werden, daß der Mensch nicht in den leiblichen Dingen dieser Welt aufgeht und sich in ihnen verzettelt, sondern die Seele dafür rüstet, damit sie stark genug sei, ihre Wanderung in die Unsterblichkeit anzutreten, über den Tod hinaus. In diesem Sinn hatten Psychologie und Psychotherapie für den Griechen einen religiösen Grundzug. Philosophie, Psychologie und Religion waren im Kern eines und wurden auf vielfache Weise in Kultvereinen gepflegt.

2. Die Sperrigkeit des Alten Testaments gegenüber dem griechischen Begriff »Seelsorge«

Gegenüber diesem griechischen Begriff von »seelsorgen« und »Seelsorge« zeigt sich die Bibel sowohl im Alten wie im Neuen Testament eigentümlich sperrig. Wenn der Psalmbeter ruft: »Wie lange soll ich sorgen in meiner Seele und mich ängsten in meinem Herzen täglich?« (Ps 13, 3), so ist das der Hilferuf eines Angefochtenen, dem Gott sein Antlitz verborgen hat. Wem aber Gott sein Antlitz verborgen hat, der kann sich, so viel er will, um seine Seele sorgen und ist doch auf verlorenem Posten, während dort, wo Gottes Antlitz einem Menschen leuchtet, Seelsorge eigentlich überflüssig ist, weil dann die Seele eines Menschen hell ist, so daß er sagen kann: » . . . mein Herz freut sich, daß du so gerne hilfst. Ich will dem HERRN singen, daß er so wohl an mir tut« (Ps 13, 6).

Das hebräische Verständnis von Seele ist anders orientiert als das griechische. »Gott der Herr machte den Menschen aus einem Erdenkloß, und er blies ihm den lebendigen Odem in seine Nase. Und also ward der Mensch eine lebendige Seele« (Gen 2, 7). In seinem Kommentar zu dieser Stelle schreibt Gerhard von Rad:

»Der sich mit dem Stofflichen verbindende göttliche Lebensodem macht den Menschen zu einem ›Lebewesen‹ sowohl nach der Seite des Psychischen wie des Physischen hin. Dieses Leben stammt direkt von Gott; – so direkt wie der leblose Menschenleib den Anhauch aus dem Mund des über ihn gebeugten Gottes empfangen hat! Trotzdem ist eine gewisse Düsterheit des Aspektes als Unterton unverkennbar: – schon eine leise Vorwegnahme des Lebensstandes des nachadamitischen Menschen! Wenn Gott seinen Odem zurückzieht (Ps. 104, 29f.; Hiob 34, 14f.), so fällt der Mensch zurück in tote Stofflichkeit.«[6]

»Verbirgst du dein Angesicht, so erschrecken sie; nimmst du weg ihren Odem, so vergehen sie und werden wieder Staub« (Ps 104, 29). –

Im Alten Testament wird also konsequent von Gottes Atem her gedacht und so die Seele des Menschen zur Sprache gebracht. Seele ist derjenige Teil von Gottes Atem, der in uns atmet, und den wir am Ende unseres Lebens Gott zurückzugeben haben, indem wir ihn zu Gott hin aushauchen. Diesen Atem habe ich als mein Leben geschenkt bekommen, damit ich Gott lobe, indem ich in seinen größeren Odem einstimme: »Lobe den Herrn, meine Seele, und was in mir ist, seinen heiligen Namen!« (Ps 103, 1) oder noch kürzer: »Alles, was Odem hat, lobe den Herrn! Halleluja!« (Ps 150, 6).

Wenn der Mensch atemlos geworden ist, geht es auch seiner Seele schlecht. Dann heißt es: »Wie der Hirsch lechzt nach frischem Wasser, so schreit meine Seele, Gott, zu dir« (Ps 42, 1).

Gibt es also Seelsorge im griechischen Sinn von *psychotherapeia* nicht im Alten Testament, so gibt es doch etwas Ursprünglicheres, nämlich Atemhilfe, Hilfe zum Klagen und Loben vor Gott, Hilfe dazu, daß der Mensch in den Atemrhythmus Gottes wieder hineinkommt und sich nicht an seinem eigenen menschlichen Atem übernimmt bzw. sich so sehr in sich selbst verschließt, daß er alsbald keine Luft mehr hat und im luftleeren Raum seiner selbst zugrunde geht. Das ist der Fall, wenn der einzelne sich nicht mehr als Teil des Volkes Gottes versteht, sondern sich isoliert, oder wenn das Gottesvolk sich von seinem Gott separiert und dann sehr schnell in Atemnot gerät. Die schönste, größte und wichtigste *Seelsorge* im hebräischen Sinne ist, den Menschen in das Klagen und Loben vor Gott einstimmen zu lassen, weil er dann wieder im Atemrhythmus Gottes ist und seine Seele ganz zu Gott hin, zum Odem des Himmels ausgerichtet hat. »Alles, was Odem hat, lobe den Herrn!« kann als ein herausragender Aspekt hebräischer Seelsorge genannt werden. Es gibt für Seele und Leib des Menschen nach alttestamentlichem Verständnis nichts Wohltuenderes und Besseres als jenes »Halleluja«, das der Inbegriff der Psalmen ist. In der Klage und im Lob Gottes kommt es zur dichtesten Art der Gottesbeziehung, die dem Menschen bis ins Innerste wohltut, weil diese Gottesbeziehung ein Aus- und Einatmen von Gottes Odem und eigenem Odem ist. Nach hebräischem Verständnis ist also die Seele ein Relationsbegriff, der nicht nur die Relation des Menschen zu Gott, sondern auch das Selbstverhältnis des Menschen und sein mitmenschliches Verhältnis zum Ausdruck bringt. Die Seele wird nicht, wie im griechisch-platonischen Sinne, auf Kosten des Leibes überbewertet. Das ist das Eigentümliche des hebräischen Denkens gegenüber dem griechischen.

3. Die Sperrigkeit des Neuen Testaments gegenüber dem Begriff »Seelsorge«

Das Neue Testament kennt ebensowenig wie das Alte Testament die Verbindung von »Seele« und »sorgen«. Ganz im Gegenteil heißt es in der Bergpredigt: »Sorgt euch nicht um eure Seele« (Mt 6, 25). Luther hat nicht nur an dieser, sondern an vielen anderen Stellen *psyche* durch »Leben« übersetzt, um dem ganzheitlichen Verständnis von psyche im Neuen Testament Rechnung zu tragen. »Seele« ist das mir von Gott geschenkte und tagtäglich vor Gott, vor meinem Nächsten und mir selbst zu verantwortende Leben. Seele ist dasjenige Leben, das von mir geatmet wird und eines Tages von mir auch ausgehaucht wird. Von dieser ursprünglich hebräischen Bedeutung der Seele als Atem her wird auch das berühmte Wort Jesu viel einleuchtender: »Wer seine Seele erhalten will, der wird sie verlieren; wer aber seine Seele verliert um meinetwillen, der wird sie erhalten« (Lk 9, 24). Denken wir an dieser Stelle ganz wörtlich vom Atem her, so wird uns unmittelbar klar, daß der Mensch, der seinen Atem um jeden Preis behalten will, ihn gerade verliert, weil er sich ja zugrunde richtet, während derjenige, der seinen Atem loslassen und ausatmen kann, gerade Raum für neuen Atem bekommt, den er wieder einatmen kann. Ich kann an meinem eigenen Atem geradezu ersticken, wenn ich ihn um jeden Preis festhalten will. Leben heißt Ein- und Ausatmen. Eben auf diese Grundbewegung des Lebens geht Jesus in seinem Wort vom Erhalten und Verlieren der Seele zurück.

Einen ähnlichen Rhythmus von Ein- und Ausatmen hat die johanneische Parallele desselben Logions vor Augen, hier freilich im Blick auf den Rhythmus von Saat und Ernte: »Wahrlich, wahrlich, ich sage euch, wenn das Weizenkorn nicht in die Erde fällt und stirbt, so bleibt es allein, wenn es aber stirbt, bringt es viel Frucht« (Joh 12, 24). Wie das Sterben eines Saatkornes größeres Leben in Gestalt von mehr Frucht zur Folge hat, so hat das Loslassen meines Lebens in Gestalt meiner psyche zugunsten der *zoä*, welche in Jesus andringt, um so mehr Frucht zur Folge. Johanneische Seelsorge heißt, der zoä, die in Jesus andringt, sich mehr und mehr anzuvertrauen, und meine psyche von dieser *zoä* relativieren zu lassen, um in den größeren Lebensfluß einzutauchen, der in Jesus andringt, wie es z. B. bei dem Gelähmten am Teich von Betesda geschieht (Joh 5, 1ff.).

Darauf sind auch die Abschiedsreden in Joh 14 bis 17 gestimmt. Jesus will seinen Jüngern deutlich machen: Der Sohn muß seine psyche aushauchen und sein Leben dem Vater wieder zurückgeben, damit von diesem Vater her größeres Leben zu den Jüngern wie überhaupt zu der ganzen Welt kommen kann, nämlich Leben in Gestalt des Heiligen Geistes. Der Paraklet ist der eigentliche und wahre Seelsorger für das neue Leben, das in Jesus zur Erscheinung gekommen ist und sich mit seinem Namen und seiner Person ein für allemal verbündet hat. Wenn der Auferstandene seinen Jüngern Leben geben will, so bläst er sie an und spricht: »Nehmet hin den Heiligen Geist!« (Joh 20, 22). Heiliger Geist ist nichts anderes als Wind und Hauch, Pneuma, und das heißt wiederum Leben von Gott her. Was sollen die Jünger mit diesem Leben tun, das ihnen der Auferstandene zubläst? »Welchen ihr die Sünden erlasset, denen sind sie erlassen; und welchen ihr sie behaltet, denen sind sie behalten« (Joh 20, 23). Sündenvergebung ist die Gestalt von Seelsorge, zu der die Jünger durch den Auferstandenen ermächtigt werden. Im Zusammenhang des johanneischen Begriffs von *zoä* heißt Sünde nichts anderes, als krampfhaft das Leben festhalten zu wollen. Sünden vergeben heißt, behaltenes Leben loszulassen und Menschen, die ihr Leben festhalten und sich daran verkrampfen, so mit Gottes Atem anzuhauchen, daß sie wieder fähig werden, ihr Leben loszulassen und in jenen Wechsel von Ein- und Ausatmen, von Hingeben und sich Verdanken, von Verlieren und

Gewinnen zu kommen. Wo das aber nicht möglich ist, weil ein Mensch krampfhaft an seinem gestockten und verstockten Leben festhalten will, da müssen Sünden behalten werden, d. h., da muß ein Mensch in die Krise seines Lebens geworfen werden, um bis zu dem Punkt zu gelangen, wo er sein Leben, so oder so, wieder loslassen will und muß.

Insgesamt ist es auffällig, daß das Neue Testament sehr viel sparsamer mit der Rede von psyche ist als das Alte Testament, das vergleichsweise viel häufiger von *nephesch* redet. Das hat wohl seinen Grund darin, daß der Begriff psyche durch das griechische Denken schon zu fest geprägt ist. Dagegen will das Christentum aber seine jüdische Wurzel nicht verraten und den leibhaften, geradezu stofflichen Bezug des Begriffes »Seele« vom Alten Testament her bewahren. Deshalb muß es auch sehr viel behutsamer mit dem Begriff psyche umgehen und darauf bedacht sein, daß der ganzheitliche Charakter von psyche im Sinne von Leben zum Ausdruck kommt, und daß psyche nicht als das Höherwertige gegen *soma* ausgespielt wird. Dieser ganzheitliche Charakter von psyche kommt wohl am deutlichsten zum Ausdruck, wenn es am Schluß des 1. Thessalonicherbriefes heißt: »Er aber, der Gott des Friedens, heilige euch durch und durch und bewahre euren Geist ganz samt Seele und Leib unversehrt, untadelig für die Ankunft unseres Herrn Jesus Christus« (5, 23). Seele wird also auch im Neuen Testament nicht auf Kosten des Leibes überbewertet. Innen wird nicht gegen außen und außen nicht gegen innen ausgespielt. Es gibt im Neuen Testament keinen letzten guten Kern des Menschen. Die Sünde hat vielmehr den Menschen ganz und gar verdorben, so daß er auch bis in die letzte Faser seiner Seele hinein erlösungsbedürftig ist. Eine Sorge um die Seele als das eigentlich Kostbare des Menschen gibt es sowenig im Alten wie im Neuen Testament. Einerseits ist Sorge zu wenig, denn was den Menschen bis in seine Seele hinein rettet, ist die Erlösung, die allein von außen her, von Gott kommt. Andererseits ist Sorge um die Seele zuviel, weil der Mensch gerade alle seine Sorgen auf Gott werfen soll (1. Petr 5, 7). Deshalb ist der Begriff *Seelsorge* weder im Alten noch im Neuen Testament zu finden.

4. Sachliche Äquivalente für seelsorgliches Handeln in der Bibel

Der Sache nach gibt es freilich genügend Äquivalente in der Bibel, die erst dann in den Blick kommen, wenn man sich von dem platonischen Sog des Begriffes »Seelsorge« freigemacht hat, der die Seele vom Leib abzutrennen droht. Dann läßt sich z. B. mit J. Schniewind die These aufstellen:

»Seelsorge heißt (im Neuen Testament) Paraklese.«[7] Diese These läßt sich besonders für Paulus erhärten, weil Paraklese bei ihm sowohl Trost wie Mahnung als auch Ermutigung und Einladung heißt. Die johanneischen Abschiedsreden, die das Kommen des Parakleten verheißen und zugleich das Sterben Jesu verarbeiten, sind ein geradezu einzigartiges Modell für seelsorgliche Trauerarbeit.

Es läßt sich auch mit Wolfgang Trillhaas für das Neue Testament die These aufstellen: Seelsorge sei die »Besorgung des Leibes Christi in seinen Gliedern«[8]. Diese These faßt in vorzüglicher Weise die Leib-Christi-Dimension von 1. Kor 12 und Röm 12 und Eph 4 zusammen, und nimmt zugleich die Sorge des Apostel Paulus für alle Gemeinden auf (vgl. 2. Kor 11, 28). Es ist freilich eine Sorge, die sich getragen und begrenzt weiß von der »Besorgung des Leibes Christi in seinen Gliedern«.

Es läßt sich auch im geradezu archetypischen Bildwort vom Guten Hirten, von der Tür und von der Herde (Joh 10) ein Grundmodell biblischer Seelsorge erkennen, einer Seelsorge, die dem Verlorenen, Verirrten und Schwachen nachgeht und es in Gottes Hut nimmt.

Es kann auch in Jesu heilendem Umgang mit Kranken und Besessenen ein biblisches Modell therapeutischer oder gar exorzistischer Seelsorge erkannt werden, wie auch die prophetische Rede im Alten wie im Neuen Testament als eine durch und durch seelsorgliche Rede im Licht von Gottes Sorge um sein Volk gelesen werden kann. Schließlich erweisen sich auch die Psalmen als ein unerschöpfliches Reservoir für eine Seelsorge, die durch Lob und Klage dem Menschen Lebensatem gibt. Die Bibel hat so viele seelsorgliche Seiten, daß die Geschichte der Seelsorge als eine Geschichte der Auslegung biblischer Seelsorge gesehen werden kann. Jede Zeit entfaltet einen oder mehrere biblische Aspekte der »Besorgung des Leibes Christi in seinen Gliedern«.

5. Orte seelsorglichen Handelns in der Alten Kirche

a) Das zeigt sich schon in der altkirchlichen Diakonie, wo Seelsorge und Leibsorge nach dem Vorbild von Apostelgeschichte 6 aufs engste zusammenkommen: Der Diakon besucht die Kranken und nennt ihre Namen in der Fürbitte der gottesdienstlich versammelten Gemeinde. Wiederum wird das im Gottesdienst konsekrierte Brot den Kranken gebracht, und mit den Bedürftigen werden die im Gottesdienst gesammelten Gaben geteilt.

b) Ungleich schwieriger ist es mit der »Besorgung des Leibes Christi in seinen Gliedern«, wenn es um die Frage der Kirchenzucht bzw. der Buße von solchen Gläubigen geht, die mit ihrem Leben hingefallen sind und sich der ihnen in der Taufe zugesprochenen Gnade nicht als würdig erwiesen haben. Dieses Problem brach in besonderer Schärfe in und nach Verfolgungszeiten auf, wenn die einen standhaft ihren Glauben bekannt und die anderen ihren Glauben verleugnet hatten und nun als »Gefallene« (lapsi) galten. Wie war nun einerseits zu verhindern, daß die einen hochmütig über die anderen zu Gericht saßen, daß aber andererseits Vergebung nicht zu »billiger Gnade« wurde? Die Frage der Kirchenzucht ist eine zutiefst seelsorgliche Frage, die sich wohl niemals prinzipiell lösen läßt. Um der Einheit der Gemeinde willen war das Amt des Bischofs in solchen Fällen besonders gefordert, damit maßvolle Weisheit zur Geltung kommt und der Sehnsucht nach der reinen, vollkommenen Gemeinde gewehrt wird. Die Frage des Petrus, wie oft er seinem Bruder vergeben solle, und die im Gleichnis vom Schalksknecht gegebene Antwort Jesu erwiesen sich in der Geschichte der Seelsorge immer wieder als aktuell (vgl. Mt 18).

c) Ein dritter Strang der Besorgung des Leibes Christi in seinen Gliedern hat sich eher am Rande der hierarchisch geordneten Kirche gebildet, nämlich bei den Wüstenvätern und den ihnen folgenden Mönchen und Klöstern. Die der kirchlichen Mittelmäßigkeit überdrüssigen und nach Vollkommenheit Strebenden haben sich hier gesammelt, um den Kampf mit den Dämonen und den Mächten der Finsternis aufzunehmen. Die aus diesem Kampf siegreich Hervorgehenden waren gesuchte Seelsorger, die etwas von Seelenführung verstanden und als solche auch aufgesucht wurden. Der Atem des Geistes, der von ihnen ausging, ballte sich gleichsam in einem kurzen Wort, einem Apophthegma, zusammen, das sich erst durch eine längere Praxis in die Seele eines Menschen einsenkt und hier wie ein Samenkorn seine Frucht bringt. Apophthegmata sind kurze, prägnante Lebensworte, auf die der in die Seelsorge der Wüstenväter Kommende zuweilen lange warten muß, bis sie der Abbas gleichsam herausschleudert. Solche Lebensworte kommen aus der Erfahrung im Kampf mit den Dämonen und wollen den Bann brechen über dem, der sich diesen Worten gehorsam ausliefert und sie in seine Seele eindringen läßt. Man mag es exorzistische oder auch agonale Seelsorge nennen, was hier geschieht, bei den Wüstenvätern beginnend und den Starzen der orthodoxen Kirche weitergehend, wie überhaupt in den Klöstern als Stätten der Einkehr und der Seelenführung sich fortpflanzend.

6. Die Umprägung des Begriffs »Seelsorge« zur »Seelensorge«

Es ist nicht zufällig, daß es zu der so schwierigen Frage der christlichen Bußzucht bereits im 4. Jh. n. Chr. einen systematischen Entwurf kirchlicher Einzelseelsorge gibt, wie ihn Gregor von Nyssa in einem kanonischen Brief an Letoios, den Bischof von Melitene, im Jahr 385 schreibt. Thomas Bonhoeffer bezeichnet diesen Brief als »den ersten Entwurf eines Systems der kirchlichen Einzelseelsorge«.[9] Hier nimmt die »Besorgung des Leibes Christi in seinen Gliedern« ganz praktische und kirchenrechtliche Gestalt an. Zugleich taucht hier und bei den beiden anderen kappadozischen Kirchenvätern, Gregor von Nazianz und Basilius, der platonisch geprägte Begriff »Seelsorge« (epimeleia oder therapeia tes psyches) in einer bezeichnenden Umprägung wieder auf: »epimeleia oder therapeia *ton psychon*«! Der Plural soll wohl die Verantwortung des Bischofs für viele Seelen zum Ausdruck bringen. Es geht aber auch bei der Besorgung des Leibes Christi in seinen Gliedern um die gegenseitige Verantwortung der verschiedenen Seelen und nicht um die Rettung der einzelnen Seele.

So wanderte in die lateinische Sprache ein pluralisch geprägter Begriff als terminus technicus für Seelsorge ein: cura animarum. Er hat sich in der westlichen Kirche noch stärker als in der östlichen mit der Amtsgewalt der Kurie bzw. des amtlich geweihten Priesters als des Hirten und Seelsorgers eingebürgert. Das verfestigte sich noch, als unter iro-schottischem Einfluß das kirchliche Beichtinstitut entstand und die Beichte als ein genau geregeltes kirchliches Verfahren zum Inbegriff christlicher Seelsorge wurde. Die seit 1215 einmal jährlich zur Pflicht gemachte Beichte wurde derjenige Ort, an dem sich Seelsorge im Sinne von cura animarum kirchlich institutionalisierte. Hier geschahen Bußzucht und Absolution. Hier wurde der Hirtendienst am Volk Gottes vollzogen. Hier konnte sich freilich auch Seelsorge als Aufsicht der Kurie über die Seelen verfestigen.

Die Reformation wollte die Beichte als eine Möglichkeit zur Seelsorge keinesfalls abschaffen, sondern ihr nur jeden Zwangscharakter nehmen und sie von einseitig-kurialer Aufsicht befreien. Die Beichte bekam primär ihren Ort im Priestertum aller Getauften und wurde so ein Mittel der Seelsorge. Der pluralisch geprägte Begriff »Seelensorge« ist bei Luther[10] durchaus noch üblich und wird auch bei Spener[11] im 17. Jh. und weiter bis ins 18. Jh. noch häufig verwandt. »Seelensorge« wird in einem ganz weiten Sinn der cura animarum generalis verstanden. Sie ist eine Dimension der Predigt, der Sakramentsverwaltung und der Beichte.

Daneben taucht aber auch bei Luther selbst wie zu Luthers Zeiten der singularisch geprägte Begriff »Seelsorge« auf, ist aber keineswegs bloß individualistisch auf den Einzelnen bezogen, sondern auch ekklesiologisch ausgerichtet. Am bekanntesten dürfte der Titel von Martin Bucers 1538 publizierter Schrift sein: »Von wahrer Seelsorge und rechtem Hirtendienst«.[12] Seelsorge hat hier die Dimension von Kirchenzucht, aber auch von Pastorallehre und Gemeindeaufbau.

Mit dem Begriff »Seelsorge« dürfte es im Laufe der Geschichte ähnlich wie mit dem Begriff »Erbauung« gegangen sein, daß er zunächst eine ekklesiologische Prägung hatte, dann aber mehr und mehr eine individualistische Umprägung erfuhr. So heißt es im 17. Jh. z. B. bei Paul Gerhardt: »Schwing dich auf zu deinem Gott, du betrübte Seele!« (EKG 296, 1), oder bei Heinrich Albert (1642): »Hilf, daß ich mit diesem Morgen geistlich auferstehen mag und für meine Seele sorgen, daß, wenn nun dein großer Tag uns erscheint und dein Gericht, ich davor erschrecke nicht« (EKG 345, 4). Der Begriff »Seelensorge« trat im 18. Jh. mehr und mehr zurück. Es blieb nur noch die singularische Prägung des Begriffs »Seelsorge«, die sowohl die cura animarum generalis wie specialis umfaßt. Die ekklesiologische Prägung des Begriffs »Seelsorge« geriet freilich aus dem Blick, als ginge es nur um die cura animarum specialis, die Zuwendung zum Einzelnen.

Überdies ist es die Schwäche des Begriffs »Seelsorge«, daß in seinem Wortfeld eine Bezeichnung für den oder die fehlt, die Seelsorge brauchen. Eine Bezeichnung wie »der oder die zu Beseelsorgende« verbietet sich fast von selbst. Worte wie »Klient«, »Patient«, »Beichtkind« oder »Pastorand« stammen aus anderen Wort- und Sachfeldern. Den Grund für diese Schwäche sehe ich in dem platonischen Ursprung des Begriffs »Seelsorge«, wonach der Einzelne gehalten ist, für seine Seele selbst zu sorgen.

In dem Artikel »Seelsorge« von Gottfried Holtz heißt es: »Der Sprachgebrauch der Kirchen ist uneinheitlich oder gar verwirrend und kann den Verzicht auf das schillernde Stichwort empfehlen. Um so wichtiger wird die Sacherfassung.«[13] Bei einer derartigen Sacherfassung gilt es, die Weite der jüdisch-christlichen Tradition zu beachten, wie sie mit der nun folgenden »Geschichte der Seelsorge in Einzelporträts« zur Darstellung kommen soll.

Anmerkungen

1 Plato, Apologie 29 d e; zitiert bei: Bonhoeffer, Seelsorge, 285.
2 Vgl. Bonhoeffer, ebd. Bonhoeffer weist darauf hin, daß es Plato noch nicht um einen individualistischen Begriff von Seele ging; vgl. auch: Bonhoeffer, Entstehung, 9.
3 Plato, Apologie 30 a b; zitiert bei: Bonhoeffer, Seelsorge, 285.
4 Plato, Laches 185 e 4, vgl. 186 a 8; zitiert bei: Bonhoeffer, Entstehung, 9.
5 Vgl. Plato, Gesetze 909 a 4; paraphrasiert bei: Bonhoeffer, Entstehung, 11.
6 von Rad, 53.
7 Schniewind, 117.
8 Trillhaas, 87.
9 Bonhoeffer, Ursprung, 136.
10 Z. B. WA 12, 20, 2; 30/II, 62, 7; 30/III, 519, 4.
11 Z. B. Theologische Bedencken I, 1; 670 oder II, 170.
12 Vgl. M. Bucers Deutsche Schriften, Bd. 7, aaO.
Vgl. auch G. Müller, Seelsorge und Kirchenzucht, aaO.
13 Holtz, 1640.

Literatur

Th. Bonhoeffer, »Seelsorge« in Platos Apologie. Eine Richtigstellung, in: PTh 78, 1989, 285f.

Ders., Ursprung und Wesen der christlichen Seelsorge, BEvTh 95, München 1985.

Ders., Zur Entstehung des Begriffs »Seelsorge«, in: Archiv für Begriffsgeschichte XXXIII, Bonn 1990, 7–21.

M. Bucer, Deutsche Schriften, Bd. 7, hg. von R. Stupperich, Gütersloh 1964.

G. Holtz, Art. Seelsorge, in: RGG 5, Tübingen [3]1961, 1640–1647.

W. Jetter, Cura animarum, in: PTh 75, 1986, 413–420.

D. Martin Luthers Werke. Kritische Gesamtausgabe (WA) 12, Weimar 1891; 30/II, Weimar 1909; 30/III, Weimar 1910.

G. Müller, Seelsorge und Kirchenzucht. Martin Bucers Vorstellungen von Kirchenleitung, in: »Daß allen Menschen geholfen werde . . .«. Theologische und anthropologische Beiträge für Manfred Seitz zum 65. Geburtstag, hg. v. R. Landau und G. R. Schmidt.

G. von Rad, Das erste Buch Mose. Genesis, ATD 2/4, Göttingen [9]1972.

J. Schniewind, Theologie und Seelsorge, in: Ders., Geistliche Erneuerung, Göttingen 1981, 117–122 (zuerst in: ZdZ, 1946, 5–8).

W. Trillhaas, Der Dienst der Kirche am Menschen. Pastoraltheologie, Pfarrbücherei für Amt und Unterweisung I, München 1950.

Erster Teil

Seelsorge in der Bibel

König David

Psalmen

Ingo Baldermann

Die Entdeckung der besonderen seelsorgerlichen Qualität der Psalmen verdanke ich meiner Arbeit mit Kindern, und zwar einem Vorhaben, in dem ich das Ziel hatte, den Kindern einen eigenen Zugang zu den Worten der Psalmen zu eröffnen. Ich hatte nicht die Absicht, aus meinem Unterricht einen »seelsorgerlichen Unterricht« zu machen, sondern wollte mit den Kindern erste Schritte tun, die ihnen einen selbständigen Umgang mit biblischen Texten ermöglichten. Selbständig: das hieß nach meinem Verständnis, daß nicht meine Auslegung, Anwendung oder Vergegenwärtigung zu lernen sein sollte, sondern der Umgang mit den biblischen Texten selbst. Es sollte so etwas werden wie »entdeckendes« Lernen, ein Unterricht also, der nicht auf die überzeugende Wirkung meiner Äußerungen setzte, sondern von den eigenen Wahrnehmungen der Kinder lebte. Jetzt ist mir deutlich, daß all diese Vorgaben heute auch zu den Voraussetzungen einer reflektierten Seelsorge gehören, daß gerade in dieser Selbstbescheidung der Gesprächsführung und ihrer Konzentration auf die eigene Wahrnehmung und Kreativität der Gesprächspartner eine enge Verwandtschaft zwischen Unterricht und Seelsorge in ihrem heutigen Verständnis besteht.

1. Die Psalmen als Lebensworte

Daß ich für dieses Vorhaben gerade Texte der Psalmen suchte, kam dabei nicht von ungefähr. In einer kritischen Diskussionslage, in der sehr heftig – und wiederum fast parallel in der Seelsorgediskussion wie in der

Didaktik – die Frage erörtert wurde, ob und in welchem Maße denn überhaupt die Bibel hier noch eine Rolle zu spielen habe, ob sie nicht ein unerträglich autoritäres Moment ins Spiel bringe und die notwendige Selbstwahrnehmung und die Unmittelbarkeit des Gesprächs geradezu verhindere, hatte ich mir selbstkritisch die Frage gestellt, welche Rolle denn die Bibel nun wirklich in meinem Leben spielt, also außerhalb des professionellen Umganges, den der Beruf erfordert. Dabei stieß ich auf Worte der Psalmen, die mich in kritischen Augenblicken ansprachen, und zwar nicht nur so, daß ich ihnen eine theologische Einsicht entnehmen konnte, die ich dann auf mich selbst anzuwenden hatte, sondern sie sprachen ganz direkt und unmittelbar zu mir, und zwar mit einer solchen Kraft, daß sie tatsächlich etwas veränderten. »Meine Zeit steht in deinen Händen« (Ps 31,16) war ein solches Wort, das mitten in der Angst wieder Luft zum Atmen gab, oder: »Ich werde nicht sterben, sondern leben« (Ps 118,17), oder auch dies: »Den Abend lang währt das Weinen, aber des Morgens ist Freude!« (Ps 30,6). Das waren Worte, die die Kraft hatten, die Dämonen zu vertreiben, die sich mir nachts auf die Brust setzten. In der Zeit, in der uns die Angst ganz nah auf den Leib rückte, es könne von einem Tag auf den anderen durch eine nukleare Katastrophe mit der Bewohnbarkeit der Erde vorbei sein, habe ich mich an diesem Wort buchstäblich festgehalten: »Ich glaube aber doch, daß ich noch schauen werde die Güte des Herrn im Lande der Lebendigen« (Ps 27,13).

Das Fazit dieser Selbstprüfung war: Es gab also solche biblischen Worte, die in entscheidenden Augenblicken meines Lebens viel zu verändern vermochten; aber es waren nicht sehr viele. Einige Worte Jesu gehörten dazu, besonders aus der Bergpredigt, daneben aber waren es vor allem Worte der Psalmen, und diese Worte redeten anders zu mir, als sie es sonst, im Zusammenhang exegetischer Arbeit, zu tun pflegten. Sie redeten direkt zu mir, als gäbe es da keine historische Distanz; ich mußte nicht den Rat von Mittelsmännern einholen, um zu sehen, ob und wie sich solche Worte auf mein Leben übertragen ließen; sie redeten wie für mich geschrieben.

Natürlich weiß ich, daß dabei der Mittelsmann Luther mit im Spiele ist; es sind seine Worte, die den Ring der Angst aufbrachen, der sich um mich gelegt hatte; wären mir die Psalmen nur in der Sprache der »Guten Nachricht« bekannt, hätten sie diese Wirkung wohl kaum gehabt. Aber Luther ist eben nicht ein Mittelsmann von der Art der Kommentatoren; was er tut, ist eigentlich kein Auslegen, nicht einmal ein Übersetzen, sondern er schreit und klagt und lobt und singt selbst in der Sprache, die er in den Psalmen wahrgenommen hat, und so öffnen seine und ihre

Worte auch mir den Mund, daß ich eine Sprache finde für meine Angst und für die Geborgenheit, die ich suche.

Meine nächste Folgerung war: Wenn bei mir die Psalmen dies bewirken, dann muß ich mit den Kindern auch an eben diesen Punkt kommen, an dem sie so mit den Worten der Psalmen umgehen können. Ich muß mit meinem Unterricht diese elementare Ebene erreichen, auf der es nicht mehr um Gespräche über das richtige Verständnis biblischer Texte geht, sondern auf der die Texte selbst reden und ich in ihnen eine Sprache finde, die mir hilft, inmitten der Angst nicht stumm zu bleiben. Die anderen reflektierten Formen des Umganges mit biblischen Texten, die Analyse und der kritische Vergleich, die historische Einordnung und die theologische Reflexion, bleiben unentbehrlich; sie werden nicht überflüssig, sondern bekommen einen neuen Stellenwert und eine neue Dringlichkeit. Sie können aber das elementare Verstehen nicht ersetzen.

2. Die Psalmen als Klage

Ich kann die besondere seelsorgerliche Qualität der Psalmen nicht besser beschreiben als so, daß ich den Weg nachzeichne, den nicht ich mit ihnen, sondern sie mit den Kindern und mir im Unterricht gegangen sind. Ich habe zunächst nach Worten gesucht, die auch schon Kindern einen eigenen Zugang zu den Psalmen eröffnen, ein selbständiges Verstehen. Ich habe dann gelernt, daß es die gleichen Worte sind, die dies auf allen Altersstufen leisten, bei Jugendlichen und Studierenden wie bei Senioren.

Die Worte aber, die auf Anhieb die größte Nähe zu den Erfahrungen haben, die wir mitbringen, sind – ob es uns nun gefällt oder nicht – die Worte der Angst und der Klage. Es ist nicht zufällig die stärkste Gattung im Psalter, in der solche Erfahrungen sich niederschlagen. »Ich versinke im tiefen Schlamm, wo kein Grund ist« (Ps 69,2): Schon Kinder verstehen auf Anhieb diese Erfahrung, ohne daß ich ihnen erklären muß, daß dieser Schlamm »nur« ein Bild ist. Sie erkennen in dem Schlamm ihre Angst wieder, die sie zäh und klebrig umschlossen hält, in die sie immer tiefer hineingeraten, je mehr sie sich dagegen zu wehren versuchen. »Ich bin wie ein zerbrochenes Gefäß« (Ps 31,13), »ich bin ausgeschüttet wie Wasser« (Ps 22,15); »die mir zu Unrecht feind sind und mich verderben wollen, sind mächtig. Ich muß bezahlen, was ich nicht geraubt habe« (Ps 69,5): Solche Worte beschwören Erfahrungen, die alle kennen, aus ihren Träumen und aus der Wirklichkeit. Wenn wir beginnen, darüber zu sprechen, löst sich der Bann; Erfahrungen kommen ans Licht, die sonst nie mehr Sprache gefunden hätten.

Zur Angst gehören insbesondere auch Erfahrungen des Verlassenseins: »Ich habe mich müde geschrien, mein Hals ist heiser, meine Augen sind trübe geworden, weil ich so lange warten muß« (Ps 69,4); »ich rufe, doch du antwortest nicht!« (Ps 22,3). Gerade diese Erfahrung, daß niemand hört, läßt die Sprache versiegen; die Worte der Psalmen bringen die Sprache zurück. Kinder reden auf einmal von Ängsten, von denen sie sonst nie ein Wort verloren hätten; sie müssen ja nicht fürchten, sich bloßzustellen, sondern zeichnen einfach nach, was der Psalm sagt, doch was sie dazu sagen, trägt jedenfalls die Farben ihrer eigenen Erfahrungen.

Nicht anders sprechen Erwachsene zu solchen Sätzen. Was bewirkt ein solches Gespräch? Ist es nicht ein Reden von der Angst, das immer weiter in die Angst hineintreibt? Wer solche Gespräche erlebt hat, hat erfahren, daß die Sprache der Psalmen genau das Gegenteil bewirkt. Es ist ja nicht die Sprache der Larmoyanz, des Selbstmitleids, des Sich-treiben-Lassens, sondern die Klage schreit nach Hilfe. Wer so redet, setzt alles daran, der Angst nicht das Feld zu überlassen. Die Sprache der Klage in den Psalmen ist nicht eigentlich die Sprache der Angst, sondern der Anfang des Widerstandes gegen die Angst. Angst lehrt nicht beten, sondern wirbt mit der Suggestion der Ausweglosigkeit; Angst macht stumm, sie ist zum Ersticken. Wer den Atem findet zu einem Schrei um Hilfe, hat damit schon die Suggestion der Angst durchbrochen, alles sei aussichtslos in ihrer Hand. Die Sprache der Psalmen hilft, sich dagegen zur Wehr zu setzen. Und so sind dies die ersten Schritte der Seelsorge, die wir an den Psalmen lernen können:

Die Angst findet eine Sprache, sie wird ans Licht geholt. Sie wird damit nicht gegenstandslos, aber so kann ich lernen, mit ihr umzugehen. Die Angst bleibt nicht diffus, sondern gewinnt Konturen, und ich kann lernen, davon zu sprechen. Angst dagegen, die sprachlos bleibt, sinkt in die Tiefen meines Unbewußten ab und setzt sich dort fest oder setzt Metastasen, die plötzlich an ganz anderen Stellen aufbrechen.

Die Psalmen aber sprechen nicht die Sprache der Betrachtung und Beschreibung der Angst, sondern in jedem Wort, auch in den Worten, die der Verzweiflung am nächsten sind, sind sie noch ein Schrei um Hilfe. So sind es Worte, die die Suggestion der Verlassenheit aufbrechen, gerade indem sie sie aussprechen. Bleibe ich im larmoyanten Monolog, bin ich schon verloren. An den Psalmen lernen wir, die Angst in die Sprache eines Dialogs einzubringen der Hilfe verheißt; und das ist die einzig angemessene Sprache, mit der Angst umzugehen.

3. Die Psalmen als Anrede

Doch wer ist der Partner in diesem Dialog? Sagen wir »Gott«, ist damit nicht viel gewonnen. Das Wort »Gott« steht für eine Macht, die über mich verfügt; wenn sie jetzt helfen kann, warum denn hat sie es nicht schon längst getan? Jemandem inmitten der Angst so etwas wie einen Gottesbeweis aufdrängen zu wollen, ist ein Weg, der sich bitter rächt, nicht nur bei Kindern. Durch Erpressung kann ich nicht Vertrauen wecken. Auch logisch bringt die Rede von Gott hier keine Lösung. Das Wort erscheint als Inbegriff einer Willkür, die mich jetzt in das Meer der Angst hineinwirft und dann wieder herauszieht; wie soll ich daraus so etwas gewinnen wie Argumente gegen die Übermacht der Angst?

Die Antwort der Psalmen auf die Angst ist völlig anders. Sie führen keinen Gottesbeweis, sondern sie nennen Namen für Gott, die in die Tiefen der Angst hinabreichen. Meine Stärke, mein Fels, meine Burg, mein Erretter, mein Schild und mein Schutz, so nennt ihn der 18. Psalm; und dies ist nicht orientalischer Überschwang, der sich in hymnischer Anrede entlädt, sondern jeder dieser Namen zielt auf eine besondere Erfahrung der Angst und begegnet ihr. Andere Psalmen halten andere Namen bereit: Mein Hirte (Ps 23,1), mein Licht (Ps 27,1), mein Lied (Ps 118,14); und dann gibt es noch ausführlichere Namen, etwa in Psalm 103:

> Der dir all deine Sünde vergibt
> und heilet alle deine Gebrechen,
> der dein Leben vom Verderben erlöst
> und dich krönt mit Gnade und Barmherzigkeit,
> der deinen Mund fröhlich macht
> und du wieder jung wirst wie ein Adler (Ps 103,3–5).

Wer sich auf die Suche macht, findet noch ganz andere Gegenworte gegen die Angst: Du tröstest mich in Angst (Ps 4,2); deine Hand hält mich fest (Ps 63,9); ja vor allem dies: Du bist bei mir (Ps 23,4). Ganz anders als die allgemeinen Sätze, die doch nichts gegen die Angst ausrichten (Gott liebt alle Menschen, Gott kann auch dir helfen), redet dieser Satz ganz unmittelbar und gewiß: Du bist bei mir. Er redet aber erst dann richtig, wenn ich ihn mir selbst sagen kann, wenn ich ihn selbst entdeckt und mir angeeignet habe, so daß ich nun auf dem Weg, den mir seine Worte vorzeichnen, Vertrauen und Geborgenheit wiederfinden kann. Was in der Angst noch trägt, ist nicht eine Lehre über Gott; die Angst sitzt tiefer und ist stärker als solche Lehren. Eine Sprache, die in der Angst ein Fenster öffnen soll, muß mir die Möglichkeit geben, Gegenerfahrungen zu machen. Wofür ich keine Sprache habe, das kann auch nicht zu meiner Erfahrung werden. Die Gegenwart Gottes als eine Hilfe inmitten der Angst kann ich nur erfahren, wenn ich eine Sprache habe, sie zu fassen. Das kann aber nicht die Sprache eines Redens *über* Gott sein, sondern eine solche Erfahrung wird nur faßbar in der Sprache der Anrede: Du bist bei mir – das ist die einzige Syntax, die eine solche Erfahrung zu fassen vermag. Wer ohne diesen Satz der Angst ausgeliefert ist, macht auch diese Erfahrung nicht. Darin liegt die besondere Stärke der Sprache der Psalmen.

Das ist nicht Mystik, sondern in den theologischen Grundstrukturen der Hebräischen Bibel fest verwurzelt. »Gott« ist in der hebräischen Sprache nicht nur in diesem Begriff präsent, sondern auch mit einem Eigennamen; und dieser Eigenname ist keine Wesensbeschreibung, sondern eine Verheißung. In der Geschichte von Mose am brennenden Dornbusch wird die Bedeutung des Gottesnamens, den die Hebräische Bibel JHWH nennt, offenbar: Er heißt nicht, wie unsere Übersetzungen gern sagen: »Ich bin«, sondern wer die hebräische Sprache kennt, hört darin die Verheißung: Ich bin da, ich bin bei euch. Überall, wo in den Psalmen die Übersetzung HERR schreibt, steht im hebräischen Text der Gottesname, der diese Verheißung ausspricht. Und wo die Psalmen ausdrücklich von dem »Namen Gottes« sprechen, der so tröstlich, so gewichtig, der zu loben ist, geht es um die Verheißung, die dieser Name ausspricht.

4. Die Psalmen als Sprache der Seele

Ich habe mich immer wieder gefragt, wie es denn kommt, daß schon Kinder in den Bildern der Psalmen so unmittelbar ihre eigenen Erfahrungen wiedererkennen, in dem Versinken im Schlamm, in den gewaltigen Stieren, die mich umgeben, in der Grube, deren Loch sich über mir schließen will. Ich habe nur eine Antwort: Es sind Bilder, die die Kinder wie auch wir selbst aus schweren Träumen kennen. Sie haben eigentlich gar nicht die Stabilität eines Bildes; es sind auch nicht bewußt gesetzte Metaphern, sondern so wie die Psalmen von der Angst sprechen, so sprechen auch unsere Träume, genau so. Unsere Träume sind flüchtig und schwer faßbar; gleich nach dem Aufwachen versinken sie ins Vergessen, wenn ich sie nicht erzähle oder aufschreibe. In den Psalmen aber erkenne ich vieles von dem wieder, was ich geträumt habe, und das ist offenbar bei Kindern nicht anders. Meine Träume sind Botschaften aus meinem Inneren, verborgene und verdrängte Ängste kommen in ihnen zu Worte.

Wenn wir sagen: Die Träume sind Botschaften unserer Seele, dann meinen wir mit der Seele nicht ein besonderes religiöses Organ, auch nicht die unsterbliche Seele, sondern was da ans Licht steigt, das kommt aus den Tiefen meines Unterbewußten und Unbewußten, dorther, wo auch meine Emotionen ihre Wurzeln haben. Die hebräische Sprache hat dafür das Wort nephesch; wir übersetzen das in der Regel mit »Seele«; wir haben kein treffenderes Wort dafür, ungeachtet der Auseinandersetzungen, die in der Psychologie, Psychotherapie und Psychiatrie (Psyche ist das griechische Äquivalent zu nephesch) und wohl auch in der Seelsorgediskussion um diesen Begriff geführt werden. Wenn die Psalmen von der »Seele« sprechen, so meinen sie damit jedenfalls den Kern meiner Emotionalität, die Quelle meiner Spontaneität und Lebendigkeit. Die deutschen Übersetzungen der Psalmen haben übrigens (mit Ausnahme der von Buber/Rosenzweig) die merkwürdige Tendenz, die Seele im Text unkenntlich zu machen; fast an der Hälfte der Stelle sagen sie stattdessen einfach »ich« oder etwa »mein Leben«. Im hebräischen Text der Psalmen ist insgesamt 144mal von der nephesch die Rede, also in einer Häufigkeit und Dichte wie sonst in keinem anderen Buch der Bibel. Und das ist nicht zu verwundern, denn so, wie wir sie eingangs wahrgenommen haben, finden wir gerade in den sogenannten Klagesplamen tatsächlich so etwas wie die Sprache der Seele.

Begreife ich aber die Psalmen als schriftgewordene Sprache der Seele, dann wird deutlich, welch immense Bedeutung sie für die ersten Schritte der Seelsorge haben: Was aus meinen Träumen nur selten und flüchtig greifbar wird, das begegnet mir hier in der festen Gestalt des geschriebenen Wortes; und indem ich mit den Sätzen der Psalmen umgehe, lerne ich auch, meine Träume und mit ihnen meine eigene Seele wahrzunehmen.

Das ist eine aufregende Entdeckung, auch schon für Kinder, eine differenzierende Selbsterfahrung, die eigentlich so nahe liegt und doch so wenig Chancen hat, ins Bewußtsein zu gelangen. Denn was die Seele sagt, das stört in der Regel den straff geplanten Ablauf des Tages; so wird sie beflissen überhört oder auch manipuliert, und erst wenn sie aufschreit und krank wird, dann wird sie ernsthaft wahrgenommen.

Es ist unfaßbar, wieviel Gewalt gegen die eigene Seele sich der moderne, angeblich so aufgeklärte Mensch leisten zu können meint. Immer wieder wird sie vergewaltigt, und dabei kommt von ihr doch alles, was dem Leben Farbe und Glanz und Wärme gibt.

Doch die Seele so wahrzunehmen, ist schwer, weil dazu so etwas wie eine innere Differenzierung der Wahrnehmung notwendig ist. Die Seele ist ja nicht nur irgend etwas in mir, sondern ich bin es selbst, wenn ich zornig oder traurig bin, wenn ich glücklich bin oder untröstlich, wenn ich vor Begeisterung hingerissen bin oder in das tiefe Loch der Depression stürze. Niemals kann ich sagen: Das war nicht ich, das war nur meine Seele! Und doch ist es ein Teil meines Ich, das sich nicht einfach meinem Willen fügt, meine Pläne stört und mich im unpassenden Augenblick mit Rührung oder mit Zorn überwältigt.

Daß ich lerne, meine Seele wahrzunehmen, auf ihre Äußerungen genauer zu achten, ihre Verletzungen und Schmerzen nicht einfach zu ignorieren: das wäre das erste, wozu eine einfühlsame Seelsorge mich anleiten müßte. »Meine Seele will sich nicht trösten lassen« (Ps 77,3): Das ist eine Erfahrung, die ich erst in der Sprache dieses Psalms so deutlich wahrnehme, obwohl ich sie lange kenne; schon Kinder kennen sie genau. Und der Psalm läßt mich das nicht nur wahrnehmen, sondern er spricht auch der Seele das Recht zu, sich gegen den allzu schnellen und billigen Trost zu sperren. Mir ist ein Unterrichtsgespräch mit Zehnjährigen unvergeßlich, in dem – noch in der Zeit der Mauer – ein Mädchen an diesem Psalmwort die tiefe Verletzung ihrer eigenen Seele zu begreifen lernte: »Wir sind vor vier Wochen aus der DDR gekommen,« sagte sie, »und ich habe meine Katze dort lassen müssen!« Gegen wieviel unerbetenen Trost hat sie wohl in diesen vier Wochen ihr Recht auf Trauer verteidigen müssen!

5. Die Psalmen als Gespräch mit der Seele

Die Psalmen führen uns auf diesem Weg noch weiter. Sie helfen mir nicht nur, meine Seele wahrzunehmen, sie leihen mir ihre Sprache, damit ich lerne, mit meiner Seele zu reden. »Was betrübst du dich, meine Seele, und bist so unruhig in mir?« Dreimal wird die Frage wiederholt (Ps 42,6.12; 43,5). Das Gespräch mit der Seele braucht Zeit, denn die Seele begreift nur langsam, weit langsamer als der Verstand. Da kommt viel auf die Klangfarbe dieses Satzes an. Spreche ich ihn als einen barschen Verweis, so wäre das Gespräch mit der Seele zu Ende, noch ehe es begonnen hätte. Luther aber meint ihn anders, das wird aus den Satzzeichen kenntlich. Die Frage versucht, der Betrübnis der Seele auf den Grund zu gehen. Sie möchte sie wohl gern ändern, doch sie setzt ihr nicht zu; sie weiß und respektiert, daß solche Betrübnis sich so leicht nicht aufheben läßt, und so fährt der Psalm fort: »Mein Gott, betrübt ist meine Seele in mir!«

Die Psalmen zeigen uns Gespräche mit der Seele in ganz verschiedenen Tonarten: »Sei nun wieder zufrieden, meine Seele; denn der Herr tut dir

Gutes« (Ps 116,7). »Aber sei nur still zu Gott, meine Seele; denn er ist meine Hoffnung« (Ps 62,6). Wir haben gelernt, daß wir ökologisch sorgsam mit den Grundlagen unseres Lebens umgehen müssen. Das muß ich dann auch mit meiner eigenen Seele lernen; meine Seele ist das Stück Schöpfung in mir, mit dem ich ein Gespräch beginnen kann. Eine besonders starke und einprägsame Anrede an die Seele findet sich in den großen Lobpsalmen: Lobe den Herrn, meine Seele! (Ps 103,1.2.22; 104,1.35; 146,1). Nicht nur die Klage, auch das Lob kommt aus der Tiefe der Seele. Ich glaube der Belehrung nicht, die das Theologische Handwörterbuch zum Alten Testament bereithält, hier handele es sich um »eine kultisch-rhetorische Bildung, in der nephesch keine Eigenbedeutung mehr hat, sondern nur noch die abgewandelte Bedeutung des Personalpronomens« (Bd. II, S. 94). Danach wäre »meine Seele« nur eine kultisch-rhetorische Umschreibung für »ich«; doch damit würde ich die sorgfältig differenzierende Wahrnehmung der Psalmen nivellieren. Denn das Loben (das hat gerade Claus Westermann gezeigt) ist ja alles andere als ein pflichtgemäßes Sich-Bedanken; das Lob ist ganz ursprünglich die Sprache der Freude. Zur Wahrnehmung der eigenen Seele gehört, daß ich manchmal wohl gern loben möchte, meine Seele es aber nicht kann; vollends die Forderung, der Pflicht zur Dankbarkeit Genüge zu tun, verschlägt dem Lob den Atem; bei solchen Verpflichtungen spielt die Seele nicht mehr mit.

Aber spricht der Psalm nicht schon mit dem Imperativ am Anfang die Sprache der Forderung? Ich kann nicht bestreiten, daß wir gelernt haben, ihn so zu hören, aber ich weiß auch, daß gerade diese Forderung die Seele verstummen läßt.

Doch wenn ich im hebräischen Text nachlese, dann klingt der Anfang des Psalms ganz anders. Die Seele ist in der hebräischen Sprache ein weibliches Wort, und die Sprache unterscheidet anders als die deutsche auch in der Form des Imperativs genau, ob sich die Aufforderung an einen Mann richtet oder an eine Frau. Der männliche Imperativ ist barsch wie keine Verbform sonst; der weibliche aber bekommt durch ein angehängtes jod einen ganz anderen, werbenden, fast zärtlichen Klang. Ich glaube nicht, daß ich den Klang der ersten Worte des Psalms hier überinterpretiere, denn im folgenden entfaltet sich diese Einladung zum Loben nicht in einem Katalog von weiteren Imperativen, sondern der Psalm ruft in die Erinnerung und zeigt, was da alles Anlaß zum Erstaunen ist.

Auch das ist wieder ein Berührungspunkt zwischen der Seelsorge und der Didaktik: Der Psalm entmündigt nicht, indem er belehrt und behauptet, sondern er läßt selbst wahrnehmen, indem er erinnert und zeigt, und nur aus solchem eigenen Wahrnehmen wächst das Lob. Alles andere sind nur Surrogate.

Auch das Loben hat eine didaktische Seite; es ist eine Art von entdeckendem Lernen. Ich entdecke auf einmal, was mir selbstverständlich gegeben erschien, als ein ganz und gar nicht selbstverständliches Geschenk einer großen Güte: Mein eigenes Leben und das Leben um mich, daß ich Luft zum Atmen und Licht um mich habe, all die Schönheit und Güte, die darin offenbar wird. Die Sprache der Psalmen läßt mich entdecken, wie (mit einem Wort Ernesto Cardenals) »alle Dinge ein Gruß der Liebe Gottes an mich« sind; und diese Entdeckung bleibt nicht stehen bei dem, was die Psalmen nennen, sondern sie ist so unerschöpflich wie die Vielfalt der ganzen Schöpfung. Darauf zu antworten, verlangt und entbindet Kreativität: Ich muß selbst die Sprache neu finden, mit der ich auf neue Erfahrungen antworten kann – ich lerne, immer wieder »ein neues Lied« zu singen.

Was aber wäre das für ein Lob, das nicht aus der Seele kommt? Ich muß hier nicht beschreiben, welche Verheerungen erpreßtes Lob und erzwungene Freude in der Landschaft der Seele zurücklassen und in welche Tiefen mich die Erfahrung stürzen kann, daß ich zu der geschuldeten und eingeforderten Freude und Dankbarkeit jetzt einfach nicht fähig bin. Nein, die Anrede an die Seele ist hier keine »kultisch-rhetorische« Kunstfigur, die auch unterbleiben könnte, sondern sie bezeichnet den einzigen Weg zu jenem Lob, in dem sich die Seele befreit aus dem öligen Schlamm der Depression, der von allen Seiten herankriecht. Das Lob ist der wiedergewonnene Atem des Lebens, und so hat es auch teil an der schöpferischen Kraft des Atems Gottes, der das Gesicht der Erde erneuert (Ps 104,30).

7. Die Psalmen als Lob

Auf dem Weg des Lobes aber erschließt sich mir die Gotteserfahrung in einer noch anderen Weise als in den Worten der Klage und des Vertrauens. Im Lob gehen mir die Augen auf, daß ich das Licht und all die Schönheit um mich, die darin sichtbar wird, als Güte begreife, mein eigenes Leben als ein Geschenk dieser Güte, als einen Gruß der Liebe Gottes auch all das, wovon ich lebe, die Luft zum Atmen und das Wasser, die Erde und die Nahrung, die sie hervorbringt, die anderen Menschen und ihre Worte, die mich tragen. Im Lob gehen mir die Augen auf, wie die Erde voll ist der Güte Gottes. Diese Güte kann ich im größten wie im kleinsten wahrnehmen, in dem gestirnten Himmel über mir und in einem einzigen Grashalm. Zur Entdeckung dieser Güte gehört die Entdeckung ihrer unerschöpflichen Vielfalt in der Schöpfung, die mein Begreifen weit, weit übersteigt. In den Worten der Klage begreife ich Gott als den, der in der Höhe wohnt und doch die Tränen der Bekümmerten zählt. Im Lob lerne ich ihn wahrzunehmen in der überwältigenden Größe und Fülle und Schönheit der Schöpfung, aber auch in dem Leben der kleinsten Zelle in mir selbst. Und wenn es stimmt, daß Loben so etwas wie entdeckendes Lernen ist, dann wird unter dem Lernen dieses Lobens mein Leben nun selbst zu einer Entdekkungsreise in das unermeßlich weite Feld der Güte Gottes. »Das Unternehmen ist eine Forschungsfahrt in das Innere Gottes!« (The enterprise is exploration into God) läßt Christopher Fry den einen der Soldaten am Ende seines »Ein Schlaf Gefangener« sagen, am Ende ihres Traumes, in dem die Konturen einer zusammenstürzenden Welt immer durchlässiger werden für die Erfahrung der Wirklichkeit Gottes. Zum Leben brauche ich nicht nur Mut, sondern mehr noch die Erwartung, daß mir Güte begegnet. So lerne ich im Loben neu zu leben.

Den Erfahrungen der Klage bin ich damit nicht einfach entnommen. Das Lob macht sensibel nicht nur für die Güte, sondern auch für deren Mißachtung und Verletzung, für die Bedrohung und Zerstörung des uns geschenkten Lebens und seiner Schönheit. Deshalb kann ich, wenn ich das Loben lerne, den Zorn über die Gewalttätigen nicht aus meinem Gespräch mit Gott herausfiltern. Auch der 104. Psalm endet mit dem Wunsch, daß es mit den gewalttätigen Zerstörern ein Ende nehmen soll auf Erden (Ps 104,35). Und gerade dies ist ein heute seelsorgerlich notwendiger Dienst, den uns die Psalmen leisten: daß sie ganz bei unserer Wirklichkeit bleiben und uns nicht nötigen, die tiefen Verletzungen und Verheerungen zu verdrängen, die uns täglich vor Augen geführt werden, wenn wir dennoch die Güte Gottes in dem Licht jedes neu anbrechenden Tages wahrnehmen. Die Sprache des Lobes wächst weder in den Psalmen noch irgendwo sonst in der Bibel aus der Erfahrung einer neuen heilen Welt, sondern sie findet ihre Konturen überhaupt erst im Angesicht der tiefen Bedrohung. Gerade so aber bewahrt sie uns vor dem Verstummen; ja, die Sprache des Lobes beginnen wir wohl überhaupt erst jetzt im Angesicht der globalen Bedrohung wirklich zu begreifen. Jedenfalls gehen wir völlig anders damit um als noch unsere Großväter; mir will scheinen: Die Sprache des Lobes hat jetzt erst wirklich ihre Stunde.

Literatur

Claus Westermann, Lob und Klage in den Psalmen, Göttingen [6]1983.
Ingo Baldermann, Ich werde nicht sterben sondern leben. Psalmen als Gebrauchstexte, Neukirchen 1990.
Heinz Piontek, Umgang mit Psalmen; in: Träumen – Wachen – Widerstehen, München 1987, S. 157 ff.
Hermann Spieckermann, Heilsgegenwart. Eine Theologie der Psalmen, Göttingen 1989.
Paul Konrad Kurz (Hg.), Psalmen vom Expressionismus bis zur Gegenwart, Freiburg 1978.

Hiob

Volker Weymann

Kann Hiob als Seelsorger in Betracht kommen? Demgegenüber mag mancher zunächst zögern. Denn hier liegen zumindest zwei Bedenken nahe. Ist Hiob, mit unausweichlichem und unerträglichem Leiden konfrontiert, nicht vielmehr auf seelsorgliche Begleitung angewiesen? Und wären deshalb nicht eher die Freunde Hiobs, die doch gekommen waren, ›ihn zu beklagen und zu trösten‹ (Hi 2,11), als Seelsorger in Betracht zu ziehen? Gewiß, nur ist zugleich klar, daß es nicht um eine Alternative gehen kann. Dies schon deshalb nicht, weil erfahrungsgemäß ein Mensch, der auf seelsorgliche Begleitung angewiesen ist, seinen Begleitern überraschend selbst zum Seelsorger werden kann. Deshalb wird, was sich hier als notwendig dreidimensionale seelsorgliche Situation abzeichnet, in Verbindung ihrer verschiedenen Dimensionen in Betracht kommen müssen: Hiob in seiner Auseinandersetzung mit seinem unerträglichen Leiden, die Freunde mit ihren Versuchen, ihn zu begleiten, und die Situation, die als Situation vor Gott für Hiob selbst wie zunehmend durch seine Freunde umstritten ist. – Ein anderes Bedenken kann sich dadurch ergeben, daß Hiob nicht als geschichtliche Person, vielmehr als literarische Gestalt begegnet: wie soll er von daher in einer ›Geschichte der Seelsorge in Einzelporträts‹ seinen Platz finden? Biographische Zugänge sind damit freilich ausgeschlossen. Umso mehr wird darauf zu achten sein, wie die literarische Hiobsgestalt mit der literarischen Komposition des Hiobbuchs verschiedene Situierungen und Facetten gewinnt, die seelsorglich aufschlußreich werden können.

Deshalb folgt dieser Beitrag der Hiobsgestalt in den verschiedenen Situierungen, wie sie mit den Spannungsbögen der Komposition des Hiobbuchs in den Blick kommen. Zunächst begegnet Hiob in der Novelle

Hiob

als eine Gestalt, der durch zunehmende Schicksalsschläge Glück und Reichtum genommen werden, und von der gleichwohl wie zuvor das Gute nun auch das Böse von Gott angenommen wird. Die besondere theologische und darum zugleich menschliche Akzentuierung der Novelle wird mit dem Akzent ›Entkräfteter Dualismus‹ zu denken geben. (1). Der Übergang freilich zu Hiob als einer Gestalt, die sich in ihrer Klage nicht besänftigen läßt, fordert zunehmend die Freunde heraus in ihrem Bemühen, Hiob zu anderer Beurteilung und Wahrnehmung seiner Situation zu bringen. Hier läuft im Dialogteil der Hiobdichtung der Spannungsbogen mit, der von sprachloser Nähe der Freunde bei ihm über ihre beredten Bemühungen um Hiob zu ihrem Verstummen führt. Dieser Vorgang wird als ›Gescheiterte Weisheit‹ nachdenklich machen (2). Weiter ist in den Dialogen zwischen Hiob und seinen Freunden, so sehr sie scheitern, zu entdecken, daß in der abgründigen und bitteren Klage Hiobs, die sich zur Feindklage gegen Gott steigert, merkwürdig genug die Stimme der Zuversicht aufbricht. ›Klage als Weg ins Vertrauen?‹ wird einen deshalb hellhörig werden lassen (3). Und indem sich Hiob immer mehr danach sehnt, daß Gott ihm antworte, führt die Hiobdichtung nicht umsonst zu den Gottesreden hin. Damit bleibt die Frage akut, inwiefern die Gottesreden auf Hiobs Klagen antworten. Dem wird unter dem Thema ›Angefragt leben‹ nachzudenken sein (4).

Inwiefern solche Besinnung zu Spannungsbögen in der Komposition des Hiobbuchs seelsorglich aufschlußreich zu werden vermag, kann schwerlich vorweggenommen werden. Doch läßt sich vermuten, daß in dreierlei Hinsicht dazu manches zu erwarten ist. Einmal mögen im Vollzug der Seelsorge mit leidenden Menschen manche Motive und Stimmen aus dem Hiobbuch unversehens Mitsprache gewinnen. Dafür spricht nicht zuletzt, daß Stimmen aus Hiob in ihrer Vertonung Resonanz finden können: so jenes ›Warum ist das Licht gegeben den Mühseligen . . .?‹ (Hi 3,20) in der Motette von Brahms (Op.74,1) oder am häufigsten vertont ›Ich weiß, daß mein Erlöser lebt . . .‹ (Hi 19,25). Im Vollzug von Seelsorge vermag Hiob Leidenden überraschend zum Bruder zu werden, ihnen Sprache zu leihen, sie dem Verstummen zu entreißen. – Weiter kann ein Nachsinnen über das Hiobbuch zu umsichtiger Rechenschaft über seelsorgliche Verantwortung führen. Dies sei hier nur damit angedeutet, daß es einen nachdenklich machen kann, weshalb Hiobs Botschaft (trotz aller Hiobsbotschaften, mit denen Menschen zu schaffen haben) nicht als Hiobsbotschaft wirken muß, vielmehr den Raum der Klage offenhält, dadurch Sprachhilfe gewähren und oft unerwartet Ermutigung von Grund auf zuteil werden lassen kann. – Schließlich kann das Hiobbuch in Wahrnehmung wie Reflexion seelsorglicher Verantwortung Grund und Anhalt geben, sich mit fragwürdiger Wirkungsgeschichte biblischer und christlicher Seelsorge auseinanderzusetzen. Wie oft finden Menschen zwar zum Jammern, aber kaum zur Klage, wohl auch unter dem Eindruck, daß Klagen vor Gott nicht recht am Platze sei! Und wie oft steht Seelsorge unter dem Zwang zur Beantwortung der Sinnfrage! Demgegenüber erinnert schon die sprichwörtlich gewordene Wendung ›Ihr seid allzumal leidige Tröster‹ (Hi 16,2) daran, daß im Hiobbuch selbst die Auseinandersetzung mit fragwürdiger Wirkung biblischer Frömmigkeit beginnt.

1. Entkräfteter Dualismus. Zur Hiobnovelle

Sind Menschen mit Bösem konfrontiert, wodurch das Leben beeinträchtigt, bedroht, zerstört wird, drängt sich die Warum-Frage auf. Neuzeitlich gesehen wird Konfrontation mit Erfahrungen des Bösen kaum ausdrücklich auf ein Prinzip des Bösen entgegen einem Prinzip des Guten zurückgeführt. Gleichwohl ist die Tendenz zu dualistischer Weltsicht nicht etwa verschwunden.

Einmal werden Menschen, von denen Böses herrührt oder denen es in die Schuhe geschoben wird, nicht selten verteufelt. Freilich kann angesichts von Erfahrungen des Bösen von menschlicher Schuld, wo irgend angezeigt, nicht abgesehen werden. Nur verbindet sich damit leicht die Tendenz, andere Menschen zu beschuldigen, um selbst unschuldig dazustehen. Weiter gibt es allerdings Erfahrungen des Bösen, die kaum oder in keiner Weise auf menschliche Urheber zurückzuführen sind. Und hier verbindet sich die Warum-Frage (ob unausgesprochen oder ausgesprochen) mit der Gottesfrage. Dabei gibt es beide Varianten: daß die Warum-Frage in ein räsonierendes Reden über Gott führt oder an Gott gerichtet wird. Damit ist so oder so eine aufbegehrende Anklage gegen Gott impliziert: sei es als Anklage, die Gottes Gottsein zu widerlegen scheint oder zu leugnen beansprucht, oder als ein Klagen gegen Gott zu Gott.

Heutzutage finden Menschen mit ihrer Warum-Frage eher selten dazu, sie an Gott zu richten und also gegen Gott zu Gott zu rufen. Denn einmal wirkt die Warum-Frage als fester Grund der Bestreitung Gottes, wie dies prägnant bei Georg Büchner angesprochen ist: ›Warum ich leide? Das ist der Fels des Atheismus‹ (Dantons Tod, Dritter Akt, Anfang). Umgekehrt wird immer wieder, durchaus in frommer Absicht, der Versuch gemacht,

Gott von solcher Anklage freizuhalten, ihn dagegen zu verteidigen. Wenn aber ein fraglos lieber Gott mit Erfahrungen, die seitens des Menschen gegen ihn sprechen, nichts zu tun haben soll, so ist dies faktisch nur die Variante eines vermeintlich frommen Atheismus. Somit sind diese beiden Varianten des Umgangs mit der Warum-Frage die Kehrseiten derselben Medaille. Umso mehr kann nachdenklich machen, was in der Hiobnovelle mit der Tendenz zu dualistischer Weltsicht geschieht, wie sie sich angesichts von Erfahrungen des Bösen in verschiedenen Varianten aufdrängt.

In der Hiobnovelle wird von jenem merkwürdigen Experiment erzählt, worauf es der Satan unter den Gottessöhnen im himmlischen Hofrat anlegt mit der Leitfrage: ›Ist etwa Hiob umsonst gottesfürchtig?‹ (Hi 1,9). Mit diesem Experiment soll der Zusammenhang zwischen Verhalten und Ergehen eines Menschen, zwischen Hiobs Frömmigkeit und seinem Reichtum wie Glück auf die Probe gestellt und gegenläufig durchgespielt werden: Wird er unter den Hiobsbotschaften und Schicksalsschlägen, die ihn treffen, weiter an seiner Frömmigkeit festhalten oder nicht vielmehr Gott absagen? Ist er ›umsonst gottesfürchtig‹? Mit dieser doppeldeutigen Leitfrage ist erzählerisch das Hiobproblem markiert: Wird die Frömmigkeit Hiobs, sofern sie auf der Basis des Tun-Ergehen-Zusammenhangs nicht mehr einbringt, was sie erwarten ließ, nicht als unnütz und sinnlos dahinfallen? Oder wird Hiob seine Frömmigkeit umsonst durchhalten, also auch dann, wenn sie ihm nicht einbringt, was ansonsten zu erwarten wäre, vielmehr dessen Gegenteil?

In zwei Folgen wird Hiob von immer weiteren Schicksalsschlägen getroffen: er verliert Hab und Gut und dabei nicht zuletzt seine Kinder; doch damit nicht genug, geht es ihm schließlich selbst an die Haut. Beide Male jedoch findet Hiob am Tiefpunkt, geschlagen durch allen Verlust und geschlagen durch Krankheit, zu verdichteter Sprache: ›Der Herr hat's gegeben, der Herr hat's genommen; der Name des Herrn sei gelobt!‹ (1,21) – und: ›Das Gute nehmen wir an von Gott und das Böse sollten wir nicht annehmen?‹ (2,10). Daß Gott gibt, aber auch nimmt; und fragend, ob nicht wie das Gute so auch das Böse von Gott anzunehmen ist: damit hält Hiob an dem widersprüchlich einen Gott fest, und zwar entgegen der naheliegenden Tendenz zu dualistischer Aufteilung.

Warum wählt aber der Erzähler in dieser Novelle, der Rahmenerzählung des Hiobbuchs, gleichwohl eine tendenziell dualistische Szenerie, worin dem Satan von Gott begrenzter Spielraum gewährt, das Feld aber nicht überlassen wird? Auch wenn Hiob von dem Hintergrund gewissermaßen seiner Schicksalsschläge in allem, was ihm widerfährt, nichts erfährt, wird mit den Dialogfolgen zwischen Gott und dem Satan sowie dessen Experimenten erzählerisch durchgespielt, was mit gegensätzlichen Erfahrungen an Tendenz zu dualistischer Weltsicht wirksam werden kann. Doch läuft die Novelle schon in ihrem ersten Teil (1,1–2,10) ganz und gar nicht darauf hinaus, daß Lebenserfüllung auf ein Prinzip des Guten und Lebensminderung auf ein Prinzip des Bösen zurückgeführt wird. Vielmehr gewinnt die Novelle ihre überraschende Pointe darin, daß Hiob an der paradoxen Einheit Gottes festhält. Somit wird erzählerisch die naheliegende Tendenz zum Dualismus durchgespielt – und zugleich entkräftet. Entgegen einer Aufspaltung Gottes verdichtet sich die Sprache Hiobs zum Festhalten an der widersprüchlichen Einheit Gottes: ›Das Gute nehmen wir an von Gott und das Böse sollten wir nicht annehmen?‹ (2,10). Nach diesem zweiten Hiobswort in der Novelle ist die Gestalt des Satan aus dem gesamten weiteren Hiobbuch verschwunden. Man möchte sagen: ›ein Wörtlein kann ihn fällen‹.

Von daher wird man mit Grund zögern, gegenüber der Hiobsgestalt in der Dichtung des Hiobbuchs, wo er aufgrund dessen, daß er darauf besteht, ihm müsse Recht widerfahren, und sich das Klagen nicht verbieten läßt, als ›Rebell‹ erscheinen kann, in der Hiobsgestalt der Novelle nur den ›Dulder‹ zu sehen. So sehr diese Sicht von früh an (vgl. Jak 5,11) zur christlichen Wirkungsgeschichte der Hiobsgestalt gehört und damit auch zur problematischen Wirkung christlicher Seelsorge, wird damit nicht nur die Hiobsgestalt gewissermaßen halbiert, sondern die Pointe der Hiobnovelle besänftigend verfehlt. Denn das Festhalten an dem widersprüchlich einen Gott ist nicht mit widerspruchslosem Erdulden möglicherweise gar des Schicksals gleichzusetzen. Auch wenn die Hiobsgestalt der Novelle von derjenigen in der Dichtung nicht derart abzusetzen ist, bleibt zwischen beiden eine unüberholbare Spannung. Läßt doch der Hiob der Novelle keine Klage lautwerden, was gar den Akzent gewinnt: ›In alledem versündigte sich Hiob nicht mit seinen Lippen‹ (Hi 2,10); wogegen der Hiob der Dichtung mit abgründiger Klage anhebt (3). Daß Hiobs Klage schließlich als gotteslästerlich erachtet wird, ist hernach bei den Freunden zu finden (15,4). In der Zeit der Hiobdichtung wie dann der Komposition des Hiobbuchs aus Novelle und Dichtung mögen beide Haltungen miteinander in Streit geraten sein: der weisheitliche Versuch, die Klage zu entkräften, zu verwehren, – und das Beharren darauf, daß der Gott Israels sich das Klagen der Leidenden nicht verbittet.

Es ist zu vermuten, daß Novelle und Dichtung sich für den Dichter wie den abschließenden Redaktor bzw. Komponisten des Hiobbuchs im Blick auf Kontroversen in ihrer Zeit gegenseitig erfordern und erschließen.

Gegenüber der Tendenz, Klage durch vermeintlich fromme Haltung des Duldens sich zu versagen oder zu verdrängen, bedarf die Novelle der Fortführung und Verschärfung durch den Dialogteil. Dabei läßt der Dialogteil einen zugleich darauf aufmerksam werden, daß es in der Novelle nicht einfach um Hiob als widerspruchslosen Dulder geht, sondern um sein Festhalten an dem widersprüchlich einen Gott. Umgekehrt kann die widersprüchliche Einheit Gottes, wie sie sich in Hiobs Klagen bis zur Feindklage gegen Gott, somit bis zur Zerreißprobe verschärft, zerreißen und zu einer Spaltung führen. Demgegenüber kann die Novelle, indem darin eine dualistische Weltsicht ins Spiel kommt und entkräftet wird, darauf aufmerksam werden lassen, daß die widersprüchliche Einheit Gottes im Dialogteil mit dem Klagen gegen Gott zu Gott verschärft wahrgenommen, jedoch alles andere als aufgespalten und aufgelöst wird.

Für Menschen, die mit kaum erträglichem oder unausweichlichem Leiden konfrontiert sind, wird die Warum-Frage akut. Was kann dazu helfen, daß die Warum-Frage, statt in der Schwebe räsonierenden Redens über Gott zu bleiben, an Gott gerichtet wird? – Wo Menschen mit widersprüchlichen Erfahrungen konfrontiert sind, kann die Tendenz zu einer dualistischen Weltsicht naheliegen. Dies zeigt sich etwa im Umgang mit der Warum-Frage, wenn damit Gott bestritten und geleugnet scheint, und dies umgekehrt zur Verteidigung Gottes provoziert. Was vermag die Tendenz zum Dualismus in dieser oder anderer Variante zu entkräften? – Hiob fragt in der Novelle, ob nicht wie zuvor das Gute so auch das Böse von Gott anzunehmen ist. Was bleibt daran fragwürdig, wenn diese Haltung zum vermeintlichen Vorbild fraglosen Duldens führt? Worin liegt der Unterschied zwischen angeblich widerspruchslosem Dulden und dem Festhalten an dem widersprüchlich einen Gott?

2. Gescheiterte Weisheit. Hiob und seine Freunde

Auch heutzutage legen sich beim Versuch, Menschen, die mit besonderen Herausforderungen zu schaffen haben, aufzumuntern oder sie zu begleiten, nicht zuletzt weisheitliche Sprach- und Verhaltensmuster nahe. Sei dies etwa das Muster, jede Krise sei auch eine Chance, oder die Wendung, nach jeder Nacht komme ein neuer Morgen usw. Solche Weisheiten sind plausibel, können durchaus hilfreich sein, erweisen sich aber oft als problematisch.

Ihre Plausibilität gewinnen solche Sprach- und Verhaltensmuster dadurch, daß sich in ihnen manche Lebenserfahrungen versammeln, sie also versammelte Lebensweisheit darstellen, die nicht umsonst den Charakter eines Spruchs annimmt. Hilfreich können solche Weisheiten in verschiedener Hinsicht sein: für den Betroffenen, der nur noch einen kleinen Ausschnitt seines Lebens wahrnimmt, können sie den weiteren Lebenszusammenhang offenhalten; so sind sie Versuche, Zuversicht offenzuhalten, wo ein Mensch momentan nicht recht weitersieht; und für den Begleitenden ist es eine Hilfe, auf Krise und Nacht des andern anzusprechen, ihm dabei etwas an Hoffnung mitzuteilen, aber auch Distanz zu halten und wenn möglich zu schaffen gegenüber der Situation, in der sich der Betroffene bedrängt sieht. Solche Möglichkeit, Distanz zu wahren, ist notwendig (wie sollte dem andern helfen können, wer seiner Situation distanzlos ausgeliefert wäre?), bleibt aber zugleich ambivalent (was als Hilfe gemeint ist, dient oft genug als Selbstschutz). Und so erweisen sich solche Weisheiten nicht selten als problematisch. Denn mit genereller Weisheit wird kaum je die spezielle Situation des Betroffenen getroffen und verändert. Was nachträglich als Lebensweisheit einleuchten kann, geht leicht über die akute Herausforderung hinweg. Was dem andern teilnehmendes und aufmunterndes Verständnis nahebringen soll, kann bei ihm den Eindruck hervorrufen, er bleibe unverstanden. Indem solche Weisheiten die Notsituation zu überbieten versuchen, suchen sie ihr zu entkommen, so daß der Betroffene, obgleich er damit in einen weiteren Lebenszusammenhang geholt werden soll, sich oft selbst überlassen bleibt – trotz aller angebotenen Weisheit unverstanden und ratlos wie zuvor, wenn nicht noch einsamer als zuvor.

Hiobs Freunde verhalten und äußern sich als Weisheitslehrer, die sich auf plausible Weisheit berufen, damit zu helfen suchen und doch schließlich scheitern. Eingeführt werden sie mit der Absicht, Hiob ›zu beklagen und zu trösten‹, wobei sie sieben Tage und sieben Nächte schweigend bei ihm ausharren, ›denn sie sahen, daß der Schmerz sehr groß war‹ (Hi 2,11.13). Ihre Absicht, zu trösten, führt zur Gestaltung dreier Dialogfolgen mit Hiob (3–14; 15–21; 22–27); denn Trösten kann nicht ein einliniger Vorgang sein, erfordert vielmehr den Dialog. Mit dem Leitmotiv des Tröstens entsteht freilich zugleich die Frage, ob sie Hiob zu trösten vermögen.

Auf die abgründige Klage hin, mit der Hiob anhebt (3), kommen die Worte schwer über die Lippen, und ist es doch unmöglich, ihn weiter schweigend zu begleiten: ›Darf ich zu dir reden, da du verzagt bist? – Doch die Rede zu verhalten, wer vermag es?‹ (4,2), so setzt Eliphas mit seiner ersten Rede ein. Hier wird der Zusammenhang von Tun und

Ergehen noch als Grund zur Hoffnung angesprochen: ›Ist nicht deine Gottesfurcht dein Vertrauen, und dein unsträflicher Wandel deine Hoffnung?‹ (4,6); doch wird die Klage als uneinsichtige Unmuts-Äußerung qualifiziert: ›den Toren mordet sein Unmut‹ (5,2); denn das Leiden sollte der Klagende als Züchtigungsleiden annehmen: ›Wohl dem Menschen, den Gott zurechtweist! So verwirf nicht die Zucht des Allmächtigen‹ (5,17). Doch für Hiob ist, was als Unmutsäußerung für töricht erachtet wird, Ausdruck seines Leidens, dessen Gewicht in keiner Weise ermißt, wer seinen Unmut leichthin abwehrt (6,2 f.). Und, was ihm zugemutet ist, läßt sich für ihn nicht als letztlich barmherzige Züchtigung ansehen, bohrt sich vielmehr gewalttätig in ihn ein: ›die Pfeile des Allmächtigen stecken in mir‹ (6,4). Sofern es einem darob nicht die Sprache verschlägt, kann dem nur rückhaltlose Klage entsprechen: ›Darum will ich auch meinen Mund nicht hemmen, will reden in der Not meines Herzens, will klagen im bittern Leid meiner Seele‹ (7,11). Als Hiob in seiner Klage das erste Mal zur direkten Anrede Gottes findet, verbindet sich dies mit dem Wunsch: ›Laß ab von mir!‹ und mit der Frage: ›Warum hast du mich dir zur Zielscheibe gemacht?‹ (7,16.21). – Der Vorwurf törichten Unmuts und die unausweichliche Klage treiben einander hervor und prallen aneinander ab; Hiobs Erfahrung fügt sich nicht der Deutung auf eine Leidenspädagogik Gottes hin.

In der ersten Dialogfolge findet sich seitens der Freunde durchaus bedingte Heilsankündigung, so in Bildads erster Rede: ›Wenn du rein bist und fromm, ja, dann erwacht er über dir und stellt neu her die Wohnstatt deiner Gerechtigkeit‹ (8,6). Dies allerdings basiert auf der gerechten Weltordnung, die Gott garantiert (8,3). Wenn aber Hiob, worauf er besteht, schuldlos leiden muß, und somit zutrifft: ›Schuldlose wie Schuldige vernichtet er!‹, so verkehrt sich ihm der Garant der Weltordnung in das Zerrbild des Frevlers: ›ein Land gegeben in Frevlershand‹ (9,21.22.24). Darum bleibt an Gott gerichtet nur die Bitte und Frage: ›Verdamme mich nicht, laß mich wissen, warum du wider mich haderst‹ (Hi 10,2) – und letztlich der Todeswunsch (10,18–22). – Was einem von Hiob an verzweifelter Klage entgegenschlägt, nimmt Zophar als ›Lehre‹ auf (11,4), die er befragt und zu widerlegen sucht. Doch geht er damit an der Klage vorbei: das weise betrachtende und argumentierende Reden vermag auf den Aufschrei des Klagenden nicht einzugehen. Aus der Sicht Hiobs sind die Freunde zu sicher, ja führen Gott in ihrer Faust (12,5 f.). Gegenüber dem, der nicht anders kann, als gegen Gott zu Gott zu klagen, sprechen die Freunde über Gott, um ihn zu verteidigen. Deshalb hält Hiob ihnen entgegen: ›Gott wollt ihr mit Trug verteidigen?‹ (13,7). Und so verlangt er auf der Ebene des Rechtsstreits statt der Gottes-Verteidiger nach dem Forum Gottes: ›Dann lade du vor, und ich stehe dir Rede; oder laß mich reden und gib mir Antwort!‹ (13,22). In Hiobs Verlangen nach dem Forum Gottes zeigt sich: die Freunde treiben mit ihren Versuchen, Gott zu verteidigen, wider Willen Hiob dazu, daß er sich mit ihren Antworten nicht abfindet, vielmehr nach Gottes Antwort verlangt.

Je weniger Hiob vom Klagen läßt, desto mehr suchen die Freunde dagegen aufzubieten. Im ersten Gesprächsgang suchen sie ihm zuzureden, ihn zu ermahnen, wie zu sehen war, auch mit bedingter Heilsankündigung (8,5 f.); im zweiten Gesprächsgang gewinnen ihre Äußerungen den Ton der Warnung, und begegnen erste Beschuldigungen Hiobs (15,5); im dritten Gesprächsgang wird er schließlich massiv beschuldigt (22,4–11). Basis und Zentrum ihrer weisheitlichen Äußerungen ist der Zusammenhang von Tun und Ergehen. Solange Einsicht und Änderung des Verhaltens offenzuhalten ist, besteht auch Hoffnung auf besseres Ergehen. Dem würde es entsprechen, daß er die Schicksalsschläge als Züchtigung annimmt und Buße tut. Doch dem widerspricht Hiobs Klage gegen Gott zu Gott und sein Beharren auf Unschuld. Hier wird es nun auf der gegebenen Basis unumgänglich, den Uneinsichtigen zu warnen und ihm das Schicksal des Frevlers vor Augen zu halten, was im zweiten Gesprächsgang zum vorherrschenden Argument der Freunde wird (15,17–35; 18,5–21; 20,4–29). Dagegen wird von Hiob der Tun-Ergehen-Zusammenhang als Basis der Weltordnung und Weisheit bestritten (21): was soll das Schreckensbild vom Schicksal des Frevlers, wenn Gottlose ihre Tage in Glück verbringen, und ein anderer dahin muß, ohne je das Glück gekostet zu haben? Eine solch prinzipielle Weltordnung läßt sich in der Tat durch jeden einzelnen Fall, der dagegenspricht, widerlegen. Wer gleichwohl an den Prinzipien festhält (verständlicherweise unter dem Eindruck, sonst ginge die Welt aus den Fugen), wird versuchen, seine Sicht doktrinär durchzusetzen. Deshalb kommt es hier zu doktrinärer Verkehrung der Weisheit; nun wird vom Ergehen auf das Tun und darum die Schuld des Betroffenen geschlossen, weswegen der dritte Gesprächsgang mit jener massiven Beschuldigung Hiobs beginnt. Von da an werden aber die Freundesreden immer torsohafter (ab 24: ob dies an der Textüberlieferung oder in der Sache selbst liegt, in der Aporie, in die der Freunde Weisheit sie führte, muß dahingestellt bleiben), – bis die Freunde verstummen.

Je entschiedener generelle Lebensweisheit vertreten wird, desto weniger vermag man auf die besondere Situation dieses leidenden Menschen einzugehen. Entsprechend sind die Dialogfolgen der Hiobdichtung so angelegt, daß die Freunde mit ihrem Argumentieren und Hiob in seinem Klagen immer mehr aneinander vorbeigehen. Von Anfang an entsteht eine Reibungsfläche zwischen ihrem argumentierenden Reden über Gott und seinem Klagen vor Gott, zu Gott. Immer mehr prallen sie aneinander ab. Die Trostversuche werden zu Streitreden – und die Freunde Hiob darob zu Feinden, zu Raubtieren gleichsam, die sich an ihrer Beute weiden: ›Warum werdet ihr nicht satt, mich zu zerfleischen?‹ (19,22). Als Dialog angelegt wird dieser immer unmöglicher. Doch je mehr das Gespräch mit den Freunden scheitert, desto mehr sieht sich Hiob gedrungen, Gottes Gehör zu suchen, seine Antwort herbeizusehnen. Was sich so zuvor anbahnte, führt in seiner letzten Rede zu dem Seufzer, der Bitte: ›Ach, daß ich einen hätte, der mich hörte! Hier meine Unterschrift. Der Allmächtige gebe mir Antwort!‹ (31,35).

In der Begleitung eines Menschen, der mit besonderen Herausforderungen zu schaffen hat, legen sich auch heutzutage weisheitliche Wendungen nahe. In welcher Hinsicht können sich solche Wendungen als hilfreich erweisen, als ambivalent, als problematisch? – In seelsorglicher Verantwortung wird kaum jemand den Freunden Hiobs gleichen wollen. Doch auf welche Probleme seelsorglicher Begleitung können sie einen aufmerksam machen? – Die Freunde suchen, gegen Hiobs Protest und Anklage Gott zu verteidigen. Was hilft dazu, statt Gott zu verteidigen, die Klage eines leidenden Menschen auf Gott hinauslaufen zu lassen?

3. Klage als Weg ins Vertrauen? Hiobs Klage und Bekenntnis der Zuversicht

Gegenüber dem Klagen melden sich auch heutzutage Vorbehalte. Sei es unter dem Motto ›lerne leiden, ohne zu klagen‹ als je nachdem heroische oder resignative Haltung: tapfer ist, wer leidet, ohne zu klagen; oder, weil mit Klagen sich doch nichts ändere, sei besser darauf zu verzichten. Ebenso begegnen Vorbehalte gegen das Klagen als fromme Haltung: Wirkungen des Christentums bis in manche Lebensgeschichten hinein zeigen sich auch darin, daß unter der Voraussetzung, Gott sei fraglos freundlich und gnädig, Menschen aus vermeintlich christlichen Gründen sich das Klagen versagen oder es anderen verwehren. Von daher besteht dann der Eindruck, Klagen müßten entkräftet und überwunden werden, um zu Vertrauen und Zuversicht zu finden. Was einem durch Hiob aufgehen kann, widerspricht freilich solch scheinbar vernünftigen wie vermeintlich frommen Vorbehalten gegen das Klagen.

Im mittleren Gesprächsgang zwischen Hiob und seinen Freunden lautet Hiobs erstes Wort: ›Leidige Tröster seid ihr alle!‹ (16,2) und sein letztes: ›Wie ist doch euer Trost so nichtig! und eure Antworten – es bleibt nur die Falschheit‹ (21,34). Ein Trösten, und darum ging es ja den Freunden Hiobs, das Klage verwehrt, vergrößert nur die Last, wird trügerisch und nichtig. Dabei hatten die Freunde durchaus ihre Gründe, die Klage Hiobs wenn möglich zum Schweigen zu bringen. Durch seine bittere Klage als Verteidiger Gottes provoziert, mußte diese ihnen als gotteslästerlich erscheinen: ›Du verletzt die Gottesfurcht und zerstörst die Andacht vor Gott‹ (15,4). Und zugleich mußte, was Mark und Bein wie ebenso die Weltordnung erschüttern konnte, abgewehrt werden: ›Der du dich selbst in deinem Zorn zerreißt, soll deinetwegen die Erde veröden und der Fels von seiner Stelle rücken?‹ (18,4). Den Freunden Hiobs lag also daran, Gott gegen seinen Ankläger in Schutz zu nehmen und die Welt im Lot zu halten. Mark- und welterschütternd ist für die Freunde freilich nicht Hiobs Leiden, das sie ja zu erklären, ihm einsichtig zu machen suchen, vielmehr seine bittere Klage. – Nicht umsonst wird hier besonders deutlich, wie, was die Freunde zu bedenken geben, und, was Hiob vorbringt, aneinander vorbeigeht. Von Bildad wird Hiobs Klage als uneinsichtig, grundlos und deshalb als ›Geschwätz‹ beurteilt; und umgekehrt sehen sie sich als Weisheitslehrer von ihm als dumm ›geachtet wie das Vieh‹ (18,2 f.). Und wenn sie ihm das Schicksal des Frevlers vorhalten, der ›von den eigenen Füßen ins Netz getrieben wird‹ (18,8), hält Hiob dem entgegen: ›Erkennet doch, daß Gott mein Recht gebeugt, mit seinem Netz mich fängt‹ (19,6).

Die Abwehr der Klage durch die Freunde richtet sich nicht zuletzt dagegen, daß Hiobs Klage als Feindklage wider Gott lautwird. Zweimal geschieht dies im mittleren Gesprächsgang; und beide Male öffnet sich die zugespitzte Feindklage wider Gott merkwürdig genug zu einem Bekenntnis der Zuversicht (16,7–18 und 19–22; 19,6–11 und 25–27). So führt nicht etwa weisheitliche Abwehr der Klage, womit Gottes Handeln als fraglos vorausgesetzt wird, vielmehr die abgründige Klage gegen Gott zu Gott ins Vertrauen. Gegen die abgründige Klage Hiobs mag sich manches sträuben: ›Sein Zorn zerriß und befehdete mich, er knirschte über mich mit seinen Zähnen; mein Feind wetzt seine Augen wider mich‹ (16,9). Denn damit erscheint Gott als Feind des Menschen im Zerrbild, in der Fratze des Teufels. Doch gerade solch erschreckende Klage gegen Gott zu Gott sucht gewissermaßen durch die Fratze des Teufels hindurch Gottes Angesicht.

Indem der Dichter Hiob seine Klage bis hin zur bitteren Feindklage vorantreiben läßt: ›Er achtet mich für seinen Feind‹ (19,11), bahnt sich damit merkwürdigerweise ein Weg ins Vertrauen an: ›Jedoch ich weiß: mein Löser lebt‹ (19,25). Beides mag immer wieder unvereinbar erscheinen. Doch läßt der Dichter mit Hiobs abgründiger Klage und seinem Bekenntnis der Zuversicht Hiobs Konfrontation mit dem widersprüchlich einen Gott vernehmbar werden. Vor Gott gebrachte Klage sucht durch sein abweisend verborgenes Angesicht hindurch seine gnädige Zuwendung, sein freundliches Angesicht, durch sein bedrängendes Handeln hindurch ihn als Befreier. Was hier mit ›Löser‹ (hebräisch: ›goel‹) übersetzt wird, ist einem übersetzt mit ›Erlöser‹ wohl vertrauter (womit sich dann eine messianische Deutung und also Vorausdeutung auf Christus nahegelegt hat). Mit dem Wort ›Löser‹, ›goel‹ klingen sozialrechtliche Verpflichtungen im Alten Testament an: Konnte jemand seine Schulden nicht begleichen und mußte sich deshalb in Schuldsklaverei begeben, so war sein nächster Verwandter verpflichtet, ihn loszukaufen (3. Mose 25,47 ff.). Hier wird nun Gott als ›goel‹ angesprochen und also als Nächster, dessen Sache es ist, den Versklavten zu befreien. So wird mit Hiobs Bekenntnis der Zuversicht erahnbar: wo Gott am fernsten scheint, kommt er am allernächsten. Aufgrund seiner vorbehaltlosen Klage dringt Hiob hindurch zu der Gewißheit: ›meine Augen werden ihn sehen nicht mehr fremd‹ (Hi 19,27) – oder wie die Zürcher Bibel hier übersetzt: ›meine Augen werden ihn sehen, nicht als Feind‹. Merkwürdig genug führt nicht durch Abwehr der Klage, sondern durch Hiobs inständiges Klagen hindurch der Weg ins Vertrauen. Mit seiner abgründigen Klage gegen Gott zu Gott hält Hiob den Riß offen, der durch sein Leben geht, und zugleich mit dem Bekenntnis der Zuversicht den Spalt für einen Trost, der nicht trügt, sondern trägt.

Ein Reden von Gott, das vom Leiden unter Gottes Verborgenheit absieht, führt leicht zur Verharmlosung Gottes wie zur Beschönigung des Lebens. Von daher bleibt es ein entscheidendes Kennzeichen christlicher Sprache und Seelsorge, ob sie der Klage gegen Gott zu Gott Raum gibt oder diese abzufangen und auszuschließen sucht. In dieser Hinsicht kann eine Beobachtung zur Seelsorge-Lehre von Eduard Thurneysen und Helmut Tacke zu denken geben. Bei Thurneysen kommt nachdrücklich die Situation des Menschen in seinem Widerstreit mit Gott in Betracht, dieser Widerstreit jedoch als immer schon von Gottes gnädiger Zuwendung zum Menschen überholt, überwunden. Deshalb kann Gottes Verborgenheit hier nicht zum Problem werden: ›Es gibt für uns keinen deus absconditus, für uns gibt es nur den in Jesus Christus offenbar gewordenen gnädigen Gott . . . So ist das Kreuz Christi das hoch aufgerichtete Zeichen für die Übermacht der Gnade über alle Sünde und alles Leid der

Welt‹ (Seelsorge im Vollzug, 1968, S. 193 f.). Von daher ist es kaum zufällig, daß Thurneysen in seinen Veröffentlichungen zur Seelsorge (soweit ich sehe) auf Klagepsalmen und Texte aus Hiob nicht Bezug nimmt. Dagegen ist für Tacke, so sehr er sich von Thurneysen anregen läßt, die Sprache der Klagepsalmen für Verständnis und Vollzug der Seelsorge grundlegend: ›Es (die Sprache der Klagepsalmen) . . . ist vielleicht die einzige Sprache, der sich der ›sprachlose‹ Mitmensch anzuschließen und anzuvertrauen vermag. Zugleich ist es die Sprache des Gebets . . . Das Gebet hält dem verzweifelten Menschen einen Zugang zur Hoffnung frei‹ (Glaubenshilfe als Lebenshilfe. Probleme und Chancen heutiger Seelsorge, 2.erw.A.1979, S. 128.132). Sollte nicht die Klage zumal seelsorglich unverzichtbar bleiben? Läßt doch Hiob dessen gewahr werden, daß im Leiden unter Gottes Verborgenheit und so im Rufen gegen Gott zu Gott dem Menschen Gottes gnädige Zuwendung aufgehen kann.

4. Angefragt leben.
Zu den Gottesreden

Für Menschen, die mit schwer erträglichem oder ausweglosem Leiden konfrontiert sind, brechen notgedrungen Fragen auf wie: ›Wozu dies alles?‹ oder ›Warum gerade ich?‹. Solche Fragen als Ausdruck existentieller Bedrängnis lassen sich erfahrungsgemäß nicht im Sinn einer Problemlösung erklärend beantworten. (So nannte Franz Fühmann, Schriftsteller in der ehemaligen DDR, jene beiden Fragen die ›wissenschaftlich unbeantwortbaren‹ in: Erfahrungen und Widersprüche. Versuche über Literatur [st 338], 1976, S. 201). Doch verlangen solche Fragen anscheinend nach Sinndeutung und bringen deshalb oft genug Betroffene wie deren Begleiter unter den Zwang zur Sinnfindung, Sinngebung. Suche nach erklärbarem Sinn des Leidens ist bei den Freunden Hiobs unverkennbar. Doch fügt sich, was in den Gottesreden Hiob schließlich als Antwort zuteil wird, auffallenderweise nicht dem Zwang zur Sinndeutung.

In der Hiobdichtung führt der Bogen von der abgründigen Klage zu Beginn (Hi 3) über die zunehmend gescheiterten Dialoge mit den Freunden, schließlich den Monolog Hiobs, darin die sehnsüchtige Bitte: ›Ach, daß ich einen hätte, der mich hörte! . . . Der Allmächtige gebe mir Antwort!‹ (31,35), zu den beiden Gottesreden hin (38/39 und 40/41). Doch sind die Gottesreden keine Antwort, die glatt einginge und alle aufgeworfenen Fragen zum Schweigen brächte. Gleichwohl gehen sie auf Hiobs Klagen ein, aber so, daß sie ihm Widerstand leisten, ihn zum Streit herausfordern, ihm Fragen zumuten, – ihn aber gerade damit aus der Verdunkelung der Welt und der Selbstverfinsterung, in die er geraten ist, herausführen. Die Gottesreden sind im Stil weisheitlicher Streitreden gestaltet mit Kaskaden rhetorischer Fragen. Und in der Figur rhetorischer Fragen machen sie Hiob mit der Wahrnehmung der Welt als Gottes Schöpfung vertraut, die einleuchten könnte, wiewohl sie sich für Hiob verdunkelt hatte, und die ihm deshalb gegen seinen Augenschein eröffnet wird.

Inwiefern werden die Gottesreden mit ihren Fragen zur Antwort auf Hiob? Im Blick auf den Eindruck, der sich Hiob mit seinem Schicksal verbindet, daß die Welt zerrissen und voller Widerstreit ist etwa darin, daß den Elenden Licht gegeben, der ersehnte Tod aber vorenthalten wird (3,20–23), geht die erste Gottesrede von der Frage aus: ›Wer ist's, der da verdunkelt den Ratschluß mit Reden ohne Einsicht?‹ (38,2). Im Blick auf den derart verdunkelten Weltplan tritt mit einer Reihe von Fragen die Schöpfung als weise geordnet in den Blick, die auf den erschaffenden und erhaltenden Schöpfer hinweist (38,4–38). Zugleich kommen aber mit einer Reihe von Tieren, die den Menschen feindlich sind oder ihr Leben außer Reichweite des Menschen fristen, und mit dem Motiv, daß der Schöpfer auch Herr dieser Tiere ist (38,39–39,30), auch widerstreitende Mächte in den Blick, denen vom Schöpfer Leben gewährt wird, und die von ihm unter Kontrolle gehalten werden. So werden die widerstreitenden Erfahrungen, mit denen Hiob zu schaffen hat, nicht etwa ausgeschlossen, finden vielmehr erzählerisch manche Analogien.

Wie die erste Gottesrede auf Hiobs Eindruck eingeht, der zerrissenen und widerstreitenden Welt ausgeliefert zu sein, so geht die zweite auf Hiobs Eindruck ein, in Gott selbst dem Bösen zu begegnen. So brach aus ihm der Vorwurf hervor: ›Ist ein Land gegeben in Frevlerhand, so verhüllt er das Angesicht seiner Gebieter – wenn nicht Er, wer tut es dann?‹ (9,24), womit Gott selbst als Frevler beschuldigt wurde. Dem tritt diese Gottesrede schon mit ihrer Ausgangsfrage entgegen: ›Willst du gar mein Recht vernichten, mir Unrecht geben, daß du Recht behältst?‹ (40,3). Und so gibt Gott sich im weiteren als der zu erkennen, der das Böse (in den Gestalten von Behemot und Leviatan, Nilpferd und Krokodil also, die auch für geschichtliche Mächte stehen können), sei es noch so mächtig, im Zaum hält und seine Macht begrenzt.

Somit lassen die Gottesreden ersehen: Hiob bekommt Unrecht, sofern er von seinem Schicksal mit negativen Totalurteilen auf die Welt und Gott schließt; doch bekommt er darin Recht, daß er auf der Widersprüchlichkeit der Welt beharrt. Die Welt ist nicht hell, doch wird sie mit ihren widerstreitenden Kräften, denen der Mensch oft genug Macht verleiht, von Gott schöpferisch bewahrt, damit sie nicht im Chaos versinkt.

Nicht zuletzt klingen in den Gottesreden Stimmen eines großen Schöpfungspsalms an. So begegnet Hiob, der in antischöpferischem Verlangen sein Leben verwünschte (3), das Lob des Schöpfers aus Gottes Mund! Wo sich dem Menschen Lebensfreude und Lob der Schöpfung versagen, gibt Gott es nicht auf, dies zur Sprache zu bringen, damit der Mensch, der sich dem Chaos ausgeliefert sieht, als Geschöpf heimgeholt werde und in das Schöpfungslob einstimme. Das Lob des Schöpfers wird einem oft gegenläufig zu eigenem Lebensgefühl und eigener Weltsicht wie von außen über die Lippen kommen.

Indem die Gottesreden mit ihren rhetorischen Fragen zur Sprache bringen, was evident sein könnte, was aber Hiob erst gegen den Augenschein aufgeht, antwortet er darauf: ›Vom Hörensagen hatte ich von dir gehört; nun aber hat dich mein Auge gesehen‹ (42,5). In manchem Hören erreicht einen nur, was man von Gott so meint, sich von ihm vorstellt. Doch gibt es ein Hören, das überrascht, wodurch es einem wie Schuppen von den Augen fällt. Durch die Gottesreden kommt Hiob in ein Horchen, das Augen öffnet für das, was überrascht und einleuchtet, wodurch ihm Gott durch alle Verborgenheit hindurch aufgeht.

Freilich geben die Gottesreden keine Antwort auf das Warum und Wozu des Leidens, auf dessen Grund und Sinn. Indem sie sich dem Zwang zur Antwort auf die Sinnfrage verweigern, Hiob aber eine neue Wahrnehmung seines Lebens und der Welt eröffnen, gewähren sie Freiheit vom Zwang zur Sinndeutung. So wird Hiob vom Fragenden zum Gefragten. Der Zwang zur Antwort auf die Sinnfrage mag dann dahinfallen, wenn Menschen entdecken, daß sie von Gott gefragt sind, und darum angefragt leben.

5. Anstöße und Aufschlüsse des Buches Hiob für die Seelsorge

Vier von den mancherlei Anstößen und Aufschlüssen, die das Hiobbuch für Seelsorge im Vollzug wie für theologische Rechenschaft über Seelsorge gewährt, seien zum Schluß hervorgehoben.

Mit der Hiobsgestalt hat sich von der Novelle des Hiobbuchs her das Bild des frommen Dulders, der sein Leiden widerspruchslos annimmt, tief eingeprägt. Dazu hat auch die christliche Wirkungsgeschichte beigetragen, wie sie im Neuen Testament beginnt mit Jak 5,11: ›Siehe, wir preisen selig, die erduldet haben. Von der Geduld Hiobs habt ihr gehört und habt gesehen, wie's der Herr hinausgeführt hat‹. Als frommer Dulder wurde Hiob zum Vorbild. Merkwürdig bleibt, daß biblische Gestalten heute oft als Vorbild und entsprechend biblische Texte als Vorschrift wirken bis in die Seelsorge hinein. Vorbilder können beeindruckend erscheinen und haben doch wie Vorschriften den Charakter einer Aufforderung, wenn nicht gar einer bodenlosen Forderung, ohne aufhelfen zu können. Umso wichtiger ist es in der Seelsorge, mit diesem andern Menschen hellhörig zu werden dafür, inwiefern biblische Gestalten und Texte auf einen Boden führen, der durch alles hindurch trägt, und einen Horizont eröffnen, der dieselbe Situation neu ansehen läßt. Was schwer zusammenzubringen ist, daß Gott gibt und nimmt, daß von Gott wie das Gute so auch das Böse anzunehmen ist, das trifft in Hiobs Worten in der Novelle zusammen. Was könnte es unter belastender Lebenserfahrung ausmachen, statt sich zu widerspruchslosem Dulden aufgefordert zu sehen, Zugang zu finden zu dem widersprüchlich einen Gott und an ihm festzuhalten?

Menschen, die es wagen, etwas an Ratlosigkeit oder Angeschlagensein zu erkennen zu geben, werden im Alltag oft auf weisheitliche Wendungen treffen – nach dem Motto: ›es wird auch wieder besser kommen‹ – oder als verbreitetes weisheitliches Prinzip unserer Zeit: ›jede Krise ist zugleich eine Chance‹. Nicht, daß dies schlichtweg nicht stimmte, nur trifft es meist daneben. Wer weiß, ob nicht gelegentlich auch in seelsorglicher Begleitung solche Allerwelts-Hinweise sich unversehens als der Weisheit letzter Schluß einstellen? Von Hiob wird seinen Freunden zugemutet, daß sie mit ihrer Weisheit scheitern. Doch ist solch Scheitern nicht das Ende aller Dinge. Hiob besteht darauf, daß weder sein Leiden sich solcher Weisheit fügt noch Gott, mit dem er entgegen aller plausiblen Weisheit hadert und nach dessen Selbstmitteilung er inständig verlangt. Wie sollte in der Seelsorge das Scheitern des Versuchs, auf gängige und eigene Weisheit zu bauen, vermieden werden müssen? Dabei kann einem weiter zu denken geben, daß ›Gottes Torheit weiser als die Menschen und Gottes Schwachheit stärker als die Menschen ist‹ (1.Kor 1,25).

Wie das Motto ›lerne leiden, ohne zu klagen‹ je nach dem heroisch wirkt oder resignativ, führen Wirkungen vermeintlichen Christentums zu dem Eindruck, Gott gegenüber sei Klagen nicht angezeigt und deshalb nicht am Platz. Doch ist ein solcher Gott recht besehen für Menschen nicht mit ihrem Leben noch mit der Welt zusammenzubringen. Von einem fraglos gerechten oder auch fraglos lieben Gott aber auszugehen, der mit dem Leben und der Welt nichts zu tun haben kann, mag vermeintlich fromm erscheinen, ist aber zugleich nichts anderes als frommer Atheismus. Doch Hiob läßt sich das Klagen nicht verwehren. Zwischen seiner und seiner Freunde Haltung wird mit dem Hiobbuch strittig, ob Klagen vor Gott verboten sei oder vor Gott am Platz ist, ja an den rechten Ort kommt und bringt. Und erstaunlich genug führt nicht das Beschwichtigen und Verwehren der Klage, vielmehr die abgründige Klage gegen Gott zu Gott zum Bekenntnis der Zuversicht und ins Vertrauen. Was macht es aus, wenn die Warum-Frage, wo sie aufbricht, nicht im Rätseln über Gott verbleiben muß, sondern an Gott gerichtet ihn durch seine Verborgenheit hindurch als Gegenüber sucht? Dazu braucht es in der Seelsorge Menschen, die der Klage Raum geben und, statt sie abfangen oder beschwichtigen zu müssen, sie mit dem andern auf Gott hinauslaufen lassen. Wer meint, Gott gegen die Klage in Schutz nehmen und verteidigen zu müssen, steht vermeintlich auf seiner Seite dem andern gegenüber; wer seine Klage oder die des andern auf Gott hinauslaufen läßt, kommt in die Situation vor Gott, auf daß Gott durch unsere Selbstverfinsterung wie durch seine Verborgenheit hindurch uns sein freundliches Angesicht leuchten lasse.

Wozu dies alles? Warum gerade ich? Solche Fragen drängen zur Sinnsuche, wenn möglich zur Sinnfindung oder Sinngebung, obgleich sie sich erfahrungsgemäß nicht in Richtung einer Problemlösung erklären und beantworten lassen. Bei Viktor E. Frankl ist der Wille zum Sinn Grunddatum der Menschlichkeit und Motivation seiner Logotherapie, die allerdings nicht Sinngebung zu leisten beansprucht, sondern Hilfe zu eigener Sinnfindung. Dieser Ansatz ist hier nicht zu erörtern. Seine starke Resonanz hat aber ohne Frage damit zu tun, daß wohl keinem Menschen die Sinnfrage bzw. der Eindruck von Sinnlosigkeit auf Dauer erspart bleibt. So sehr die Sinnfrage nicht zu umgehen ist, geht doch meist die versuchte Sinndeutung über die existentielle Situation, in der der Mensch mit sich zerfallen ist, und woraus die Sinnfrage entspringt, transzendierend hinaus und erklärend hinweg. Wie die Sinnfrage in konkreten Situationen entspringt und zugleich aufs Ganze geht, so sind doch nicht angeblich schlüssige Sinndeutungen im Lebensvollzug das eigentlich Hilfreiche, vielmehr das Aufleuchten konkreter Sinnbejahung inmitten von Unbegreiflichem. So sehr das Hiobproblem nach einer Sinndeutung zu verlangen scheint und darauf hinauslaufen könnte, fällt doch auf, daß die Gottesreden im Hiobbuch keine Antwort auf das Warum und Wozu des Leidens, auf dessen Grund und Sinn geben – und doch auf Hiob eingehen. Die Gottesreden widersprechen Hiob ihm zugute und lassen das Schöpfungslob, das seinerseits widerlegt schien und ihm verloren war, ihn neu aus dem Mund des Schöpfers vernehmen. Wenn die Gottesreden im Hiobbuch, wo dies so naheläge, nicht auf eine Sinndeutung des Leidens hinauslaufen: könnte dies nicht vom Zwang zur Beantwortung der Sinnfrage befreien, wie er auch in der Seelsorge in entsprechenden Situationen andrängt? Wird nicht primär bei der Sinnfrage angesetzt, sondern angesichts der Sinnfrage dabei, daß das Leben und Gott als strittig erfahren wird, so fügt sich Gott nicht der Sinnfrage als Antwort darauf, sondern kann einem aufgehen in seinem Widerspruch gegen unsern Sinnlosigkeitsverdacht wie gegen Sinnzerstörung, die von uns ausgeht. Durch solchen Widerspruch Gottes uns zugute werden Menschen, die nach Sinn fragen, aus Fragenden zu Gefragten. Damit fällt der Zwang zur Beantwortung der Sinnfrage dahin. Denn damit wird es möglich, angefragt, horchend, antwortend und anfragbar zu leben.

Literatur

Jürgen Eibach, Art.Hiob/Hiobbuch, in: TRE Bd. 15, 1986, 360–380.

Viktor E. Frankl, Der Mensch vor der Frage nach dem Sinn. Eine Auswahl aus dem Gesamtwerk (1979), [9]1993.

Othmar Keel, Jahwes Entgegnung an Ijob. Eine Deutung von Ijob 38–41 vor dem Hintergrund der zeitgenössischen Bildkunst, 1978.

Matthias Krieg, Gegeben – genommen. Die Hiob-Novelle (Hiob 1–2 und 42), in: hg. v. Ökumenischen Arbeitskreis für Bibelarbeit, Hiob (Bibelarbeit in der Gemeinde Bd. 7), 1989, 97–127.

Tobias Mickel, Seelsorgerliche Aspekte im Hiobbuch. Ein Beitrag zur biblischen Dimension der Poimenik, 1990.

Hans-Peter Müller, Das Hiobproblem. Seine Stellung und Entstehung im Alten Orient und im Alten Testament (EdF 84), 1978.

Claus Westermann, Der Aufbau des Buches Hiob, 1977.

Volker Weymann, Bei der Sinnfrage ansetzen?, in: Ders., Evangelische Erwachsenenbildung. Grundlagen theologischer Didaktik, 1983, 79–91.

Ders., Trost? Orientierungsversuch zur Seelsorge, 1989.

Ders., Zur Komposition des Hiob-Buches, in: hg. v. Ökumenischen Arbeitskreis für Bibelarbeit, Hiob (Bibelarbeit in der Gemeinde Bd. 7), 1989, 13–34.

Ders., Verwehrte Klage – Weg ins Vertrauen. Bildad und Hiob (Hiob 18 und 19), in: a.a.O., 181–212.

Paulus

Paulus

Kristlieb Adloff

I. Biographie

Saul (der ›Erwünschte‹)/*Paulus* (der ›Kleine‹), um 10 n. Chr.(?) in Tarsus/Kilikien (? Apg 21,39; 22,3) geboren, Diasporajude, Pharisäer (Phil 3,5), Verfolger der Ekklesia Gottes (1. Kor 15,9; Gal 1,13; Phil 3,6), wurde wenige Jahre nach Jesu Kreuzigung (zwischen 30 und 33 n. Chr.) in der Gegend von Damaskus zum Apostel Jesu Christi berufen (Gal 1,15ff.). Er verstand seinen Apostolat als Sendung zu den Völkern (Röm 1,5; 11,13; 15,16; Gal 1,16; 2,7), arbeitete zunächst mit der Gemeinde Antiochia am Orontes zusammen (Apg 13,2) und schuf sich später u. a. durch Gemeindegründungen in Mazedonien und Achaja ein eigenes Missionswerk mit Zentrum in Ephesus. Im Römerbrief (um 55?) kündigt er seinen Plan an, zunächst nach Jerusalem zu reisen und danach, mit Hilfe der römischen Gemeinde, in Spanien eine neue Arbeit zu beginnen (Röm 15,23–29). Unter Kaiser Nero (54–68) soll Paulus nach der Überlieferung in Rom den Märtyrertod durch das Schwert erlitten haben.

Der Apostel und der Mensch

Der Weg zum *Menschen* Paulus führt über den *Apostel* Jesu Christi. Die Tatsache, daß Paulus die einzige herausragende Person des Urchristentums ist, der wir authentische Zeugnisse in Gestalt seiner (anerkanntermaßen echten: Röm; 1./2. Kor; Gal; Phil; 1. Thess; Phlm) Briefe verdanken, darf niemanden irreführen. Es sind allesamt, Phil (3,17), 1. Thess (2,7) und Phlm (8) nicht ausgenommen, Schreiben mit apostolischer Signatur. Unserem Verstehen-Wollen und seinem herrischen Zugriff sind nicht nur historisch bedingte Grenzen gesetzt. Will Paulus verstanden werden, dann eben als Apostel (2. Kor 5,11). Insofern kommen die Deuteropaulinen (Eph, Kol, 2. Thess), die vielgescholtenen Pastoralbriefe (1./2. Tim; Tit), kommt selbst Lukas, der Paulus zwar nicht als Apostel, aber doch als maßgebendem *Zeugen* des Auferstandenen neben den ›Zwölf‹ (Apg 22,15; 26,16) ein Denkmal gesetzt hat, dem Menschen Paulus näher als jeder denkbare Versuch, das Rätsel der paulinischen Existenz ›rein menschlich‹ aufzulösen. Erfahren, wer Paulus war, wird nur, wer angesichts des in eine unabsehbare Zukunft weisenden Kommens des Herrn Jesus sich Paulus nähert, wie er ist: »Ich lebe, nein, nicht mehr ich, es lebt vielmehr in mir CHRISTUS« (Gal 2,20).

Der Erwählte und der Jude

War seine Einsetzung in den Christusapostolat, die Paulus nach Art einer Prophetenberufung (Gal 1,15 vgl. mit Jes 49,1; Jer 1,5) deuten kann, eine Bekehrung? Von einer ›Kehre‹ darf man wohl reden, wenn aus dem Verfolger der Ekklesia Gottes ein um Jesu willen Verfolgter wurde (1. Kor 4,12; 2. Kor 4,9; Gal 5,11 vgl. Röm 8,36). Eine ›Umwertung aller Werte‹ (Nietzsche[1]) ging damit einher (Phil 3,7 vgl. mit 1. Kor 1,26–31). Der seine jüdischen Landsleute religiös Überragende (Gal 1,14) wird, zu den Völkern entboten, sich als den ›geringsten unter den Aposteln‹ (1. Kor 15,9) bezeichnen. Das liegt in der Linie biblischen Erwählungsdenkens: Auch Paulus' jüdischer Namenspatron Saul aus Benjamin, »von seiner Schulter an aufwärts ragend vor allem Volk«[2] (1. Sam 9,2), muß sich nach der Logik solcher Erwählung für ›klein‹ halten (1. Sam 9,21; 15,17). So wird man Paulus, dem Kleinen, keine andere ›Bekehrung‹ unterstellen dürfen als, biblisch, eine Umkehr *von Gott zu Gott*, Verwandlung »von einer Herrlichkeit zur anderen« (2. Kor 3,18).

Solche Umkehr entspricht einer Kehre *in Gott selbst* (Jer 31,20; Hos 11,8f. vgl. mit Röm 8,32) und erweist die Christusschau (1. Kor 9,1; 15,8 vgl. mit 2. Kor 4,6) des Paulus als Erkenntnis des Gottes Israels, des einen wahren Gottes, der Jesus von den Toten auferweckt hat. Der Mensch Paulus war nicht nur, er ist Jude (Röm 2,29), Israelit (11,1), Sohn der Verheißung, die nicht dahinfallen kann (9,6; 11,29). Hätte sich Paulus vom Judentum zum Christentum bekehrt, wie die (im übrigen anachronistische) Annahme lautet, so hätte er nicht seine der Tiefe des Reichtums Gottes (11,33) gemäße abgründige Anthropologie entwickeln müssen: Der in Röm 7 Klagende ist nicht einfach ›der‹ Mensch, sondern ein jüdisches, ein Psalmen- Ich, das mit der Güte des sich in der Tora bekundenden Schöpferwillens auch in radikaler Hiob-Konsequenz das Elend des Leibes ermessen kann.

Der Einzelne und der Leib

Die Sorge des Apostels Paulus gilt darum nicht, gnostisch, dem in der Begierde des ›Fleisches‹ verlorenen Ich ›des‹ Menschen (Röm 7,8f.18 vgl. 13,14), sondern dem *Leib, der werden soll* (8,11). Keine Sorge läßt Paulus gelten (1. Kor 7,32ff.; Phil 4,6) außer der Sorge um das Werk des Herrn (1. Kor 7,32.34; 15,58; 16,10; Phil 2,20), um Christi Leib (1. Kor 12,25), seine Gemeinden (2. Kor 11,28). Im Verhältnis zu diesem Werk entwirft Paulus sein leiblich-elendes, tätig-leidendes Dasein (Phil 1,20) in vielfältigen Metaphern als Vater (1. Kor 4,14–17; 1. Thess 2,11f.), Mutter (Gal 4,19), Eltern (2. Kor 12,14), Amme (1. Thess 2,7), als Architekt (1. Kor 3,10), Gärtner (3,6–9) und Verwalter (4,1f.), als Priester (Röm 15,16) und Diener (1. Kor 3,5; 2. Kor 1,24) seiner nicht selbstgenügsamen, sondern der Begegnung mit dem Bräutigam (2. Kor 11,2) im alles vollendenden Gericht entgegenwachsenden Gemeinden (10,15f.). Was dabei aus der Verlorenheit des abstrakten ›Ich‹ als Leib gerettet wird, ist gerade Einzelnes, ja der einzelne (1. Thess 2,11!) mit seiner jetzt konkret möglichen geschöpflichen Verantwortung angesichts des Richterstuhls Christi (1. Kor 3,12–15; 2. Kor 5,10 vgl. mit Röm 14,10ff.).

Der Kleine und die Kleinmütigen

Als im Sinne seines Auftrags Verantwortlicher wird der Jude Paulus, der Kleine und Schwache, zum für seine Gemeinden aus den Völkern, für jedes Gemeindeglied maßgebenden Einzelnen, zum Gegenüber (1. Kor 4,16, 11,1; Gal 4,12; Phil 3,17; 1. Thess 1,6), zum leibhaftigen Trost (2. Kor 1,3–7) für die schwächsten Glieder der Gemeinde (1. Kor 12,22f. vgl. mit 2. Kor 11,29; 12,9). Sein Dasein dient einem Fortschritt in der *Freude* bei allen (2. Kor 1,24 vgl. mit Phil 1,12.25), und das Kriterium solcher Freude ist nicht das Ich, sondern das Du (Röm 8,2 nach Röm 7!), der Bruder (14,13–23), der Andere (1. Kor 10,24; Phil 2,4). So freut sich auch Paulus selbst, indem ihm Freude von und an anderen widerfährt (Röm 15,32; 16,19; 1. Kor 16,17; 2. Kor 2,3; 7,4.7.9.13.16; Phil 2,2.17; 4,1 10; 1. Thess 2,19f., 3,9; Phlm 7) und erweist sich darin als ein *Hoffender* (Röm 12,12), der »auf keinen Fall allein errettet werden« (Ernst Fuchs[3]) will, schon gar nicht ohne ›ganz Israel‹ (9,1–4; 11,26). Groß ist Paulus in der zur Seelsorge gehörigen ›Bettlergestalt‹ (Helmut Tacke[4]) des Verletzlich-Angreifbaren: In dieser einem verächtlichen Goëten (Gaukler) zum Verwechseln ähnlichen Gestalt (1. Thess 2,1–12) hat er nach dem Zeugnis seines ältesten Briefes (1. Thess) sich nicht zuletzt um die Seelen der ›Kleinmütigen‹ (5,14) bekümmert, indem er den hoffnungslos anmutenden Streit zwischen

Geist und Seele in der geduldigen *Heiligung* des Leibes (5,23 vgl. 4,3) auf die Bahn des alles umgreifenden *Friedens* Gottes brachte.

II. Exemplarische Texte

Wenn der Sünder den ›Weg des Friedens‹ nicht kennen kann, dann darum, weil er vermeintlich mit seinen Füßen den Himmel erreicht und faktisch mit dem Kopf im Dreck steckt (vgl. Röm 3,10–18). Er muß vom Kopf auf die Füße gestellt werden, so, daß er dabei von oben gehalten ist (10,15; 16,20). Dazu gebe ich einige Beispiele aus der paulinischen Korrespondenz.

Die Toten zuerst (1. Thess 4,13–18)

Schon im frühesten Christentum erscheint hier die (heidnische) Versuchung, die Toten nach Art der unfruchtbaren ›Traurigkeit der Welt‹ (2. Kor 7,10 vgl. mit 1. Thess 4,13) als am Ende zu verschmerzenden Verlust abzuschreiben. Das hängt nicht einfach nur mit der sog. ›Naherwartung‹ zusammen. Allzuleicht überspielt christliche Erlösungsgewißheit den Tod der anderen als für die Lebenden irrelevant. Paulus betont demgegenüber den Tod Christi (4,14), der den Glaubenden als Hoffnung für andere gutgeschrieben wird. Gott wird an den Toten so handeln, wie er an Jesus gehandelt hat: So sind sie durch ihn und in seinem Leibe für immer mit ihm zusammengeschlossen. Statt über die Toten zu triumphieren, werden die Überlebenden ihnen *nach*leben und *nach*sterben in der schmerzlichen Offenheit des zwischen ihnen noch Ungelösten, des Ungesagten zumal. Das Herrenwort von 15ff. als ›apokalyptische Vorstellung‹ beiseitezutun, um sich nur an die Pointe des ›mit dem Herrn zusammen‹ (17) zu halten, geht schon wegen V. 18 nicht: ›Mit diesen Worten‹ sollen die Thessalonicher sich gegenseitig trösten. Man kann die Pointe nicht haben ohne den Witz. Die apokalyptische Rede unterstreicht das Gericht: Die Überlebenden kommen nur so auf die Füße, daß sie, entrückt zur entscheidenden Begegnung mit dem Herrn ›in der Luft‹, mit den Toten (den Opfern?) auf dem erneuerten Erdboden in Frieden zusammensein können.

Solche Sprache eines Trostes, der sich dem (Gerichts-)Ernst des Todes gewachsen zeigt, gedeiht im alltäglichen Leben einer das Licht nicht scheuenden Gemeinschaft (5,1–11). ›Seelsorge‹ ist hier *gemeinschaftliche* Arbeit am Heil, am wahren Frieden (vgl. Phil 2,12). Wenn alle sich gegenseitig auf der apostolisch vorgezeichneten Bahn des Friedens halten, bedarf es keines besonderen ›Seelsorgers‹.

Apostolische Lebensberatung (1. Kor 7)

Der entscheidende Satz steht V. 15: »Zum Frieden hat euch Gott berufen.« Dahinter müssen selbst ein Herrenwort (10f.) und etwaige missionarische Ambitionen zurückstehen (15f.). Dazu stimmt die erstaunliche Unterscheidung des (jesuanischen) *Gebotes* vom apostolischen *Rat* (6.10.25.40). In der Hochschätzung des Friedens trifft sich Paulus mit den Rabbinen: Hier wie dort geht es nicht um einen faulen Frieden, sondern konkret um das ›Halten der Gebote Gottes‹ (19), weil und insofern sie dem Leben aller dienen. Bezeichnenderweise argumentiert Paulus hier nicht einfach pauschal mit dem ›Liebesgebot‹, obwohl das doch nahezuliegen scheint (vgl. Gal 5,6.13f.): Die Liebe wird nicht zur Ideologie, sondern bleibt Weg 1. Kor 12,31). Jeder muß einen (seinen!) festen Stand in der biologischen (7,2–6.9.36.39), religiösen und gesellschaftlichen (17–24) Realität als dem Ort seiner Berufung finden, wobei diese vielfältige Realität gerade nicht als unveränderbar gedacht ist: Sie unterliegt ja der Freiheit des schöpferischen, an kein ›Schema‹ gebundenen Handelns Gottes (29–31). Scheidung und Wiederheirat sind immerhin denkbar (15.39); der Sklave kann auch freikommen (21b). Das ehelose Leben des Paulus ist angesichts der endzeitlichen Not eine realitätsgerechte Option (28.32.35), aber auch die Ehe ist als Charisma (7!) nicht nur erlaubt, sondern geboten (2.9.36). In seiner Situation soll sich jeder durch ungeteilte Hingabe des Leibes wie des Geistes an Gott bewähren, so gut er kann, ohne falsche Rücksichten (23.32ff.). Die Möglichkeit des Rückzuges aus der Verantwortung der Geschlechtsgemeinschaft in einen ›religiösen‹ Bereich wird eher widerwillig und nur mit Einschränkung konzediert (5f.).

Im konkreten Verhalten des einzelnen steht immer das Ganze auf dem Spiel: die Gemeinde und ihr Herr, eben der alles umfassende Friede als Signum des Gottesreiches (Röm 14,17), an dem sogar der ungläubige Ehepartner und die Kinder teilhaben können (1. Kor 7,14), insofern auch sie am Ort der *Heiligung* sich antreffen lassen. Das Leben als Leib erfährt hier entgegen der korinthischen These von V. 1 und dem sich darin aussprechenden Geist-Enthusiasmus eine ungeheure Aufwertung: Es ist ›teuer erkauft‹ (23 vgl. 6,20); kein Leben ›als ob‹, sondern ›als ob nicht‹, kein Haben, sondern ein *verantwortliches Sein im Werden* (7,29ff.). Da muß auch guter Rat ›teuer‹ werden, nicht unerschwinglich, aber für den, der ihn gibt, bezahlt mit dem eigenen Leben (7f.25f.40).

Das Mahl des Herrn als Therapeuticum (1. Kor 11,17–34)

Wenn eine unangemessene Feier des Mahls zu Krankheit und Tod führen kann (30), wird der Umkehrschluß erlaubt sein: Das Mahl hat *therapeutische* Wirkung, falls da wirklich ein Mahl des *Herrn* ist und nicht eine den Anderen mißachtende religiöse Privatangelegenheit, keine ›Party‹, bei der jeder sich selbst vergnügt (20ff.). Der ›Leib für euch‹ (24; nicht für ›mich‹, das feiernde Individuum) kommt dem Leib zugute; das vergossene Blut meint eine bis ins Innerste hinein heilsam erneuerte Lebensordnung (25), die preisende Erinnerung des Todes des Herrn proklamiert die den Tod und alle Schwachheit besiegende Herrschaft des Auferstandenen, ›bis daß er kommt‹ (26). Essen und Trinken sind hier keine Adiaphora, als ginge es um den ›Bauch‹ (6,13), nicht um den ›Leib‹ (11,29)! Kritische, nüchterne Selbstprüfung, ob mein Essen und Trinken im Angesicht des Bruders, ›für den Christus starb‹ (Röm 14,15; 1. Kor 8,11), Bestand haben kann, mag zwar schmerzen, kommt aber der Gemeinschaft, der Freude, die einer gerade am Anderen, am Fremden gewinnen kann, zugute (11,32f.).

Ob der Respekt vor dem in seinem Mahl (auf-)richtend gegenwärtigen Herrn sich nicht auch auf das Essen und Trinken zuhause (22.34) segensreich auswirkt? Nicht, *was* ich esse oder trinke (Röm 14,17; 1. Kor 8,8), sondern ob ich dankbar *verstehe,* was ich *in reiner Freude* mit anderen zusammen aus Gottes Hand nehmen kann (10,31) wie Brot und Becher beim Mahl des Herrn, entscheidet. Wo die Götzen der Gier (wozu man auch die Gier nach unmittelbarem Gotterleben rechnen muß, was das Mahl des Herrn gerade verwehrt) nichts zu suchen haben (10,20f.), da wird das Essen und Trinken zur Wohltat und stärkt die Hoffnung auf die vollendete Gottesgemeinschaft der Lebenden mit den Toten, das Reich des Friedens, wo niemand mehr etwas ›herunterschlucken‹ muß.

Dem Bösen in der eigenen Mitte begegnen (2. Kor 2,5–11)

Was auch immer das ›Unrecht‹ gewesen sein mag, das Paulus hier anspricht (vgl. 7,11f.: ob nicht doch, entgegen der Mehrheitsmeinung gegenwärtiger Ausleger, ein Zusammenhang mit 1. Kor 5,1–5 besteht?), es betrifft die Gemeinde als ganze, ihre *Heiligkeit* (2. Kor 2,5; 7,11). Infolgedessen ist es Sache der ganzen Gemeinde, den gestörten Frieden wiederherzustellen (7,7–12 vgl. 2,3f.; 12,19ff.). Dazu gehört Einsicht in die *Schuld,* worum Paulus wohl im ›Tränenbrief‹ (2,4) geworben hat. Ohne solche Einsicht und die damit verbundene Bereitschaft zur Abkehr von der Verfehlung kann von ›Vergebung‹ keine Rede sein (7,9f.; 12,21). Dadurch, daß die Gemeindemehrheit den Übeltäter strafend zurechtweist und so ihre Verantwortung wahrnimmt (2,6; 7,11), gibt sie Paulus die Möglichkeit, großherzig die den Täter mit Recht treffenden Folgen seiner Tat zu begrenzen und der Gemeinde jetzt zur ›Liebe‹ (2,7f.) zu raten.

Indem es um den Gemeinschaftfrieden geht, geht es nun erst recht um den einzelnen, der nicht der Verzweiflung anheimgegeben werden darf: Das wäre ein Triumph des Satans, dem zwar das ›Fleisch‹ gehören mag, aber auf keinen Fall der im Leib einwohnende Geist (1. Kor 5,5)! Wenn aber gerade der Kampf gegen das Böse dazu führen kann, vom Satan übervorteilt zu werden (2. Kor 2,11), dann folgt daraus keineswegs, daß dieser Kampf zu unterlassen sei. Er erfordert nur ein hohes Maß eigener Leidensfähigkeit, wie sie Paulus im Zusammenhang der ganzen Affäre reichlich abverlangt wird, ja, die Bereitschaft zu eigener Reue (7,8!), so daß am Ende weder Sieger noch Besiegte zurückbleiben, sondern nur – *von Gott Getröstete,* die sich dankbar des unverdient geschenkten Friedens freuen können (1,3–11; 7,4–16). Naiv ist das nicht!

Glaube contra Aberglaube (Gal 4,8–11)

Aus der Tatsache, daß Paulus ein Nachgeben gegenüber der judaistischen Werbung in den galatischen Gemeinden als Rückfall ins Heidentum werten kann, zu schließen, Paulus setze Judentum und Heidentum gleich, wäre leichtfertig (2,15). Analogisiert werden Freiheitserfahrungen, wie sie Judenchristen auf dem Hintergrund der Tora (2,15–21) und Heidenchristen am Götzendienst gemacht haben, als der Geist sie ergriff (3,2f.; 4,6). Hinter diese Erfahrung können sie beide nicht zurück – Judenchristen (wie Petrus und Barnabas) nur um den Preis der Heuchelei (2,12f.) und Heidenchristen (die Galater) nur um den Preis der Verwandlung des Glaubens in Aberglauben (4,8ff.). Heiden, die nicht die Absicht haben, Proselyten zu werden, sondern sich die Tora als Mittel zum Heil in Christus aneignen wollen, um auf diese Weise die ›besseren Juden‹ zu sein, können auf diese Weise nur einen neuen Götzendienst anrichten, schlimmer als vorher (›Gesetzlichkeit‹), statt aus der Tora wie Israel im Dekalog (Ex 20,2) die Stimme der *Verheißung,* den Ruf der Freiheit zu hören (Gal 4,21–5,1). Die ›Rechtfertigungslehre‹, die Paulus erstmals im Gal entwickelt, dient, weit entfernt, einen abstrakten Gegensatz von Glauben qua ›Empfangen‹ und Tun qua ›Leisten‹ zu statuieren (5,6), nicht zuletzt dem Schutz der Tora vor heidnischem, abergläubischem Mißbrauch (4,21).

Seelsorglich relevant wird das damit gegebene hermeneutische Problem des Umgangs mit der Schrift immer da, wo der Glaube nicht zu seinem freien Gegenüber in der Gottesgeschichte gelangt, sondern als Glaube an den eigenen, selbstgemachten Glauben in sich verstrickt bleibt. Luther mußte u. a. deshalb auf halbem Wege stehenbleiben, weil er den irenisch- ökomenischen Röm vom polemisch verkürzten Gal her las, statt umgekehrt! Die Gefahr der heidenchristlichen Kirche ist nicht das Judentum, sondern ein bellikoses, gefräßiges Heidentum (5,15), das den Glauben nur als ›meinen‹ und ›unseren‹ Glauben kennt; das Judentum, wenn überhaupt, dann ›zum Fressen gern‹ hat und darüber in Depression versinkt. Der Geist der in Christus gegründeten Freiheit, den Paulus im Gal beschwört, wird ohne den das Israel Gottes meinenden Frieden (5,22; 6,16) nicht zu haben sein. Ideologische Verblendung, krude Mythologien und esoterischer Schwachsinn, die sich in der Kirche breitmachen, weisen darauf hin, daß eine Israel als ihren geborenen Kritiker verdrängende Kirche auch nicht zum aufrichtigen Frieden mit sich selbst gelangt.

Tauflogik: Nicht mehr! (Röm 6,1–14)

Nicht ein triumphales ›Schon‹ (vgl. 1. Kor 4,8; Phil 3,12), sondern ein jedwedes dialektisches Spiel mit der Sünde verabschiedendes gebieterisches ›Nicht mehr‹ wird durch die Taufe eingeprägt (Röm 6,2ff.6.9.14). Der auf der anderen Seite durch das ›Noch nicht‹ der endzeitlichen Vollendung begrenzte Raum der Herrschaft Christi wird mit den Imperativen eines der Todesherrschaft entronnenen Lebens besetzt. Nur in diesem Sinne, im Sinne eines morgendlichen Weckrufes (Eph 5,14) mag es dann auch ›schon‹ heißen: »Schon ist die Stunde da, aufzustehen vom Schlaf« (Röm 13,11). Da bleibt zwischen Indikativ und Imperativ kein mit eigenmächtigen Konsequenzen und ›Umsetzungen‹ (etwa mit einem erneuten Nickerchen) zu füllender Zwischenraum. Im Gegenteil! Mit dem Ergehen des Imperativs ist, nach dieser Logik, der Indikativ gesetzt, wie denn auch die Zeitaussage der Auferweckung Jesu von den Toten theologisch früher ist als die Aussage über seinen Tod für uns. Gerade so bekommt der Indikativ Gewicht: Gegen das Begrabensein (Röm 6,4) kommt keine theologische Sophistik auf.

Ist dann nicht die Taufe dasjenige Faktum, über das es in der Kirche keinen Streit geben darf, damit um so mehr um das Leben einer erneuerten Menschheit, um den Weg des Friedens fruchtbar gestritten werde? Nicht wer, von wem, wann, wie getauft wurde, ist für Paulus von Bedeutung (1. Kor 1,13–17), sondern *daß* getauft wird. Indem die Taufe (meist stillschweigend, aber um so gewichtiger) vorausgesetzt wird, entsteht ein Freiraum, in dem sich Seelsorge ohne den verhängnisvollen fundamentalistischen Zwang zu theologischen ›Begründungen‹ entfalten kann – und ohne diejenige spekulative Angst vor der Sünde, die zur konkreten Übertretung führen muß. Imperative, die der Not des Lebens gewachsen sind (im Grenzfall: pecca fortiter), *gemeinsam* zu finden, ja, kreativ zu *er*finden: wäre das nicht Aufgabe der Seelsorge? »Ich weiß: Du wirst mehr tun, als ich sage«, schrieb Paulus an Philemon (Phlm 21).

Einander aufnehmen! (Röm 15,1–13)

›*Auf*nehmen‹ (7, so noch Luther) sagt anderes und mehr als das neukanaanäische ›annehmen‹: Gegen ein »kaltes oder machtgieriges Schweigen, wie es von der Analyse her bekannt ist, wo es darum geht, daß ein Mensch sich rettungslos einem anderen ausliefert, der sich kein Gefühl für oder gegen ihn erlauben darf«, setzte Elias Canetti das Zuhören des Dichters Hermann Broch: »Brochs Zuhören war von kleinen, vernehmlichen Atemstößen unterbrochen, die einem bezeugten, daß man nicht nur gehört, daß man aufgenommen worden war, so als wäre man mit jedem Satz, den man sagte, in ein Haus getreten und lasse sich da umständlich nieder.«[5] Ein sich gegenseitig *Raumgeben* im Haus der durch die Schrift eröffneten (3f.9–12), durch Jesus für alle Völker bekräftigten Verheißung (3,8f.) meint Paulus. Was für ein geheimnisvolles Haus, in dem die Völker zusammen mit Gottes Israel (10) einmütig (6) Gott loben, durchweht vom Atem Seines Lebensgeistes! Ferne und Nähe, Fremdheit und Vertrautheit, außen und innen sind da keine Gegensätze. Raumgeben in diesem Haus ist Leidenschaft (». . . der Eifer um dein Haus hat mich gefressen«: Ps 69,10a) mit der Bereitschaft, nicht leiden zu machen, sondern selber zu leiden (». . . das Höhnen deiner Höhner ist auf mich gefallen«: Ps 69,10b = Röm 15,3) – nicht Freude am Leiden, aber unbedingte, auch das Opfer nicht scheuende Freude an Gottes sich in der Welt ausbreitendem Frieden (13).

Der ganze ›weiträumige‹ Röm wird durchsichtig als ein einziges, Israel zuerst meinendes (1,16; 9–11), Raumgeben des Apostels, der, nachdem er im Osten keinen Raum mehr hat (15,23), nun im Westen Raum erhofft für das Kommen des Gottesreiches. Im Blick auf Israel schloß solch Raumgeben den Wunsch, ›verflucht zu sein, weg von Christus‹ (9,2) ein. Wer also von Paulus wissen will, wie *weitherzig* (2. Kor 6,11ff.) ein Seelsorger sein kann oder muß, der stelle wie er seinen Leib als lebendiges Opfer für den vernünftigen Gottesdienst (12,1f.) gern zur Verfügung, wobei am Ende des Röm aufblitzt, welche Konsequenzen das haben mag (15,30f.). Der ethische Nihilist, der seine Gleichgültigkeit und Kälte gegenüber Gott und den Menschen als Weitherzigkeit tarnt, wird demgegenüber allemal an seiner Selbstgefälligkeit (15,1ff.) zu erkennen sein.

III. Wirkung

Ob es sinnvoll ist, Paulus unter die ›Seelsorger‹ einzureihen, mag man fragen. Aber zu denken gibt er einer heutigen Lehre von der Seelsorge allemal.

Autorität

Paulus übt *Macht* aus (1. Kor 4,20f.; 5,3f.; 2. Kor 10,3–6; 13,10; 1. Thess 2,7), gebietet (1. Kor 7,17; 11,34; Phlm 8) und erwartet *Gehorsam* (Röm 1,5; 15,18; 2. Kor 2,9; 7,15; 10,5f.; Phil 2,12, Phlm 21). Wo immer das Phänomen der Macht in der kirchlichen Diskussion tabuisiert oder wegpostuliert wird, mögen sich an dieser Stelle Schwierigkeiten einstellen. Es dürfte indessen weniger Paulus sein, der diese Schwierigkeiten bereitet, sondern eher die eigene Realitätsblindheit.

Die Autorität des Paulus ist sicher *personaler* Natur: Er kann und muß darauf pochen, daß er in Person den auferstandenen Herrn gesehen hat (1. Kor 9,1) und darum als (unverzichtbarer) Zeuge der alles entscheidenden Gottestat an Jesus fungiert (15,8.15). Wenn Lukas ihn in der Rolle eines ›Guru‹ präsentiert, hat das Anhalt am Pneumatikeranspruch des Apostels nach dem Zeugnis seiner Briefe (1. Kor 2,16; 7,40 vgl. mit Röm 15,19; 2. Kor 12,12). Gerade dann fällt auf, wie Paulus sich als Person zurücknimmt. Die Zeichen des Auferstandenen, der kein anderer ist als der Gekreuzigte, die Wundmale, die Paulus als Konsequenz seiner apostolischen Arbeit an seinem Leibe trägt (Gal 6,17 vgl. 2. Kor 4,10; 11,23–33; Phil 3,10), weisen von ihm selbst weg auf seinen Herrn und Gottes schöpferisches Tun (2. Kor 4,5f.), zielen auf die Gemeinde, der er dient (1,24). Insofern reicht die personale Kategorie zur Beschreibung der Autorität des Paulus nicht aus.

Institutionelles kommt hinzu. Das Abkommen mit Jerusalem (1. Kor 15,1–11; Gal 2,1–10), das sich sogar materiell bewähren soll (Röm 15,25–28.31; 1. Kor 16,1–4; 2. Kor 8f.; Gal 2,10), der auf der Basis gemeinsamer Tradition (1. Kor 11,23ff.; 15,3ff.) gesuchte und erreichte Konsens mit allen Gemeinden (Röm 6,17; Gal 1,2.9), der Umgang mit Israels Bibel als mit maßgebenden Heiligen Schriften (Röm 1,2) – das alles zeigt Paulus als Inhaber eines auch im (kirchen-)politischen Sinne zu würdigenden ›Amtes‹. Das Spezifische der paulinischen Autorität ist damit jedoch noch nicht berührt.

Protestanten erinnern in diesem Zusammenhang mit gutem Grund an den ›*Theologen*‹ Paulus, was freilich leicht dazu führt, das sich in konkreten Zusammenhängen und nicht unter den Bedingungen einer abendländischen Gelehrtenexistenz äußernde Denken des Paulus unangemessen zu systematisieren. Dabei geht dann der Blick auf das entscheidende Phänomen verloren: Es ist der (trotz 1. Kor 2,15) von der Person zu unterscheidende (4,1–5), Geschichte schöpferisch bestimmende prophetische Dawar (14,1; 15,51f.; Röm 11,25ff.), der, weil fundamental kritisch (1. Kor 1,18; 14,24f.; 2. Kor 2,14–17), selber der Kritik durch den prophetischen Geist der Gemeinde unterliegt (1. Kor 12,10; 14,29). Es ist zu bezweifeln, ob Seelsorge ohne einen solchen Dawar bestehen kann, es sei denn, sie verliert sich im seelenlosen Pragmatismus einer Ideologie psychischer Funktionstüchtigkeit.

Meisterschaft

Wenn Paulus sich durch etwas, auch vor seinen Gegnern, legitimieren kann, dann sind es seine *Briefe*: »Die Briefe, sagen sie, sind machtvoll und kraftvoll« (2. Kor 10,10). Daß Paulus mit seinen Briefen in die antike Seelsorgebewegung der philosophischen Diatribe hineingehört, ist spätestens seit Rudolf Bultmann (1910[6]) ebenso bekannt wie der autoritäre, alles andere als ›dialogische‹ Charakter solcher Seelsorge (für Paulus vgl. nur 1. Kor 15,36!). Aber indem Paulus die *professionelle* Stärke seines Briefschreibens durchaus ausspielt, läßt er gerade darin seine Schwäche erkennen: Was ist ein Apostel wert, der ›nur‹ schreiben kann? Die Not der Abwesenheit von den Gemeinden wird durch die Tugend des Briefeschreibens nicht überspielt, sie tritt als Not nur um so stärker hervor. In seinen Briefen entäußert sich Paulus, wird zum Bittsteller (Röm 15,30ff.; 2. Kor 5,20; Gal 4,12 und s. o. S. 57), wie er sich denn auch vor allem anderen in den Präskripten seiner Briefe als Beter zu erkennen gibt. So bittet er z. B. Gott für die Korinther, »daß ihr nichts Böses tut, nicht damit wir als tüchtig angesehen werden, sondern damit ihr das Gute tut und wir wie die Untüchtigen seien« (2. Kor 13,7).

Der paulinischen Selbstentäußerung in seinen Briefen entspricht deren unvergleichliche ›Innerlichkeit‹ und *Intimität*: Und was darin, also im Herzen des Paulus, Raum hat (2. Kor 6,11f.; 7,3; Phil 1,7), das sind die Menschen, die Gemeinden, an die er schreibt, in ihrer hoffnungsvollen Realität vor Gott. Sie selbst sind der in das Herz des Paulus (!) eingeschriebene Brief Christi an alle Menschen (2. Kor 3,2). Was wüßten wir von urchristlichen Gemeinden, wenn Paulus ihnen in seinen Briefen nicht sein Herz aufgetan hätte? Was wüßten wir vom konkreten Wirken des Geistes

Christi in dieser Zeit? Paulus bietet seinen Gemeinden und uns in seinen nicht nur mit Tränen (2. Kor 2,4), sondern auch mit Blut (Gal 6,11–17) geschriebenen Briefen Texte an, in denen sie und wir uns als an alle Menschen adressierten ›Brief Christi‹ wahrnehmen können. Indem Paulus den Adressaten seiner Briefe Zeit läßt, sich zu dem darin lautwerdenden Dawar zu verhalten, fixiert er sie nicht auf ihr altes, empirisch feststellbares Wesen, auf das Todeselend dieser Welt, sondern gibt ihnen einen auf die Neue Schöpfung (2. Kor 5,17; Gal 6,15) hin offenen Raum der *Freiheit* vor, der durch keinerlei Professionalität einzuholen ist. ›Furcht und Zittern‹ (1. Kor 2,3; Phil 2,12) heißt das Medium dieser gerade in ihrer menschlichen Fragwürdigkeit mit Recht kanonisch gewordenen Briefe, Texte, ohne die wir uns das zur Seelsorge gehörige freie Wesen des Geistes, der weht, wo er (nicht wo Paulus) will, nicht vorstellen können (2. Kor 3,17f.). Was sich dabei zuletzt an Paulus zeigt, ist freilich dann doch so etwas wie – *Meisterschaft*. Dies indes zu beurteilen, sind womöglich eher Literaten und Künstler zuständig, denn auf ›Wissenschaft‹ und ›Empirie‹ vereidigte Theologen.

Sympathie

Wie es mit der Fähigkeit des Paulus zur *Empathie*, zur verständnisvollen Einfühlung in andere, bestellt gewesen sein mag, läßt sich auf Grund des nur die eine Seite beleuchtenden Quellenmaterials der Briefe kaum entscheiden. Menschenkenntnis im allgemeinsten Sinne wird man dem Apostel aber zubilligen müssen: Das diplomatisch-taktische Meisterstück des Philemonbriefes wäre sonst z. B. nicht zu denken.

Doch verblassen alle diese Überlegungen vor dem Strom der *Sympathie* – Sym-Pathie im wörtlichen Sinne als ein vom Anderen Mit-Genommensein –, der dem Leser aus den Briefen entgegenkommt: »Ihr seid in unseren Herzen, mitzusterben und mitzuleben« (2. Kor 7,3). Es ist deutlich, woher dieser Strom kommt, nämlich aus der Gemeinschaft mit dem gekreuzigten und auferstandenen Christus, an der Paulus im Glauben Anteil nimmt. Christus ist nicht ohne seinen Leib zu haben, von dem gilt: »Wenn ein Glied leidet, leiden alle Glieder mit; wenn ein Glied glänzt, freuen sich alle Glieder mit« (1. Kor 12,26). »Freude mit den Frohen, Weinen mit den Weinenden« (Röm 12,15) lautet die Devise der durch Christus Realität gewordenen mitmenschlichen Sympathie.

Um einen bloßen Gefühlsüberschwang kann es sich hier nicht handeln. Was nicht von vorneherein seinen Ort fände im konkreten Tun und Erleiden, bliebe als Gefühl ohne Wert (Röm 12,9; 2. Kor 6,6). Paulus dürfte der (vermutlich alte) rabbinische Grundsatz nicht fremd sein: »Alle Israeliten sind Bürgen, einer für den anderen« (Sifra zu Lev 26,37; vgl. bSan 27b; Shevu 39a; RHSh 29a u. ö.), wenn er immer wieder die Gegenseitigkeit – ›einander‹ (vgl. nur Gal 6,2) lautet das paulinische Schlüsselwort – der Glieder des Leibes Christi einschärft.

Aber da ist nun doch ein Mehr, das nicht nur dem nüchternen Verantwortungssinn der rabbinischen Meister, sondern auch uns fremd sein dürfte. Zudem: Wo Sympathie sich so reichlich zeigt, müßte da nicht auch heftigste – *Anti*pathie zu finden sein? Als großer Hasser ist Paulus nicht nur seinen Feinden verdächtig geworden. Liebe auf der einen und Haß gegen das Böse (Röm 12,9), den Tod als den ›letzten Feind‹ (1. Kor 15,26); das Anathema gegen die ›Feinde des Kreuzes Christi‹ (1. Kor 16,22; Gal 1,8f.; Phil 3,18) auf der anderen Seite – das sind nur zwei Seiten ein und derselben Medaille, wie denn auch der Gott des Friedens für Paulus der ist, der den Satan zerquetschen wird zu den Füßen der Friedliebenden (Röm 16,20). Wer immer Grund sucht, um die seelische Gesundheit des Christentums besorgt zu sein: Hier findet er ihn.

Aber die Therapie kann dennoch nicht einfach in der Forderung nach einem Weniger bestehen, etwa indem man die Liebe als Sympathie der ihr (1. Kor 13,4 ist kein Gegenargument) zugehörigen Leidenschaft (2. Kor 11,2) berauben wollte. Indes bedarf die Leidenschaft allezeit der Reinigung – was eine Steigerung der Leidenschaft zur Folge hat – durch den Gott, den Paulus in Christus neuschaffend so vor Augen hat, daß jedwedes Böse unter der Übermacht des Guten in ihm verschwindet (Röm 8,3; 2. Kor 5,21). Alles Mehr, aller Überschwang liegt jetzt auf Gottes Seite, dem dann auf unserer Seite ein heilsames, auch nüchternes Weniger entsprechen darf (2. Kor 4,7): »Wer ist schwach, und ich bin es nicht? Wer wird zu Fall gebracht, und ich stehe nicht in Flammen?« (2. Kor 11,29). Sympathie ist diejenige Kraft, die den ›Seelsorger‹ und den, um den er sich sorgt, in der Hoffnung auf die *gemeinsame* Rettung zusammenbindet: Kein Arzt/Patient-, kein Patron/Klient-Verhältnis! Nicht ›etwas‹ am Menschen sucht Paulus, auch nicht den Menschen als ›etwas‹, als Mittel zum Zweck: Er ist kein Menschenfresser im Gewand des Seelenfreundes. Er sucht vielmehr das freie Wesen der kommenden Welt (Röm 8,18–30) – und mit ihm alle diejenigen, wer oder was sie auch seien, ohne die er nicht freudig vor Christi Richterstuhl erscheinen kann und will (2. Kor 1,14; Phil 2,16; 1. Thess 2,19f.) – »euch« (2. Kor 12,14). Wie es sich damit verhält, entscheiden die Leser des Paulus, entscheiden wir mit, indem wir die Kraft der Sympathie selber ermessen.

Anmerkungen

1 Nietzsche spürte gerade das Jüdische an der paulinischen Paradoxie des ›Gott am Kreuze‹, wenn er von ihr sagte: ». . . sie verhiess eine Umwerthung aller antiken Werthe.« F. Nietzsche, Jenseits von Gut und Böse, zit. nach ders., Sämtliche Werke. Kritische Studienausgabe, hg. v. G. Colli und M. Montinari, Bd. 5 (dtv 2225), München 1988, hier: 67.

2 Übersetzung nach Buber/Rosenzweig.

3 E. Fuchs, Marburger Hermeneutik (HUTh 9), Tübingen 1968, 252.

4 H. Tacke, Mit den Müden zur rechten Zeit zu reden. Beiträge zu einer bibelorientierten Seelsorge, Neukirchen-Vluyn 1989, 75ff.

5 E. Canetti, Das Augenspiel. Lebensgeschichte 1931–1937, München 1985, 37.

6 R. Bultmann, Der Stil der paulinischen Predigt und die kynisch-stoische Diatribe (FRLANT 13), Göttingen 1910.

Literatur

K. Adloff, Die missionarische Existenz des Apostels Paulus nach dem Zweiten Korintherbrief, in: BThZ 3 (1986), 11–27.

L. Baeck, Paulus, die Pharisäer und das Neue Testament, Frankfurt/M. 1961.

J. Becker, Paulus. Der Apostel der Völker, Tübingen 1989.

E. Biser, Paulus. Zeuge, Mystiker, Vordenker (Serie Piper 1477), München 1992.

M. Brumlik, Die Gnostiker. Der Traum von der Selbsterlösung des Menschen, Frankfurt/M. 1992.

C. F. G. Heinrici, Paulus als Seelsorger (BZSF VI/1), Berlin 1910.

D. Hildebrandt, Saulus/Paulus. Ein Doppelleben, München 1989.

P. v. d. Osten-Sacken, Evangelium und Tora. Aufsätze zu Paulus (TB 77: Neues Testament), München 1987.

E. P. Sanders, Paul (Past Masters), Oxford 1991.

A. Schweitzer, Die Mystik des Apostels Paulus, Tübingen 1930.

Johannesevangelium

Hartmut Bärend

1. Zugangswege

Das Wissen um eine seelsorgerliche Dimension des Johannesevangeliums hat die christliche Kunst dazu angeregt, dem Evangelisten Johannes in den bildhaften Darstellungen immer wieder fast mädchenhaft-weiche Züge zuzuschreiben. So fallen etwa auf dem Riemenschneider-Altar in Rothenburg/Tauber (St.-Jakobs-Kirche) von 1505 unter den harten Männergesichtern, die sich beim Abendmahl um Jesus herum gelagert haben, die zarten weichen Gesichtszüge des Johannes sofort auf. Weichheit darf hier freilich nicht mit Weichlichkeit verwechselt werden. Es soll vielmehr die tiefe Christusbeziehung des Johannes (»der Jünger, der an Jesu Brust ruht«) und seine sensible Gabe, Menschen zu sehen, abgebildet werden.

Vielleicht soll auch durch das Symbol des vierten Evangeliums, den Adler, eine seelsorgerliche Dimension zum Ausdruck kommen. Der Adler ist das einzige Tier, das in die Sonne schauen kann, und es hat den schärfsten Blick, kann also sehr weit und sehr genau sehen. So findet sich auch im Johannesevangelium eine klare und strahlende Beschreibung der Christusoffenbarung, und immer wieder finden sich Hinweise auf Jesu sehenden Blick Menschen gegenüber.

2. Grundzüge der seelsorgerlichen Dimension des Johannesevangeliums

Seelsorge, so zeigt es das Johannesevangelium, geht aus vom Leben in der Nähe Jesu. So bezeugt das Evangelium nicht nur die Augenzeugenschaft des Evangelisten (1,14; 19,35; vgl. auch 1. Joh 1,1–3). Das Sehen des Evangelisten ist ein tieferes Sehen, wie überhaupt das Sehen im Johannes-

Johannes

evangelium immer besonders beachtet sein will. Sehen schließt auch das »Bleiben bei ihm«, bei Jesus (1,39), ein. Nur im Johannesevangelium finden wir die einzigartige Formulierung, daß der Lieblingsjünger (der namentlich ungenannt bleibt) »an der Brust Jesu ruhte« (13,23; 21,20). Christliche Seelsorge erwächst daraus, daß Menschen »an der Brust Jesu ruhen«, m.a.W. daß sie selber aus der Lebensquelle des Glaubens trinken und daraus weitergeben. Origenes hat einmal gesagt, das Johannesevangelium könne nur verstehen, wer wie Johannes selbst an der Brust Jesu ruhe. Seelsorge geht von denen aus, die selbst aus der Seelsorge Jesu leben.

Das Johannesevangelium will Jesus als den Seelsorger aller Seelsorger großmachen. In keinem der anderen Evangelien wird Jesu Herrlichkeit so strahlend beschrieben: »Und wir sahen seine Herrlichkeit, eine Herrlichkeit als des eingeborenen Sohnes vom Vater, voller Gnade und Wahrheit« (1,14). Diese Herrlichkeit Jesu wird im vierten Evangelium entfaltet und findet ihren innigsten Ausdruck im hohenpriesterlichen Gebet Jesu (Joh 17). Hier kommt zum Ausdruck, daß Jesu an der Herrlichkeit des Vaters Anteil hatte, als er bei ihm war, »ehe die Welt war« (17,5). Sein Leben in der Welt ließ die Herrlichkeit Gottes aufleuchten. Den Tod Jesu am Kreuz und seine Rückkehr zum Vater sieht das Johannesevangelium als Verherrlichung Jesu an, die Gott selber wirkt (17,1.5).

Mit dem Glanz Jesu ist die Fülle verbunden, die von ihm ausgeht: »Ich bin gekommen, daß sie das Leben und volle Genüge (wörtlich: Überfluß) haben« (Joh 10,10b). Ob es um das Weinwunder in Kana oder um die Speisung der 5.000 geht – immer geht von Jesus Überfluß aus. »Das Ruhen an der Brust Jesu«, heißt also, daß der Jünger Anteil bekommt an der Fülle Jesu, um sie im seelsorgerlichen Geschehen weitergeben zu können.

3. Seelsorge des einzelnen und Jüngerseelsorge

Der Aufbau und damit die innere Abfolge des Johannesevangeliums macht deutlich: Seelsorge ist ausgerichtet auf einzelne und ist Jüngerseelsorge: Auch wenn Jesus nach Joh 2–4 das ganze Israel der damaligen Zeit unter Einschluß von Samarien durchquert, so konzentriert er sich doch immer wieder auf einzelne Menschen und steht ihnen zur Verfügung (vgl. 2,1f.; 3,1f.; 4,5.46f.). Ähnlich ist es in Joh 5–12: Jesus befindet sich in immer größerer Öffentlichkeit und zugleich unter ständig wachsender Bedrohung. Dennoch nimmt er sich Zeit, einzelne Menschen aufzusuchen und ihnen Seelsorger zu sein. Die Kapitel 13–17 beschreiben in Tat, Rede und Gebet eine einzigartige Jüngerseelsorge. Die sogenannten Abschiedsreden stellen eine geistliche Trostrede dar, die in ihrem Reichtum wohl kaum ausgeschöpft werden kann. Jesu Seelsorge besteht darin, daß er mit und für die Jünger sein Sterben verarbeitet, indem er sie auf das Kommen des Parakleten vorbereitet, der durch seine Paraklese der wahre Seelsorger wird.

4. Einzelzüge des seelsorgerlichen Wirkens Jesu am Beispiel von Joh 5,1ff.

Exemplarisch lassen sich die Einzelzüge der Seelsorge Jesu an der Begegnung mit dem Gelähmten am Teich Betesda darstellen (Joh 5,1–16).

Das Sehen Jesu
Am Anfang steht das Sehen. Eigentlich ist Jesus nach dem Bericht von Joh 5,1f. unterwegs zu einem Fest, das in Jerusalem stattfinden soll. Er läßt sich jedoch von seinem Weg ablenken, denn sein Blick wird vom Elend am Teich Betesda angezogen. Er über-sieht nicht, er sieht nicht weg, sondern: »Als Jesus diesen daliegen sah . . .« (5,6). Für das Johannesevangelium beginnt Seelsorge mit dem Sehen. Deshalb unterstreicht es immer wieder Jesu sehenden Blick (3,11; 6,5; 9,1 u. ö.). Im Grunde wird das ganze vierte Evangelium dazu helfen, daß die Gemeinde auf Jesus zu sehen lernt, um zu schauen, was er tut (1,14; 1,39; 1,46; 3,32; 4,45; 9,39; 19,35).

Das Hören Jesu
Dem Sehen folgt das Zu-Hören. Jesus nimmt sich Zeit, um die Krankheitsgeschichte des Lahmen am Teich von Betesda anzuhören. Nur so wird der Kranke selbst ernstgenommen. Mehrfach sind in diesem Sinn Sehen und Hören im Johannesevangelium miteinander verbunden, um Seelsorge als Ausdruck tiefer Beteiligung zu schildern (vgl. 3,29; 3,32; 1. Joh 1–3).

Das Fragen Jesu
Jesu erstes Wort in der Geschichte vom Lahmen am Teich Betesda ist eine Frage: »Willst du gesund werden?« (5,6). Dem Kranken wird nichts übergestülpt. Er wird da abgeholt, wo er ist. Er darf auspacken und seine Krankheitsgeschichte erzählen, von der Jesus zuvor gehört hatte. Er darf seine äußeren Schmerzen benennen, aber auch seine inneren Verbitterungen (»Ich habe keinen Menschen«, V. 7). Er kann sein ganzes Herz vor Jesus ausschütten. Seine Rede hilft ihm, den Blick zu Jesus zu heben, mehr nicht, aber auch nicht weniger. Jesu Frage macht in dem Lahmen lebendig, was schon tot war. Jesus ermöglicht mit seiner Frage reden, wo nur noch

Stummheit war. Mag der Lahme auch gar nichts erwartet haben – er beginnt zu reden. Damit beginnen sich Lebenskräfte in ihm zu regen. Für Seelsorge heißt das: Die Frage ersetzt keine Antwort, aber eine zu schnelle Antwort kann verhindern, was die Frage erreicht: daß sich ein Mensch in seiner Not aufschließen läßt und damit die heilende Kraft Jesu an sich herankommen läßt.

Das Reden Jesu

Jesu spricht das lösende und heilende Wort, das den Lahmen vom Tode zum Leben, von der Erstarrung zur Bewegung führt: »Steh auf, hebe dein Bett auf und geh umher!« (V. 8). Mit diesen Worten ruft Jesus den Kranken aus seiner Umnachtung heraus. Im Wort kommen Jesu schöpferische Kräfte zum Zuge. Sein Machtwort läßt den Kranken aufstehen und umherspringen. In der seelsorglichen Praxis des Johannesevangeliums wird auf das befreiende Wort Jesu nie verzichtet (vgl. auch 9,7; 11,43 u. ö.). In diesem Sinn versteht sich Seelsorge als Proklamation der Macht Jesu Christi in der persönlichen Hinwendung zu einzelnen Menschen und ihrer besonderen Lebenssituation. *Wann* das Wort Jesu angesagt wird, läßt sich bei Johannes methodisch nicht festlegen. Zumeist kommt es nicht sofort, sondern erst nach einer abholenden Phase (vgl. auch Joh 4; 9; 11). Unzweifelhaft aber ist, *daß* es kommt.

Das Nachgehen Jesu

Mit der Heilung am Teich ist die Geschichte aber noch nicht zu Ende. Es gibt eine Nach-Geschichte. Jesu Seelsorge ist nachgehende Seelsorge. Der Lahme hat Heilung erfahren, aber er weiß noch nicht so recht, von wem (V. 13). So begegnet ihm Jesus aufs neue und ermahnt ihn, sein Leben gründlich zu ändern (V. 14). Das Widerfahrnis der Heilung ist kein Mirakel eines Wundertäters. Es ist die zeichenhafte Handlung Jesu, der in seine Nachfolge ruft (vgl. auch 9,35f.). Seelsorge hat es im Johannesevangelium immer mit dem Faktor »Zeit« zu tun. Es reicht nicht aus, sich einem Menschen *einmal* zuzuwenden. Jesu findet den Geheilten (5,14), nachdem die Heilung längst vollzogen ist, wieder. Er trifft ihn an, ja er stöbert ihn auf, als er in erneuter Belastung steht (9,35). So hat er es auch mit seinen Jüngern getan, mit Petrus (vgl. 6,66–71; 18,15–18; 18,25–27; 21,15ff.), mit Thomas (vgl. 11,16; 14,5f., 20,24ff.) und sicher auch mit dem Lieblingsjünger. So wird auch Nikodemus, Jesu Gesprächspartner in Joh 3,1ff., immer wieder in seiner Nähe gewesen sein und Jesu Seelsorge erfahren haben (vgl. 3,1ff., 7,50–52; 19,39).

5. Johanneische Leitlinien der seelsorgerlichen Praxis Jesu

Hinter den Einzelzügen der Seelsorge Jesu stehen im vierten Evangelium Grundentscheidungen, die in dem theologischen Leitsatz Joh 3,16 entfaltet werden und sich aus ihm ableiten lassen: »Also hat Gott die Welt geliebt, daß er seinen eingeborenen Sohn gab, auf daß alle, die an ihn glauben, nicht verloren werden.«

Die Menschenfreundlichkeit Gottes
Jesu Sehen, Hören, Fragen und Reden entspringen der Liebe Gottes zu den Menschen, wie Jesus selbst sie als der Sohn zum Vater verkörpert. Hätte Gott nicht diese Welt geliebt, gäbe es auch gar keinen Grund zu seelsorgerlichem Tun. Die unfaßbare Menschenfreundlichkeit Gottes ist der Wurzelgrund aller Seelsorge. Nicht nur Jesu Seelsorge an Menschen ist von der Liebe Gottes motiviert; auch der Dienst der Gemeinde Jesu lebt wiederum von der tiefen Christusliebe, ohne die alle Seelsorge starr und leblos bleibt. Daraus entspringen auch Trost und Zuversicht, wie sie in der Abschiedsrede Jesu von der Zeichenhandlung (13,1ff.) bis hin zum hohenpriesterlichen Gebet (17,1ff.) zur Sprache kommen.

Der Zustand der Welt
Durch das vierte Evangelium zieht sich ein tiefes Wissen um den Zustand der Welt. Hier wird nichts romantisch verklärt. Der seelsorgerliche Blick Jesu schließt eine Realistik in der Welterfahrung ein. Schon am Anfang des Evangeliums werden Gottes Lichtglanz und die Finsternis des Irdischen einander gegenübergestellt (1,5). »Die Welt haßt euch«, kann Jesus seinen Jüngern zurufen (15,19; 17,14 u. ä.). Das Johannesevangelium entfaltet freilich keine Welt verachtende Sichtweise. Die »Welt« wird realistisch wahrgenommen, so daß die Seelsorge in den Blick bekommt, was ist. Die Leiden der Zeit sind nichts Ungewöhnliches, die böse Absicht der Zeitgenossen auch nicht. Das Wunder ist nur, daß trotz aller Widergöttlichkeit der Welt Gott eben an dieser Welt festhält. Seine suchende Liebe steht über ihr. Der seelsorgerliche Blick und das suchende Nachgehen Jesu bleiben auf die Welt gerichtet. Diese Welt hat Zukunft, weil Gott sie immer noch liebt.

Das Wunder der Hingabe Jesu
Das Johannesevangelium ist christozentrisch ausgerichtet, mit deutlich soteriologischer Zuspitzung: Gott hat diese Welt nicht sich selbst überlassen, auch nicht preisgegeben, sondern seinen »einziggeborenen Sohn« (3,16) hingegeben, damit Menschen den Weg zum Vater zurückfinden.

Die Hingabe Jesu prägt im vierten Evangelium die seelsorgerliche Praxis. Jesu Herrlichkeit soll zum Zuge kommen, damit Menschen auf den Weg Jesu geführt werden (1,39–45). Exklusiv redet der vierte Evangelist von der Einzigartigkeit Jesu: Die großen Ich-bin-Worte sprechen eine klare Sprache. Jesu wird als der Weg, die Wahrheit und das Leben vor Augen gestellt (14,6). Auch der Geist Gottes will im Johannesevangelium nichts für sich selbst, sondern er ist »Christus in Aktion« (H. Berkhof). Johanneische Seelsorge ist die Seelsorge Christi und die Seelsorge von Christus, dem von Gott gekommenen Bringer des Lebens, das bleibt. In diesem Sinn ist Seelsorge auch immer ein transzendentes Geschehen in Zeit und Raum. Deshalb auch die typisch johanneischen Mißverständnisse! Wie sollen die Zeitgenossen Jesu auch begreifen, welche Wirklichkeit Jesus meint, wenn sie sie nicht kennen? Wer bei Wasser nur an Trinkwasser aus irdenen Brunnen denkt, kann vom Wasser des Lebens nichts verstehen (4,11ff.15).

Die Einladung zum Glauben

Seelsorge hat im Johannesevangelium immer auch mit der Einladung zum Glauben zu tun: »Auf daß alle, die an ihn glauben . . .« (Joh 3,16). Der Weg führt mal von der Lebenshilfe zur Glaubenshilfe (5,1–14; 9,1–7.35–38), mal ist es umgekehrt (2,5ff.; 4,46ff.). Methodisieren läßt sich hier nichts. Geradezu aufregend ist der unterschiedliche Zugang Jesu zu den Menschen. Es gibt Glaubenshilfe für Menschen, die noch nicht glaubten (Joh 3,1ff.; 4,1ff. etc.), wie auch Glaubenshilfe für Menschen, die im Glauben stehen (2,1ff.; 20,24ff. etc.). Seelsorge ist hier als Sorge für den ganzen Menschen zu verstehen, als Hilfe zur Selbsthilfe. In seiner Seelsorge sucht Jesus den Menschen in seiner Befindlichkeit auf und lädt ihn ein, sich bei ihm festzumachen, johanneisch formuliert: bei ihm zu bleiben (Joh 1,39; 6,56; 15,4; 15,5ff.).

Der heilige Ernst

»Auf daß alle, die an ihn glauben, nicht verlorengehen« (3,16). Es geht beim Ruf zum Glauben immer um einen Ruf zur Entscheidung für das Leben. Glauben heißt Leben, Nicht-Glauben heißt Tod, Verlorenheit. Das gibt der Seelsorge Jesu die Dringlichkeit, ja die heilige Entschlossenheit. Wenn Jesus der Frau am Brunnen hilft, ihre Lebensabgründe zu offenbaren, spiegelt das seinen Ernst, Tiefen aufzuspüren, um einem Menschen helfen zu können (4,16ff.). Jesu Ringen um Menschen ist davon bestimmt, daß sie den Weg zum Leben wählen und nicht den zum Tode. Dabei wird er nie dränglerisch; Menschen werden nicht in Angst und Schrecken versetzt, um darüber glauben zu lernen. Herzlich und dringlich ist vielmehr sein Umgang mit Menschen, geprägt vom heiligen Ernst, daß es um Gottes Ehre geht und nicht um die der Menschen (Joh 8,22f.).

Die Fülle des Lebens
Bei aller Dringlichkeit ist nichts Beengendes in der Seelsorge Jesu, sondern Leben in Fülle. In der Begegnung mit Jesus bekommen Menschen zu merken, daß sie immer mehr empfangen, als sie je gedacht hatten: Wein gibt es im Überfluß (2,1–11); Brot bleibt im Überfluß übrig (6,13). »Ströme des lebendigen Wassers« sollen fließen (Joh 7). Der Grund wird in Joh 10,10 genannt: »Ich bin gekommen, daß sie Leben und volle Genüge haben«. Das ist nicht nur eschatologisch gemeint, sondern durchaus in die Gegenwart ragend, weshalb ja auch im Blick auf das Johannesevangelium mit Recht von einer »präsentischen Eschatologie« gesprochen wird. Jesu Gegenwart läßt sich sehen und schmecken (1,39; 2,10 u. ö.). Jesu Begegnung mit Menschen weckt Freude, die im Leiden durchgehalten werden kann. Der heilige Ernst nimmt die Freude nicht weg, sondern eröffnet sie (15,11; 16,20.22).

Zusammenfassung
Seelsorge wird im Johannesevangelium verstanden als eine von Christus ausgehende und zu ihm hinführende Seelsorge. Sie hat sowohl eine werbende (im Blick auf Menschen von außen) wie eine tröstlich-parakletische (im Blick auf den Jüngerkreis) Zuspitzung. Der Mensch wird in seiner Situation gesehen. Die Realistik der Welt steht mit all ihren Facetten der Dunkelheit vor Augen. Seelsorge vollzieht sich bei Jesus nicht am Leben vorbei, sondern mitten im Leben. Jesu heiliger Ernst läßt nicht zu, Seelsorge zu einer billigen Vertröstung verkümmern zu lassen. Jesu ansteckende Einladung, verbunden mit seinem Angebot des »Lebens in Fülle«, läßt aber auch nicht zu, Seelsorge zu einer angsteinflößenden Handlung werden zu lassen.

6. Jesu Auftrag zum seelsorgerlichen Tun

Das Johannesevangelium überliefert nicht nur Jesu eigene Seelsorge, sondern auch seinen Auftrag zur Seelsorge an seine Gemeinde.

Seelsorgerliches Verhalten
Wenn Jesus seinen Jüngern die Füße wäscht, gibt er ihnen zeichenhaft Kenntnis von seiner Sendung, die im Tode am Kreuz zur Voll-

endung kommt (13,1–20, 19,30). Er ist sich nicht zu schade, sich zu den füßen herunterzubücken und einen Liebesdienst zu tun. Die Fußwaschung zeigt, daß der, der so gewaschen ist, Anteil hat an Jesus. Sein zeichenhafter Dienst eröffnet Gemeinschaft mit ihm. Die Jünger sollen tun, wie der Herr ihnen getan hat. Sie sollen bereit sein, einander zu achten und zu dienen. In der seelsorgerlichen Praxis steht keiner höher als der andere. Der Gebende ist der, der sich tief hinunterbeugt. In der Seelsorge sind Christen einander »freie Herren« und »dienstbare Knechte« zugleich (vgl. M. Luther, Die Freiheit eines Christenmenschen, 1520).

Gestaltung der Seelsorge
Jesus gibt Petrus dreimal den Auftrag, Hirte zu sein (21,15–17). Diese Aufgabe weist an den Auftraggeber selbst zurück, der der Hirte seiner Gemeinde ist (Joh 10,1–30). Die Metapher vom Hirten bringt für die Seelsorge Ruhe, Stetigkeit und Treue zum Ausdruck. Mit Hektik und Sucht nach ständig Neuem hat der Hirte wenig zu tun – die Seelsorge auch. Hier geht es um stetiges, treues Begleiten von Menschen. Zum anderen gestaltet sich Seelsorge als aufmerksames, wachsames Geschehen mit anbefohlenen Menschen. Schließlich gestaltet sich Seelsorge als leidensbereites, aufopferungsvolles Geschehen mit angefochtenen Menschen. Das ist der Hirtenauftrag, der sich in der Seelsorge entfalten will.

Zuspitzung der Seelsorge
In Joh 20,23 findet sich ein konkreter Dienstauftrag für die Seelsorge: Vergeben und Behalten der Schuld (vgl. Mt 16,19; 18,18). Dieser Auftrag ist die Zuspitzung der Sendung Jesu. Dem Geschehen der Beichte wird von Jesus hohe Bedeutung beigemessen. Was in Mt 16,19 Petrus als Auftrag erteilt wird, gilt in Mt 18 und Joh 20 der ganzen Gemeinde. Die Binde- und Lösegewalt Jesu wird auf die Jünger übertragen. Sie werden eingewiesen in priesterliches Tun. Seelsorge ist das priesterliche Amt der Beichte, verbunden mit der Vollmacht der Sündenvergebung oder des Behaltens von Sünde. Dieser Dienst ist nicht an ein besonderes geistliches Amt gebunden, sondern ein Geschehen im Zusammenhang des »Priestertums aller Gläubigen« (M. Luther). Seelsorge soll sich nach der Botschaft des Johannesevangeliums zugespitzt als Beichtgeschehen verstehen, das ein Befreiungsgeschehen ist und der Eröffnung neuer Lebenskraft und -freude dient. Nach Joh 20,23 muß der Beichtiger freilich darauf sehen, ob die Beichte ehrlich ist und die Vergebung wirklich begehrt wird (und damit auch eine Änderung des Lebens). Sonst muß es geschehen können, daß Sünden nicht vergeben werden (20,23). Behalten von Sünde

kann auch eine seelsorgerliche Hilfe sein, um wirklich zu einer ehrlichen Beichte und Umkehr zu gelangen.

7. Folgerungen

Das Johannesevangelium leitet Seelsorge von Jesus als dem Seelsorger aller Seelsorger her. Glaubens- und Lebenshilfe werden nicht alternativ gesehen, sondern aufeinander bezogen, wobei die Glaubenshilfe Hilfe *zum* Glauben und Hilfe *im* Glauben ist. Methodische Regeln für die Seelsorge lassen sich nur selten aufstellen, dafür ist das seelsorgerliche Geschehen zu dicht. Grundlinien seelsorgerlichen Handelns lassen sich freilich in der Geschichte von der Heilung des Gelähmten am Teich Betesda erkennen. Theologische Leitlinien für Seelsorge können von Joh 3,16 her herausgestellt werden. Seelsorgerliche Praxis Jesu wird an vielen Geschichten deutlich. Der Auftrag zur Seelsorge für die Gemeinde Jesu steht im Johannesevangelium deutlich vor Augen.

»Kommt und seht!« sagt Jesus am Anfang des Johannesevangeliums den beiden ersten Jüngern (1,39). Von dem, was es bei Jesus zu sehen gibt, berichtet das Johannesevangelium. Seelsorge beginnt mit der Gemeinschaft, die Jesus denen eröffnet, die Seelsorge tun wollen. Er gibt, was zum Leben gebraucht wird. Er gibt es denen, die Seelsorge tun, und denen, an denen sie getan wird. Wer wie der Lieblingsjünger »an der Brust Jesu geruht hat«, kann sagen: »Und wir sahen seine Herrlichkeit, eine Herrlichkeit als des eingeborenen Sohnes vom Vater, voller Gnade und Wahrheit« (1,14).

Zweiter Teil

Seelsorge in der Alten Kirche

Antonius

Wüstenmönche

Menschen, die den Eindruck machen, daß sie beten

Manfred Seitz

I. Eine Welt, in der Wortkargheit als Tugend gilt

Unter den gegenwärtigen kirchlichen Tagungsthemen taucht immer wieder die Frage nach einer »neuen Spiritualität« auf. Unterdessen kommt eine ganz alte daher: die der Wüstenmönche[1]. Sie fand inzwischen – durch viele Veröffentlichungen hervorgerufen – in der katholischen und evangelischen Kirche eine wachsende »Gemeinde«[2]. Es liegt möglicherweise daran, daß sich der Begriff »Spiritualität« vom bisher gebrauchten Wort »Frömmigkeit« dadurch unterscheidet, »daß er Glaube, Frömmigkeitsübung und Lebensgestaltung zusammenschließt«[3]. Vielleicht ist es der Lebensstil der frühen Mönche, ihre Distanznahme vom Lauten und Vielen, ihre Hinwendung zum Einfachen und zum Schweigen, das heute Ersehnte im Fremden, das sie so anziehend macht? Was sind das für Gestalten?

Etwa um 300 n. Chr. erschien vielen Christen, vor allem in Ägypten, die sich verfeinernde Spätkultur der Antike und das Leben in ihren Städten überaus zweifelhaft. Waren die ersten christlichen Jahrhunderte erfüllt von Verfolgungen und geprägt von dem daraus entstehenden und dafür auch notwendigen Gedanken, »daß man nur dann ein wahrer Jünger Christi sei, wenn man für ihn stirbt«[4], so mußte jetzt »im offiziell christlich werdenden Imperium«[5] gewissermaßen ein Ersatz für diese Radikalität der Nachfolge gefunden werden. In dieser Situation des Umbruchs trat das Mönchtum in die christliche Geschichte ein. Es war die sich jetzt eröffnende Möglichkeit, in Anlehnung an große biblische Vorbilder wie Elia und Johannes den Täufer, der Ganzhingabe an Christus eine Form zu geben. Davon angezogen begaben sich viele, die ohne Rückhalt christlich sein wollten, in die Wüste, um den Ablenkungen des öffentlichen und privaten Lebens zu entgehen und Gott in der Abgeschiedenheit zu suchen. Dort führten sie in der Gemeinschaft klösterlicher Zusammengehörigkeit oder als »Anachoreten« (d. h. Entwichene, Eremiten oder Einsiedler) ein von Askese, Gottes-Dienst und Handarbeit bestimmtes Leben. In ihm spielte das Schweigen eine besondere Rolle: Er »hörte eine Stimme, die zu ihm sagte: Arsenios, fliehe, schweige, ruhe! Das sind die Wurzeln der Sündenlosigkeit«[6]. »Wir sind hier in einer Welt, in der Wortkargheit als Tugend gilt, wo Einsamkeit und Schweigen zu den wichtigsten Instrumenten des geistlichen Fortschritts gezählt werden, wo darum schon ein einziges Wort die Seele aufs tiefste be-eindrucken kann«[7]. Von einem Asketen namens Or wird erzählt, daß er »nie ohne Notwendigkeit gesprochen habe«[8]. Unter diesen Bedingungen reiften die »Zurückgezogenen« zu begnadeten Seelsorgern heran und konnten vielen Menschen, die zu ihnen kamen, durch geisterfüllte Ratschläge helfen.

Diese Ratschläge sind uns in einer eigenartigen Sammlung von »Vätersprüchen«, den »Apophthegmata Patrum« aus dem 5. Jahrhundert aufbewahrt und überliefert[9]. Sie wurden Suchenden in bedrängten Situationen ihres Lebens als Zuspruchs-Seelsorge gegeben, faßten das biblische Gotteswort als etwas zu Realisierendes wie in einem Brennspiegel zusammen, waren durch das Leben derer, die sie erteilten, gedeckt und stellen »eine der reichsten Lebensanweisungen zum Evangelium dar, die auf dem langen Weg der Christenheit durch die Geschichte entstanden sind«[10]. Eine »der größten spirituellen Autoritäten des christlichen Abendlandes«[11], Johannes Cassian (ca. 360 bis ca. 430), der erst jetzt wieder die ihm gebührende Beachtung findet, darf in diesem Zusammenhang nicht unerwähnt bleiben. Ihm, der mit seinem (rumänischen?) Landsmann Germanus jahrelang die Anachoreten und Klöster in Ägypten, im Nildelta, in Syrien, Palästina und Mesopotamien bereiste, der sozusagen der »Reporter« der Wüstenmönche war, verdanken wir eine genaue Kenntnis der Einrichtungen (Institutiones) und Unterredungen (Collationes) des frühen Mönchtums. Seine großen Werke darüber, so gewiß sie seine Schöpfungen, frühmonastische Theologie und werbende Darstellung sind, rühren trotzdem »an eine Schicht spirituellen Denkens . . ., die beinahe ebenso ursprünglich ist wie die der Apophtegmata Patrum . . .«[12]. Von weiteren Quellen, aus denen wir anschaulich, geistlich bewegend und verläßlich schöpfen können, erwähnen wir nur noch drei: a) die bereits (vgl. Anm. 2) genannte Historia Lausiaca des Bischofs Palladius (ca. 364 bis 431), b) die anonyme Historia Monachorum in Ägypto und c) die Vita Antonii des Bischofs Athanasius (ca. 295 bis 373). Sie alle sind nicht nur Erinnerung, um das Andenken an diese Glaubensgestalten zu erhalten, nicht nur Lehre, die aus einer pneumatischen Lebenswelt kommt und geistliche Erfahrung vermittelt, sondern auch Seelsorge, indem sie von Seelsorge berichten. Sie können deshalb auch von uns heute als Seelsorge durch Lesen (Bibliotherapie) verstanden werden[13].

II. Das Werden des Mönchs: Die Zelle als Weg

Wenn hier von Mönchen und deren Werden zu Seelsorgern gesprochen wird – es wird später auch von »Heiligen Frauen« die Rede sein –, dann in einem besonderen Sinn! Ihre Trennung von der normalen Gemeinde und das Entstehen einer asketischen Sonderwelt ist kein Weg, der sich für alle eignet. »Gewiß ist er das nicht, allein von welchem Weg kann dies behauptet werden? Nie ist eine Möglichkeit für alle gegeben, dieweil sie stets nur für eine bestimmte seelische Konstitution in Frage kommt. Gleichwohl schließt die mönchische Wegweisung das Geheimnis in sich, eine stille Leuchtkraft auszusenden, welche die Finsternis des Lebens überhaupt zu durchdringen vermag«[14]. Ihr Geheimnis ist die exemplarische Greifbarkeit des Christlichen, der sicher auch von viel Menschlichkeit und Merkwürdigkeit ummantelte Kern, von dem Kraft ausgeht, das »Vorbildliche«, nicht als Ideal, hinter dem man doch zurückbleibt, sondern im apostolischen Sinn (1. Tim 1,16) als Vorausabbildung, an der vorabgebildet wurde, was an anderen anders nachgebildet werden kann. So verstanden wird das Monastische zum zeichenhaften Ausdruck der christlichen Existenz für alle. Das hatte Walter Dirks im Auge, als er in seiner »Antwort der Mönche« schrieb: »Was ist ein Heiliger? Zuerst natürlich und eigentlich: ein Geheilter, einer im Heil, also ein Glaubender und Getaufter, ein Christ«[15]. Für die Seelsorge ergibt sich daraus, daß am Werden des Mönchs Züge und Merkmale zutagetreten, die für das Werden eines christlichen Seelsorgers überhaupt bedeutsam sind.

Es gibt spontanes Helfen auch im psychischen Bereich und Gaben der Seelsorge ohne Ausbildung, von denen man nicht weiß, wo sie herkommen – oder doch: Sie werden Gemeindegliedern hinzugetan zu ihrer Natur; sie sind ein Mehr, das zum Vorgegebenen hinzukommt, ein Nachgegebenes, das ihre Natur verändert. Aber normalerweise erfordert Seelsorge Ausbildung: gelernte Zurücknahme, geschultes Einfühlungsvermögen, unterwiesene Unterscheidungsfähigkeit, überlegte Entschlüsse, erworbene Phantasie, tradierte Methode und geübten Gleichmut. Das wußten die Wüstenmönche auch, und Vater oder Mutter im Glauben, Seelenführer und geistlicher Begleiter konnte nur werden, wer einen bestimmten Weg ging.

Es war der Weg in die Zelle. Die Zelle (Kellion) steht hier als Symbol für alles, was der in dieser Berufung Stehende nun zu lernen hatte – unter Anleitung der Erfahrenen und immer wieder allein. Die Zelle, in der einfachsten Form als Hütte oder als Höhle »war nicht nur notwendige Wohnung, sondern ein wichtiges Mittel der Askese«[16]. In ihrer unvorstellbaren Stille – ringsum war niemand bzw. die in der Nähe verhielten sich genauso – machte alles Erlebte tiefen Eindruck.

»Ein Bruder kam in die Sketis zum Altvater Moses und begehrte von ihm ein Wort. Der Greis sagte zu ihm: ›Fort, geh in dein Kellion und setze dich nieder, und das Kellion wird dich alles lehren‹«[17].

Es lehrte ihn – und deswegen darf man den Weg des Mönchs nicht unbedenklich mit Weltflucht gleichsetzen – es lehrte ihn, »Welt« in der konkretesten und konzentriertesten Form zu erfahren: die Begegnung mit sich selbst und die Konfrontation mit dem eigenen Ich: »Den Abstand zu dem Ebenbild Gottes, als das man gemeint ist und dem man in so vielen Zügen nicht entspricht, erleidet der Christ auch als Schuld.«[18]. Deshalb wurde das Ausharren im Kellion als gleichbedeutend mit dem Beweinen der Sünden angesehen.

»Abbas Isaias fragte den Altvater Makarios: ›Sage mir ein Wort!‹ Der Alte antwortete ihm: ›Fliehe die Menschen‹. Da sprach Abbas Isaias zu ihm: ›Was heißt das: die Menschen fliehen?‹ Der Greis antwortete ihm: ›Dich in dein Kellion setzen und deine Sünden beweinen‹«[19].

Dort im Kellion spielte sich auch der Kampf mit den Gedanken ab, mit den durch ungute Worte anderer eindringenden oder von innen aufsteigenden negativen Sätzen, die wir uns ständig vorsagen und dadurch die Seele verdüstern. Jeder kennt das![20] Bezeichnenderweise beginnt das Ap. 1 und damit die ganze Sammlung der »Vätersprüche« mit dem Satz:

»Als der Altvater Antonius einmal in verdrießlicher Stimmung mit düsteren Gedanken in der Wüste saß . . .«.

Daß man sie nicht verhindern, aber ihnen widerstehen kann, war die positive Erfahrung der Väter in ihrem Kampf auf dem Feld des inneren Selbstgesprächs:

»Ein Bruder kam zum Altvater Poimen und sagte: ›Vater, ich habe vielerlei Gedanken und komme durch sie in Gefahr‹. Der Altvater führte ihn ins Freie und sagte zu ihm: ›Breite dein Obergewand aus und halte die Winde auf.‹ Er antwortete: ›Das kann ich nicht!‹ Da sagte der Greis zu ihm: ›Wenn du das nicht kannst, dann kannst du auch deine Gedanken nicht hindern, zu dir zu kommen. Aber es ist deine Aufgabe, ihnen zu widerstehen‹«[21]

Um diese bis auf den Grund gehende »Höllenfahrt der Selbsterkenntnis« (Johann Georg Hamann) zuzulassen, auszuhalten und zu bestehen, ist die Zelle da.

Sie ist aber auch der Ort der Askese, des Lebens vor Gott als »Gottes-Dienst« im weitesten Sinn und der Handarbeit. »Askese« bedeutet zunächst (sportliche) Übung, aber als deren Voraussetzung und Folge auch Zurückhaltung und Verzicht, um ein bestimmtes Ziel zu erreichen. Was Fairy von Lilienfeld als asketisches Ziel der russischen Mönche formulierte, gilt auch für das frühe anachoretisch-koinobitische Leben: »Askese ist Platz-Machen für das Wirken des Heiligen Geistes«[22]. Dem kommt ein Spruch der lateinischen Überlieferung nahe:

»Der Altvater Apollonios sagte: Alle Übungen der Enthaltsamkeit sollen verborgen geschehen, damit zwar der Leib durch Fasten gedemütigt, aber nicht Lob von Menschen, sondern der Lohn vom Herrn gesucht werde«[23]

Neben dieser »normalen« Askese, die als Absage ihrem Wesen nach Vorbereitung im Verborgenen ist, steht eine übertriebene, die geschöpflichen Lebensbedingungen und -realitäten verkennende, abstoßende Askese. Ihre Maßlosigkeit wird aber in einer Reihe von Logien (Vätersprüchen) gesehen und korrigiert; z. B.:

»Es gibt eine überspannte Askese, die vom Feinde ist. Denn auch seine Schüler üben sie. Wie nun unterscheiden wir die göttliche, die königliche Askese von der tyrannischen, dämonischen? Offenkundig durch das Maß . . .«[24]

Was die Benediktus-Regel der abendländischen Kultur vermachte, die Gabe des Maßes, finden wir hier vorbereitet.

Neben der Askese sind es »liturgische« Dienste, die das Leben in der Zelle prägen. Sie geschehen dem altkirchlichen Gebrauch des Wortes entsprechend in verschiedenen Formen, in denen der Mönch Gott dient. Dabei begegnen uns vor allem die Grundelemente des christlichen Gottesdienstes im geistlichen Tun der Mönche: Psalmen, Schriftlesung und Gebet. Über Antonius wird erzählt:

»Alle Mönche, die ihn aufsuchten, forderte er . . . dazu auf . . ., Psalmen zu singen vor und nach dem Schlaf . . .«[25].

Die Psalmen wurden selbst im Kellion nicht gelesen, sondern auswendig gesungen. Dementsprechend heißt es in der Vita der Maria von Ägypten vom Altvater Zosimas: »ständig sang er Psalmen und kaute sozusagen in seinem Geist die Heiligen Schriften wieder«[26]. Der Bibel begegnete man im Gottesdienst durch die Schriftlesungen; sie dürfte aber teilweise auch in den Kellien in einzelnen Teilen vorhanden gewesen und dort gelesen worden sein. Der oben erwähnte Zosimas »vernachlässigte . . ., so sehr das tätige Leben ihn auch in Anspruch nahm, niemals die sorgfältige Meditation von Gottes Wort«[27]. Wenn dabei von »Meditation« die Rede ist, dürfen wir keine modernen Vorstellungen herantragen. Gemeint ist die antike Wiederholungsmeditation, die das Gelesene oder Gehörte – hauptsächlich in Einzelworten – aufnahm und sich durch stets murmelndes Wiederholen einprägte. Wir sollen »die Heiligen Schriften, eine nach der andern, tief unserem Gedächtnis einprägen und unaufhörlich in unseren Gedanken wieder und wieder erwägen.«[28]. Darüber gewannen die Jesus-Worte der Evangelien, besonders die des Matthäus-Evangeliums, geradezu »eine Regelfunktion für eine neue vita evangelica«[29]. Durch diesen Schriftgebrauch bedingt, sind die Übergänge zum Gebet fließend und Beten wird im Gefolge von 1. Thess 5,17 »Betet ohne Unterlaß« zum immerwährenden Tun. Dementsprechend berichtet Athanasius von Antonius:

»Er betete . . . fast immer, denn er hatte gelernt, daß man still für sich (vgl. 2. Kön 4,33; Mt 6,6), ohne nachzulassen (1. Thess 5,17), beten müsse«[30].

Das »still für sich« kehrt in der von Cassian mitgeteilten Gebetslehre wieder:

»Vor allem müssen wir das Gebot des Evangeliums sorgfältig beobachten, in unserem Kämmerlein bei verschlossener Türe zu unserem Vater zu beten«[31].

Am eindrucksvollsten aber ist vielleicht das, was man vom Altvater Arsenios erzählte:

»Spät am Sabbatabend, wenn der Herrentag aufleuchtet, ließ er die Sonne im Rücken, streckte die Hände zum Himmel und betete, bis ihm die Sonne wieder ins Gesicht leuchtete, und dann erst setzte er sich«[32].

Aus dieser Übung des Gebets als unablässigem Tun wird später – in den Apophthegmata durch viele Vorformen vorbereitet – das »Jesus-Gebet« der Ostkirche hervorgehen, ohne das die (hier ebenfalls behandelte) Seelsorge der Starzen nicht zu verstehen ist.

Übungen der Enthaltsamkeit, Gottesdienst im dargestellten Sinn – der gemeinsam als Eucharistie gefeierte miteingeschlossen – und Handarbeit gliederten die Zeit der Mönche. Vom Beten zum Arbeiten leitet schon das erste Apophthegma über; oder besser: Es zeigt die Verschränkung von beidem im Sinn des alten Mönchsspruchs »Ora et labora« (Bete und Arbeite): Antonius »saß da und arbeitete, stand dann von der Arbeit auf und betete, setzte sich wieder und flocht an einem Seil, erhob sich dann abermals zum Beten . . .«[33]. Das Einweichen von Palmfasern und Flechten von Seilen, Korbflechten, Herstellung von Matten, Feld- und Gartenarbeit, vereinzelt auch Abschreiben von Büchern war die Arbeit der Anachoreten. Ihre Erzeugnisse verkauften sie auf dem Markt oder tauschten sie gegen andere Waren ein. Der Erlös wurde, wobei sich Anachoreten- und Koinobitentum berührten, in der Regel verteilt. Die Arbeit galt ihnen mehr »als Erwerbsmittel, nur vereinzelt auch als asketisches Mittel«[34]. Im Sinn von 2. Thess 3,10 »Wenn jemand nicht will arbeiten, der soll auch nicht essen«, waren die Mönche der Meinung, daß einer, der nicht arbeitet, von Gott auch keinen Lohn erhält. Deshalb sagten sie:

»Wenn du ein Mensch bist, dann mußt du arbeiten, damit du deine Nahrung findest«[35].

Ein anderes Logion faßt das Werden des Mönchs und die Zelle als Weg wie in einer Summe zusammen:

»Ein Bruder fragte den Abbas Poimen: ›Wie muß ich mich in meinem Kellion verhalten?‹Er antwortete: ›Das Leben im Kellion, äußerlich betrachtet, ist Handarbeit, einmal essen am Tag, Schweigen und Betrachten. Der geheime Fortschritt im Kellion ist: Sich die Selbstanklage abzuringen, an jedem Ort; wohin man auch geht, die Gebetszeiten einzuhalten und das Verborgene nicht zu übersehen. Wenn es sich daher trifft, daß du von Handarbeit frei wirst, dann gehe in die Versammlung und bete ungestört. Die Hauptsache ist: Gewinne Gemeinschaft mit Guten und halte dich von der Gesellschaft der Bösen fern«[36].

III. Das Wirken der Erfahrenen

Erfahrung ist etwas anderes als eine Vielzahl von Erlebnissen. Wenn wir hier die Väter als Erfahrene bezeichnen, dann meinen wir damit, daß sie gelernt haben, ihre Erlebnisse in der Zelle in einen Bedeutungszusammenhang einzuordnen und mit der »traditio«, d. h. mit dem, was ihnen als Glaubensinhalt und Glaubensvollzug übergeben wurde, zu verbinden. Erfahrung ist verarbeitetes Erlebnis.

Als Ergebnis dieser Verarbeitung formuliert Anselm Grün drei, »Gaben« genannte, »Voraussetzungen für den geistlichen Vater: die Gabe der Kardiognosie und der Diakrisis, und die Fähigkeit, dioratikos zu sein. Kardiognosie (Herzenskenntnis) hat ein Altvater, wenn er das eigene Herz mit seinen Abgründen erforscht hat und nun auch das Herz des andern durch und durch kennt und es versteht. Diakrisis ist die Gabe der Unterscheidung. Der Altvater kann bei sich und bei andern die Regungen der Seele daraufhin unterscheiden, ob sie von Gott, von den Dämonen oder aus dem eigenen Herzen kommen. Dioratikos (mit der Durchschau begabt) ist der geistliche Vater, wenn er beim Ratsuchenden durch die Worte und durch die Gesten und Gebärden des Leibes hindurch auf den Grund der Seele zu schauen vermag, wenn er sieht, wie es wirklich um den andern steht und wessen er bedarf«[37].

Es ist sinnvoll und der altkirchlichen Seelsorge gemäß, die Unterscheidungsgabe (Diakrisis, discretio) besonders hervorzuheben: Im Neuen Testament ist sie Gabe (1. Kor 12,10) und Aufgabe (Hebr 5,14) der Gemeinde. Sie bezieht sich auf die Geister und Geistigkeiten, die die Gemeinde umgeben und auch durchdringen. Sie fragt, was die Gemeinde und ihre Glieder aufbaut und nicht spaltet, was den Glauben trägt, das geistliche Leben fördert, für einen Menschen in seiner Situation gut ist, den Geboten Gottes entspricht oder sich gegen den Willen Gottes richtet. Sie prüft die Geister und durchschaut sie, wenn sie sich mit den Masken des schönen Namens und des guten Zwecks tarnen. Das wissende Herz und der Geist der Unterscheidung spielen bei den Vätern und vor allem in ihrer Seelsorge eine unverkennbar große Rolle. Nicht weniger als 60 Vätersprüche haben sie als Thema und Cassian bringt in seinen »Collationes« eine ganze Unterredung darüber[38]. Antonius mahnt die Mönche:

»Wir müssen beten . . ., um die Gnade der Unterscheidung der Geister zu empfangen, damit wir nicht, wie geschrieben steht, jedem Geist trauen (vgl. 1. Joh 4,1)«; Cassian zählt sie »*zu den edelsten Gaben des Heiligen Geistes*« und ein Altvater praktiziert sie so: »Nicht alles, was man dir sagt, soll dir gefallen, noch sollst du jedem Wort beipflichten. Vielmehr glaube langsam; aber das Wahre sage schnell«[39].

»*Heilige Frauen*«. – Vom Strom der aufbrechenden asketischen Bewegungen wurden auch viele Frauen erfaßt, die »ihr bisheriges, in genauen Bahnen vorgezeichnetes Leben verließen und als Asketinnen, entweder allein oder gemeinsam mit anderen, das asketische Leben in der Einsamkeit und Abgeschiedenheit verwirklichten«[40]. Einer Reihe von ihnen begegnen wir in der »Historia Lausiaca« des Palladius. Einige wurden mit ihren Worten der Weisheit in die Apophthegmata aufgenommen; unter ihnen Amma Synkletika. Von ihr stammen die knappen, erregenden Sätze:

»Gebet mit Fasten vertreibt schlechte Gedanken . . . Das ist die große Askese: In Krankheiten tapfer aushalten und Dankeshymnen zu Gott emporsenden . . . Wir müssen unsere Seele mit Unterscheidungsgabe leiten«[41].

Die herausragende, aber nur durch eine Legende (zum Vorlesen bestimmte Heiligengeschichte) faßbare Gestalt ist Maria von Ägypten, »Typos der Büßerin . . . Urbild der Wandlungsfähigkeit«[42]. Über ihre Geschichte äußerte Fjodor Dostojewskij: »Es war kaum möglich, sie ohne

Tränen anzuhören, und zwar nicht so sehr vor Rührung als aus einer ganz eigenartigen Begeisterung: Man empfand etwas Ungewöhnliches und Glühendes, etwas von der Gewalt und Großartigkeit jener glühenden Wüste, durch die die Löwen streifen und in der die Heilige umherirrte«[43]. Zu den wenigen dieser Frauen, über die wir Genaueres wissen, gehört Makrina (ca. 327 geb.), die ältere Schwester der großen Kappadozier Basilius und Gregor von Nyssa – »dank der Berühmtheit und theologische Bedeutung ihrer beiden Brüder«. Ihrem Ansehen und ihrer Wirkung entspricht diese Stellung im Hintergrund nicht. Heute steht sie für die Ursprünge des weiblichen Mönchtums durch die Studien von Ruth Albrecht vor uns »als eine Frau mit einem eigenen geistigen und spirituellen Profil, die eines der ersten Frauenklöster in Kleinasien gründete und leitete«. Aber über die Mehrzahl »dieser Frauen wissen wir nichts, manchmal kennen wir nur ihre Namen, manchmal ein paar Stationen ihres Lebens – die meisten jedoch bleiben für uns anonym in dem großen Strom der neuen Lebensform«[44].

Die Väter und die »heiligen Frauen« stellten ihre Existenz Gott zur Verfügung. Dienten sie auch der »Welt« und stellten sie sich in gleicher Weise mit ihren Erfahrungen den Menschen zur Verfügung? Es ist hier nicht der Ort, darüber zu sprechen, daß sie kein Wort über die positive Beziehung des Christen zur Welt hatten, wenig über Jesu Gebote der Feindesliebe und des Friedenstiftens sagten und Gott als Schöpfer und die Welt als Gottes Schöpfung verschwiegen, sondern es geht um ihre Verfügbarkeit für die Seelsorge. August Hardeland urteilt darüber kritisch: Sie hätten »sich wenigstens zunächst nicht für verpflichtet angesehen . . ., nach außen hin erbauend zu wirken, sondern in der Pflege ihrer Sonderzwecke ihre Aufgabe« erblickt, durch »das Streben nach eigener Vollkommenheit das doch davon unablösbare andere, den Brüdern zu dienen, so sehr in den Schatten gestellt, daß die Ausübung der Liebespflicht als etwas sogar Schädliches erscheint«, in manchen Fällen seelsorgerlicher Befragung »eine gewisse Sprödigkeit bewiesen und sich nicht gern . . . besuchen lassen« und »die Bethätigung der Liebespflicht« in engen Grenzen gehalten[45]. Fairy von Lilienfeld spricht deshalb von »einem ständigen Zwiespalt zwischen Zurückhaltung und Übernahme geistlicher Seelenführung«[46]. Ihm begegnen wir z. B. beim Abbas Arsenios:

»Der Altvater Markos fragte den Altvater Arsenios: ›Warum fliehst du uns?‹ Der Greis antwortete ihm: ›Gott weiß, daß ich euch liebe! Aber ich kann nicht zugleich bei Gott und bei den Menschen sein. Die Tausende und Zehntausende oben haben einen einzigen Willen, die Menschen aber viele Willensneigungen. Ich kann also nicht Gott verlassen und zu den Menschen kommen‹«[47].

Man kann in dieser Hochschätzung der Herzensruhe (Hesychia) sogar eine Art des geistlichen Egoismus sehen; doch gab es darüber offenbar schon damals Kontroversen. Cassian berichtet von einem Nachtgespräch bei Antonius »um Fragen des geistlichen Lebens«. Die Väter diskutierten, »welche Tugend oder Übung einen Mönch ... auf dem rechten Weg mit sicherem Schritt ... führen könne«. Sie zählten eine Reihe von asketischen Übungen auf.

»Einige wiederum meinten, der Vorrang gebühre den Taten der Liebe, den Dienstleistungen der Menschlichkeit (officia humanitatis) ...«

Antonius, als er zur Sache sprach, erkannte sie alle als »notwendig und nützlich für den wahren Gottsucher« an; hatte aber auch »zahllose Fälle von geistigem Absturz« im Auge, dere Ursache er in einem Mangel an Unterscheidungsgabe (discretio) erblickte. Leider stellte er dann nicht die Sorge um die Herzensruhe und die Übernahme von Seelsorge gegenüber, sondern die »Übertreibung ... wenn man im überschießenden Eifer das Maß rechter Enthaltsamkeit überheblich überschreitet« und den »Vorwand, für den Körper sorgen zu müssen«. Er wertet aber die »Dienstleistungen der Menschlichkeit« nicht ab[48]. Letzten Endes haben sich die Väter, gewiß zögernd, dafür entschieden bzw. wurden durch den bald beginnenden Zulauf von Rat- und Hilfesuchenden dazu »gezwungen«, so daß selbst Hardeland einräumt, man könne angesichts dieser Sachlage »unmöglich behaupten wollen, es sei nicht von dieser Richtung trotz alles ihr anhaftenden krankhaften Wesens reicher Segen für die gesamte Kirche ausgegangen, und gerade nach Seiten der individuellen Seelenpflege hin hat das Asketentum fruchtbare Anregungen gegeben«[49].

1. Die Bitte um geistliche Beratung

Eine Bitte setzt im allgemeinen Vertrauen voraus. Die Kunde von Männern und Frauen, die durch ihr Leben in der Wüste und in der Zelle zu geistlich Erfahrenen und Vertrauenswürdigen geworden waren, sprach sich in wenigen Jahrzehnten herum. Wie einst zu Johannes, dem Täufer (Mt 3,5; Lk 3,7), strömten die Menschen alsbald zu ihnen hinaus, um sich geistlichen Rat zu holen und sich in ihre Führung zu begeben. Beides fiel in der Regel zusammen; denn Begleitung fand, sofern sie nicht die in der Nähe Niedergelassenen betraf, nicht kontinuierlich, sondern durch das erbetene und empfangene, weisende Beratungswort statt.

Die Bitte darum wurde an einen geistlichen Vater (Abbas) oder an eine geistliche Mutter (Amma) gerichtet. Die Vorstellung von väterlichen Führern der Seelen ist der späten Antike geläufig, stammt aber hier hauptsächlich aus dem Neuen Testament. So wie Jesus »Abba, mein Vater« (Mk 14,36) betet, dürfen die Getauften, die den Geist Jesu empfangen haben, »Abba, lieber Vater!« (Röm 8,15) sagen: »Weil ihr denn Kinder seid, hat Gott gesandt den Geist seines Sohnes in unsere Herzen, der schreit: Abba, lieber Vater!« (Gal 4,6). In dieser Kindschaft gründet die Vaterschaft und Mutterschaft der geistlichen Väter und Mütter. Als geisttragende Menschen vermögen sie wie Paulus – »Ich vermahne euch als meine Kinder . . .; denn ich habe euch gezeugt in Christus Jesus durchs Evangelium« (1. Kor 4,14f.) – anderen neues Sein und Leben zu verleihen. In ihnen wird die Väterlichkeit und Mütterlichkeit des allmächtigen Gottes anschaulich und greifbar.

Eben diese – die Umsorge Gottes – wird in der Bitte um geistliche Beratung erbeten. Sie wird in einer typischen Form vorgebracht, die sich in den Apophthegmata häufig findet:

»Sag mir ein Wort, wie ich gerettet werden kann« oder »Sag uns ein Wort, wie wir das Heil finden können«[50].

Sie entringt sich einer bestimmten Glaubens- oder Lebensnot. In ihr schwingt auch die Sorge derer, die »durch ihre Zugehörigkeit zum Volke Gottes, durch ihren normenkonformen Wandel in demselben nicht beruhigt . . ., die Angst haben in Sünde zu bleiben«[51]. Es ist sicher zunächst einmal die Frage der Mönche an ihre geistlichen Führer, aber dann auch die von Weltleuten, die zu ihnen hinausgekommen sind. Es ist eindeutig eine Heilsfrage und erst darin eingeschlossen eine Frage der persönlichen Mensch- und Selbstwerdung. Und es ist schließlich ganz konkret die Frage nach dem persönlich geprägten Glaubensvollzug und bewußt gestalteten Lebenswandel, in den der Suchende Einblick erbittet, um in modifizierter, einer für ihn möglichen Form daran teilzuhaben. Auf Gerettetsein hingeordnet zu werden und darüber Heil und Glück in Gott zu finden, ist der Sinn der im Wortlaut wiederkehrenden Frage.

»Vater, sage mir ein Wort! Wie kann ich das Heil erlangen?«[52].

Die Verschiedenheit, mit der die Väter darauf eingehen, ist überwältigend. Sie geben keine allgemeinen Wahrheiten von sich, sondern Worte mit Zuspruchcharakter, die der je eigenen Situation des Ratsuchenden entsprechen – so sehr, daß sie sich unter Umständen widersprechen. Eine in diesem Zusammenhang kennzeichnende »Beratung« des Abbas Joseph in Panepho enthält zwei völlig verschiedene Antworten auf die gleiche Frage zweier Menschen: »Wenn die Leidenschaften mir nahekommen, soll ich widerstehen oder sie einlassen?« Zum einen sagte Joseph: »Laß sie eintreten und kämpfe mit ihnen!«, zum andern: »Laß sie ganz und gar nicht hereinkommen, sondern haue sie auf der Stelle aus!« Als der erste diesen Widerspruch bemerkte, beschwerte er sich. Der Altvater antwortete ihm:

»Sagtest du nicht zu mir: Wie zu dir selber, so sprich zu mir? . . . Ich habe . . . zu dir gesprochen, wie zu mir selbst! Es gibt aber andere, denen es nicht frommt, daß die Leidenschaften an sie herankommen. Sie haben es nötig, sie auf der Stelle abzuschneiden«[53].

So sehr bemühten sie sich, den einzelnen in seiner Situation zu sehen und ihm darin nahe zu sein.

Ihre kurzen seelsorgerlichen Weisungen sind auf Behältlichkeit, Auswendiglernen und Weitergeben angelegt. Deshalb sind sie oft dreigliedrig oder enthalten Aufzählungsgedächtnishilfen: »Es sprach der Abbas Gregorios: ›Drei Dinge verlangt Gott von jedem Getauften: einen rechten Glauben von ganzer Seele, Wahrheit auf der Zunge, Keuschheit in den Dingen des Leibes‹«[54]. Da die Väter glaubten, daß in jedem Herrenwort das Ganze des Heils und die Summe des Evangeliums enthalten sei, weil es die Umkehrung der Weltmaßstäbe verkörpere, ging etwas davon auf die Worte der geisttragenden Greise über. Deswegen zögerten sie häufig, sie auszusprechen oder schwiegen, wenn sie kein Wort hatten. »Immer handelt es sich um erbetene Rede. Unaufgefordert sprechen die Väter nicht« (Karl Heussi); sie können das Wort nicht »ergreifen«[55]. Dann tritt neben, vor oder anstelle des gesprochenen Wortes das »Vor-Bild« des Anachoreten oder der Einsiedlerin, ihr Lebensstil, ihre Glaubenshaltung, der ganze Ernst ihres Ausgerichtetseins auf Gott.

2. *Seelsorge als Führung zum Glauben*

Klare Zielvorstellungen verhelfen zu geklärten Wegen. Das gilt für die Seelsorge insgesamt; das gilt für die Seelsorge im Wüstenmönchtum besonders. Obgleich die Väter und Mütter im Glauben, die damals wirkten, in ihrer Sorge um den Menschen bemüht waren, das Einzelschicksal der um geistliche Beratung Bittenden genau ins Auge zu fassen, sahen sie doch alle – sich selbst eingeschlossen – aus dem Gehorsam gefallen und dem Gesetz der Sünde anheimgegeben. Befindet sich doch auch der »fromme Sinn . . . von Natur aus unter dem Einfluß von mancherlei Bosheiten, sichtbarer und unsichtbarer, in wogender Unruhe und kann nur durch fortwährendes Gebet und Pflege des eigenen geistlichen Lebens Ruhe bewahren«[56]. So ist dem Anachoreten dann aber nicht einmal diese Ruhe (Hesychia) oder die Leidenschaftslosigkeit (Apatheia) das letzte Ziel, sondern es geht ihm vielmehr darum, »wenigstens zeit- und teilweise dem Zustand näherzukommen, der erst jenseits der natürlichen Existenz zu voller Wirklichkeit werden kann: dem Eins-Werden mit Gott (Henosis)«[57]. Man kann dafür mit Mt 5,48 »Darum sollt ihr vollkommen sein, gleichwie euer Vater im Himmel vollkommen ist«, auch »*Vollkommenheit*« sagen, wählt aber dann einen, bei ungenauer Erklärung mißverständlichen, gleichwohl von den Vätern und in den Ost- und Westkirchen viel gebrauchten Begriff. Er enthält »die Ungeteiltheit des Herzens und Ganzheitlichkeit des Gehorsams als subjektives Moment, die vollständige Erfüllung aller Forderungen des Gesetzes als objektives Moment ... ›Vollkommen‹ ist, wer Gottes Gebote ohne jeden Abstrich befolgt . . . eine Aufgabe . . ., vor der alle Christen stehen und die alle in Bewegung setzt . . . schließt in ihr quantitierendes Moment auch ein, daß verschiedene Christen auf dem Weg verschieden weit kommen können. Das Ziel aber ist für alle dasselbe . . .«[58]. Ob wir es mit Antonius oder Maria von Ägypten sagen, es lautet in jedem Fall: aus der Klage zum Lob, aus der Ichbefangenheit in größere Zusammenhänge, aus dem beschädigten zum authentischen christlichen Leben und zu einem rettenden Glauben im Sinne der biblischen Christusnachfolge führen.

Wer ein Ziel verfolgt, hat einen Weg vor sich, und dieser nimmt einen Anfang. Die Väter haben deshalb in ihrer Seelsorge viel über den Anfang und seine geistliche Bedeutung gesprochen. Hinter ihren Worten steht eine im Mönchsleben schwerwiegende und häufige Erfahrung, die der »Akedia«, der geistlichen Verdrossenheit, Müdigkeit oder Lähmung. Literarisch wurde sie von einem führenden Theologen des frühen Mönchtums Evagrius Ponticus (ca. 345– ca. 399) im Rahmen seiner berühmten »Acht-Laster-Lehre« psychologisch vollendet beschrieben – »ein Meisterwerk in wenigen Strichen«[59]. Es ist die innere Lustlosigkeit, die Entmutigung im Glauben, das träge Dahinfließen der Zeit, die Erschlaffung im Beten, der Überdruß am Ort und seinen Menschen, das – trügende – Ausschauen nach besseren Orten, die nervöse Ungeduld und zugleich die niederdrückende Kraftlosigkeit, nichts beginnen und nichts vollenden zu können – eine Erfahrung, die nicht nur die Mönche, sondern auch alle anderen Christen kennen[60]. In sie hinein sprachen die Väter, die anders als Luther mit den Autoritäten der altkirchlichen Spiritualität der Meinung waren, »daß der Mensch für sie vor allem freier Wille ist, der befähigt ist zu Liebe und Hingabe«[61] – in sie hinein sprachen die Väter die Gnade des Anfangs, wie sie sie selbst erfahren haben:

»Einmal traten die Dämonen an Arsenios heran in seinem Kellion, um ihn zu quälen. Da kamen seine Diener herzu; außerhalb des Kellions stehend, hörten sie ihn zu Gott aufschreien und sprechen: ›O Gott, verlaß mich nicht! Ich habe zwar in deinen Augen noch nichts Gutes getan, aber in deiner Güte gewähre mir, einen Anfang zu machen‹ ... Vom Abbas Pior erzählte er, daß er jeden Tag einen Anfang machte ... Altvater Moses fragte den Altvater Silvanos: »Kann der Mensch täglich einen neuen Anfang machen?« Der Greis antwortete: »Wenn er ein Arbeiter ist, kann er sogar jede Stunde einen Anfang machen«[62].

Sie nahmen damit einen Gedanken vorweg, den am Ausgang des Mittelalters die Brüder vom gemeinsamen Leben und Luther unter ihrem Einfluß hochhielten und als mitgehenden Trost empfanden, daß man unter der Vergebung Gottes stehend jeden Tag einen neuen Anfang machen könne.

Ist der Anfang gemacht, muß der Weg beschritten werden. Wir fragen nun nach den Schritten, die die Mönche mit denen gingen, die um ihre Begleitung baten. Es wäre aber mißverständlich, in diesem Zusammenhang von Methoden zu sprechen. Wir haben es vielmehr damit zu tun, »daß die Mönchsväter sich offensichtlich nicht an erlernte Methoden halten, sondern von ihrem inneren Gespür her auf die Fragen der Brüder antworten ... Methoden sind eine Hilfe, auf Menschen richtig einzugehen, aber wer im geistlichen Leben sich selbst und Gott wirklich begegnet ist und die Gabe der Unterscheidung der Geister erhalten hat, der kann sich ohne Methoden direkt dem Menschen zuwenden und ihm und seinen Anliegen gerecht werden«[63]. Wie sie das tun, hat Anselm Grün mit großer psychologischer Einfühlung abgetastet und u. a. die konkrete Weisung, das Überlassen der Entscheidung und die Behutsamkeit im Wählen der Worte genannt. Wenn im Zentrum dieser Seelsorge nicht das Sündenbekenntnis und die Vergebung, sondern das weisende und aufrichtende Wort steht, dann darf man von daher nicht auf ein rein direktives Vorgehen schließen. Das zeigt eine »Gesprächsregel« des Poimen:

»Ein Bruder fragte den Altvater Poimen: ›Mit mir wohnen Brüder: willst du, daß ich ihnen Befehle erteile?‹ Der Greis antwortete: ›Nein, sondern erfülle zuerst du deine Aufgabe! Wenn sie leben wollen, werden sie schon auf dich sehen‹. Da sprach der Bruder zu ihm: ›Sie wollen es aber selber, daß ich ihnen befehle‹. Der Alte erwiderte ihm: ›Nein, werde ihnen ein Vorbild und kein Gesetzgeber!‹«[64].

Das Überlassen der Entscheidung und die daraus resultierende Eröffnung eines Freiheitsraumes, in dem sich der Ratsuchende bewegen kann, tritt uns in dem »Fallbeispiel« entgegen, das wir im Anschluß bringen. Die Behutsamkeit im Wählen der Worte wohnt in zwei weiteren Vätersprüchen:

»Lange mußten wir darum bitten, daß er uns ein Wort zu unserer Erbauung sage; wir konnten ihn kaum dazu bringen, uns auch nur ein weniges über die Sanftmut zu sagen ... Diese Tugend, nämlich die Gewissenhaftigkeit dem Wort gegenüber, soll er (Pambo) in noch weit höherem Maße als Antonius und alle anderen besessen haben«[65].

Charakteristisch für die Seelsorge der Mönche ist auch das Wissen um die innere Ruhe und Gelassenheit als Voraussetzung für die Annahme eines Menschen:

»Altvater Sisoes saß einmal in seinem Kellion: Der Schüler klopfte, aber der Greis rief laut: ›Flieh, Abraham, und geh nicht herein; denn augenblicklich ist hier keine Ruhe!‹«[66].

Die Beweggründe, um anzuklopfen und sich in die Beratung der Väter und heiligen Frauen zu begeben, sind die Nöte des Menschlichen, Krankheiten und Glaubensprobleme, »der Nächste, ebenso wie die eigene Natur« und die »Dämonie seiner (des Menschen) Ansprüche«.[67]. In einer Welt, in der man nahezu alles Widrige als dämonisch verursacht ansah, wurde auch alles der Möglichkeit nach als Versuchung aufgefaßt. Antonius: Der Mensch »muß auf Versuchung gefaßt sein bis zum letzten Atemzug«[68]. Die Väter haben richtig gesehen. Zur Versuchung, zum Anreiz, an Gott und seinem Wort zu zweifeln, kann alles werden, vor allem langes Leiden, seelische und soziale Not, Sexus, Besitz und Beruf. Es war die sich jeder rationalisierenden Auflösung entziehende geistige Fremdmacht und ihre geradezu unheimliche Findigkeit, die schwachen Stellen des Menschen zu befallen, die sie bewog, an dieser Front zu wach zu sein:

»Der Altvater Hyperechius sprach: Wir müssen uns gegen die Versuchungen wappnen, da sie uns auf jede Weise anfallen. Nur so werden wir uns gegen ihre Angriffe bewährt erweisen«[69].

Als habe er dabei an das frühe Mönchtum gedacht, formulierte Adolf Köberle: »Als Waffen der Abwehr in diesem geistlichen Kampf sind zu nennen Glaube und Gehorsam, Beten und Fasten, regelmäßiger Umgang mit dem göttlichen Wort, *Anschluß an brüderliche Hilfe*, Einzelbeichte und Bereitschaft zu asketischer Disziplin an den Stellen und zu den Zeiten, wo zuchtvolles Widerstandleisten *neben dem hilfreichen Beistandleisten* als notwendig erscheint«[70]. Einer der Hauptgründe, damals Seelsorge zu erbitten, war deshalb, sich in der Stunde der Versuchung zu bewähren. Damit hat auch ein Beispiel frühmönchischer Seelsorge zu tun, das wir nun bringen:

»Es gibt in Ägypten einen Berg, der sich zur großen Wüste der Sketis hin erstreckt und Pherme heißt. Auf diesem Berg wohnen etwa fünfhundert Männer, die sich der Askese hingeben. Unter diesen hatte einer, der Paulus hieß, folgenden Lebenswandel:

Er befaßte sich weder mit einer Handarbeit noch mit sonst einer Tätigkeit, und abgesehen von dem, was er zum Essen brauchte, nahm er von niemandem etwas an. Ununterbrochenes Gebet waren ihm einzige Beschäftigung und Askese. Er hatte dreihundert ganz bestimmte Gebete, dabei sammelte er jeweils ebenso viele Steinchen, bewahrte sie in seinem Gewandbausch und pflegte bei jedem Gebet ein Steinchen wegzuwerfen.

Einmal ging er hin, um den heiligen Makarius, den man den Städter nennt, zu treffen und sagte ihm: ›Vater Makarius, ich bin in arger Bedrängnis!‹ Als ihn nun Makarius nötigte, den Grund anzugeben, sagte er: ›Es wohnt da in einem Dorf eine Jungfrau, die schon das dreißigste Jahr Asketin ist. Man hat mir von ihr erzählt, daß sie außer am Samstag und Sonntag nie etwas zu sich nimmt. So läßt sie ununterbrochen Woche für Woche verstreichen, wobei sie immer fünf Tage fastet, und sie verrichtet dabei siebenhundert Gebete! Als ich das erfuhr, fand ich Mißfallen an mir, weil ich nicht mehr als dreihundert Gebete zu verrichten vermag‹. Da antwortete ihm der heilige Makarius: ›Ich stehe nun im sechzigsten Jahr, ich verrichte regelmäßig meine hundert Gebete, arbeite für meinen Lebensunterhalt und komme meiner Pflicht nach, mit den Brüdern zu verkehren – und doch glaube ich nicht, mich der Nachlässigkeit anklagen zu müssen. Wenn du aber, der du dreihundert Gebete verrichtest, von deinem Gewissen verurteilt wirst, so ist es klar, daß du die Gebete nicht in reiner Gesinnung verrichtest oder daß du noch mehr beten könntest, dies aber nicht tust!‹«[71]

Die Niederschrift beginnt mit Angaben zur Sozialisation: Der Ort des Paulus von Pherme in der Gemeinschaft einer Mönchskolonie wird vermerkt. Es folgen Angaben zur Person: Er lebt dem Gebet; er erfüllt die wirkungsgeschichtlich bedeutsame Regel des ältesten Paulusbriefs: »Betet ohne Unterlaß!« (1. Thess 5,17); sie füllt ihn ganz aus; sonst macht er nichts; Arbeiten mit den Händen, eines der Merkmale mönchischer Existenz, fehlt bei ihm; seine liebenswürdig – sonderbare Art, mit Steinchen seine Gebete zu zählen, wird festgehalten, »eine der frühesten christlichen Erwähnungen eines äußeren Hilfsmittels zur Zählung von Gebeten«.[72] An dieser Stelle einer eingeschliffenen, streng regulierten, vielleicht sogar zwanghaften Lebensweise fällt die Versuchung ein und zwar durch einen Vergleich. Ihm wird von einer Asketin strengster Observanz erzählt und er erfährt, daß sie siebenhundert Gebete verrichtet. Das bringt ihn durcheinander; er wird unzufrieden mit sich selbst, bekommt ein schlechtes Gewissen, leidet unter seinem Versagen und vielleicht auch ein wenig unter seinem gekränkten Stolz. Wir wissen ja auch aus anderen Quellen, daß es so etwas wie einen Wettbewerb in asketischen Übungen gab. Die Gewissensnot erreichte einen Grad, der ihn beim hl. Makarius um Seelsorge nachsuchen läßt: »Vater Makarius, ich bin in arger Bedrängnis!« Weil er offenbar – wie es vielen seelisch oder geistlich Bedrängten geht – nach den ersten gewechselten Worten nicht weiterkommt und Hemmungen hat, herauszusagen, was in ihm steckt, muß ihn Makarius nötigen. Häufig bedürfen Ratsuchende in der Anfangsphase des Gesprächs einer einfühlsamen Hilfe, um herzugeben, was sie lieber verbergen möchten. Es gelingt und er erzählt. Dann antwortet Makarius; aber wir dürfen nicht meinen, bei einer Seelsorge, in deren Mitte die Weisung steht, beschränke sich alles auf die Beantwortung einer Frage. Es sind uns auch ausführliche Dialoge der Väter bekannt.[73] Berichtet wird aber in der Regel das Wesentliche, der Ausgang, das weisende Wort. Es verdient im vorliegenden Fall unsere gesammelte Aufmerksamkeit.

Die unter III,1 behandelte »Bitte um geistliche Beratung« schließt auch die Bitte um Einblick in die geistliche Lebensweise des Beraters ein. Deshalb handelt es sich nicht um eine bloße »Gegenbeichte«, wenn der Mönch nun über sich spricht und etwas von der Liturgie seines Lebens sehen läßt. Er nennt sein Alter und weist damit auf die lange Praxis hin; er verrichtet wesentlich weniger Gebete und korrigiert dadurch das Maß dessen, der sich mit einer noch radikaleren Askese mißt; und er ist durch die Äußerung »und doch glaube ich nicht, mich der Nachlässigkeit anklagen zu müssen« ganz bei sich, so sehr er darin auch dem anderen beisteht. Man muß in der Seelsorge, so paradox das klingt, ganz bei sich und ganz bei dem anderen sein. Moderne Einlassungen und Emotionen, die sich am Verhandlungsgegenstand von Hunderten von Gebeten stoßen und meinen, die zwanghaften Hintergründe einer solchen Verhaltensweise behandeln zu müssen, verkennen den Kampf zwischen Gehorsam und Versuchung, der diese Menschen zutiefst bewegt und erreichen die Väter, ihre »Söhne« und »Töchter« nicht. Die »Beratung« findet auf der Ebene des Ratsuchenden statt, die der Seelsorger nun auch direkt betritt. Sein weisendes Wort hält den möglichen Spalt zwischen der bisher gelebten Askese und der sie bedrohenden Gefährdung zusammen. Es ist kein Rat im ausdrücklichen Sinn, sondern er läßt den Fragenden erkennen, daß er seiner Lebensweise nicht sicher ist, sobald er von einer anderen hört. Er kann seine Einstellung ändern oder sein Tun; ist aber darin frei. Makarius löst ihn dadurch indirekt von der Einseitigkeit seines Verhaltens. Er bietet ihm durch den Einblick in sein geistliches Leben an, sich zur Aufnahme einer Handarbeit zu entschließen und gibt ihm die Möglichkeit, das Maß seiner Askese zu modifizieren. Vor allem aber befreit er ihn von der Last des Vergleichs, in dem die Väter die Wurzel vieler Übel erblickten:

»Ein Bruder, der mit anderen Brüdern zusammenlebte, fragte den Altvater Besarion: ›Was soll ich tun?‹ Der Greis antwortete ihm: ›Schweige und miß dich nicht!‹« und »Abbas Poimen erzählte: Der Abbas Paphnutios pflegte zu sagen: In alten Zeiten, als die Altväter noch lebten, ging ich zweimal im Monat zu ihnen – die Entfernung betrug zwölf Meilen – und legte ihnen mein ganzes Denken dar, und sie sagten nichts anderes als dies: ›An welchen Ort du auch hinkommst, vergleiche dich nicht mit anderen, und du wirst Ruhe finden‹«.[74]

3. *Die erteilte Lehre als Lebenshilfe*

Dem zuletzt Erzählten – ... »ich ging zweimal im Monat zu ihnen ... und legte ihnen mein ganzes Denken dar ...« – ist zu entnehmen: Es ging in dieser Seelsorge um die Gesamtheit des Lebens und – wenn möglich – über den einmaligen Rat hinaus um die Begleitung und die wiederholte Weisung. Sie realisierte sich bei der einmaligen Konsultation im Befolgen des empfangenen Zuspruchs:

»Die Altväter lehrten: Nichts verlangt Gott von den Anfängern im geistlichen Leben so sehr als die Mühe des Gehorsams«.[75]

Bei der mehrfachen Besprechung trat der Ratsuchende in ein regelrechtes Gehorsamsverhältnis ein. Auch hier ist es angebracht, nicht mit modernen Maßstäben an diese Seite der alten Seelsorge heranzutreten. Denn »Gehorsam« hatte hier noch einen biblischen Klang und hieß: unter dem Hören innerhalb eines Verhältnisses bleiben, dem die Liebe Christi, die den Menschen an den Nächsten weist, übergeordnet ist. Die Gestalt des Abbas wurde dabei transparent und seine Vollmacht als verliehen angesehen. Seine Worte gaben deshalb etwas von der führenden Gnade Gottes, des Vaters selbst, an den in der Gotteskindschaft stehenden Schüler weiter.

»Die Altväter sprachen: Wenn jemand zu einem Mann Vertrauen hat und sich ihm ganz unterstellt und übergibt, dann braucht er nicht so sehr auf die Gebote Gottes zu achten, sondern er soll sich vielmehr ganz jenem geistlichen Vater übergeben mit seinem ganzen Willen. Denn wenn er ihm in allem völlig gehorcht, wird er vor Gott in keine Sünde fallen«.[76]

Diese geistliche Begleitung wurde auch damals schon als »Lebenshilfe« verstanden. Es ist aber ratsam, diesen neuzeitlichen, immanent zentrierten Begriff nicht unbedacht zu gebrauchen. Gewiß ging es in der Lehrer-Schüler-Beziehung der Apophthegmata Patrum um Seelenführung und Lebensgestaltung:

»Die keine Führung haben, fallen wie Blätter«.[77]

Aber sie war im Gegensatz zu der sie umgebenden spätantiken Lebensphilosophie nicht intellektuell, geschlossen und endlichkeitsbezogen, sondern affektbetont, weit geöffnet und ausgerichtet auf Gott. Die von den Vätern geübte Seelsorge als Lebenshilfe war immer Hilfe zu einem

Leben mit Gott, orientiert an der Erfüllung seines Willens, um das Heil besorgt und ewigkeitsbezogen. Abbas Hyperechios:

»Dein Denken soll ganz und gar im Königreich der Himmel sein, und in kurzem wirst du es zum Erbe erhalten«.[78]

In dieser Haltung, die allerdings auch das Wahrnehmen des 1. Artikels und der geschöpflichen Gesetze vielfach verstellte, hatten sie es mit den Lebensnöten der Menschen in ihrer ganzen Fülle zu tun: mit den Grundsituationen des Lebens, die Viktor Frankl die »Tragische Trias« nannte: Leid, Schuld und Tod; mit den Verschattungen des Leibes und der Seele, die man nicht voneinander trennen kann, weil die Seele der durch einen Leib individualisierte Geist des Menschen ist; mit den Fragen der Arbeit, des Betens, des Essens, der Gedanken, der Geduld, des Miteinanders, der Sexualität, des Streitens, des Trinkens, der Trauer, des Zorns; mit allgemeinen Lebensproblemen, in die das folgende Logion Einblick gibt:

»Brüder kamen an ihrem Wohnort in Bedrängnis, und so wollten sie ihn aufgeben und kamen zum Altvater Ammonas ... Er tröstete ihre Herzen und bestimmte sie, dahin zurückzukehren, von wo sie ausgegangen waren. Denn ihre Angelegenheit war keine Schädigung für ihre Seelen, sondern eine rein menschliche Drangsal«.[79]

Sie hatten es mit dämonischen Mächten zu tun. Um auch hier nicht modernen Mißverständnissen zu erliegen, muß man sich klarmachen, daß man in einer Zeit ohne Psychiatrie viele Phänomene, die wie dunkle Kräfte über die Menschen kamen, nicht anders erklären konnte. In Ägypten reichte – wie Emma Brunner-Traut für unsere Zusammenhänge zutreffend beschreibt – »die Dämonenangst ... tief in die pharaonische Zeit zurück, da die Wüste synonym für die Hölle stehen konnte und das Reich der dämonischen Mischwesen darstellte«.[80] Unter dem stilbildenden Einfluß der Versuchungsgeschichte Jesu (Mt 4,1–11), in der sich die Erfahrung verdichtete, daß das Böse (der Böse) den Menschen schutzlos überfällt und selbst vor dem Sohn Gottes nicht Halt, ja gerade sich an ihm besonders zu schaffen macht, wird die Wüste zum Ort der größten Wirksamkeit diabolischer Gewalten, aber auch zum Ort der Zurückgezogenheit, des Gebets, des Kampfes gegen die Dämonen und zugleich zum Ort der erfahrbaren Nähe Gottes. Das alles gipfelt in der Antonius-Vita des Athanasius, in seiner Darstellung der Dämonenkämpfe des großen Anachoreten und seiner berühmten Rede an die Mönche, in der er seine Erfahrungen weitergab:

»Wir haben gewaltige und verschlagene Feinde, die böswilligen Dämonen; gegen sie müssen wir kämpfen, wie der Apostel gesagt hat: ›Nicht gegen Menschen aus Fleisch und Blut, sondern gegen die Fürsten und Gewalten, gegen die

Beherrscher dieser finsteren Welt, gegen die bösen Geister des himmlischen Bereichs‹ (Eph 6,12) ... Deswegen spreche ich, der ich ja zum Teil Bekanntschaft mit ihnen gemacht habe, zu euch wie zu meinen Kindern ... sie sind ein Nichts und verblassen schnell, besonders wenn man sich mit dem Glauben und dem Zeichen des Kreuzes wie mit einer Mauer umgibt«.[81]

Es gibt Ansätze zum psychologischen Verständnis in den Apophthegmata Patrum; z. B.

»Abraham, der Schüler des Altvaters Agathon fragte den Altvater Poimen: ›Wie können mich die Dämonen anfechten?‹ Abbas Poimen sprach: ›Dich bekriegen die Dämonen? Sie kämpfen nicht mit uns, solange wir unseren Willen tun. Denn unsere Willensneigungen sind die Dämonen, und sie sind es, die uns bedrängen, unseren Willen zu tun. Wenn du aber sehen willst, mit wem die Dämonen kämpfen: Mit Moses und seinesgleichen!‹«.[82]

Dennoch darf es nicht überraschen, daß der Teufel und die Dämonen in ihren Reden eine so große Rolle spielen. Es ist der Versuch, mit einem unbegründeten, rational nicht erklärbaren Widerstand gegen Gott fertig zu werden, der sich im Menschen verleiblicht und die geschöpflichen Realitäten verkehrt. Man darf aber auch den Rat Karl Rahners befolgen und die Sache ruhig von der heiteren Seite nehmen, wenn dem Teufel und seinem Gefolge zu viel Aufmerksamkeit geschenkt wird. Sein Rat kam aus subtiler Kenntnis und spürbarem Verständnis der alten Mönchsseelsorger, wenn man das Fazit vernimmt, das er aus ihren Dämonenkämpfen zieht: »Sehr weise sind ... die Beweggründe, die zum Widerstand gegen den Teufel aufmuntern sollen: nicht sich vor einem Feind fürchten, der seine Schwäche unter der Maske des Schrecklichen zu verbergen sucht; seinen Einflüsterungen nicht glauben, weil er lügt; die Ohren seiner Stimme verschließen; denn das von ihm verfolgte Ziel ist immer schlecht, selbst dann, wenn er uns zum Fasten auffordert«.[83]

Sie hatten es nicht zuletzt mit Krankheiten aller Art zu tun – medizingeschichtlich interessant – bereits mit Turmorerkrankungen, für die schon der griechische Arzt Galenus (129–199) die Bezeichnung »Krebs« gebrauchte, weil sich die Blutgefäße wie Krebsscheren ausbreiteten: »Sein Kopf war von einer Krankheit, die man Krebs nennt, völlig zerfressen; am Scheitel war sogar der Knochen sichtbar«.[84] Einige von ihnen besaßen »die Gabe, gesund zu machen« (1. Kor. 12,9b):

»Auf dem Berg der Nitria wurde ein Mann namens Benjamin, der gegen achtzig Jahre alt geworden war und einen hohen Grad der Askese erreicht hatte, gewürdigt, die Gabe des Heilens zu besitzen«.[85]

Sie kommt also nicht von ungefähr, sondern erscheint hier als das Ergebnis einer langen Geschichte christlicher Bereitung. Überhaupt ist es das Bild des Arztes, das die Väter prägt, das die Züge Christi spiegelt. Das Priesterliche und das Ärztliche waren in ihrer Seelsorge noch nicht auseinandergetreten. Cassian beschrieb sie mit ärztlichen und pharmazeutischen Begriffen, die »Historia monachorum« gleichermaßen. So kam es, daß in der Benediktus-Regel, in der die Spiritualität der alten Kirchen und des Wüstenmönchtums zusammenströmte, der Abt als *»erfahrener Arzt«* erscheint.[86] Der Beruf des Arztes aber umgriff in der Alten Welt das Lebensganze, Heilen an Leib und Seele, Retten und Bewahren, geistliche Begleitung.

IV: Das Sterben des Mönchs: ». . . ihr Ende schauet an . . .«

Wilhelm Löhe äußerte einmal über seine Neuendettelsauer Gemeindeglieder, sie seien zwar Menschen mit vielen Mängeln und Fehlern, könnten aber »gut sterben«.[87] Vielleicht gilt das für frühere christliche Generationen mehr als für uns heute, die wir den Tod auf Distanz halten um den Preis, keine »ars moriendi« mehr zu besitzen. Bei den Wüstenmönchen treten uns die Anfänge geformten christlichen Sterbens entgegen, ein hoher Grad an Bewußtsein im Umgang mit dem Tod, und Sterben als eingebettet in die klösterliche Gemeinschaft.

»Als dieser Altvater Johannes (Cassian) an seinem Ende war und bereitwillig und freudig zum Herrn ging, standen die Brüder im Kreis um ihn herum und wünschten, daß er ihnen ein gedrängtes Heilswort als Erbschaft hinterlasse, mit dessen Hilfe sie zur Vollendung in Christus kommen könnten. Er seufzte und sagte: ›Nie habe ich meinen eigenen Willen getan, und ich habe keinen etwas gelehrt, was ich nicht vorher selbst getan hatte‹«[88]

Diese kleine Erzählung enthält folgende Elemente: die Bereitschaft zum Sterben, man versammelt sich und die Erwartung eines letzten Wortes.
a) Die Bereitschaft zum Sterben. – Wir können sie als einen durchgehenden Zug ansehen. Er entspringt in Psalm 90,12 »Lehre uns bedenken, daß wir sterben müssen, auf daß wir klug werden«. Er wird zur bestimmenden Haltung in der Rede des Antonius an die Mönche:

»Damit wir nicht nachlässig werden, ist es gut, über das Wort des Apostels nachzudenken: ›Täglich sehe ich dem Tod ins Auge‹ (1. Kor 15,31). Denn wenn auch wir so leben, als ob wir täglich dem Tod ins Auge blickten, werden wir nicht sündigen. Dieses Wort ist so zu verstehen: Wenn wir täglich aufwachen, sollen wir nicht glauben, wir würden bis zum Abend am Leben bleiben, und wenn wir uns schlafen legen, sollen wir glauben, daß wir nicht mehr erwachen. Unser Leben ist ja von Natur aus unsicher und wird uns täglich von der Vorsehung zugemessen«.[89]

Und er findet in der Benediktus-Regel die für die folgende Christenheit einprägsame Formulierung:

»Mortem cotidie ante oculos suspectam habere, den drohenden Tod sich täglich vor Augen halten«.[90]

Das Freudige an dem, was uns bedrückend vorkommt, beruht auf der Gewißheit, das gegenwärtige Leben sei nicht das eigentliche, sei nur ein Übergang; das eigentliche Leben sei das andere, das jetzt noch verborgene Leben mit Christus in Gott, zu dem man im Sterben aufbricht, um bei Gott zu sein.

»Die Amma Synkletika sprach: Die zu Gott gehen, haben am Anfang Kampf und vielerlei Beschwerde. Hernach jedoch ist die Freude unaussprechlich . . .«.[91]

– b) Man versammelt sich. – Hier könnte in der klösterlichen Gemeinschaft Hebr 13,7 »Ihr Ende schauet an und folget ihrem Glauben nach« in wörtlichem Ernstnehmen wirksam gewesen sein. Man versammelt sich, um den Sterbenden nicht allein zu lassen und ihm das Bewußtsein zu geben, gerade jetzt nicht auf sich selbst gestellt, sondern in eine irdische Ordnung, die etwas von der himmlischen abbildet, aufgenommen zu sein. Man versammelt sich aber auch, weil der Tod in seiner Unausweichlichkeit und Bitterkeit als »eine Form des Miteinanderlebens« angesehen wurde.[92] Man versammelt sich, weil man sich vom Anschauen des Endes eines Mitbruders oder einer Mitschwester etwas für das eigene Leben und Sterben versprach. – c) Die Erwartung eines letzten Wortes. – Man achtete wohl immer auf die letzten Worte eines Sterbenden, um in ihnen so etwas wie ein Vermächtnis sehen zu können. In unserem Falle aber ist es ein direktes Bemühen, dem Glauben eines Vorausgehenden nachzufolgen, um gerettet zu werden, eine Bitte um Seelsorge von dem, der eigentlich jetzt selbst der Seelsorge am bedürftigsten ist. So kommt es zu dem ausgesprochenen Wunsch, »daß er ihnen ein gedrängtes Heilswort als Erbschaft hinterlasse, mit dessen Hilfe sie zur Vollendung in Christus kommen können«.

Wir haben mehrere solcher letzten Worte:

»Sterbend sagte der Altvater Besarion: ›Der Mönch muß sein wie die Cherubim und Seraphim: ganz Auge! . . . Im Sterben sagte der Altvater Benjamin zu seinen Söhnen: ›Tut dies und ihr werdet das Heil finden, nämlich: Freuet euch allezeit, betet ohne Unterlaß und sagt in allem Dank (1. Thess 5,15ff)«.[93]

In ihnen sahen die Väter den Glauben, dem man nachfolgen kann, gleichsam gebündelt ausgesprochen und besiegelt durch einen christlichen Heimgang, den sie erlebt hatten. »Der förmliche Abschied des Sterbenden von den ihn umgebenden Mitmenschen und Hinterbliebenen gehört . . . zum sozialen Gehalt des Sterbens. Er ist wohl das menschlich ergreifendste Geschehen am ganzen Vorgang«.[94]

Eigenartig und auch am letzten Wort Cassians erkennbar ist häufig der Charakter einer sich selbst rechtfertigenden Rede:

»Nie habe ich meinen eigenen Willen getan, und ich habe keinen etwas gelehrt, was ich nicht vorher selbst getan hatte.«

In seiner Ausführlichkeit fast befremdend zeigt sich das in der Abschiedsrede des Pachomius: »Ihr kennt ja meinen Lebenswandel. Ich habe mein ganzes Leben unter euch in Demut zugebracht . . .« und dann folgt eine Aufzählung seiner diesbezüglichen Verhaltensweisen und Werke.[95] Es bedurfte ägyptologischer Auskunft, um dies verstehen zu können: Es handelt sich um autobiographische Reinheitserklärungen, die im Stil altägyptischer Grabinschriften gehalten sind. »Was nach Selbstruhm aussehen könnte – Pachom weist ihn ausdrücklich zurück – geht letzten Endes auf die Reinheitserklärung der pharaonischen Priester beim Betreten eines Tempels zurück und hat von daher den uns peinlichen Anschein des Selbstlobes. Doch stellt Pachoms verbales Vermächtnis nichts anderes dar, als die praktische Außenseite seiner Lehre, die er durch Hinweis auf sein Verhalten seinen Jüngern noch einmal zusammenfassend ins Gedächtnis ruft.«[96]

Von ägyptischen Totenbräuchen hingegen setzten sie sich bewußt ab, was ihr Begräbnis betraf. Von Athanasius erfahren wir den Grund: »Die Ägypter lieben es, die Leichname der verstorbenen Frommen und besonders der heiligen Märtyrer zwar unter Bestattungszeremonien aufzubahren und mit Leichentüchern zu umhüllen, aber nicht zu begraben, sondern auf Leichenbetten zu legen und bei sich drinnen aufzubewahren; sie glauben, dadurch die Toten zu ehren.«[97] Mit dem Hinweis auf das Begräbnis des Herrn suchte Antonius die Christen seines Landes davon abzubringen und erbat dafür sogar bischöfliche Weisung. Für sich selbst bestimmte er: »Wenn ihr mich liebt und an mich denkt wie an einen Vater, dann laßt nicht zu, daß irgendwelche Leute meinen Leichnam nach Ägypten bringen, um ihn womöglich in ihren Häusern aufzustellen . . . Ihr wißt ja, wie ich Leute, die das tun, immer davon abzubringen suchte und sie ermahnt habe, mit dieser Unsitte aufzuhören. Begrabt also meinen Leichnam und verbergt ihn unter der Erde; diese meine Weisung möge von euch befolgt werden, so daß niemand den Ort kennt als ihr allein.«[98] Dieselbe Sorge beschäftigte auch Pachomius bei seinem Sterben und er bat Theodor, der ihn pflegte:

»Wenn Gott mich heimsucht, so laß meinen Leib nicht an dem Ort, wohin du ihn bestattet haben wirst. Theodor sagte zu ihm: Ich will alles tun, was du mir sagst. Theodor dachte, daß er zu ihm so aus Furcht sprach, daß man nicht komme, seinen Körper zu nehmen, wie man das für die Märtyrer zu tun pflegte. Denn oftmals hatte er diejenigen getadelt, welche so handelten und gesagt, daß die Heiligen nicht zufrieden sein werden, so behandelt zu werden, und daß, wer einem das tue, einen Handel mit dem Leibe des Heiligen treibe.«

Nachdem er gestorben war, sie den Morgengottesdienst vollendet und ihn auf dem Friedhof des Wüstengebirges begraben hatten, »nahm Theodor drei Brüder mit sich, und in derselben Nacht machten sie sich auf den Weg, sie nahmen seinen Leib in die Höhe und bestatteten ihn an der Seite des Abba Paphnutius, des Bruders Abba Theodors. Und bis zu diesem Tage hat niemand den Ort erfahren, wo man ihn bestattet hat«.[99] Sie taten alles, damit kein Kult der Heiligen um ihren Leib entstehe; »denn bei der Auferstehung der Toten« – sagte Antonius – »werde ich meinen Leib vom Heiland unvergänglich wiedererhalten«.[100]

Dieser Bewußtheit im Umgang mit dem eigenen Tod entsprach – zusammenfassend geurteilt – bereits eine Art Sterberitual, um Abschied, Übergang und Annahme des Verlustes zu bewältigen, d. h. dem über der Gemeinschaft waltenden Tod mit der Gegengewalt des Auferstehungsglaubens zu begegnen. Es bestand aus: a) der fernen oder indirekten Bereitung, dem steten Gedenken an den Tod:

»Als . . . Erzbischof Theophilus im Sterben lag, sagte er: ›Selig bist du, Abbas Arsenios, der du diese Stunde immer im Gedächtnis hattest‹«[101];

b) der nahen oder direkten Bereitung, wofür man später sagte: »Laß mich beizeit mein Haus bestellen . . .« (EKG 331,4): »Als Hilarion im achtzigsten Lebensjahr stand, schrieb er in Abwesenheit des Hesychius eigenhändig einen kurzen Brief, der sein Testament enthalten sollte. Ihm hinterließ er alle seine Reichtümer, die Evanglienhandschrift, die sackartige Tunika, die Kapuze und einen Mantel . . .«[102]; c) der Zulassung von Anfechtung und Furcht als zur Existenz des Glaubenden gehörig, vor allem der Furcht vor dem Gericht:

»Drei Dinge fürchte ich: wenn meine Seele aus dem Leben scheiden wird, wenn ich Gott begegnen werde und wenn sein Urteilsspruch über mich ergehen wird.« Als Arsenios »nahe dem Verscheiden war, bemerkten die Brüder, daß er weinte.

Da sprachen sie zu ihm: ›Wahrhaftig, Vater, auch du fürchtest dich?‹ Er antwortete ihnen: ›In Wahrheit, die Furcht, die jetzt in dieser Stunde in mir ist, ist in mir, seit ich Mönch geworden bin.‹ Und so entschlief er«; »Als es mit ihm zum Sterben kam . . . erwiderte (Altvater Agathon): ›Ich habe keine Zuversicht, bis ich Gott gegenüberstehe. Denn anders ist das Gericht Gottes und anders das der Menschen‹ «[103];

d) der Gewißheit des Endes, auf das sie in überraschender Direktheit zugingen, es herannahen fühlten und es häufig ansagten: »Als der Altvater Arsenios im Sterben lag, gerieten seine Schüler in Unruhe. Und er sprach zu ihnen: ›Noch ist die Stunde nicht gekommen. Wenn sie da ist, werde ich es euch sagen‹ «;[104] und e)der gefaßten Trauer, wobei »gefaßt« bedeutet, von einer hohen Hand gehalten und nicht herausfallen aus der Ergebung in sie: Abbas Isaak sprach:

». . . Als unsere Väter im Sterben waren, hatten auch wir Leid. Aber indem wir die Gebote des Herrn und die Weisung der Väter einhielten, hatten wir Bestand, als wären sie noch unter uns. So tut auch ihr, und ihr werdet das Heil finden.«[105]

Auch wenn sie uns zeitlich fernstehen und oft fremd in ihrer strengen Auffassung vom Glauben sind, vermögen die Mönche dem modernen Menschen gerade im Blick auf seine Furcht vor dem Tod etwas zu sagen: Er möge wieder eintreten in ein christliches Sinngefüge, aus dessen altkirchlichen Anfängen die spätere »ars moriendi« oder christliche Sterbekunst entstand, die den Menschen selbst in seiner letzten Vereinsamung noch zu bergen vermag, weil sich in ihr Christus gibt, in dem unsere Toten ruhen und wir als Lebende bewahrt sind.

V. Gegenwelt – Haltung als Erneuerung der Lebenswelt

Was heute unter dem Vorzeichen »alternativ«, d. h. gegen den Strom der Zeit und anders als die übrigen erscheint, kann damit rechnen, geduldet oder vielleicht anerkannt zu werden. Damit können Christen, die eine Gegenwelt-Haltung einnehmen, vor allem wenn sie aus »nicht-progressiven« Lagern kommen, nicht unbedingt rechnen. Man wird auch tatsächlich unterscheiden müssen, ob sie von einer (unbewußten) Angst geleitet werden oder »eschatologisch« eingestellt sind. Eschatologisch heißt: in der Erwartung des kommenden Christus und deshalb in einer begründeten Distanz zu den Dingen dieser Welt leben, aus der jedoch nichts weniger als Gleichgültigkeit, sondern Freude an Gottes Schöpfung und Verantwortung für das Leben entsteht, nur eben in der Haltung des »Durchreisenden«. Ihr innerweltliches Handeln ist bestimmt vom Warten auf den, der kommt.

Die Einstellung der Bibel bzw. der biblischen Autoren, der Apostel und Propheten zur Welt ist, so verstanden, seelsorgerlich ausgerichtet. Seelsorgerlich bedeutet: nicht-solidarisch, fest verbunden und übereinstimmend, sondern Vertraulichkeit meidend und einen gewissen Abstand wahrend, um erkennen, sich zuwenden und helfen zu können. In diesem Sinn war die Seelsorge der Wüstenmönche unsentimental, diagnostisch scharf, zugewandt, auf Unendlichkeit eingestellt und realitätsbezogen – im Rahmen dessen, was sie unter ihren Voraussetzungen und mit ihren Mitteln als Realität erkennen konnten. Unter dem Eindruck der Kürze des Lebens, seiner Bedrohtheit und seines zwischenzeitlichen Charakters halfen sie den Menschen, ihr Schicksal zu bestehen. »Der beherrschende Eindruck . . . ist der einer starken, einfachen, neuen Grundgestalt des Christentums, die hier in die Geschichte eintritt.«[106] Sie ist vergangen, man kann sie nicht übertragen und man muß sie da stehen lassen, wo sie erschien. Aber sie war durch die Geschichte der Kirche hindurch von einer ungeheueren Anziehungskraft, weil sie Züge enthielt, die in die jeweils wechselnde Zeit herübersprachen, aus denen man lernen, die man in gewissen Modifikationen aufnehmen und in denen man sich überraschenderweise selbst erkennen, in Frage gestellt oder bestätigt finden konnte.

Warum ging man damals zu ihnen hinaus, warum erinnerte man sich ihrer in der Geschichte und warum sind sie noch heute oder heute wieder von Interesse und zwar so sehr, daß man in dem, was unserer Zeit eigentlich ungemein fern und fremd ist, »Lebenshilfe« zu erkennen meint? Fairy von Lilienfeld, die mit den Wüstenvätern und Wüstenmüttern vielleicht Vertrauteste unter den jetzt Lebenden, antwortet: »Wahrscheinlich . . ., weil hier der Einebnung von Kirche und Welt, die im offiziell christlich werdenden Imperium einsetzte, ein Korrektiv entgegengesetzt wurde . . . (weil) hier eine Form der Unterweisung geübt wurde, die personale Begegnung und ›existentielle‹ Beruhigung und Entscheidung als wesentliche Elemente der Glaubensverwirklichung in sich einschloß . . . Drittens wurde diese Unterweisung durch ihre Bindung an Lebensverhältnisse, die denen Jesu und seiner Jünger ähnlich zu sein schienen, als besonders evangeliumsnah empfunden . . . eine Lehre, die von der Lebensgestaltung des Lehrenden ebensowenig zu trennen ist, wie sie etwa nur Wissen übermitteln will, sondern die immer auch Seelsorge und Seelenführung ausübt.«[107] Im Mittelalter war es, um nur eine Stimme zu nennen, Thomas a Kempis, der in seiner »Imitatio Christi« im ersten Buch ein ganzes Kapitel »Vom Vorbild der heiligen Väter« überschrieb und darin sagte: »Sieh hin auf die lebendigen Vorbilder der heiligen Väter, ihre wahre Vollendung und Heiligkeit leuchtet ... Wie streng und abgeschieden lebten (sie) in der Wüste! ... Arm an irdischem Gut, waren sie gesegnet mit Gnade und Tugend. Dürftig in äußeren Dingen, flossen sie über von Gnade und göttlichem Trost. Der Welt entfremdet, waren sie Gottes Vertraute und nächste Freunde ... Sie wurden allen Frommen Vorbild und sollen uns mehr aneifern zum Fortschritt im Guten, als die vielen Zaghaften uns abhalten können ...«[108] Im Altertum ist es Palladius gewesen, der gegen Schluß seines Werkes in einem Kapitel »Der Bruder, der mit mir zusammenlebt«, mit dem er sich vermutlich selber meint, den Grund nennt, »der auf den ersten Blick wohl überrascht, aber von geheimnisvoller Tiefe ist und den tiefsten Sinn jeder Hagiographie enthält: Er bittet den Leser, Leben und Mühen der Wüstenväter zu nehmen als *»hinreichenden Beweis für die Auferstehung«*[109. 110].

Anmerkungen

1 Die Hauptquelle: Bonifaz Miller, Weisung der Väter. Apophthegmata Patrum, auch Gerontikon oder Alphabeticum genannt, Freiburg 1965 – Wir zitieren von jetzt ab nach dieser Ausgabe, kürzen ab Ap. = Apophthegma, und nennen die Nummer, nicht die Seitenzahl.

2 Dazu verhalfen besonders: Gertrude und Thomas Sartory (Hg.), Lebenshilfe aus der Wüste. Die alten Mönchsväter als Therapeuten, Freiburg 1980 (HB 763); aber auch: Gerd Heinz-Mohr, Weisheit aus der Wüste. Worte der frühen Christen, Köln 1985; (jetzt als Insel-Taschenbuch it 1187, Frankfurt 1989); sowie: Palladius, Historia Lausiaca. Die frühen Heiligen in der Wüste. Herausgegeben und aus dem Griechischen übertragen von Jacques Laager, Zürich 1987.

3 Helmut Claß (Hg.), Evangelische Spiritualität. Überlegungen und Anstöße zur Neuorientierung, Gütersloh 1979, 10.

4 Marcel Viller/Karl Rahner, Aszese und Mystik in der Väterzeit. Ein Abriß der frühchristlichen Spiritualität, Freiburg ²1990, 31.

5 Fairy von Lilienfeld, Spiritualität des frühen Wüstenmönchtums. Gesammelte Aufsätze 1962 bis 1971, hrsg. von Ruth Albrecht und Franziska Müller, Erlangen 1983, 105.

6 Ap. 40.

7 G. und T. Sartory, a.a.O. 9.f.

8 Palladius, a.a.O. 51.

9 Apophthegma: Väterspruch; von »apophtheggomai« gerade heraussagen, laut erklären (von der Rede des Weisen); vgl. BWzNT. 185. – »Seine Form ist häufig die möglichst kurze, oft nur einen Satz umfassende Sentenz, das knappe Gleichnis oder die ›Lebensregel‹ « (F. v. Lilienfeld, a.a.O. 93).

10 B. Miller, a.a.O. 9.

11 Gertrude und Thomas Sartory (Hg.), Johannes Cassian. Ruhe der Seele. Einweisung in das christliche Leben III, Freiburg 1984 (HB. 1032), 14. – Spannkraft der Seele. Einweisung in das christliche Leben I, Freiburg 1981 (HB 839). Aufstieg der Seele. Einweisung in das christliche Leben II, Freiburg 1982 (HB 945). – (künftig zitiert: Cassian I. II. III).

12 Owen Chadwick, Johannes Cassianus; in: TRE 7, 651.

13 N. N., Lesen in der Lebenskrise. Erfahrungen mit der Bibliotherapie, Freiburg 1977 (Sonderausgabe der Herderbücherei).

14 Walter Nigg, Vom Geheimnis der Mönche, Zürich 1953, 23.

15 Walter Dirks, Die Antwort der Mönche, Frankfurt [2]1952, 98.

16 B. Miller, a.a.O. 460.

17 Ap. 500.

18 Hans Hanakam, Antonios der Große. Stern der Wüste, Freiburg 1989 (HB 1625), 31.

19 Ap. 480.

20 Darüber gibt es ein ungemein lesenswertes, als »Seelsorge an der eigenen Seele« wirkendes kleines Buch: Anselm Grün OSB, Einreden. Der Umgang mit den Gedanken, Münsterschwarzach 1983.

21 Ap. 602.

22 Fairy von Lilienfeld, Das Herz zum Verstand neigen. Altrussische Heilige des Beginns, Freiburg 1989 (HB 1173), 13.

23 Ap. 965.

24 Ap. 906.

25 Athanasius, Vita Antonii. Hg. von Adolf Gottfried, Graz 1987 (Gemeinschaftsausgabe mit dem St. Benno-Verlag, Leipzig 1986, 80).

26 Gertrude und Thomas Sartory, Maria von Ägypten – Allmacht der Buße, Freiburg 1982 (HB 977), 30.

27 G. und T. Sartory, a.a.O. 30.

28 Cassian III, 34.

29 F. v. Lilienfeld, Spiritualität des frühen Wüstenmönchtums, a.a.O. 29.

30 Athanasius, a.a.O. 27.

31 Cassian II, 70.

32 Ap. 68.

33 Ap. 1.

34 B. Miller, a.a.O. 458.

35 Ap. 317.

36 Ap. 742.

37 Anselm Grün OSB, Geistliche Begleitung bei den Wüstenvätern, Münsterschwarzach 1991, 14f. – Der im Bereich der christlichen Spiritualität hochverdiente Verfasser geht im verständlichen Bemühen zu vergegenwärtigen bei den Wüstenvätern vielleicht etwas zu schnell auf den modernen Begriff der »Selbstwerdung« (7f.) zu, überfrachtet sie mit dem diagnostischen Vermögen der Psychologie und wendet den (unter Theologen modischen) Begriff der »Zärtlichkeit« (22) auf diese knorrigen Gestalten an.

38 Johannes Cassian, Sämtliche Schriften, 2 Bände, hg. von Karl Kohlhund, Kempten 1879. Bd. 1, 323–353; vgl. Cassian I, 119–131.

39 Athanasius, a.a.O. 64. Cassian I, 120. Ap. 1116.
40 Ruth Albrecht, Das Leben der heiligen Makrina auf dem Hintergrund der Thekla-Traditionen. Studien zu den Ursprüngen des weiblichen Mönchtums im 4. Jahrhundert in Kleinasien, Göttingen 1986, 28.
41 Ap. 894. 899. 908. »Amma« (Herrin, Mutter) ist der dem Abbas entsprechende Titel der geistbegabten Nonnen, der sie den Männern gleichstellt.
42 G. und T. Sartory (Hg.), Maria von Ägypten – Allmacht der Buße, a.a.O., 10. 14.
43 G. Heinz-MOhr, a.a.O. Zitat: S. 13f.
44 R. Albrecht, a.a.O. 27. 28.
45 August Hardeland, Die specielle Seelsorge im Mönchsleben des IV. Jahrhunderts; in: Geschichte der speciellen Seelsorge in der vorreformatorischen Kirche und der Kirche der Reformation, Berlin 1898, 38–53. – S. 38f. 41. 48.
46 F. v. Lilienfeld. a.a.O. 88.
47 Ap. 51.
48 Cassian I, 120f.
49 A. Hardeland, a.a.O. 39.
50 Ap. 478. 19.
51 Thomas Bonhoeffer, Ursprung und Wesen der christlichen Seelsorge, München 1985, 106.
52 Ap. 476.
53 Ap. 386.
54 Ap. 174; nach der Übersetzung von F. v. Lilienfeld, a.a.O. 94.
55 Zit. n. G. u. T. Sartory, Lebenshilfe aus der Wüste; a.a.O. 10.
56 Palladius, a.a.O. 12.
57 Palladius, a.a.O. 317f. (J. Laager).
58 Ulrich Luz, Das Evangelium nach Matthäus I/1 (Mt. 1–7), Neukirchen/Vluyn – Zürich 1985, 313 (EKK).
59 M. Viller(K. Rahner, a.a.O. 108.
60 Über die »Akedia« bei: Evagrius Ponticus, Praktikos. Über das Gebet, Münsterschwarzach 1986, 38f. – Cassian I, 82–85. – Cassian, Sämtliche Schriften, Bd. 1, 102–225.
61 Heinrich Bacht, Euagrius Pontikos; in: Gerhard Ruhbach/Josef Sudbrack (Hg.), Große Mystiker. Leben und Wirken, München 1984, 36–50. 43.
62 Ap. 41. 659. 866.
63 A. Grün, a.a.O. 25.
64 Ap. 748.
G. Heinz- Mohr, a.a.O. 67. – Palladius, a.a.O. 55f.
66 Ap. 830.
67 Th. Bonhoeffer, a.a.O. 110.
68 Ap. 699.
69 Ap. 1003.
70 Adolf Köberle, Versuchung; in: RGG[3] VI, 1386.
71 Palladius, a.a.O. 111–113 (»Paulus von Pherme«).
72 Palladius, a.a.O. 334 (Jaques Laager).
73 Ap. 454–456 (Über Makarios, den Großen, den Ägypter).
74 Ap. 165, 788.

75 Ap. 1165.
76 Ap. 1163.
77 Palladius, a.a.O. 150 (Spr. 11,14).
78 Ap. 924.
79 Ap. 117.
80 Emma Brunner-Traut, Die Kopten. Leben und Lehre der frühen Christen in Ägypten, Köln 1982, 27.
81 Athanasius, Vita Antonii, a.a.O. 48. 49. 50.
82 Ap. 641.
83 M. Viller/K. Rahner, a.a.O. 86f.
84 Palladius a.a.O. 96. – Schüler aus dem Kreis des Evagrius erzählten über einen Asketen Stephanus: »Als wir zu ihm kamen, war er von einer furchtbaren Krankheit befallen. Genau an der Stelle der Hoden und der Eichel hatte er ein Geschwür, das man Krebs nennt . . .« Er sprach zu uns: »Kinder, nehmt daran keinen Anstoß. Von allem, was Gott wirkt, tut er nichts aus Bosheit, sondern allein im Hinblick auf ein gutes Ende« (138f.). – »Eine Frau hatte an den Brüsten eine Krankheit, Krebs genannt, und als sie vom Abbas Longinus hörte, suchte sie mit ihm zusammenzutreffen . . . Die Frau zeigte ihm das Leiden. Er machte ein Kreuz darüber und entließ sie mit den Worten: ›Gehe, und Gott heilt dich!‹ . . . Die Frau ging dem Worte vertrauend, und wurde auf der Stelle geheilt . . .« (Ap. 451).
85 Palladius a.a.O. 61.
86 Basilius Steidle, Die Benediktus-Regel, 3. Auflage, Beuron 1978, 115. – Georg Holzherr, Die Benediktsregel. Eine Anleitung zum christlichen Leben, Zürich 1985, 178f. – Über Antonius heißt es in den »Griechischen Offiziumstexten zum Antoniosfest«: ». . . der Leidenden kundigster und verehrtester Arzt«; in: H. Hanakam a.a.O. 71.
87 Wilhelm Löhe, Der Tod zu Dettelsau, in: Gesammelte Werke (Hg. Klaus Ganzert), Neuendettelsau 1962, Bd. 4, 440–442. 441.
88 Ap. 431.
89 Athanasius, a.a.O. 45. – H. Hanakam, a.a.O. 78.
90 B. Steidle, a.a.O. 72f. (4,47).
91 Ap. 892.
92 Alois M. Haas, Todesbilder im Mittelalter, Fakten und Hinweise in der deutschen Literatur, Darmstadt 1989, 52.
93 Ap. 166. 171.
94 A. M. Haas, a.a.O. 198.
95 E. Brunner-Traut, a.a.O. 126.
96 E. Brunner-Traut, a.a.O. 124.
97 Athanasius, a.a.O. 113.
98 Athanasius, a.a.O. 115.
99 Wilhelm Bousset, Untersuchungen zur Vita Pachomii, in: Apophthegmata. Studien zur Geschichte des ältesten Mönchtums, Tübingen 1923, 218f.
100 Athanasius, a.a.O. 115.
101 Ap. 308.
102 G. Heinz-Mohr, a.a.O. 115f.
103 G. Heinz-Mohr, a.a.O. 110. – Ap. 78. 111.

104 Ap. 78.
105 Ap. 382.
106 Th. Bonhoeffer, a.a.O. 107.
107 F. v. Lilienfeld, a.a.O. 105f.
108 Thomas a Kempis (Vermutlicher Verfasser), De imitatione Christi. Von der Nachfolge Christi; hg. von Paul Mons, Regensburg 1959, 33–36 (Kap. I,18).
109 Jaques Laager, in: Palladius, a.a.O. 324.
110 Nach Abschluß des Manuskripts gab mir Frau Professor Dr. Fairy von Lilienfeld Einsicht in ihr für die TRE bestimmtes Manuskript »Mönchtum«. Ich weise deshalb auf diese, den augenblicklichen Stand der Forschung und dessen, was man über die Mönche weiß und wissen sollte, souverän darstellende Abhandlung empfehlend hin und danke meiner verehrten Kollegin für alles, was ich in vielen Jahren von ihr über das Mönchtum und darüber hinaus gelernt habe. (TRE XXIII, 150–193). – Ebenfalls nach Abschluß des Manuskripts konnte ich noch die kleine Studie von Cordelia Sproedt, Das Seelsorgeverständnis der Wüstenväter, Berlin 1992 (unveröffentlichtes Manuskript) einsehen.

Basilius von Cäsarea

Basilius von Cäsarea

Wolfgang A. Bienert

I. Biographie

1. Allgemeines

Basilius (ca. 330–379), Bischof von Cäsarea und Metropolit von Kappadozien in den Jahren 370 bis 379, gehört zu den herausragenden Gestalten der Alten Kirche. Zusammen mit Gregor von Nazianz († 390), seinem Freund und Studienkollegen, und Gregor von Nyssa († ca. 394/5), seinem jüngeren Bruder, ist er einer der drei großen Kappadozier, die Theologie und Frömmigkeit der östlichen Kirchen nachhaltig geprägt haben. Er selbst gilt als der Vater des griechischen Klostermönchtums, der Koinobiten. Für die Zeitgenossen war er eine Persönlichkeit von großer Ausstrahlung und prägender Kraft, so daß ihm die Nachwelt neben Athanasius von Alexandrien († 373) als einzigem Bischof und Theologen des 4. Jhs. den Beinamen »der Große« gegeben hat[1].

In der Person und im Wirken des Athanasius hatte der Glaube von Nicäa für viele Zeitgenossen sichtbare Gestalt angenommen und seine unüberwindliche Kraft erwiesen. Basilius folgte ihm. Und in ihm erhielt dieser im trinitarischen Dogma vollendete Glaube darüber hinaus jene eindrucksvolle Symbolfigur, für die das Dogma selbst zur unausgesprochenen und unaussprechbaren Grundlage der Kirche und ihrer Verkündigung wurde.

Als Asket, Theologe und Bischof hat er, der hochgebildete Kirchenmann, trotz seiner zarten Gesundheit das Schiff der Kirche in schwieriger, stürmischer Zeit, die er selbst einmal mit einer Seeschlacht verglich, in ernsten Konflikten mit der staatlichen Gewalt – auch mit dem Kaiser –, mit arianisch gesonnenen oder anderen Richtungen anhängenden Bischöfen und schwärmerischen Asketengruppen auf klarem und sicherem Kurs gesteuert. Er hat sich mit seinem Leben, mit seiner ganzen Existenz für die von ihm geliebte Gemeinschaft der Kirche mit ökumenischer Weite und Offenheit, aber auch ohne Scheu vor politischen, kirchlichen und theologischen Konflikten eingesetzt. Selbst alte Freundschaften konnten zerbrechen, wenn der für ihn allein wahre, heilverheißende und heilschenkende Glaube, auf den er getauft war, und d. h., wenn die rechte Gottesverehrung des Vaters, des Sohnes und des Hl. Geistes, auf dem Spiel stand.

Im Dienst seiner Kirche war Basilius häufig auf Reisen und stand in einem ausgedehnten Briefwechsel mit vielen Menschen, dienstlich und privat, beratend, ordnend und Trost spendend. Er blieb auf diese Weise im engen Kontakt mit seinen Gemeinden, aber auch mit der weltweiten Kirche. In seinen erhaltenen Predigten, Briefen, wie auch in seinen theologischen Schriften zeigt er sich als Mann der Kirche, der tief in seinem Glauben verwurzelt ist. Dieser Glaube trägt asketische Züge, drängt ihn aber zugleich zu sozialem Engagement und verpflichtet ihn zu sozialer Verantwortung auf der Grundlage des Evangeliums. Kirchenleitung, Kirchenordnung und Seelsorge gehören bei Basilius eng zusammen und sind zugleich biblisch und theologisch begründet. Der kappadozische Bischof war »ein Praktiker hohen Grades und doch zugleich ein Geistlicher von Format«[2].

2. Leben und Werk

Basilius stammte aus einer alten christlichen Familie, die in Kappadozien und in benachbarten Gebieten über großen Landbesitz verfügte. Sein Vater, der ebenfalls Basilius hieß, war ein angesehener Rhetor und Anwalt im pontischen Neocäsarea. Seine Mutter Emmelia kam aus einer reichen kappadozischen, ebenfalls christlichen Familie. Ihr Vater hatte in der diokletianischen Verfolgung das Martyrium erlitten. Ihr Bruder war Bischof.

Von seiner Großmutter, Makrina d. Ä., der Mutter des Vaters, wurde Basilius in die biblisch-christliche Tradition eingeführt. Sie war eine Schülerin Gregors des Wundertäters, der seinerseits aus der Schule des Origenes († 254) kam. – Die Anfangsgründe der klassischen Bildung erhielt Basilius durch seinen Vater. Später studierte er Rhetorik und Philosophie in Cäsarea, Konstantinopel und Athen, wo er mit seinem Landsmann Gregor von Nazianz eine lebenslange Freundschaft schloß.

Etwa 356 kehrte er zurück nach Cäsarea und wurde zunächst Lehrer der

Rhetorik. Unter dem Einfluß seiner älteren Schwester Makrina wie auch seines jüngeren Bruders Naukratius entschloß er sich jedoch bald zu einer asketischen Lebensweise und gab seinen Beruf auf.

Asketisches Leben bedeutete für Basilius aber nicht radikale Weltflucht wie im Eremitentum seiner Zeit. Sie sollte vielmehr der Abkehr von weltlicher Geschäftigkeit dienen, um Zeit und Raum zu gewinnen für das geistliche Leben, die Hingabe an Gott und schließlich mehr und mehr auch für den Dienst an Armen, Kranken und sozial Schwachen. Die Tatsache, daß sich Basilius zu Beginn seines asketischen Weges taufen ließ, deutet darauf hin, daß es ihm vor allem um ein Leben nach dem Evangelium ging. Dem entspricht auch, daß er seinen unfangreichen Besitz verkaufte und den Erlös der Armenfürsorge zuwandte (vgl. Mt 19,21). Wie Eustathius, der Bischof von Sebaste († nach 377), der als einer der Begründer des Mönchtums im östlichen Kleinasien gilt, und wohl von ihm beeinflußt, strebte Basilius nach einer monastischen Lebensform innerhalb der Kirche – oder richtiger: nach der Verwirklichung kirchlichen Lebens in Form einer Bruderschaft.

Dazu suchte er zunächst die Zentren des damals aufstrebenden Mönchtums auf – in Syrien, Mesopotamien, Palästina und Ägypten – und zog sich dann um 357 mit Freunden in eine Einöde bei Neocäsarea zurück (vgl. ep. 14, an Gregor v. Nazianz). Hier, in Annisi, begann er mit der Formulierung seines asketischen Programms im sog. »Kleinen Asketikon«, das später in den »ausführlichen Regeln« weiterentwickelt wurde. Zur gleichen Zeit aber verfaßte er mit den »Moralia« auch eine Programmschrift für die Reform der Kirche. Es sind 80 Regeln, in denen die Ethik Jesu auf der Grundlage des neutestamentlichen Zeugnisses zur Lebensnorm für alle Christen erhoben wird.

Das Leben in asketischer Zurückgezogenheit bedeutete für Basilius im übrigen keine Trennung vom kirchlichen Leben. Er stand vielmehr weiterhin in regem Kontakt mit der Gemeinde in Cäsarea und nahm seit 359/60 auch an wichtigen kirchenpolitischen Entscheidungen teil. Schon früh entschied er sich für die Lehre von Nicäa, wandte sich mit Nachdruck gegen den strengen Arianer Eunomius, trat aber auch der Religionspolitik der damaligen Kaiser entgegen, vor allem Kaiser Valens (364–378). Auf Drängen seiner Freunde in der Mönchsgemeinschaft ließ er sich deswegen 364 in Cäsarea zum Presbyter weihen und übernahm von da an faktisch die Leitung der formal von Bischof Eusebius geleiteten Kirche, noch bevor er Ende 370 dessen Nachfolger wurde.

Schon 365 widersetzte er sich mit Erfolg dem Kaiser, als dieser während eines Besuches das homöische, gegen das Nicänum gerichtete, Reichsbekenntnis durchzusetzen versuchte. Seither wurde Basilius immer mehr zum führenden Bischof der nicänischen Partei im Osten. Mit seinen Predigten legte er die Grundlagen für ein erneuertes Kirchenwesen. Er baute gezielt die Armenfürsorge aus, was später sogar den Kaiser beeindruckte. Er ordnete die Liturgie neu, reformierte den Klerus und integrierte das Mönchtum in die Gemeinde.

Nach außen beteiligte er sich kirchenpolitisch an der Sammlung der Gemeinden unter dem Nicänum und setzte damit fort, was Athanasius mit einer Synode in Alexandrien im Jahre 362 begonnen hatte. Er suchte Kontakt zu den Kirchen des Westens (vgl. ep. 197, an Ambrosius v. Mailand), widersetzte sich aber gleichwohl dem Primatsanspruch des römischen Bischofs Damasus († 384) im Jahre 373 (vgl. epp. 138; 156). Dennoch setzte er seine Unionsbemühungen fort – zuletzt 377, erreichte aber nur einen Teilerfolg. Zu einer wirklichen Einigung zwischen den Kirchen in Ost und West kam es zu seinen Lebzeiten nicht.

Eine besonders schwierige Lage entstand für ihn im Herbst 373 dadurch, daß er mit dem östlichen Mönchtum in einen dogmatischen Konflikt geriet, der zum Bruch mit dem verehrten Freund Eustathius von Sebaste und seinen Anhängern, den sog. »Pneumatomachen«, führte. Ursache war der Streit darüber, ob der Hl. Geist ein Geschöpf Gottes, ein »dienstbarer Geist« (vgl. Hebr 1,14), oder Gott selbst sei. Für Basilius gehörte die Lehre von der Gottheit des Geistes zum unverzichtbaren Bestandteil der nicänischen Orthodoxie und zum Kern seines Taufverständnisses.

Kurze Zeit schien es, als habe er mit seinem leidenschaftlichen Bemühen Erfolg, Eustathius von der Richtigkeit und Notwendigkeit dieser Lehre zu überzeugen (De spiritu sancto; ep. 125). Doch dann kam es doch noch zum Bruch zwischen ihnen. Eustathius hatte sich nachträglich anders besonnen. Auf die Wahrheit des Evangeliums aber konnte und wollte Basilius nicht verzichten. Sie war ihm zuletzt wichtiger als die jahrelange Freundschaft mit Eustathius. Und so ist er sich und seinem Auftrag als Bischof auch in diesem – für ihn besonders schmerzlichen Fall – treu geblieben.

Das Wirken des Basilius zielte auf eine umfassende Reform einer Kirche, die sich den Lebensgewohnheiten der Antike angepaßt hatte und zugleich in sich theologisch zerstritten war. Dazu bedurfte es in seinen Augen einer entschiedenen Rückbesinnung auf den Ursprung der Kirche, einer konsequenten Abwendung von der Welt und der Verwirklichung wahrer Bruderschaft – gerade auch mit den sozial Schwachen – in der Nachfolge Jesu.

Das in einer Klostergemeinschaft geordnete Mönchtum war für Basilius lediglich eine besondere Form christlicher Existenz, die nicht nur der Bibellektüre, Kontemplation und Gebet, sondern auch der praktischen Nächstenliebe mehr Raum bot. Das Kloster wird bei Basilius schließlich zum Modell einer von christlicher Liebe geformten neuen Gesellschaft, in der Gebet und Arbeit ebenso ihren Platz haben wie die allgemeine Sorge um Kleidung und Nahrung, aber auch um Leitung und Zusammenleben in der Gemeinschaft. Dazu gehörte auch der Dienst für Arme, Kranke und sozial Schwache – nicht nur innerhalb, sondern auch außerhalb des Klosters.

In diesem Gefüge hatte auch die Beichte ihren Platz, die Basilius im ägyptischen Mönchtum kennenlernte und die er im Interesse eines gesunden Zusammenlebens im Kloster zu einer festen Einrichtung machte:

»Mit dem Bekenntnis der Sünde verhält es sich so wie mit der Aufdeckung körperlicher Krankheiten. Wie die Menschen nicht allen ihre körperlichen Erkrankungen bekanntgeben und nicht den ersten besten, sondern nur den Heilkundigen, so muß auch die Anzeige der Sünden nur vor solchen geschehen, welche sie heilen können, wie geschrieben steht: ›Ihr Starken, tragt die Gebrechlichkeit der Schwachen‹, d. h. nehmt sie mit Sorgfalt hinweg« (vgl. Röm 15,1) (Kl. Reg. 229).

Leibliche und geistliche Gesundheit hängen für Basilius, der sich in seinem Studium auch mit medizinischen Fragen beschäftigt hatte, eng zusammen. Zur Neuordnung des Kirchenwesens gehörte für ihn darum auch, die Seelsorge in den Gemeinden sicherzustellen und entsprechende Persönlichkeiten als Bischöfe zu gewinnen. Zugleich organisierte er als Bischof die Armenfürsorge in seiner Gemeinde neu und setzte dafür nicht zuletzt sein eigenes Vermögen ein. Er ließ Krankenhäuser und Heime für Asoziale, Werkstätten und Herbergen für Reisende errichten und trat als Anwalt der Schwachen und Unterdrückten auch gegenüber staatlichen Einrichtungen auf.

Zum ersten Mal in der Geschichte begegnet hier ein umfassendes Programm christlich sozialer Verantwortung auf der Grundlage eines Humanismus, für den sich wahres Menschsein im Christsein und in gelebter Christusnachfolge erfüllt. Diese besteht für Basilius nicht in asketischer Höchstleistung, wie sie zu seiner Zeit in bestimmten Kreisen des Mönchtums geübt und gefordert wurde, sondern ist letztlich Geschenk des Geistes, der in der Taufe empfangen wird. Die Lehre von der Gottheit des Geistes gehört deshalb zum zentralen Kern seines Glaubens, seines Lebens und Wirkens, seiner Frömmigkeit und seines Kirchenverständnisses.

II. Exemplarische Texte

1. Die Taufe als Grundlage christlichen Glaubens und Lebens (aus: Hom. 13 – Ermahnung zur hl. Taufe – PG 31,424–444; BKV Bd. 47,300–317):

»Die Zeit der Taufe ist das ganze Leben. Wie der Körper nicht leben kann, ohne zu atmen, so kann die Seele nicht bestehen ohne Kenntnis des Schöpfers. Denn Gott nicht kennen bedeutet den Tod der Seele; und wer nicht getauft ist, ist auch nicht erleuchtet (Taufe = φώτισμα). Ohne Licht kann aber das Auge die Gegenstände nicht wahrnehmen und die Seele Gott nicht schauen. . . . Deshalb ruft die Kirche ihre Pfleglinge mit lauter Stimme von fern her zusammen, um denen jetzt (d. h. an Ostern, dem Tag der Auferstehung) das Leben zu geben, die sie schon lange mit Wehen getragen, um denen die kräftige Kost der Glaubenslehren zu reichen, die sie der Milch des ersten Unterrichts entwöhnt hat (vgl. Hebr 5,12–14). . . .

Zum Leben rufen wir dich, o Mensch. Warum folgst du dem Rufe nicht zur Teilnahme an den Gütern? Warum schmähst du das Geschenk? Das Himmelreich ist geöffnet. Der da einlädt, trügt nicht. Der Weg ist leicht; du brauchst nicht viel Zeit, nicht Aufwand, nicht Mühe. Was besinnst du dich? Was zögerst du? Warum fürchtest du das Joch wie ein junges Kalb, das noch kein Joch getragen hat? ›Es ist süß, es ist leicht‹ (Mt 11,30). Es schabt den Nacken nicht, sondern ziert ihn. Denn es wird nicht um den Hals gebunden, sondern will freiwillig getragen sein. . . . Beuge deinen ungebändigten Nacken! Werde ein Jochtier Christi, damit du nicht, ohne Joch und ungebunden im Leben, eine leichte Beute der wilden Tiere werdest (c.1). . . .

Wenn ich in der Kirche Gold austeilen würde, dann würdest du mir nicht sagen: ›Ich werde morgen kommen; gib mir morgen.‹ Du würdest es sofort nehmen, würdest auf Verteilung dringen und über etwaige Verzögerung unwillig werden. Da aber der hochherzige Geber dir kein blinkendes Metall, sondern Reinigung der Seele anbietet, suchst du nach Ausreden und machst allerlei Gegengründe geltend, statt zu den Geschenken zu eilen. O Wunder! Du wirst erneuert, ohne umgeschmolzen, umgeprägt, ohne gebrochen zu werden, geheilt ohne Schmerzen, und schenkst der Gnade keine Beachtung! . . . (c.3).

Stelle dir vor, deine Seele stünde gleichsam auf einer Waage und würde hier von Engeln, dort von Teufeln gezogen. Wohin wird nun dein Herz den Ausschlag geben? Was wird bei dir siegen, die Lust des Fleisches oder die Heiligung der Seele? . . . Werden die Engel dich aufnehmen oder die dich festhalten, die dich bereits fesseln? . . . Wie soll der Engel sich deiner annehmen? Wie soll er dich dem Feinde entreißen, wenn er das Siegel nicht wahrnimmt? Wie willst du sagen: Ich gehöre Gott an, wenn du nicht die Merkmale an dir trägst? . . . Ein unversiegelter Schatz fällt leicht Dieben in die Hände; ein ungezeichnetes Schaf fängt man ohne Gefahr ein (c.4).

Du bist jung? Sichere deine Jugend mit dem Zaume der Taufe! Ist die Jugendblüte dahin? Hüte dich, daß du nicht die Wegzehrung verlierst, bringe dich nicht um das Schutzmittel und denke nicht von der elften Stunde wie von der ersten (vgl. Mt 20,12); muß doch schon der, welcher das Leben anfängt, das Ende vor Augen haben.

Die Taufe ist für Gefangene ein Lösegeld, der Schulden Vergebung, der Sünde Tod, Wiedergeburt des Geistes, ein lichtes Gewand, ein unzerstörbares Siegel, ein Fahrzeug zum Himmel, Vermittlerin des Reiches, das Gnadengeschenk der Kindschaft Gottes. Und so hohen und erhabenen Gütern ziehst du, erbärmlicher Mensch, die Lust vor? ... Ist denn die Sünde etwas so Schönes? Dann behalte sie bis zum Ende bei! Ist sie aber dem Missetäter zum Schaden, warum verbleibst du bei dem, was schadet? ... Reinigen muß man den Körper vom Schädlichen, nicht die Krankheit verschlimmern, bis es zu spät ist (c.5).«

Basilius schließt seine Predigt mit den Worten:

»Mir kommen die Tränen in die Augen, wenn ich bedenke, daß du die Werke der Schande der großen Herrlichkeit Gottes vorziehst, um der Süßigkeit der Lust willen unzertrennlich an der Sünde hängst und dich von den verheißenen Gütern ausschließest, so daß du die Güter des himmlischen Jerusalem nicht schaust. Dort sind die vielen tausend Engel, die Versammlungen der Erstgeborenen, die Throne der Apostel, die Sitze der Propheten, die Zepter der Patriarchen, die Kronen der Märtyrer, die Lobpreisungen der Gerechten. Wünsche, ihnen beigezählt zu werden, abgewaschen und geheiligt durch das Gnadengeschenk Christi. Ihm (sei) Ehre und Macht von Ewigkeit zu Ewigkeit (c.8).«

2. Der Wert der täglichen Kommunion (aus ep. 93 – An Caesaria, eine Patrizierin):

»Die tägliche Kommunion und Teilhabe am heiligen Leib und Blut Christi ist gut und nützlich, weil er selbst deutlich sagt: ›Wer mein Fleisch ißt und mein Blut trinkt, der hat ewiges Leben‹ (Joh 6,54). Denn wer zweifelt, daß ständig am Leben teilhaben nichts anderes ist als vielfach leben? Wir jedenfalls kommunizieren viermal in jeder Woche: am Sonntag, am vierten Tag, am Rüsttag (Freitag) und am Sabbat, ferner an den anderen Tagen, wenn Gedenktag eines Heiligen ist.«

3. Das rechte Fasten (Hom. 1,10 – PG 31,163–184; BKV 47,166–180):

»Das wahre Fasten besteht in der Entfernung der Fehler. ›Löse alle Bande der Bosheit (Jes 58,6)!‹ Vergib dem Mitmenschen die Beleidigung! Vergib ihm die Schulden! ›Fastet nicht zu Streit und Hader (Jes 58,4)!‹ Fleisch issest du nicht; aber du vertilgst den Bruder. Du enthältst dich des Weines, aber du beherrschest deinen Übermut nicht. ... Wehe denen, die trunken sind, aber nicht von Wein (vgl. Jes 51,21; 29,9)! Der Zorn ist eine Trunkenheit der Seele; er macht sie sinnlos wie der Wein. Auch die Traurigkeit ist eine Trunkenheit, die den Verstand ersäuft. Eine andere Trunkenheit ist die Furcht, wenn sie kommt, wo sie nicht angezeigt ist. Denn David sagt: ›Vor Feindesfurcht bewahre meine Seele (Ps 63,2)!‹ – Überhaupt jede Leidenschaft, die die geistige Verfassung stört, kann füglich als Trunkenheit bezeichnet werden.«

4. Seelsorge als Wortgeschehen – die Bedeutung des Schweigens (aus: Hom. 2 zu Deut. 15,9: »Hab acht auf dich selbst!« – PG 31,197–217; BKV 47,181–195):

»Den Gebrauch der Rede hat uns Gott, der uns geschaffen hat, gegeben, damit wir einander die Gesinnung des Herzens offenbaren und dank der gemeinsamen Natur einander die Gedanken mitteilen, die wir aus den Gründen des Herzens wie aus Vorratskammern hervorholen. Beständen wir nur aus Seele, so könnten wir unmittelbar gegenseitigen Gedankenaustausch pflegen. Nun arbeitet aber unsere Seele unter einer Fleischeshülle verborgen ihre Gedanken aus; sie braucht also Worte und Namen, um das in der Tiefe Ruhende kundzutun. ... Schafft also mit Schweigen Ruhe für die Rede; vielleicht enthält sie doch etwas Wertvolles, was ihr mitnehmen könnt.

Wir Menschen sind stark zu *Gedankensünden* geneigt. Deshalb hat der, welcher unsere Herzen einzeln gebildet hat (Ps 34,11), eben in der Erkenntnis, daß die meisten Sünden freiwillige Begierdesünden sind, die Reinheit der *Seele* als das leitende Prinzip aufgestellt. Denn das, womit wir am ehesten sündigen, hat er eines besonderen Schutzes und erhöhter Fürsorge gewürdigt. Wie vorsichtigere Ärzte schwächere Konstitutionen mit prophylaktischen Weisungen von Anfang an zu schützen suchen, so hat auch der allwaltende Schirmherr und wahre Seelenarzt für den Teil an uns, den er am meisten der Sünde ausgesetzt weiß, stärkere Wachen vorgesehen (c.1).

›Hab also acht auf dich selbst!‹ Häng' dich nicht ans Vergängliche, als wäre es ewig, und verachte nicht das Ewige, als wäre es vergänglich. ... Hab' acht auf dich mit aller Sorgfalt, damit du jedem Teil das Zuträgliche zuzuweisen verstehst; dem Körper Nahrung und Kleidung, der Seele die Lehren des wahren Glaubens, eine gute Anleitung, Übung der Tugend, Beherrschung der Leidenschaften« (c.3).

Das genannte Schriftwort wird dabei zum »Seelenarzt, für die von der Sünde geschädigte Seele« ... »Nur hab' auf dich acht, damit du den Gesundheits- und Krankheitszustand der Seele erkennst. Denn viele leiden an schweren und unheilbaren Krankheiten und wissen aus zu großer Unachtsamkeit nicht einmal, daß sie krank sind« (c.4).

5. Trost für Angehörige eines Verstorbenen:

a) aus epp. 5 und 6 (An Nectarius und seine Ehefrau; vgl. die Form eines antiken Consolamentum):

»Noch waren für mich keine drei oder vier Tage vorüber, nachdem ich erschüttert von dem unerträglichen Leid gehört hatte, und noch war ich im Zweifel, weil der Bote der Trauerkunde uns nicht klar den Vorfall erzählen konnte und weil ich – unvorbereitet auf die Nachricht – darum inständig betete, es möchte nicht wahr sein. Da erhielt ich einen Brief des Bischofs, der die unerwünschte Kunde offenbar machte. Wie sehr ich darüber stöhnte und wie viele Tränen ich vergoß, wozu es noch erwähnen? Denn wer hat schon ein so steinernes Herz oder steht der menschlichen Natur so fern, daß er den Vorfall teilnahmslos erträgt oder in seiner Seele von nur mäßigem Leid ergriffen wird?

Der Nachkomme einer glänzenden Familie, die Stütze seines Geschlechts, die Hoffnung des Vaterlandes, der Sproß frommer Eltern, unter Tausenden von Gebeten aufgezogen, er ist in der Blüte seines Lebens von uns gegangen, mitten aus den Armen des Vaters hinweggerissen. . . .

Wenn wir jedoch das Geschenk Gottes, das er in unsere Herzen gelegt hat, jetzt hervorholen, ich meine das besonnene Nachdenken, das in guten Tagen unserer Seele ein Maß zu setzen als auch bei schmerzlichen Ereignissen an das Los der Menschen zu erinnern weiß und uns bewußt machen kann, was wir gesehen und gehört haben, daß nämlich das Leben voll von solchen Leiden ist und es viele Beispiele menschlicher Schicksale gibt und vor allem daß es Gottes Gebot ist, daß die, die an Christus glauben, über die Entschlafenen nicht trauern sollen wegen der Hoffnung auf die Auferstehung und daß für große Geduld bei dem Kampfrichter die Kränze der Herrlichkeit aufbewahrt werden (vgl. Jak 1,12; 1. Petr 5,4), wenn wir durch vernünftiges Nachdenken dies uns zusagen lassen, dann möchten wir vielleicht ein gewisses Maß an Erlösung von dem Übel finden.« . . .

Basilius erinnert schließlich an Hiob 1,21 (›Der Herr hat's gegeben, der Herr hat's genommen . . .‹) und endet mit den Worten: »Diese bewundernswerte Haltung wollen wir zu der unsrigen machen. Gleich ist der Lohn, den der gerechte Richter denen gibt, die die gleiche Tapferkeit zeigen. Das Kind ist uns nicht geraubt worden, sondern wir haben es dem zurückgegeben, der es uns geliehen hatte. Und sein Leben ist nicht ausgelöscht worden, sondern gegen ein besseres vertauscht worden. Nicht die Erde hat unseren Geliebten bedeckt, sondern der Himmel hat ihn aufgenommen.«

b) Der Ehefrau, die ebenfalls Christin ist, schreibt Basilius in ähnlicher Weise (ep. 6). Er endet dort:

»Überhaupt glaube ich nicht, daß ein Wort als Trost ausreicht, sondern ich meine, daß in der gegenwärtigen Situation das Gebet nötig ist. Darum bitte ich den Herrn selbst, er möge mit seiner unaussprechlichen Macht Dein Herz anrühren und Deiner Seele durch gute Gedanken Licht schenken, damit Du von innen heraus Quellen des Trostes empfängst.«

c) Aus ep. 206 – An Bischof Elpidius:

»Ich erfuhr, daß Dich der Tod eines Knaben getroffen hat. Sein Verlust ist zwar für Dich als Großvater natürlich schwer, aber für Dich als einen Mann, der schon zu einem solchen Grad der Tugend fortgeschritten ist und aus langer Erfahrung und geistlicher Einsicht das Wesen des Menschlichen kennt, ist das Abschiednehmen von Verwandten immerhin nicht ganz unerträglich. Fordert von uns der Herr ja doch nicht dasselbe wie von gewöhnlichen Menschen. Denn diese leben so nach ihrer Gewohnheit, wir aber haben als Richtschnur unseres Lebenswandels das Gebot des Herrn und die vorweggenommenen Beispiele seliger Männer, welche die Erhabenheit ihrer Einstellung vor allem in schwierigen Situationen unter Beweis stellten. Damit nun auch Du der Welt ein Beispiel der Tapferkeit und des rechten Verhaltens angesichts unserer Hoffnung gibst, zeige Dich nicht gebeugt durch das Leid, sondern erhaben über die Trauer – geduldig in Trübsal und fröhlich in der Hoffnung« (vgl. Röm 12,12).

6. Basilius als Seelsorger der Ökumene in bewegter Zeit:

a) Der Zustand der Kirche (aus: De spiritu sancto c.30):

»Eine wahrhaft finstere und traurige Nacht liegt über den Kirchen, da die Lichter der Welt, die Gott gesetzt hat, die Seelen der Völker zu erleuchten, verbannt wurden. . . . Das harte Geschrei derer, die im Widerspruch verfeindet sind, das unverständliche Gerede und unentwirrbare Geräusch, das durch ein unaufhörliches Geschwätz entsteht, erfüllt schon fast die ganze Kirche. Dieses Geschwätz hat die gerade Lehre des Glaubens in Übertreibungen und Auslassungen verkehrt. . . . Infolge der Herrschsucht ist eine schreckliche Herrschaftslosigkeit über die Völker hereingebrochen, denn die Ermahnungen der Vorsteher blieben völlig ohne Wirkung und Erfolg, da jedermann im Nebel seiner Unwissenheit meint, es sei für ihn nicht mehr verpflichtend, auf jemand zu hören, als über andere zu herrschen.«

b) Das Schweigen als Mittel zur Überwindung des Streits:

»Deshalb hielt ich das *Schweigen* für nützlicher als das Sprechen, da keines Menschen Stimme in diesem Lärmen zu vernehmen ist. Wenn nämlich die Worte des Ekklesiastes wahr sind, daß ›Worte der Weisen in der Stille gehört werden‹ (Pred 9,17), dann dürfte es im gegenwärtigen Zustand kaum angebracht sein, darüber zu sprechen. . . . Es ist eine Zeit, in der die einen die anderen zu Boden werfen, manche die Fallenden mit Füßen treten, wieder andere Beifall klatschen. Da ist keiner, der aus Mitleid dem Wankenden eine Hand reicht. . . . Es gibt keine Ermahnungen mehr aus Liebe, nirgends ein christliches Herz, nirgends Tränen des Mitleids. Da ist keiner, der dem im Glauben Schwachen beisteht; . . . Das Übel hat sich, wie es scheint, in uns so festgesetzt, daß wir unverständiger als die unverständigen Tiere geworden sind, mit dem Unterschied allerdings, daß bei jenen sich das Gleichartige zusammenschart, bei uns hingegen der schreckliche Krieg gegen die eigenen Angehörigen herrscht.

Weil das alles so ist, war es nötig zu *schweigen*, aber die Liebe zog von der anderen Seite, sie, die nicht das Ihre sucht (1. Kor 13,5) und dafür hält, jede Schwierigkeit der Zeiten und Verhältnisse zu überwinden. Auch die Kinder in Babylon haben uns gelehrt, selbst wenn keiner da ist, dem Glauben beizustehen, aus uns das, was uns zukommt, zu vollbringen; diese freilich priesen mitten aus dem Feuer Gott, ohne auf die Menge der Verächter der Wahrheit zu schauen; vielmehr genügten sie einander, obwohl sie nur drei waren (Dan 3,12f.). Deshalb hat uns auch die Wolke der Feinde nicht Furcht eingeflößt, sondern wir haben unsere Hoffnung auf den Beistand des Geistes gesetzt und in allem Freimut die Wahrheit verkündet« (De spiritu sancto c.30; vgl. M. Blum 114ff.).

»Denn wir wissen, daß wir kein Ende in den Diskussionen finden werden, sobald wir einmal an der Einfachheit des Glaubens gerüttelt haben, weil uns der Widerspruch immer weiter treiben wird . . .« (aus: ep. 258 – An Epiphanius):

»Wer seinen Verstand nicht erniedrigt und nicht wie der Apostel bekennt: ›Brüder, ich rechne nicht damit, es erfaßt zu haben‹ (Phil 3,13); wer sich vielmehr einbildet, Gottes Sein (οὐσία) zu begreifen und mit seinen eigenen Spekulationen das Unerreichbare auszumessen; wer damit rechnet, daß Gott gerade so groß sei, als er ihn mit seinem Denken erfaßt; wer überhaupt seinen eigenen Verstand zum Maß der Dinge macht und nicht bedenkt, daß es leichter ist, mit einem kleinen Becher das ganze Meer auszumessen, als mit dem menschlichen Geist die unaussprechliche Größe Gottes zu umfassen . . .; wer nicht aus dem Glauben, sondern von sich aus zu reden beginnt, wer sich anmaßt, mit menschlichem Kalkül die Wahrheit zu erfassen, der ist ein Lügner und verfehlt die Wahrheit völlig« (aus: Hom. in Ps 115 – PG 30,105ff.).

»Unablässig an Gott denken, ist fromm und bringt der Seele, die Gott liebt, keinen Überdruß; im Worte aber das, was Gott betrifft, auszuführen, ist gefährlich, einmal weil der Verstand hinter der Höhe der Gegenstände zurückbleibt, und zum anderen weil das Wort das Erkannte nur dunkel wiedergibt. Wenn nun unser Verstand zu klein ist für die Höhe des Gegenstandes, das Wort aber noch schwächer ist als der Verstand selbst, wie täte da nicht das Schweigen not, damit nicht etwas durch die unzulänglichen Worte das Wunder der Gotteslehre (Theologie) in Gefahr gerät?« (aus: Hom. 15,1 [De fide] – PG 31,464 B; vgl. Hübner 208; ferner BKV 47,390).

»Was kennen wir von Gott? (Hier Jesu Antwort:) ›Meine Schafe hören meine Stimme.‹ Siehst du, wie Gott erkannt wird? Dadurch, daß wir seine Gebote hören und tun, was wir hören. Das ist die Erkenntnis Gottes: die Erfüllung der Gebote Gottes. ›Es kennen mich die Meinen, und ich kenne die Meinen‹ (sagt Jesus). Es genügt dir zu wissen, daß der Hirte gut ist; daß er sein Leben für die Schafe gab. Dies ist die Grenze der Erkenntnis Gottes. Wie groß aber Gott ist, und welches sein Maß, und welcher Art sein Wesen (οὐσία), solche Fragen sind gefährlich für den Fragenden und ausweglos für den, der gefragt wird. *Schweigen* ist dafür die Therapie« (aus: Hom. 23,4 – In s. mart. Mamantem – PG 31,596 Df.).

c) Umgang mit der Spaltung (aus: ep. 113: An die Presbyter in Tarsus):

»Unsere Zeit hat eine starke Neigung zur Zerstörung der Kirchen, und so haben wir es seit den ersten Erfahrungen schon lange. Erbauung der Kirche aber und Ausbesserung der Schäden sowie Mitleid mit den Kranken und Beschützung der gesunden Brüder – nichts von dem ist vorhanden. Ja, es gibt auch keine Arznei, welche die eingetretene Krankheit heilt oder der noch ausstehenden vorbeugt. . . . In einer solchen Zeit wäre nun großer Eifer und viel Fürsorge vonnöten, um den Kirchen etwas wohlzutun. Die Wohltat besteht darin, daß das bislang Getrennte sich vereinigt. Die Einheit aber wird zustandekommen, wenn wir uns entschließen, uns in den Punkten, die das Heil der Seelen nicht berühren, den Schwächeren anzupassen. . . . Wir wollen von den Brüdern, die sich uns anschließen wollen, nichts weiter verlangen, als die Zustimmung zum Glauben von Nizäa und die Erklärung, daß der Heilige Geist kein Geschöpf sei . . . Darüber hinaus, bitte ich Euch, von ihnen nichts zu verlangen. Denn ich bin überzeugt, daß bei längerem gemeinschaftlichen Zusammenleben und bei gemeinsamer Anstrengung, die frei ist von Rechthaberei, der Herr . . . schenken wird, was etwa noch zur weiteren Klärung notwendig sein sollte.«

(aus: ep. 191 – wohl an Bischof Sympius; vgl. Hauschild, BGL 2,116):

»Weil durch Gottes Gnade unsere Übereinstimmung im Glauben fest besteht, hindert uns nichts weiter, ›ein Leib und ein Geist zu sein, wie wir in einer Hoffnung durch die Berufung berufen wurden‹ (vgl. Eph 4,4). An Deiner Liebe ist es nun, dem guten Anfang auch eine Fortsetzung zu geben: die Gleichgesinnten um Dich zu scharen und Zeit und Ort für eine Zusammenkunft bekanntzugeben, damit wir so, indem wir durch Gottes Gnade einander akzeptieren, die Kirchen in der alten Form der Liebe verwalten, die Brüder der jeweils anderen Seite als Glieder der eigenen Kirche behandeln, zu ihnen wie zu Verwandten hinschicken und uns wiederum wie von Verwandten aufnehmen lassen. Denn dies war einst der Ruhm der Kirche, daß von einem Ende der Welt zum anderen die Brüder aus jeder Gemeinde, mit kurzen Erkennungsschreiben versehen, überall Väter und Brüder fanden. Das hat uns jetzt der Feind der Kirchen Christi unter anderem geraubt, daß wir uns Stadt für Stadt isolieren und alle unsere Nächsten argwöhnisch betrachten. Was ist das anderes, als daß wir in der Liebe erkaltet sind (vgl. Mt 24,12), durch die allein, wie unser Herr sagte (Joh 13,35), seine Jünger gekennzeichnet werden.«

d) Werbung um einen Altnicäner (aus: ep. 156 – An den Presbyter Euagrius):

»Wir würden ja in der Tat zu den verworfensten Menschen gehören, wenn wir an Kirchenspaltungen und -zertrennungen unsere Freude hätten und nicht den Zusammenhalt der Glieder am Leibe Christi für das größte Gut hielten. Was wir jedoch an Verlangen danach zu viel haben, das – so wisse – fehlt uns an Kraft dazu. Deine vollendete Klugheit weiß sehr wohl, daß die mit der Zeit verfestigten Leiden erstens Zeit brauchen, um geheilt zu werden, und zweitens eine kräftige und ziemlich intensive Behandlung, wenn man bis in die Tiefe vorstoßen will, um die Gebrechen der Kranken von der Wurzel her zu beseitigen. Du weißt, was ich damit meine; und wenn es nötig ist, deutlicher zu sprechen, dann braucht man auch das nicht zu scheuen(!).

Die aufgrund langer Gewöhnung in den Seelen verwurzelte Eigenliebe auszureißen, vermag ein einzelner Mann nicht, ebensowenig ein Brief, schon gar nicht in kurzer Zeit. Daß der angestaute Argwohn und die aus Streit entstandene Verfeindung völlig beseitigt werden, wenn nicht jemand den Frieden vermittelt, dem man vertraut, ist unmöglich. Doch wenn uns gnadenhafte Kräfte zufließen und wir befähigt würden, mit Wort und Tat und geistgewirkten Gnadengaben den verfeindeten Parteien gut zuzureden, dann müßten wir ein solches Unternehmen wagen.«

e) Das Problem der Pneumatomachen (aus: ep. 159 – An Eupaterius und seine Tochter):

»Wenn nämlich das Leben für uns Christus ist (vgl. Phil 1,21), dann muß sich demgemäß auch unser Reden auf Christus beziehen, dann muß das Denken und alles Handeln sich an seinen Geboten ausrichten und unsere Seele ihm gemäß geformt werden. Ich freue mich daher, wenn ich über dergleichen befragt werde, und freue mich zugleich mit den Fragestellern.

Wir ziehen nun, kurz gesagt, das Bekenntnis der in Nizäa versammelten Väter allen später aufgestellten vor, weil in ihm der Sohn als wesenseins (ὁμοούσιος) mit dem Vater bekannt wird und als jemand, der dieselbe Natur hat wie derjenige, der ihn gezeugt hat. Denn als ›Licht aus Licht‹, ›Gott aus Gott‹, ›Guter aus dem Guten‹ und alles in dieser Art wurde er von den Vätern bekannt und auch von uns jetzt, die wir darum beten, in ihren Spuren zu wandeln.

Da aber das jetzt von stets auf neue Lehren erpichten Leuten aufgebrachte Problem – welches von den Alten übergangen wurde, weil es keinen Streit darüber gab – bisher ungelöst ist (ich meine die Frage des Heiligen Geistes), deswegen fügen wir folgende Ausführung darüber bei – dem Sinn der Schrift gemäß: Wie wir getauft werden, so glauben wir auch; wie wir glauben, so sprechen wir auch die Doxologie. Da uns nun die Taufe vom Erlöser übertragen worden ist, – und zwar – ›auf den Namen des Vaters und des Sohnes und des Heiligen Geistes‹ (Mt 28,19), halten wir das Glaubensbekenntnis entsprechend der Taufe fest, und die Doxologie wiederum entsprechend dem Bekenntnis, indem wir den Heiligen Geist zusammen mit Vater und Sohn verherrlichen, weil wir überzeugt sind, er sei der göttlichen Natur nicht fremd. Denn was der Natur nach andersartig ist, kann nicht dieselben Ehren empfangen.

Diejenigen aber, die den Heiligen Geist ein Geschöpf nennen, bemitleiden wir, weil sie durch solche Redeweise in den unverzeihlichen Sündenfall der Lästerung gegen ihn (vgl. Mt 12,31) verfallen. Daß nämlich die Schöpfung von der Gottheit getrennt ist, bedarf keines Wortes für die, die auch nur ein bißchen in der Schrift bewandert sind. Denn die Schöpfung dient, der Geist aber macht frei (vgl. Röm 8,21; 2. Kor 3,17); die Schöpfung bedarf des Lebens, ›der Geist aber ist der Lebensspender‹ (Joh 6,63); die Schöpfung bedarf des Belehrtwerdens, der Geist aber lehrt (vgl. Joh 14,26); die Schöpfung wird geheiligt, der Geist aber heiligt (vgl. 1. Kor 6,11). Selbst wenn man von Engeln spricht oder von Erzengeln oder allen überirdischen Mächten – [erst] durch den Heiligen Geist empfangen sie die Heiligung. Der Geist selbst aber hat seine Heiligkeit von Natur aus und nicht gnadenweise empfangen; sie gehört vielmehr wesensmäßig zu ihm, weshalb er auch die Bezeichnung ›heilig‹ in besonderer Weise trägt. Was nun von Natur aus heilig ist, wie der Vater und der Sohn beide von Natur aus heilig sind, das lassen wir nicht von der göttlichen und seligen Trinität trennen und abschneiden und anerkennen auch diejenigen nicht, die ihn leichtfertig der Schöpfung zurechnen.

Dies sei als eine Zusammenfassung gesagt, die für Eure Frömmigkeit ausreicht. Denn aus kleinen Samen werdet ihr eine starke Frömmigkeit großziehen, wobei der Heilige Geist mit euch zusammenwirken wird. Denn: ›Gib dem Weisen Gelegenheit, und er wird noch weiser‹ (Prov 9,9). Die vollständigere Belehrung wollen wir auf unser persönliches Zusammentreffen verschieben, wobei wir die Einwände entkräften, weitere Belege aus der Schrift beibringen und jeden gesunden Ausdruck des Glaubens bekräftigen können.«[3]

7. Basilius als Sozialreformer (aus: ep. 94 – An Elias, den Provinzstatthalter):

»Wem tun wir Unrecht, wenn wir Herbergen bauen für die Fremden, welche auf der Durchreise hier anwesend sind, sowie für die, welche krankheitsbedingt irgendeiner Pflege bedürfen, wenn wir solchen Menschen die erforderliche Erquickung bereitstellen, Krankenpfleger, Ärzte, Lasttiere und Begleiter? Zwangsläufig folgen diesen auch Gewerbe, solche, die zum Leben nötig sind, und solche, die zu einer verfeinerten Lebensführung erfunden wurden und darüber hinaus andere Häuser, die für die Werkstätten erforderlich sind. Alles das ist eine Zierde für den Ort, für unseren Statthalter aber ein Ruhmesblatt, da der gute Ruf ihm zugute kommt.«

8. Basilius ordnet die Seelsorge in seiner Metropolie (aus: ep. 190 – An Bischof Amphilochius von Ikonium)[4]:

»Daß es nun in jeder Hinsicht vorteilhafter wäre, wenn die Fürsorge dort auf mehrere Bischöfe verteilt wäre, ist – denke ich – auch für den flüchtigen Beobachter klar. . . . Weil es aber nicht leicht ist, würdige Männer zu finden, sollen wir da etwa, weil wir die aus der großen Zahl abgeleitete Glaubwürdigkeit behalten und die Kirche Gottes von der Mehrheit besser verwalten lassen wollen, die Lehre wegen der Unfähigkeit der Berufenen herabsetzen und bei den Laien Gleichgültigkeit erreichen? Du weißt ja selber: Wie die Vorsteher sind, so pflegen zumeist auch die Sitten der Regierten zu werden. Daher ist es vielleicht besser, einen einzigen bewährten Mann als Vorsteher für die Stadt vorzuschlagen – obwohl auch das nicht leicht ist – und ihm auf seine Gefahr die Verwaltung im einzelnen zu übertragen, sofern dieser nur ein Knecht Gottes, ein ›unsträflicher Arbeiter‹ (2. Tim 2,15) ist, der nicht auf das Seine achtet, sondern auf das Wohl ›der Vielen, daß sie gerettet werden‹ (1. Kor 10,33). Wenn dieser dann sehen sollte, daß er der Anforderung nicht gewachsen ist, soll er ›Arbeiter für die Ernte‹ (Mt 9,38) hinzunehmen.

Wenn wir nun einen solchen finden, bin ich davon überzeugt, daß der eine viele aufwiegt und es für die Gemeinden nützlicher, für uns aber ungefährlicher ist, die Seelsorge so zu ordnen.«

III. Wirkung

Die hier vorgelegte Zusammenstellung von Quellenauszügen kann nur einen kleinen Ausschnitt vom vielfältigen seelsorgerischen Wirken des kappadozischen Bischofs und Metropoliten geben. Bemerkenswert ist, daß Basilius sich nicht nur in Briefen und Predigten, sondern auch in theologischen Traktaten als Seelsorger erweist, der einerseits in den Traditionen der Antike lebt, andererseits aber diese in biblisch-christlichem Gewand neu belebt und in eine neue soziale Verantwortung überführt.

Nach Th. Bonhoeffer stammt unser Seelsorgebegriff »aus einer Philosophie, die sich als Seelsorge versteht«[5]. Gemeint ist die Philosophie Platos, in der die »Sorge für die Seele (ἐπιμέλεια τῆς ψυχῆς)« zum Streben des Menschen nach seiner Vervollkommnung gehört. Dabei ist bei Plato und in der von ihm abhängigen Tradition stets die einzelne Seele – wenn auch nicht im modernen individualistischen Sinn – gemeint, die wie der Leib nach einer ihr entsprechenden Pflege verlangt.

In dieser Tradition steht auch Basilius noch, auch wenn bei ihm erstmals die plurale Form begegnet, die ἐπιμέλεια τῶν ψυχῶν, die den Zusammenhang der Seelsorge mit der Gemeinschaft im Kloster bzw. der Gemeinde erkennen läßt[6] und Basilius sich in seiner Metropolie auch Gedanken über die seelsorgerische Verantwortung der Bischöfe macht[7].

Nähe zur platonischen Tradition zeigt die auch bei Basilius häufig anzutreffende Gegenüberstellung von Leib und Seele, für die der Mensch verantwortlich ist, sowie die Verbindung und strukturelle Verwandtschaft der Seelsorge mit der ärztlichen Kunst. Der entscheidende Unterschied ist jedoch, daß für Basilius die *Sünde*, d. h. die Trennung des Menschen von Gott und seiner heilsamen Nähe, *die* Krankheit der Seele schlechthin ist. Und »wie der Körper nicht leben kann, ohne zu atmen, so kann die Seele nicht bestehen ohne Kenntnis des Schöpfers. Gott nicht kennen, bedeutet den Tod der Seele« (Nr. 1).

Die Überwindung der Krankheit der Seele gelingt darum auch nicht einfach durch eine lehrbare oder lernbare bzw. einzuübende Therapie, sondern ist letztlich das Geschenk göttlicher Gnade. Zwar vollzieht sich Seelsorge nicht selten als ein Wortgeschehen. Aber es kann sein, daß – z. B. in einem Trauerfall[8] – ein Trostwort nicht ausreicht, sondern der Seelsorger sich in seiner Fürbitte an Gott wenden muß, er möge selbst das Herz anrühren und der Trauernden von innen heraus Quellen des Trostes schenken. – Bisweilen kann die Erinnerung an ein Bibelwort helfen und Trost spenden. Aber manchmal kann in der Seelsorge auch Schweigen nützlicher sein als Reden.

Auffallend ist, daß der biblische Gebrauch des Wortes Seele, im Sinne von »Leben« (vgl. Mt 6,25) oder zur Bezeichnung des ganzen Menschen, der gleichfalls den Unterschied zur platonischen Tradition markieren kann, bei Basilius keine erkennbare Rolle spielt. Statt dessen kann der Kappadozier sogar von »Seelen der Völker« sprechen (Nr. 6a), die ohne göttliche Erleuchtung im Finstern leben, weil die Träger der Wahrheit aus den Kirchen verbannt wurden und dadurch auch die Kirche selbst von Streit, Herrschsucht und Krieg heimgesucht wird. Und »wer sich anmaßt, mit menschlichem Kalkül die Wahrheit zu erfassen, der ist ein Lügner und verfehlt die Wahrheit«. Entscheidend ist für Basilius in seinem Glaubensverständnis die Erfüllung der Gebote Gottes, die Nachfolge als Gehorsam gegenüber der biblischen Weisung.

Es genügt zu wissen, »daß der Hirte gut ist; daß er sein Leben für die Schafe gab.... Wie groß aber Gott ist und welches sein Maß und welcher Art sein Wesen, solche Fragen sind gefährlich für den Fragenden und ausweglos für den, der gefragt wird. Schweigen ist dafür die Therapie« (Nr. 6b).

Die Krankheit der Sünde aber betrifft nach Basilius nicht nur den einzelnen, sie betrifft auch die Kirche und ist letztlich die Ursache ihrer inneren und äußeren Zerrissenheit. Als Seelsorger der Kirche und zugleich als wegweisender Theologe der Ökumene erweist sich Basilius, indem er zwar einerseits die Überwindung der Krankheit von Gott und dem Wirken seines Geistes erhofft, andererseits aber alles ihm Mögliche unternimmt, damit »das bislang Getrennte sich vereinigt«. Diese Einheit wird zustandekommen, so ist Basilius überzeugt, »wenn wir uns entschließen, uns in den Punkten, die das Heil der Seelen nicht berühren«, d. h. es gibt auch Fragen der Lehre, die das Heil des Menschen unmittelbar betreffen, »den Schwächeren anzupassen«. Und das bedeutet für Basilius im konkreten Fall: »Wir wollen von den Brüdern, die sich uns anschließen wollen, nichts weiter verlangen als die Zustimmung zum Glauben von Nicäa und die Erklärung, daß der Hl. Geist kein Geschöpf sei.... Darüber hinaus bitte ich... von ihnen nichts zu verlangen. Denn ich bin überzeugt, daß bei längerem gemeinschaftlichen Zusammenleben und bei gemeinsamer Anstrengung, die frei ist von Rechthaberei, der Herr schenken wird, was etwa noch zur weiteren Klärung notwendig sein sollte« (Nr. 6c).

Basilius befiehlt nicht. Das widerstrebt ihm. Aber an Kirchenspaltungen kann und will er keine Freude haben. Das wäre in seinen Augen sogar ein äußerst schlimmes Verbrechen. Er wirbt vielmehr um die Menschen, denen er als Christ und Bischof verbunden ist. Aber er weiß als Seelsorger auch, daß kein einzelner Mensch die in den Seelen verwurzelte Eigenliebe auszureißen vermag, auch ein Brief nicht und schon gar nicht in kurzer Zeit. Dafür sind längere Zeit und Geduld erforderlich. Aber Basilius ist davon überzeugt, »wenn uns gnadenhafte Kräfte zufließen und wir befähigt würden, mit Wort und Tat und geistgewirkten Gnadengaben den verfeindeten Parteien gut zuzureden, dann müßten wir ein solches Unternehmen wagen« (Nr. 6d). So ist es auch hier letztlich der Geist Gottes, der das Gute vollbringt.

Das Bekenntnis zu seiner Gottheit gehört für Basilius darum zur entscheidenden und unaufgebbaren Grundlage seines Glaubens. Davon ist sein Wirken als Bischof und Seelsorger in der Tiefe getragen, und darin gründet seine bemerkenswerte Freiheit und Offenheit im Umgang mit der politischen Führung ebenso wie mit andersdenkenden Klerikern und Mönchen.

Ihren tiefsten Ausdruck und ihre wichtigste Basis findet dieser Glaube in der für Basilius alles verwandelnden Kraft der Taufe. Denn sie geschieht ja im Namen des Vaters und des Sohnes und des Hl. Geistes. »Die Taufe«, so betont Basilius, »ist für Gefangene ein Lösegeld, der Schulden Vergebung, der Sünde Tod, Wiedergeburt des Geistes, ein lichtes Gewand, ein unzerstörbares Siegel, ein Fahrzeug zum Himmel, Vermittlerin des Reiches, das Gnadengeschenk der Kindschaft Gottes«. In ihr sind gewissermaßen alle göttlichen Gnadengaben vereint (Nr. 1). Es ist für den kappadozischen Bischof unbegreiflich, wie sich jemand diesen Schatz entgehen lassen und die Taufe um anderer Dinge willen aufschieben kann.

Basilius geht es auch hier zugleich um das biblische Fundament des christlichen Glaubens, sofern dieser in der Einladung des Bischofs zur Taufe den Ruf Jesu zum wahren Leben vernimmt und ihm nachfolgt.

Es gehört zu den besonderen Leistungen des kappadozischen Bischofs, daß er auf dieser Grundlage charismatische Gruppen und Teile des in seiner Zeit verstärkt aufkommenden Mönchtums der Kirche als bleibendes Ferment geistlicher Erneuerung erhalten hat. Zugleich aber hat er auf der biblischen Basis des koinobitischen Mönchtums auch im Hinblick auf die Tradition der Seelsorge wichtige Reformen in der Kirche eingeleitet, z. B. die Beichte als Ort seelsorgerischer Begleitung.

In seinen zahlreichen Briefen erweist sich Basilius nicht nur als weitschauender Kirchenpolitiker und umsichtiger Organisator der Kirche in schwieriger Zeit, sondern in vielen Fällen auch als ein sehr persönlicher Seelsorger, wie ja überhaupt der briefliche Kontakt zu den ältesten Formen der Seelsorge gehört[9]. Zu den besonderen Gaben seines seelsorgerischen Wirkens gehört jedoch seine bischöfliche Leitung der Kirche. Seelsorge und Kirchenleitung bilden bei Basilius eine unauflösliche Einheit.

Anmerkungen

1 Gregor von Nazianz hat ihn und sein Werk später in einer ausführlichen Gedenkrede (orat. 43, wohl 381) gewürdigt.
2 W.-D. Hauschild, in: TRE 5 (1980), 301.
3 Vgl. zu der gesamten Problematik der Auseinandersetzung mit den Pneumatomachen auch: epp. 52; 105; 113; 125 und De spiritu sancto.
4 Vgl. auch die sog. »kanonischen« Briefe an Amphilochius (epp. 188, 199, 217), die vor allem Fragen der Buße, aber auch anderen Ordnungsfragen und exegetischen Problemen gewidmet sind.
5 Th. Bonhoeffer, Zur Entstehung des Begriffs Seelsorge, in: Archiv für Begriffsgeschichte 33 (1990), 9; vgl. ders., ›Seelsorge‹ in Platos Apologie, in: Pastoraltheologie 78 (1989), 285f.
6 Vgl. Th. Bonhoeffer aaO. 14ff. – »Einen geradezu ontologisch erhabenen Rang hat die Seelsorge (sc. bei Basilius), wenn es heißt, man solle die medizinische Kunst nicht als solche, sondern nur zur Ehre Gottes und als Bild der Seelsorge schätzen« (ebd. S. 15 mit Verweis auf Bas. reg.fus 55,2 = PG 31, 1045, 26).
7 Vgl. ep. 190: An Amphilochius von Ikonium (oben Nr. 8).
8 Vgl. Nr. 5b.
9 Vgl. u. a. M. Kruse, Zur Bedeutung des Briefes in der Kirchengeschichte, in: M. Krauss/J. Lundbeck (Hg.), Die vielen Namen Gottes, FS G. Heinz-Mohr, Stuttgart 1974, 182–186.

Quellen(ausgaben)

Migne PG 29–32 (vgl. CPG II, 1974, 140–178 = Nr. 2835–3005).
Neuausgaben: Traité du Saint Esprit, ed. B. Pruche (SC 17bis), Paris 1968. – Lettres I–III, ed. Y. Courtonne, Paris 1957–1966.

Übersetzungen

BKV Bd. 46 (ausgewählte Briefe), Bd. 47 (ausgewählte Predigten), übers. v. A. Stegmann, 1925.
Über den hl. Geist, übers. v. M. Blum (sophia 8), Freiburg 1967.
Briefe, 1. Teil (epp. 1–94), BGL 32, 1990; Briefe, 2. Teil (epp. 95–213), BGL 3, 1973, eingel., übers. u. erläutert von W.- D. Hauschild.
H. Urs. v. Balthasar, Die großen Ordensregeln, Einsiedeln ^{3}1974 (Text: 60–133).

Literatur

H. v. Campenhausen, Griechische Kirchenväter (ub 14), Stuttgart ^{5}1977, 86–100.
H. Dörries, De Spiritu sancto. Der Beitrag des Basilius zum Abschluß des trinitarischen Dogmas (AAG PPH III,39), Göttingen 1956.

P. J. Fedwick (ed.), Basil of Caesarea. Christian, Humanist, Ascetic, 2 Bde., Toronto 1981.
W.-D. Hauschild, Basilius von Caesarea, in: TRE 5 (1980) 301–313 (Lit.).
R. M. Hübner, Basilius der Große. Theologe der Ökumene, damals wie heute, in: FS Alois Brems, Regensburg 1981, 325–333.
K. Koschorke, Spuren der alten Liebe. Studien zum Kirchenbegriff des Basilius von Caesarea (Paradosis 32), Freiburg/Schweiz 1991 (Lit.).
A. Rauch/P. Imhof (Hg.), Basilius – Heiliger der Einen Kirche (Koinonia I), München 1981.

Hieronymus verteilt Abschriften seiner Übersetzungen

Hieronymus

Heinrich Holze

I. Biographie

1. Leben und Werk

War Hieronymus, uns vor allem bekannt als Übersetzer der Heiligen Schrift, als Kommentator biblischer Bücher, als Kämpfer für das asketische Lebensideal und als Apologet der Orthodoxie, auch ein Seelsorger? Der äußere Lebenslauf läßt davon nur wenig erkennen. Geboren ist Hieronymus um 347 im Gebiet des heutigen Slowenien. Er stammt aus einem wohlhabenden, christlichen Elternhaus, das ihm eine solide Ausbildung ermöglicht: er wird nach Rom geschickt, durchläuft einen Grammatik- und Rhetorikunterricht und gewinnt Rufin und Pammachius als Freunde. Vermutlich wird er auch getauft – genaueres wissen wir nicht, doch lassen sich die beiden folgenden Jahrzehnte, in denen er unruhig von Ort zu Ort eilt, als ein Versuch verstehen, die der Taufe entsprechende Lebenshaltung zu finden. Zunächst hält sich Hieronymus für kurze Zeit (367) in Trier auf: hier entdeckt er unter dem Einfluß von Mönchen seine Neigung zu Kontemplation und Askese – spirituelle Elemente, die seinen weiteren Lebensweg zunehmend prägen. Vorübergehend kehrt er nach Italien zurück: in Aquileja gründet er einen Kreis asketisch orientierter Geistlicher, zu denen Rufin, Heliodor und Eusebius von Vercelli gehören. Wenig später (373) sehen wir Hieronymus – dem Brauch der Zeit folgend – auf einer Pilgerreise ins heilige Land. Welche Gründe ihn bereits in Antiochien abbrechen lassen, ist unbekannt, doch findet er auch hier, was er weiter südlich suchte.

Nach einer Bekehrungsvision, die sein bisheriges Leben als inkonsequentes Christsein erscheinen läßt (ep.22,30), entscheidet er sich, der Welt den Rücken zu kehren. Für mehrere Jahre zieht er sich in die Wüste Chalcis zurück und führt das Leben eines Eremiten (374/377). Auf den Umgang mit Menschen verzichtet er freilich nicht: Er empfängt Besuch und hält mit der Außenwelt brieflich Kontakt (Text 3.4). Vor allem erlernt er neben der griechischen die hebräische Sprache und verfaßt seine erste Mönchsbiographie. Nach wenigen Jahren wird Hieronymus das Umfeld jedoch zu eng. Er verläßt seine Wüstenklause und zieht nach Konstantinopel: Hier nimmt er an der Seite Gregors von Nazianz an dem großen Konzil teil, das als das zweite ökumenische in die Geschichte eingegangen ist (380/381), und er übersetzt Homilien des Origenes, den er zu dieser Zeit noch als großen Lehrer verehrt, ins Lateinische. Kurze Zeit später kehrt er nach Rom zurück. Hier beginnen wenige, aber glanzvolle Jahre im Umkreis des römischen Bischofs Damasus (382–385). Auf dessen Anregung hin unternimmt Hieronymus auf der Basis der Septuaginta die Neuübersetzung der Evangelien, um der fehlerhaften Vetus Latina eine verläßliche Textgrundlage entgegenzustellen.

Während ihm dafür Beifall zuteil wird, stößt er mit seinen asketisch-kontemplativen Neigungen auf Widerspruch, insbesondere als er Frauen aus den gehobenen Ständen der stadtrömischen Gesellschaft, die auf der Suche nach einer christlichen Spiritualität sind, um sich sammelt. Hieronymus legt ihnen die Bibel aus und regt einen enthaltsamen Lebensstil an (Text 1.2). In einer literarischen Fehde mit Helvidius, der die Jungfräulichkeit Marias bestritten hatte, begründet er seine Haltung (383), ohne die Kritiker freilich überzeugen zu können. Als dann noch Papst Damasus, der bisher seine Hand schützend über ihn gehalten hatte, stirbt (384), sieht Hieronymus die Stunde des Abschieds gekommen. Enttäuscht über die Ablehnung (ep.45) verläßt er Rom und reist über Antiochien nach Jerusalem. Aus dem Asketenkreis folgen ihm Vertraute nach, unter ihnen Paula und ihre Tochter Eustochium, während Marcella in Rom zurückbleibt.

Eine Rundreise durch Ägypten, auf der er u.a. Didymus den Blinden in Alexandria (Text 5) besucht, bestärkt ihn in seinem Vorhaben: 386 läßt sich Hieronymus in der Abgeschiedenheit Bethlehems nieder und begründet ein klösterliches Leben, von dem eine große Anziehungskraft ausgeht. Daß Hieronymus nicht nur die Mönche und Nonnen, sondern auch diejenigen, die sich brieflich an ihn wenden (Text 5.6), geistlich berät, trägt dazu nicht wenig bei. Zugleich widmet er sich seinen exegetischen Interessen: er führt seine in Rom begonnene Bibelübersetzung fort, zu der er jetzt auch den hebräischen Urtext heranzieht; er kommentiert zahlreiche Bücher der Heiligen Schrift; und er verfaßt mehrere Hilfsmittel zu ihrer Auslegung. Weniger erfreulich sind seine ständigen literarischen

Fehden: gegenüber Jovinian verteidigt er die Bedeutung der Jungfräulichkeit und des Fastens (393); Rufin wird, obwohl ein Jugendfreund, in den Auseinandersetzungen um den Origenismus dem Spott preisgegeben (401/402); Vigilantius bekommt, als er die Märtyrer- und Reliquienverehrung in Frage stellt, die Schärfe seiner Polemik zu spüren (406); und Pelagius wird, als er in Palästina auftaucht, mit einer bissigen Streitschrift bekämpft (415). Zurückgezogen, aber eben keineswegs unbeteiligt am Geschehen in der Weltkirche, verbringt Hieronymus mehr als drei Jahrzehnte in seinem Bethlehemer Kloster. Umgeben von denen, die bis zuletzt seinen geistlichen Rat suchen, stirbt er 419/420.

2. *Briefe*

Überblicken wir Leben und Werk des Hieronymus, so zeigt sich uns in erster Linie ein ebenso gelehrter wie streitbarer Theologe. Daß er auch seelsorgerlich tätig gewesen ist, erschließt sich erst auf den zweiten Blick. Wir erfahren es aus seinen zahlreichen Briefen, die er im Laufe seines Lebens geschrieben hat. Daß der Brief in der Abgeschiedenheit Bethlehems für Hieronymus das wichtigste Kommunikationsmittel gewesen ist, versteht sich von selbst. Gewissermaßen nebenbei pflegt er, der weitab von seinem abendländischen Wirkungskreis lebt, in Briefen den Kontakt mit den Menschen, denen er auf andere Weise nicht begegnen kann. Dabei ist für Hieronymus bereits vorher die briefliche Kommunikation ein Mittel gewesen, um die eigenen Gedanken in der Form des schriftlichen Dialogs zu entfalten. Insgesamt besitzen wir aus seiner Feder etwa 125 Briefe. Sie umfassen den *Zeitraum* eines halben Jahrhunderts: der älteste ist 370 geschrieben worden, nur wenig nachdem Hieronymus in Trier das asketische Leben für sich entdeckt hat; der letzte Brief ist 419 in Bethlehem kurz vor seinem Tod entstanden. Damit spiegelt sich in ihnen die Spannweite seines Lebens vom jugendlichen Aufbruch bis hin zum klösterlichen Alterswerk wider. Daß diese Briefe erhalten geblieben sind, verdanken wir ihrem Verfasser. Hieronymus selbst hat dafür Sorge getragen, daß sie nicht verloren gingen, sondern frühzeitig gesammelt wurden. Bereits in seinem Schriftstellerkatalog (»De viris illustribus liber« [393]) erwähnt er mehrere Briefsammlungen: die eine enthalte Briefe an unterschiedliche Adressaten und eine weitere die an Marcella gerichteten Schreiben; eine dritte mit den an Paula und Eustochium gerichteten Briefen sei noch unabgeschlossen, da man sich täglich schreibe (Migne PL 23, 755ff.). Das läßt erkennen, daß Hieronymus bereits bei der Abfassung seiner Briefe eine größere Öffentlichkeit im Blick gehabt hat. Es ist sein

Anspruch, neben der persönlichen Unterweisung auch allgemeine Belehrung zu erteilen.

Die Briefe richten sich an einen großen Kreis von *Adressaten*. Unter ihnen finden sich prominente Zeitgenossen wie Papst Damasus, Bischof Theophilus von Alexandrien oder Paulin von Nola. Auch Pammachius, der römische Freund, Senator und spätere Mönch, wird mit Briefen bedacht. Die Briefe an Rufin stammen aus der Zeit vor dem Zerwürfnis. Mit Augustin, dem Hieronymus persönlich nie begegnet ist, pflegt er über mehr als ein Jahrzehnt einen angeregten Briefwechsel. Manche Briefe haben einen kollektiven Adressaten: sie sind an mehrere Personen zugleich gerichtet, etwa an einen Jungfrauenkonvent oder an einen Freundeskreis. Für unsere Fragestellung am wichtigsten sind die Briefe an Mönche, Witwen oder andere Personen, die Hieronymus um seinen geistlichen Rat gebeten haben und nun ein Antwortschreiben von ihm erhalten. Eine auffallend große Anzahl von Briefen ist an die Witwe Marcella (Text 1.2), die den Mittelpunkt des römischen Asketenkreises bildete, sowie an Paula und ihre Tochter Eustochium gerichtet. Insbesondere mit den zuletzt Genannten pflegt Hieronymus einen Gedankenaustausch, in dem er sich jenseits aller polemischen Auseinandersetzungen zu Fragen des Glaubens und des Lebens äußert.

Der Unterschiedlichkeit der Adressaten entsprechen die *Themen*. In einem seiner Briefe schreibt Hieronymus über die Aufgabe des Briefeschreibens, es solle über den täglichen Umgang etwas mitteilen, die Getrennten einander gegenwärtig machen und dürfe als Zwiegespräch durch das Salz der Belehrung gewürzt werden (ep.29,1). Diesem selbstgesteckten Anspruch ist Hieronymus gerecht geworden. Wir bekommen durch die Briefe einen lebendigen Einblick in sein Leben und Denken. In einer ersten Gruppe von Briefen finden wir polemisch-apologetische Schreiben, Briefe exegetischen Inhalts und solche, die dogmatisch-theologische Fragestellungen behandeln. Neben ihnen steht die Gruppe der persönlichen Briefe: es handelt sich um Trostbriefe an Trauernde, um Schreiben, in denen geistlicher Rat gegeben oder ein asketisches Leben angemahnt wird, sowie um Nekrologe in der literarischen Form des Briefes. Es liegt auf der Hand, daß wir Hieronymus als Seelsorger vor allem in den zuletzt genannten Briefen begegnen. Hier nimmt er zu Fragen Stellung, die keine gelehrte theologische Abhandlung, sondern eine persönliche Antwort erfordern.

II. Exemplarische Texte

Im folgenden ist eine Auswahl von Briefen zusammengestellt, die allen Lebensabschnitten des Hieronymus entstammen. In ihnen werden Lebensprobleme erörtert, die Hieronymus persönlich betreffen (Texte 1.3.4), oder in denen er auf Fragen antwortet, die ihm von Freunden oder Bekannten vorgelegt wurden (Texte 2.5.6). In ihrer thematischen Streuung lassen diese Briefe erkennen, wie Hieronymus mit den unterschiedlichen Fragen des christlichen Lebens seelsorgerlich umgegangen ist. Zugleich erlauben sie, da sie nur mit geringen Kürzungen abgedruckt werden, einen Einblick in sein Konzept einer brieflichen Seelsorge. Deren Grundelemente werden abschließend zusammenfassend erhoben. Die Wiedergabe der Texte beruht im wesentlichen auf der Übersetzung von Ludwig Schade (BKV).

1. Tod und Trauer

Ich möchte aus den Briefen zunächst einen während des Aufenthaltes in Rom im Jahr 384 n.Chr. geschriebenen und an Marcella gerichteten Trostbrief (ep.23) herausgreifen. Dieser Brief hat einen charakteristischen Aufbau. Er setzt ein mit einer *Anknüpfung an die Situation.* Eindringlich schildert Hieronymus die Atmosphäre des morgendlichen Stundengebetes, in dem er mit den beisammensitzenden Mitgliedern des römischen Asketenkreises über die Worte der Psalmen nachdenkt. Auch vor den Augen des unbeteiligten Lesers entsteht durch die Schilderung ein lebendiges Bild des Miteinanders. In diese Zusammenkunft hinein platzt die Nachricht vom Tode Leas, einer vornehmen Witwe, die sich dem asketischen Kreis angeschlossen hatte und Vorsteherin eines Nonnenklosters geworden war. Die Betroffenheit über diese Mitteilung ist insbesondere bei Marcella, der ehemaligen Freundin Leas, groß. Hieronymus läßt in seiner Schilderung Einfühlungsvermögen erkennen; er macht seiner Adressatin deutlich, daß er ihren Schmerz versteht und selbst empfindet. Allerdings nimmt er eine Akzentverschiebung vor, wenn er Marcellas Trauer nicht auf den Tod, sondern darauf bezieht, nicht persönlich am Begräbnis Leas teilnehmen zu können. In einem zweiten Schritt wird der Trauernden *Trost* gespendet, ihre Trauer aber zugleich theologisch problematisiert. Hieronymus erinnert Marcella daran, daß der Tod als Überwindung des irdischen Lebens die Erlangung der Krone bedeute und darum nicht bedauert werden dürfe. Der zu Lebzeiten geübten Buße Leas entspreche jetzt ihre ewige Glückseligkeit in Abrahams Schoß. Hieronymus kontrastiert diese tröstliche Vorstellung mit dem Ergehen eines römischen Konsuls, dem zwar noch vor kurzem höchste Würden offen standen, der aber jetzt nach seinem plötzlichen Tod dem ewigen Verderben geweiht sei. Ausschlaggebend für den völlig anderen Lebensausgang ist der Gedanke, daß das Tun während des irdischen Lebens unmittelbare Auswirkungen auf das künftige Ergehen bei Gott hat. Deswegen folgt als dritter Schritt eine *paränetische Schlußfolgerung*. Eindringlich fordert Hieronymus Marcella auf, sich hinsichtlich ihres eigenen Lebens zu entscheiden. Sie könne sich nicht zwischen Christus und der Welt aufteilen, sondern müsse sich von den hinfälligen Gütern ab- und dem ewigen Glück zuwenden. Die Ausgangssituation, die gemeinsame Trauer um den unerwarteten Tod Leas und das Verständnis für den Schmerz Marcellas, ist damit verlassen; der Zuspruch des Trostes, der sich aus der theologischen Deutung des Todes als Ausdruck ewiger Geborgenheit bei Gott speiste, ist zur dringlichen Mahnung geworden, der Welt nicht länger verhaftet zu bleiben und sich für Christus zu entscheiden.

An Marcella (ep. 23):

»Heute morgen, um die dritte Tagesstunde etwa, hatten wir angefangen, den 73. Psalm, den ersten Psalm des dritten Buches, zusammen zu lesen . . . Da wurde uns unvermutet die Nachricht hinterbracht, daß unsere fromme und heiligmäßige Lea aus dem Leben geschieden sei. In diesem Augenblicke sah ich Dich so sehr erblassen, daß es mir klar wurde, es gibt nur selten oder nie eine Seele, die ohne Betrübnis sich aus dem zerbrochenen irdischen Gefäße freimacht. Nicht etwa die Unsicherheit über ihr zukünftiges Los war Deines Schmerzes Ursache, sondern es tat Dir leid, daß Du nicht einmal am Begräbnis teilnehmen und ihr damit den letzten traurigen Liebesdienst hattest erweisen können. Mitten in unsere weitere Unterhaltung drang nämlich die Kunde, daß ihre sterblichen Reste bereits nach Ostia überführt worden waren.

Fragst Du mich: ›Wozu diese Rückerinnerung?‹, dann will ich dich mit des Apostels Worten bescheiden: ›Sie ist in jeder Hinsicht überaus nützlich‹ (Röm 3,2). Zuerst müssen sich alle darüber freuen, daß Lea nach Überwindung des Teufels die sichere Krone erlangt hat. Dann will ich in kurzen Worten einen Überblick über ihr Leben geben. Zuletzt will ich diejenigen, welche sich gegen den Geist der neuen Zeit auflehnen (sc. die Heiden), darüber belehren, daß der designierte Konsul (sc. V.A.Praetextatus, Stadtpräfekt von Rom) im Schoße der Hölle begraben liegt. Wer könnte den Lebenswandel unserer Lea in würdiger Weise verherrlichen? Ihre Hingabe an den Herrn war so vollkommen, daß sie Vorsteherin eines Klosters und Mutter der Jungfrauen wurde. Früher an weichliche Kleidung gewöhnt, hat sie später ihre Glieder im rauhen Büßerhemd kasteit. Ganze Nächte brachte sie im Gebete zu. Ihre Mitschwestern unterwies sie weniger durch Worte als durch ihr gutes Beispiel. Sie, die einstige Herrin über viele, offenbarte solch tiefe Demut, daß man sie für eines Menschen Magd hätte halten mögen. Je weniger man in ihr die Herrin über Menschen vermutete, desto mehr wurde sie zur wahren Dienerin Christi. Schlicht war ihre Kleidung, einfach ihr Tisch, unauffällig ihre Haartracht. Doch richtete sie es in allem so ein, daß sie keinerlei Aufmerksamkeit auf sich lenkte, um nicht schon in dieser Welt ihren Lohn zu erhalten.

Jetzt genießt sie für ihre kurze Lebensmühe die ewige Glückseligkeit. Die Chöre der Engel nehmen sie in Empfang. Sie ruht in Abrahams Schoß, und mit dem armen Lazarus erblickt sie den reichen in Purpur gekleideten Konsul, freilich nicht angetan mit dem Gewande des Triumphators, sondern dem ewigen Verderben geweiht. Sie sieht ihn lechzen nach einem Wassertropfen, gereicht von ihrem kleinen Finger (Lk 16,19ff.). Wie doch die Dinge sich ändern. Noch vor wenigen Tagen standen ihm die höchsten Würden in Aussicht. Wie ein Triumphator nach seinem Sieg über die Feinde stieg er hinauf zur Burg des Kapitols. Mit Beifall und Jauchzen überschüttete ihn noch eben das Volk Roms, als die überraschende Nachricht von seinem Tode die ganze Stadt erschreckte. Und jetzt ist er einsam und verlassen, nicht im glänzenden Götterpalaste, wie seine unglückliche Gattin (sc. A.F.Paulina, Priesterin der Ceres) sich vortäuscht, sondern in Schmutz und Finsternis. Sie aber, die im Schutz ihres verborgenen Kämmerleins lebte, die arm und abgezehrt schien, die ein Leben führte, das man für töricht hielt, folgt Christus und spricht: ›Alles, was wir gehört haben, das bekamen wir zu sehen in der Stadt unseres Gottes‹ (Ps 48,9).

Daher bitte und beschwöre ich Dich unter Tränen und Seufzen: Solange wir auf der irdischen Bahn wandeln, wollen wir nicht zwei Röcke tragen oder uns, um es anders auszudrücken, mit einem zwiefachen Glauben wappnen (vgl. Mt 10,10) ... Wir wollen uns nicht zwischen Christus und der Welt gleichmäßig aufteilen. Statt der kurzen und hinfälligen Güter soll uns vielmehr ewiges Glück zuteil werden. Während wir täglich, ich meine dem Leibe nach, im voraus sterben, wollen wir nicht leben, als ob wir das übrige ewig besitzen, damit wir einst zum ewigen Leben gelangen können.« [CSEL 54, 211–214; BKV 18, 7–11]

2. *Prüfungen Gottes*

In eine ähnliche Richtung wie der eben angeführte Brief zielt ein weiteres Schreiben an Marcella, das ebenfalls 384 n.Chr. in Rom geschrieben ist (ep.38). In ihm läßt Hieronymus jedoch ein anderes seelsorgerliches Vorgehen erkennen. Anlaß ist ein mehrwöchiges Krankenlager Blesillas, der Tochter Paulas, eines Mitgliedes aus dem römischen Asketenkreis. Diese Erkrankung hatte Blesilla, die ihr Leben bis dahin in vollen Zügen genossen, aber kurz zuvor ihren Mann verloren hatte, in ihrer Lebenseinstellung grundlegend verändert. An diesem Wandel hatte Marcella einen nicht geringen Anteil, sie mußte dafür jedoch heftige Kritik einstecken. Als sie sich hilfesuchend an Hieronymus wendet, sucht dieser sie mit seinem Antwortschreiben zu stärken. Anders als in dem Trostbrief (Text 1) verzichtet er hier auf eine Situationsanknüpfung. Stattdessen setzt der Brief mit einer Reihe biblischer Belegstellen ein: zitiert werden die Opferung Isaaks, die Verschleppung Josephs, die Todesankündigung an König

Hiskia, die Verleugnung des Petrus und die Verfolgungen des Paulus. Diese fünf Bibelstellen werden nicht kommentiert; wie Ehrfurcht gebietende Säulen stehen sie vor dem Leser. Bei näherem Zusehen zeigt sich, daß es sich um Beispiele handelt, in denen von den Prüfungen Gottes und ihren heilsamen Folgen die Rede ist. Indem Hieronymus sie anspricht, macht er Marcella darauf aufmerksam, daß Gott schon immer die Menschen auf die Probe gestellt hat, wenn er Heilsames bewirken wollte. Was aus menschlicher Sicht als dunkles Tal erschien, war von Gott aus gesehen der Weg zu einem heilvollen Ziel. Mit den Bibelstellen wird also der Interpretationszusammenhang geschaffen, um das Krankenlager Blesillas theologisch einzuordnen. Keinesfalls war es ein Zufall, vielmehr hat es, so zeigt sich jetzt, wie bei den biblischen Vorbildern eine höhere Abzweckung gehabt: »Sie (sc. Blesilla) sollte lernen, daß die sinnlichen Freuden nichts bedeuten.« Die Krankheit ist also ein göttlich initiierter Lernprozeß gewesen, der Blesilla zu Buße und Umkehr führen sollte. Für Marcella bedeutet dies: Sie hat, als sie sich der Kranken beratend und mahnend zur Seite stellte, in diesem Prozeß eine Aufgabe erfüllt, die um so weniger Kritik verdient, als es in Wirklichkeit Gott selbst gewesen ist, der durch Jesus Christus dem Heilsgesetz Geltung verschafft, Blesilla dem Gericht entrissen und sie zu einem neuen Leben, das mit dem Bild der Auferstehung beschrieben wird, gerufen hat. Das leidenschaftliche Plädoyer für den Witwenstand, das Hieronymus im zweiten (hier nicht abgedruckten) Teil des Briefes hält, ergibt sich aus diesem Gedankengang wie von selbst: Blesilla, die nach der Genesung auf Wiederheirat verzichtete, ist mit ihrem schlichten Auftreten, der einfachen Nahrung und dem inbrünstigen Gebetsleben ein wahres Vorbild christlicher Existenz. Wer sie kritisiert, richtet sich selbst. Ein in sich schlüssiger Argumentationsgang, vorgetragen zur Stärkung Marcellas, zur Warnung vor unberechtigter Kritik und als Ermunterung zu einem entsagungsvollen Leben, kommt damit zum Abschluß.

An Marcella (ep.38):

»Abraham wird geprüft, da er seinen Sohn opfern soll, und bestärkt sich in seinem Glauben (Gen 22). Joseph wird nach Ägypten verkauft, um seinen Vater und seine Brüder vor dem Hungertode zu sichern (Gen 37,25ff.). König Hiskia wird in Schrecken versetzt, als ihm sein Tod für die nächsten Tage angekündigt wird, erlangt aber durch seine Tränen einen Aufschub von fünfzehn Jahren (2.Kön 20,1ff.). Der Apostel Petrus wird beim Anblick des leidenden Heilands im Glauben schwankend (Mt 26,69ff.), aber seine bitteren Reuetränen erwirken ihm den Auftrag: ›Weide meine Schafe!‹ (Joh 21,17.) Paulus, der reißende Wolf, der Jüngling aus dem Stamme Benjamin (Gen 49,27), erblindet in der Verzückung, damit er sehend werde. Plötzlich von schauerlicher Finsternis umgeben, ruft er den Herrn an, den er bislang wie einen sterblichen Menschen verfolgt hatte (Apg 9,3ff.).

So haben auch wir jetzt, meine Marcella, unsere Blesilla während dreißig Tagen ununterbrochen mit der Fieberglut ringen sehen. Sie sollte lernen, daß die sinnlichen Freuden nichts bedeuten, ist doch der Leib dazu bestimmt, nur allzubald von den Würmern zerwühlt zu werden. Auch zu ihr kam der Herr Jesus, nahm sie an der Hand, und siehe, sie stand auf und diente ihm (vgl. Mk 5,40ff.). Bis dahin roch sie nach Gleichgültigkeit, lag sie gefesselt in den Ketten des Reichtums, war sie gebettet in das Grab des Weltgeistes. Jesus erschauerte und erbebte im Geiste und rief ihr zu: ›Blesilla, komme heraus!‹ (vgl. Joh 11,43.) Sie vernahm diesen Ruf, stand auf und setzte sich mit dem Herrn zu Tische (Joh 12,2). Laß die Juden darüber toben und aufbrausen, laß sie versuchen, die Auferstandene umzubringen (vgl. Joh 11,46ff.); die Apostel allein mögen sich darob freuen! Sie weiß, daß sie ihr Leben dem verdankt, dem sie vertraute. Sie weiß, daß sie die Füße dessen umarmt, vor dessen Gericht sie noch vor kurzem erzittern mußte. Ihr Körper lag schon fast leblos da, der nahe Tod streifte die erschöpften Glieder. Wo blieb da die Hilfe der Verwandten? Was nützen alle Worte, die nichts sind als leerer Rauch? Dir, o undankbare Verwandtschaft, ist sie nichts schuldig, sie, die der Welt verlorenging und für Christus zu neuem Leben erwachte. Wer ein Christ ist, möge sich über diese Umwandlung freuen. Wer aber daran Anstoß nimmt, offenbart dadurch, daß er kein Christ ist . . .« [CSEL 54, 289–293; BKV 16, 40–45]

3. *Schuld und Vergebung*

Lassen schon die bisherigen Schreiben eine paränetische Ausrichtung erkennen, so weist der folgende Brief, den Hieronymus von Antiochien oder aus der Wüste Chalcis, also um 375/79 n.Chr., an Castorina, die Schwester seiner Mutter, geschrieben hat, eine besonders drängende Diktion auf (ep.13). Anlaß ist eine bereits länger zurückliegende Auseinandersetzung, von der wir nicht mehr erfahren als die Tatsache, daß sie beide tiefgehend entzweit hat. Bereits ein Jahr zuvor hat Hieronymus, wie er am Rande bemerkt, um Versöhnung gebeten – jedoch vergeblich. Nun unternimmt er einen neuen Versuch. Den Ausgangspunkt seiner Argumentation bildet die Heilige Schrift; sie setzt die verbindliche Wahrheit, unter die er Castorina wie auch sich selbst gestellt weiß: »Johannes, der Apostel und Evangelist, schreibt in seinem Briefe: ›Wer seinen Bruder haßt, ist ein Menschenmörder‹ . . .« Mit diesen bedeutungsschweren Worten beginnt Hieronymus sein Schreiben. Weitere Bibelstellen des Alten und Neuen Testaments, die von ihm sogleich angefügt werden, bekräftigen diesen Gedanken, daß verweigerte Versöhnung im Grunde genommen als Mord interpretiert werden müsse. Dabei geht es nicht nur um das zwischenmenschliche Miteinander. Der fortbestehende Groll habe, wie das Vaterunser zeige, auch die Beziehung zu Gott gefährdet. Alle diese Bibelzitate, die Hieronymus in seinem Brief erwähnt, haben eine einzige Pointe: Sie erinnern die Adressatin an die Maßstäbe ihres Tuns und machen ihr deutlich, daß das Christsein in dem konkreten Konfliktfall ein anderes als das bisherige Verhalten gebietet. Dem Imperativ geht freilich der Indikativ voraus: die Aussöhnung ist notwendig, weil es in ihr um nichts anderes geht, als »den Frieden (zu) wahren, den der Herr uns zurückgelassen hat.« Welche Konsequenzen aber zieht eine unterlassene Versöhnung nach sich? Hieronymus greift diese Frage in einem zweiten Schritt auf, indem er den Blick auf das kommende Gericht richtet. Dahinter steht die Überzeugung einer unausweichlich vor Gott zu leistenden Rechenschaft – ein Gedanke, der nicht nur in diesem Brief (vgl. Text 1.2) seiner Seelsorge einen drängenden und appellativen Zug verleiht. Und das zeigt: Für Hieronymus handelt Seelsorge im Horizont einer eschatologischen Perspektive, die die Möglichkeit des Zu-spät vor Gott, aber auch auf zwischenmenschlicher Ebene erkennen läßt. Letzteres nimmt er für sich persönlich in Anspruch: »Solltest Du . . . nichts von Versöhnung wissen wollen, dann stehe ich frei von Schuld. Dieser Brief wird mich . . . von meiner Schuld lossprechen.« Mit diesen schroffen Worten, die die Absolution der Bußliturgie auf die briefliche Ebene umdeuten, beendet Hieronymus sein Schreiben, mit dem er Castorina gleichermaßen die biblisch gebotene Pflicht zur Versöhnung wie auch die Konsequenzen einer verweigerten Versöhnungsbereitschaft vor Augen führt.

An Castorina (ep.13):

»Johannes, der Apostel und Evangelist, schreibt in seinem Brief: ›Wer seinen Bruder haßt, ist ein Menschenmörder‹ (1 Joh 3,15), und mit Recht. Denn da der Mord häufig aus dem Hasse hervorgeht, so ist der Hasser, wenn er auch niemand mit dem Schwert durchbohrt, doch seiner Gesinnung nach ein Mörder. ›Wozu diese Einleitung?‹, wirst Du sagen. Wir wollen den alten Groll ablegen und Gott unser Herz als eine reine Wohnstätte anbieten. David sprach: ›Wenn ihr zürnet, wollet nicht sündigen‹ (Ps 4,5). Was dies bedeutet, legt der Apostel ausführlicher dar. ›Die Sonne soll nicht über eurem Grolle untergehen‹ (Eph 4,26). Was sollen wir denn tun am Tage des Gerichtes, da als Zeuge unseres Zornes die Sonne nicht nur an einem Tage, sondern während vieler Jahre untergegangen ist? Der Herr mahnt im Evangelium: ›Wenn du am Altare deine Gabe opferst und du erinnerst dich, daß dein Bruder etwas gegen dich hat, dann laß deine Gabe am Altare zurück. Gehe hin und versöhne dich zuvor mit deinem Bruder. Dann komme zurück und opfere deine Gabe!‹ (Mt 5,23f). Wehe mir Unglücklichem, wehe auch

Dir, weil wir so lange keine Gabe am Altare opfern konnten, oder sie umsonst geopfert haben, da der Groll noch andauerte! Wie konnten wir beim täglichen Gebete sprechen: ›Vergib uns unsere Schuld, wie auch wir vergeben unseren Schuldigern‹ (Mt 6,12; Lk 11,4), wo doch die Gesinnung das Wort Lügen strafte, das Gebet dem Verhalten widersprach? Ich bitte Dich, wie ich es schon vor einem Jahre in einem Briefe tat, laß uns den Frieden wahren, den der Herr uns zurückgelassen hat (Joh 14,27)! Christus sieht meinen Wunsch und Deine versöhnliche Gesinnung. Binnen kurzem werden wir den Lohn erhalten für die Wiederherstellung der Eintracht oder die Strafe für die weiter andauernde Trübung des Friedens. Solltest Du, was Gott verhüten möge, nichts von Versöhnung wissen wollen, dann stehe ich da frei von Schuld. Dieser Brief wird mich, sobald Du ihn gelesen hast, von meiner Schuld lossprechen.« [CSEL 54, 42–44; BKV 16, 34f.]

4. Geburtstag

Ein nicht minder drängender Klang durchzieht das in die gleiche Zeit fallende, also um 377/380 n.Chr. abgefaßte Schreiben an den greisen Paulus (ep.10), einen im norditalienischen Concordia nahe Aquileja wohnhaften Zeitgenossen Rufins (vgl.ep.5,2). Es ist ein Glückwunschschreiben anläßlich des 100. Geburtstages. Hieronymus geht es, wie er im (hier nicht abgedruckten) zweiten Teil seines Briefes ausführt, darum, die Zusendung verschiedener Schriften zu erbitten, die er im Besitz des Angeredeten weiß (u.a. Briefe Novatians). Als vorweggenommenen Dank legt er seine soeben fertiggestellte Vita Pauli bei. Einleitend aber nimmt Hieronymus den hohen Geburtstag des Jubilars zum Anlaß für eine paränetische Besinnung zum Thema ›Lebensalter‹. Er setzt mit einer Rückbesinnung auf die Urgeschichte ein: nach dem Sündenfall und der Vertreibung aus dem Paradies sei den Menschen die Unsterblichkeit genommen und ihrem Leben eine zunächst weite, nach vielen Verfehlungen aber immer kürzer werdende Grenze gesetzt worden. Diesen Gedanken weiterführend deutet Hieronymus eine kurze Lebensdauer als »Strafe für die Sünden«, bringt sie also mit dem Tun der Menschen in einen unmittelbaren Zusammenhang. Dieser – nicht unproblematische – Gedanke liefert die Brücke, um an die Situation, den Geburtstag des Paulus, anzuknüpfen. Hieronymus rühmt den gesunden Körper des Jubilars, seine ungebrochene Schaffenskraft und seinen noch immer jugendlichen Geist: gewissermaßen könne man in Paulus »ein Abbild unseres einst in voller Frische auferstehenden Leibes schauen«. Daß dies in seiner vorbildlichen Lebensführung begründet ist, versteht sich nach dem Vorangehenden von selbst. Die Pointe ist deutlich: Sie zielt allerdings weniger auf Paulus als den angesprochenen Adressaten als vielmehr auf diejenigen, denen der Brief sonst noch in die Hände fallen wird. Mag das Geburtstagslob für den Greis auch ein Anlaß zur Freude gewesen sein, so spricht doch für jeden anderen Leser aus diesen Zeilen eine mahnende und aufrüttelnde Sprache. Es ist die Aufforderung zu einem heiligen und entsagungsvollen Leben, die dieses Schreiben durchzieht und ihm einen paränetischen Grundzug verleiht.

An Paulus (ep.10):

»Die Kürze des menschlichen Lebens ist eine Strafe für die Sünden. Der Tod, dessen Beute so mancher Mensch gleich beim Eintritt ins Leben wird, legt Zeugnis davon ab, daß die Menschheit täglich in Sünden fällt. Als die Schlange den ersten Insassen des Paradieses durch ihre List getäuscht und in die Niederungen des Irdischen herabgezogen hatte, da tauschte er den Tod gegen die Unsterblichkeit ein (Gen 3). Immerhin war dem Menschen sozusagen eine zweite Unsterblichkeit zugebilligt, sollte doch dem vom Fluche getroffenen Menschen die Grabschrift erst nach 900 und noch mehr Jahren gesetzt werden (Gen 5). Aber die Sündhaftigkeit nahm allmählich immer gröbere Formen an, und der Giganten Gottlosigkeit führte den Untergang der ganzen Welt herbei (Gen 6,4ff.). Nachdem die Welt durch diese Taufe . . . gereinigt war, wurden dem menschlichen Dasein bescheidenere Grenzen gesetzt. Selbst diese kurze Lebensfrist hätten wir Menschen beinahe aufs Spiel gesetzt, da unsere Bosheit sich ständig dem göttlichen Willen widersetzt. Wie wenige überschreiten das hundertste Lebensjahr! Wenn sie es aber erreichen, so tut es ihnen leid, wie es schon die Hl. Schrift im Buche der Psalmen bezeugt: ›Die Tage unseres Lebens sind siebzig Jahre; wenn viel, achtzig. Was aber darüber hinausgeht, ist Mühsal und Plage‹ (Ps 90,10).

Doch Du wirst sagen, wozu eine Einleitung, die zurückgeht auf die Urgeschichte der Menschheit . . . Weil ich Dein hohes Alter und Dein gleich Christo weißes Haupt (vgl. Offb 1,14) mit geziemenden Worten preisen möchte. Zum hundertsten Male rollte der Jahre Kreislauf dahin; Gottes Gebote hast Du immer beobachtet, so daß Dein jetziges Leben schon ein Vorgeschmack des ewigen Glückes ist. Das Auge ist noch scharf, die Füße schreiten sicher einher; das Gehör ist fein, die Zähne weiß, die Stimme kräftig . . . Der Herr wollte, daß wir in Deinem Körper ein Abbild unseres einst in voller Frische auferstehenden Leibes schauen. Wir sollen an Dir lernen, daß es Schuld der Sünde ist, wenn andere während ihres Erdenwallens einen siechen Körper mit sich herumschleppen, während die jugendliche Frische, die über Dein vorgerücktes Alter hinwegtäuscht, ein Lohn für Deine Tugend ist. Wenn wir dennoch wahrnehmen, daß auch vielen Sündern eine ähnliche Gesundheit beschieden ist, dann handelt es sich um eine Gabe des Teufels, damit sie mit ihr der Sünde dienen. Bei Dir freilich ist diese Gesundheit ein Geschenk Gottes, Dir verliehen zur Freude . . .« [CSEL 54, 35–38; BKV 16, 26–30]

5. Krankheit und Sünde

Zeigt sich in dem Brief an den greisen Paulus der Lohngedanke besonders deutlich, so eröffnet das um 397/8 n.Chr. von Bethlehem aus an Castricianus, einen aus Pannonien stammenden Christen, gerichtete Schreiben einen neuen Aspekt (ep.68). Anlaß dieses Briefes ist die Klage des Castricianus, seine Erkrankung – es handelt sich um Erblindung – sei eine Folge der Sünde; Gottes Zorn habe das Unrecht seiner Sünden mit dem Verlust des Augenlichtes bestraft. Hieronymus, der durch Freunde von der Verzweiflung des Castricianus hört, sieht sich daraufhin zu einem seelsorgerlichen Schreiben veranlaßt. Darin stellt er der eingangs geschilderten Situation ein Wort der Heiligen Schrift gegenüber. Er entnimmt es der Geschichte von der Heilung des Blindgeborenen, in der die Jünger auf ihre Frage, wer gesündigt habe, von Jesus zur Antwort erhalten: »Weder er noch seine Eltern. Vielmehr sollten sich an ihm die Werke Gottes offenbaren.« Mit dieser biblischen Aussage hat Hieronymus den argumentativen Ausgangspunkt geschaffen, um die Auffassung des Castricianus zurechtzurücken. Zunächst erweitert er den Horizont: Er erinnert an die Menschen, die straflos bleiben, obwohl sie sich gegen Gott empört haben, während gleichzeitig wahre Heilige von Krankheit und Elend gequält würden. Es ist die auf das »Warum« des Leidens zielende Frage der Theodizee, in die die Klage des Castricianus eingeordnet wird, um sie nun aber um so entschiedener zurückzuweisen. Unter Hinweis auf das im Alten wie im Neuen Testament vorkommende Wort »Wen der Herr liebt, den züchtigt er«, das durch die eigene Lebenserfahrung bestätigt werde, konstatiert Hieronymus, es sei für den Sünder keine Belohnung, sondern vielmehr die größte Strafe, wenn ihn der Zorn Gottes nicht treffe. Umgekehrt zeige sich gerade daran, daß Gott jemanden heimsuche, seine Zuwendung. Die biblischen Beispiele, die diese Behauptung belegen sollen, reichen von der Erblindung Isaaks über den Märtyrertod der Apostel Petrus und Paulus bis hin zu Christus, der das Kreuz auf sich genommen habe. Die Ausgangsfeststellung, daß in Krankheit und Leiden Gottes Werke offenbar werden sollen, ist damit erwiesen. Hieronymus knüpft daran die Hoffnung, Castricianus möge »wie Lazarus« in seine Krankheit einwilligen, »um in die ewige Herrlichkeit einzugehen«. Es ist das Ziel dieses Briefes, die Krankheit weder als eine Folge eigenen Versagens (»Sünde«) noch als ein Ausdruck lebensfeindlicher Macht (»Zorn Gottes«) zu interpretieren, sondern sie als Ermöglichung neuer Gotteserfahrungen zu begreifen (»Manifestation der Werke Gottes«). Das rückwärtsgewandte »Warum« soll zu einem nach vorne gerichteten »Wozu«

umgewandelt werden. Folgt Castricianus diesen Überlegungen, so wird er, der sich bisher im neidvollen Denken an die verzehrte, »welche das Glück dieser Welt und ihre Freuden genießen«, auf einen Weg geführt, um seine Krankheit anzunehmen und als Zeichen des auch ihm gnädig zugewandten Gottes zu verstehen. Wie schwierig freilich dieser Lernprozeß selbst für einen großen Kirchenvater sein kann, zeigt das Beispiel des Didymus von Alexandrien, von dem Hieronymus am Ende seines Briefes erzählt.

An Castricianus (ep.68):

»Mein ehrwürdiger Sohn, der Diakon Heraklius hat mir erzählt, daß Du den Wunsch hattest, mich zu besuchen . . . Ich spreche Dir meinen Dank aus und nehme die Absicht für die Tat hin . . . Dann bitte ich Dich, setze Dir doch nicht in den Kopf, daß Dein körperliches Leiden eine Folge der Sünde ist. In solchen Gedankengängen bewegten sich auch die Apostel, als sie den Herrn und Heiland über den Blindgeborenen befragten: ›Wer hat denn gesündigt, daß er so wurde, er oder seine Eltern?‹ Die Antwort lautete: ›Weder er, noch seine Eltern. Vielmehr sollten sich an ihm die Werke Gottes offenbaren.‹ (Joh 9,2f.) . . . Wenn Du die Ursache Deiner Erblindung in der Sünde suchst und eine Krankheit, welche die Ärzte nicht selten heilen können, auf Gottes Zorn zurückführst, dann verdächtigst Du damit auch Isaak, der so sehr am Sehen behindert war, daß er sich täuschen ließ und segnete, wen er nicht segnen wollte (Gen 27,22ff.). Du bringst Jakob in ein schiefes Licht, dessen Augen nachgelassen hatten, so daß er Ephraim und Manasses nicht unterscheiden konnte, während sein geistiges Auge und sein prophetischer Blick in die ferne Zukunft schauten und den aus königlichem Sproß stammenden Messias vorausverkündeten (Gen 48,10ff.; 49,10). Welcher König war heiliger als Josias? Der Dolch eines Ägypters traf ihn tödlich (2.Kön 23,29). Wer steht über Petrus und Paulus? Sie haben Neros Schwert mit ihrem Blut gerötet. Hat nicht der Sohn Gottes, um von Menschen zu schweigen, die Schmach des Kreuzes auf sich genommen? Und Du preisest die selig, welche das Glück dieser Welt und ihre Freuden genießen? Die größte Strafe für die Sünder ist es, wenn der Zorn des Herrn sie nicht trifft. Deshalb spricht er im Buche Ezechiel zu Jerusalem: ›Ich will dir nicht zürnen, und mein Interesse wendet sich ab von dir‹ (Ez 16,42). Wen der Herr liebt, den züchtigt er (Prov 3,12; Hebr 12,6; Offb 3,19). Er sucht jeden heim, den er an Kindes Statt annimmt. Der Vater unterweist nur, wen er liebt. Der Lehrer straft nur den Schüler, der zu lebhaften Geistes ist. Stellt der Arzt seine Fürsorge ein, dann weiß er keinen Rat mehr. Wenn es an dem ist, wirst du antworten: ›Wie Lazarus in seinem Leben Schlimmes erduldet hat (Lk 16,25), so will auch ich bereitwillig die Leiden auf mich nehmen, um in die ewige Herrlichkeit einzugehen‹ – denn der Herr wird dieselbe Sünde nicht zwiefach strafen (Nah 1,9) . . .

Ich will mich nicht in alten Geschichten verlieren und meinen Brief zu weit ausdehnen. Nur eine kleine Begebenheit, die sich in meiner Jugend ereignete, will

ich noch anführen. Der heilige Antonius wurde vom heiligen Athanasius, dem Bischof von Alexandrien, zur Bekämpfung der Arianer in die Stadt geholt. Da kam der blinde Didymus, ein großer Gelehrter, zu ihm. Während sie sich in mannigfaltigen Reden über die Hl. Schrift unterhielten, bewunderte Antonius des anderen Gelehrsamkeit und Geistesschärfe. Da fragte er ihn: ›Bist Du traurig, weil Du des Augenlichtes entbehrst?‹ Als dieser beschämt schwieg, fragte er ein zweites und drittes Mal und entlockte ihm das Geständnis, daß er diesen Verlust schmerzlich empfinde. Da sagte Antonius: ›Ich wundere mich, daß ein weiser Mann unter dem Verlust einer Sache leidet, welche Ameisen, Mücken und Schnaken besitzen, statt sich zu freuen über den Besitz dessen, was sich nur die Heiligen und die Apostel verdient haben.‹ Daraus ergibt sich, daß es wichtiger ist, mit dem geistigen als mit dem leiblichen Auge zu sehen, und jene Augen zu besitzen, in welche der Balken der Sünde nicht hineinfallen kann (Mt 7,3ff.) . . .«
[CSEL 54, 675–678; BKV 16, 54–57]

6. Zusammenleben mit Nichtchristen

Dieses seelsorgerliche Gottesverständnis zeigt sich auch in dem Brief an Laeta, eine in Rom lebende, aus den Patrizierkreisen stammende Christin (ep.107). Der eigentliche Anlaß dieses 401 n.Chr. abgefaßten Schreibens ist die Bitte der Laeta, Belehrung über die Erziehung ihres soeben geborenen und Gott geweihten Kindes zu empfangen. In Verbindung damit aber spricht sie ein ganz anderes Problem an: die Sorge um das Seelenheil ihres Vaters Albinus, der ihre Hinwendung zum christlichen Glauben nicht nur ablehnt, sondern als heidnischer Oberpriester auch bei seiner alten Religion verharrt. Ihre Sorge ist nicht unberechtigt, stellt doch nach altkirchlichem Verständnis die Taufe die Eingliederung in den Leib Christi dar, während die bewußte Absage an sie den Verlust des ewigen Heils bedeutet. Es ist auffällig, daß Hieronymus in seiner Antwort auf dieses dogmatische Problem nicht eingeht, sondern stattdessen ein Wort aus den Paulusbriefen aufgreift und an den Anfang seines Briefes stellt: »Wenn eine Frau einen heidnischen Mann hat, und dieser einwilligt, bei ihr zu bleiben, so entlasse sie ihren Mann nicht. Denn der ungläubige Mann wird durch die gläubige Frau geheiligt . . .« Dieses Apostelwort sollte ursprünglich zur Klärung der Frage beitragen, unter welchem Umständen die zwischen einem Nichtchristen und einem Christen geschlossene Ehe aufgelöst werden darf. Nach Überzeugung des Hieronymus aber hat es eine weitergehende Bedeutung und läßt sich auch in die Situation der Laeta übertragen. Recht verstanden besagt es jetzt: »Ein heiliges und gläubiges Haus heiligt den einen Ungläubigen.« Mit dieser Neuinterpretation der paulinischen Weisung wird das dogmatische Problem, das sich aus der heidnischen Religiosität des Albinus ergibt, in seelsorgerlicher Abzweckung relativiert. Wie solle man denn jemanden verloren geben können, wenn ihn wie im Hause der Laeta eine gläubige Familie umgebe? Müsse man nicht vielmehr Albinus als einen »Anwärter des Glaubens« bezeichnen, der gewissermaßen schon im Vorhof des Christentums stehe? Mit diesen wenigen Gedankenschritten gelingt es Hieronymus, das auch noch am Anfang des 5. Jahrhunderts bestehende Problem des Zusammenlebens von Heiden und Christen zu entschärfen und die besorgte Laeta zu beruhigen; sie darf der Zukunft ihres Vaters ohne Angst entgegensehen. Freilich entläßt Hieronymus die christlichen Hausmitglieder keineswegs aus ihrer Verpflichtung gegenüber dem Nichtchristen. Schließlich wird man, so fügt er mahnend hinzu, »nicht zum Christen geboren, sondern man muß zum Christen heranreifen.« Christ zu werden ist für Hieronymus also ein Reifungsprozeß, für den es zwar niemals zu spät ist, der aber des Anstoßes und der Vorbilder bedarf. Darum fordert er seine Adressatin auf, den christlichen Glauben nicht kleinmütig zu verbergen, sondern gegenüber dem heidnischen Vater offen zu vertreten. Gott werde das Seine bewirken, wo er ein freimütiges Bekenntnis sehe. Als biblischen Beleg führt Hieronymus die Bekehrung des Schächers am Kreuz an, die deutlich zeige, daß bei Gott möglich ist, was bei den Menschen unmöglich scheint. Mit diesem Hinweis auf Gottes verborgenes Handeln wird die Paränese, die auch in diesem Brief die seelsorgerliche Weisung prägt, entlastet. Nicht die Aufforderung zum Bekenntnis, sondern die Ermutigung zum Vertrauen auf Gottes heilvolles Handeln hat das letzte Wort in diesem Brief.

An Laeta (ep.107):

»In einem seiner Korintherbriefe, in denen er die junge christliche Gemeinde in den heiligen Wissenschaften unterrichtet, ordnet der heilige Apostel Paulus unter anderem folgendes an: ›Wenn eine Frau einen heidnischen Mann hat, und dieser einwilligt, bei ihr zu bleiben, so entlasse sie ihren Mann nicht. Denn der ungläubige Mann wird durch die gläubige Frau geheiligt und die ungläubige Frau im gläubigen Manne. Sonst wären ja eure Kinder unrein, jetzt aber sind sie geheiligt‹ (1 Kor 7,13f.). Wenn vielleicht jemandem bis heute die Bande der Zucht allzusehr gelockert und die Nachsicht des Lehrers übereilt erschienen, dann möge er in Gedanken beim Hause Deines Vaters, eines bedeutenden und gelehrten Mannes, der freilich noch in der Finsternis des Heidentums wandelt, verweilen. Er wird dann wahrnehmen, daß des Apostels Rat sich bewährt hat; denn die Bitterkeit der Wurzel wird aufgewogen durch den Wohlgeschmack der Früchte . . . Du bist aus einer gemischten Ehe hervorgegangen; Dein und meines Toxotius Kind ist Paula. Wer hätte es für möglich gehalten, daß die Enkelin des Hohenpriesters Albinus auf das Gelübde einer christlichen Mutter hin geboren würde? Wer hätte je geglaubt, daß die lallende Zunge auch in Gegenwart des Großvaters und zu seiner Freude widerhallt vom Gesang des Alleluja? Daß der Greis einer Christus geweihten Jungfrau auf seinem Schoße zu essen reichen werde? Die ganze Sache hat, wie erwartet, einen guten und glücklichen Ausgang genommen. Ein heiliges und gläubiges Haus heiligt den einen Ungläubigen. Der ist bereits ein Anwärter des Glaubens, den eine gläubige Schar von Kindern und Enkeln umgibt. Ich glaube, es hätte selbst Juppiter an Christus glauben können, wenn er einen solchen Umgang gehabt hätte ... Man wird nicht zum Christen geboren, sondern man muß zum Christen heranreifen. Das goldene Kapitol strotzt von Schmutz, und alle Tempel Roms sind mit Ruß und Spinngeweben bedeckt. Die Hauptstadt der Welt hebt sich aus ihren Angeln, und eine große Masse, die früher die halbverfallenen Tempel füllte, eilt jetzt zu den Gräbern der Märtyrer. Wen nicht die kluge Einsicht zum Glauben führt, den wird bald die Rücksicht auf die Mitmenschen zum Glauben nötigen.

Dies, o Laeta, in Christus geliebte Tochter, mußte ich vorausschicken, damit Du nicht am Seelenheile des Vaters verzweifelst. Das Vertrauen, dem Du Deine Tochter verdankst, möge Dir auch den Vater gewinnen! Dann wird das Glück in Deiner Familie nichts mehr zu wünschen übrig lassen, hat doch der Herr verheißen: ›Was bei den Menschen unmöglich scheint, das ist bei Gott möglich‹ (Lk 18,27). Niemals kommt eine Bekehrung zu spät. Der Schächer gelangte vom Kreuze aus ins Paradies (Lk 23,43), und der König Nebukadnezar aus Babylon, der an Leib und Seele verwilderte und wie die Tiere in der Wildnis lebte, erhielt seinen menschlichen Verstand zurück (Dan 4,28ff.) ...« [CSEL 55, 290–305; BKV 16, 383–403]

III. Wirkung

Wenn wir die Briefe auf ihr seelsorgerliches Profil hin befragen, so heben sich fünf Gesichtspunkte heraus. Zunächst gilt es festzuhalten, daß Hieronymus *keine Lehre* der Seelsorge verfaßt hat; in seinem umfänglichen schriftstellerischen Werk findet sich keine Schrift, in der das Selbstverständnis und die Aufgabe der Seelsorge grundsätzlich bedacht worden wäre. Stattdessen begegnen wir bei Hieronymus einer Seelsorge im Vollzug: es sind briefliche Äußerungen, die an einzelne Adressaten gerichtet sind und deren Anfragen, Bitten oder Hinweise zum Anlaß haben (Text 2.5.6). Bisweilen sieht sich Hieronymus auch aus persönlicher Anteilnahme zu einem Schreiben herausgefordert (Text 1.3.4). Seine Ausführungen zu einem Konzept zusammenzufassen, würde ihren Augenblickscharakter verkennen. Dieser wird auch dadurch nicht aufgehoben, daß Hieronymus, wie die Briefsammlungen zeigen, schon früh die Veröffentlichung seiner Schreiben ins Auge gefaßt hat.

Hieronymus gibt uns damit ein Beispiel für *briefliche Seelsorge*. Er greift also eine literarische Form auf, die bereits im Alten Testament (Jer 29) anzutreffen ist, ihr Vorbild aber vor allem in der Briefliteratur des Neuen Testaments hat. Natürlich wird die briefliche Seelsorge von Hieronymus in erster Linie dort praktiziert, wo größere Entfernungen ein Gespräch von Angesicht zu Angesicht unmöglich machen (Text 3.4.5.6). Dennoch ist sie ihm nicht einfach nur Ersatz für persönliche Begegnung. Auch dort, wo er – wie in der Zeit des Romaufenthaltes – mit seinen Vertrauten im täglichen Gedankenaustausch steht, bedient sich Hieronymus der schriftlichen Mitteilung, um Zuspruch und Weisung zu erteilen (Text 1.2). Der Grund dafür liegt in den besonderen Kommunikationsbedingungen des Briefes: Dieser bietet nicht nur die Chance, die Überlegungen zu exemplarischen Themen der Seelsorge grundsätzlich zu entfalten; er eröffnet darüber hinaus die Möglichkeit, sich einem erweiterten Adressatenkreis mitzuteilen.

Die Briefe zeigen, daß die seelsorgerlichen Überlegungen immer *auf die Situation bezogen* sind. Die Anliegen, Fragen, Sorgen oder Klagen der Adressaten werden aufgenommen, bedacht und reflektiert. Dieses geschieht entweder zu Beginn eines Briefes (Text 1.5) oder in dessen weiterem Verlauf (Text 2.3.4.6). Dadurch signalisiert Hieronymus seinem brieflichen Gegenüber Verstehensbereitschaft und Empathie: Als Seelsorger beansprucht er keine überlegene Autorität, der Trauer, Zweifel oder Anfechtung fremd wären, sondern er ist der brüderliche Ratgeber, der sich dem/der Angesprochenen zur Seite stellt. Darüber hinaus ist das Interesse deutlich, den erbetenen seelsorgerlichen Rat so konkret wie möglich auf die Situation dessen, dem der Brief zugedacht ist, zu beziehen.

Natürlich bleibt Hieronymus als Seelsorger nicht bei der Situationsbeschreibung stehen. Immer wird diese durch eine *biblische Orientierung* kommentiert, weitergeführt und vertieft. Das Wort der Heiligen Schrift, das an den Anfang des Briefes gestellt wird (Text 2.3.4.6) oder auf die Schilderung der Situation folgt (Text 1.5), nimmt das Anliegen des Adressaten auf und setzt zugleich den Maßstab, um die Situation vom Wort Gottes her zu deuten. Die Bibel gibt der seelsorgerlichen Argumentation das inhaltliche Fundament. Sie ist die verpflichtende Wahrheit, unter die sich Hieronymus gestellt sieht. In ihr gründet der heilende Zuspruch wie auch der ethische Anspruch, mit dem er seinem brieflichen Gegenüber begegnet.

Aus diesem Anspruch ergibt sich das Ziel der Seelsorge: die *paränetische Weisung*. Stets läßt Hieronymus seine Briefe in die Aufforderung münden, aus dem Wort der Heiligen Schrift die Konsequenzen zu ziehen und sich für ein heiliges Leben in der Welt zu entscheiden. Oft unterstreicht er diesen Appell, indem er an das künftige Gericht Gottes erinnert, das nach dem irdischen Tun vergelten wird (Text 1.3). Diese Paränese, die eine bedrängende, mitunter auch drohende Diktion aufweist, hat bei Hieronymus eine seelsorgerliche Aufgabe: sie soll dem Menschen dazu verhelfen, seine Schuld zu bekennen, Krankheit und Tod anzunehmen, in den Anfechtungen zu bestehen und der Verantwortung für den Nächsten gerecht zu werden. Deswegen ist die briefliche Seelsorge des Hieronymus, auch wenn sie bisweilen einen gesetzlichen Klang hat, eine Ermutigung zum Leben.

Literatur

Quellen:

Sancti Eusebii Hieronymi Epistulae Bd. 1-3, hg. von I.Hilberg, Wien-Leipzig 1910/1912/1918 (CSEL 54–56).
Eusebius Hieronymus, Ausgewählte Schriften Bd. 1-3, übers. von L.Schade, München 1914/1936/1937 (BKV 15/16/18).

Sekundärliteratur:

Georg Grützmacher, Hieronymus Bd. 1, Leipzig 1901.
Otto Bardenhewer, Geschichte der altkirchlichen Literatur Bd. 3, Darmstadt 1962, 605–655 (Erstauflage 1912).
Hans von Campenhausen, Lateinische Kirchenväter, Stuttgart 1960, 109–150.
David S. Wiesen, St. Jerome as a Satirist. A Study in Christian Latin Thought and Letters, New York 1964.
John N. D. Kelly, Jerome. His Life, Writings, and Controversies, London 1975, 210–226.
Gerard Bartelink, Hieronymus, in: Martin Greschat (Hg.), Alte Kirche II, Stuttgart-Berlin-Köln-Mainz 1984, 145–165.

Johannes Chrysostomus

Johannes Chrysostomus

Adolf Martin Ritter

I. Biographie

Johannes mit dem Beinamen Chrysostomus (»Goldmund«) wurde in Antiochien, der syrischen Hauptstadt am Orontes und »dritten Stadt der Erde« (Libanius) nach Rom und Konstantinopel, als Sohn eines hohen Militärs geboren, wohl in demselben Jahr (354) wie Augustinus. Nachdem er im Alter von 18 Jahren die Taufe empfangen hatte, verließ er das elterliche Haus und seinen berühmten Rhetoriklehrer Libanius, um das Leben eines Einsiedlers zu führen. Doch zwang ihn seine schwache Gesundheit bald zur Rückkehr in die »Welt«. Daß er gleichwohl seiner Gesinnung nach Mönch und Asket zu bleiben gedachte, geht daraus hervor, daß er sich – zur selben Zeit, wie er die Weihe zum Lektor (»Anagnosten«) empfing – einem Kreis Gleichgesinnter, dem sog. Asketerion unter Leitung Diodors, des späteren Bischofs von Tarsos und ersten Hauptes der antiochenischen Exegetenschule, anschloß. In diesem Kreis unterzog er sich – in Gemeinschaft u.a. mit einem später so berühmten wie allerdings auch umstrittenen Mann wie Theodor von Mopsuestia – zugleich geistlich-asketischen Übungen wie strenger theologischer Arbeit. Wohl gerüstet wie sicherlich wenige Kleriker seiner Zeit übernahm er 386 nach seiner Presbyteratsweihe das Amt des Hauptpredigers von Antiochien.

Zwölf Jahre wirkte er hier. Dann aber starb der Bischof der Reichshauptstadt, Nektarius (von Konstantinopel). Am Ende eines langen und unwürdigen Ränkespiels um die Nachfolge, an dem wie immer der »Papst« von Alexandrien führend beteiligt war, fiel die Wahl des Kaisers und seiner Ratgeber auf Chrysostomus. Der Grund war wohl, daß dieser nicht nur außerhalb des kirchenpolitischen Treibens stand, sondern daß er auch bereits damals als Kanzelredner und geistlicher Schriftsteller weit über die Grenzen seiner Vaterstadt hinaus berühmt war. So vermochte er dem Repräsentationsbedürfnis von Hof und Hauptstadt besser als andere zu genügen. Chrysostomus stieg also zum höchsten Würdenträger der Kirche des Ostreichs auf. Allein, alsbald einsetzende Streitigkeiten mit dem Hof, der Kaiserin Eudoxia und ihrem allmächtigen Günstling, dem Eunuchen Eutropius, und nicht zuletzt auch mit mißgünstigen Bischofskollegen (unter Anführung des Alexandriners) führten schließlich aufgrund eines geradezu tollen Gemischs »von Verleumdung, kindischem oder gewolltem Mißverstehen und kirchenpolitisch-politischen Anklagen, deren Zweck von vornherein deutlich ist« (H. v.Campenhausen), zu seiner Absetzung durch die sog. »Eichensynode« (benannt nach ihrem Tagungsort, dem Landgut Drys bei Chalkedon). Sein Sturz rief in Konstantinopel ungeheure Erregung hervor, die durch ein als Gottesurteil empfundenes Erdbeben noch gesteigert wurde. Schon nach wenigen Tagen wurde Chrysostomus zurückgerufen. Seine Rückkehr glich einem wahren Triumphzug. Schon bald entstanden indessen neue Meinungsverschiedenheiten, so daß er ein Jahr später endgültig abgesetzt und nach Armenien verbannt wurde. Als jedoch, seinem Bio- oder, richtiger, Hagiographen Palladius zufolge, die »gesamte Kirche von Antiochien«, seiner einstigen Wirkungsstätte, nach Armenien zu wallfahrten begann, um den unvergessenen Prediger zu hören, wurde auf kaiserlichen Befehl das am äußersten Winkel des Reichs gelegene Pityos am Schwarzen Meer Chrysostomus als Exilsort angewiesen. Obwohl bereits schwerkrank, trat er, und zwar zu Fuß, die Reise an, erlag aber bereits nach wenigen Tagen, am 14. September 407, den Schikanen seiner Bewacher.

Gleichwohl – oder gerade deshalb – war sein Nachruhm unermeßlich. Den Beinamen »Goldmund«, der zuerst dem Rhetor Dio von Prusa (ca. 40 – nach 112 n.Chr.) beigelegt worden war, erhielt er noch lange nach seinem Tode. Aber noch heute können seine – in großem Umfang erhaltenen – Predigten »wohl als einzige aus dem ganzen griechischen Altertum« z.T. noch »als christliche Predigten gelesen werden. Sie spiegeln etwas vom echten Leben des Neuen Testaments wider, gerade weil sie so sittlich, so einfach und so nüchtern sind« (H. v.Campenhausen).

Wer tiefer in das Verständnis seines Wesens und Wirkens einzudringen wünscht, wird sich bewußt sein müssen, daß auch Chrysostomus den Weg vom Mönchtum zum Bischofsamt gegangen ist. Folglich sollten auch wir uns zunächst seine Konzeption des Mönchtums im Verhältnis zur Kirche wenigstens in Grundzügen verdeutlichen, ehe wir uns seinen Vorstellungen von Seelsorge und seelsorglicher Predigt zuwenden.

Prinzipieller Ausgangspunkt ist für Chrysostomus der »soziale Charakter« des Christentums. Sieht er doch darin den entscheidenden »Maßstab vollkommenen Christentums«, darin dessen exakte Definition und höchste, durch nichts zu überbietende Verwirklichung: zu suchen, was dem Wohl der Gemeinschaft dient[1], zu wissen, daß das eigene Heil auf Gedeih und Verderb mit dem des Nächsten verknüpft ist oder um (mit R. Bultmann) im Sinne des Paulus und dessen Rückkoppelung des Imperativs an den Heilsindikativ zu reden, daß es überhaupt nicht länger um »individuelle Vervollkommnung«, sondern um »Auferbauung« geht, eben weil der durch die »Barmherzigkeit Gottes« auf eine neue Basis Gestellte, in seinem Handeln von der Sorge um sich selbst entlastet, die vom Nächsten ausgehende Forderung zum entscheidenden Motiv und Maßstab seines Handelns machen kann und soll (Röm 12,1.2). Dementsprechend sucht Chrysostomus in den durch den paulinischen Grundsatz des »Alles zum gemeinschaftlichen Nutzen« (1. Kor 12,7) abgesteckten Rahmen auch das Mönchtum mit seiner besonderen Berufung und seinen besonderen Gaben und Möglichkeiten einzuordnen. Wie er selbst eine »viel zu aktive Natur« war, »um in der reinen asketischen Vollkommenheit dauernd Genüge zu finden« (H. v.Campenhausen), so verlangt er auch von den Mönchen insgesamt, höher als das Streben nach eigener Vervollkommnung das Heil des Nächsten zu stellen. Gerade ihnen hält er das Beispiel »jenes Bedauernswerten« (Mt 25,24–30) vor, dem es »nichts geholfen« habe, »daß er sein Talent nicht verminderte, sondern weil er es nicht vermehrte«, habe er es »vollständig eingebüßt«[2].

Von daher sucht er die Mönche dazu zu gewinnen, sich nicht in die Einsamkeit der Berge und Wüsten zu flüchten, sondern inmitten oder wenigstens gleichsam »in Sichtweite« der Städte und Dörfer, da, wo das alltägliche Leben gelebt wird und wo immer aufs neue die »Erfüllbarkeit« der göttlichen Gebote wie der »Grund« der christlichen »Hoffnung« (1. Petr 3,15) in Frage steht, Pflanzstätten der »Tugend« zu errichten, entsprechend dem Gebot Christi: »Laßt euer Licht leuchten *vor den Menschen«* (Mt 5,16), »nicht vor den Bergen«, wie Chrysostomus hinzufügt, »nicht in den Wüsteneien oder an unzugänglichen Orten«[3].

Ob man deshalb Chrysostomus eine zunehmend reservierte Haltung gegenüber dem Mönchtum zuschreiben darf, ist mir mehr als fraglich. Falls damit gemeint ist, daß er sich je von den monastischen Idealen innerlich entfernt oder die Existenzberechtigung des Mönchtums überhaupt in Frage gestellt hätte, wird man das sogar rundheraus verneinen müssen. Hat er doch zeitlebens, selbst noch als Bischof von Konstantinopel, inmitten all des höfischen Getriebes und Prunks, an einer streng asketischen Lebensweise festgehalten – sehr zum Leidwesen vieler in seiner Umgebung! – und darüber hinaus in Predigten und Briefen mit seiner Meinung über die positive Rolle und bleibende Bedeutung des Mönchtums nicht hinter dem Berge gehalten. Sie läßt sich wohl in Kürze am besten so umschreiben, daß für ihn die Mönche inmitten einer ständig von der Gefahr der Verweltlichung bedrohten, ständig mehr oder minder faule Kompromisse schließenden und mit den – vermeintlichen oder wirklichen – »Realitäten« paktierenden Christenheit schon durch ihre bloße Existenz ein Moment der heilsamen Irritation und ein »Zeichen« sind: Ein lebendiges Memento nämlich der Vorläufigkeit all dessen, was die »Welt« fasziniert oder quält, eine ständige Erinnerung daran, daß Christen auf Erden »Fremdlinge« und auf Pilgerschaft sind, und eine unaufhörliche Mahnung zu der von allen geforderten »Vollkommenheit«, die, wie ihr Beispiel lehrt, keine bloße Utopie ist.

Wohl aber zielen seine an die Adresse der Mönche gerichteten kritischen Äußerungen darauf ab, daß das Mönchtum nicht ein totes Kapital im Haushalt der Kirche bleibe, daß es vielmehr nach Kräften für deren geistliche Erneuerung nutzbar gemacht werde. Das macht es allerdings erforderlich, energisch auch den Gefahren und Entartungserscheinungen im Mönchtum selbst entgegenzutreten und sich für die rechte Rangordnung innerhalb der Hierarchie der mönchischen Wert- und Zielvorstellungen, d.h. für ihre konsequente Ausrichtung an der »Auferbauung« der Kirche als des »Leibes Christi« einzusetzen, dafür, daß der Dienst an der Gemeinschaft unter die Motive der Askese selbst aufgenommen werde und dort – zusammen mit der ungeteilten Hingabe an Gott oder vielmehr als deren vorzüglichster Ausdruck – an erster Stelle rangiere[4].

Diese Rolle kann aber dem Mönchtum überhaupt nur zugewiesen werden, weil es für Chrysostomus keine »doppelte Moral«, keine verschiedenen »Klassen« von Christen gibt: keine je verschiedene Ethik für Mönche und für »Weltleute«, für »vollkommene« und für Durchschnittschristen. Vielmehr erklärt er rundheraus: »Wer in der Welt lebt, soll vor den Mönchen nichts voraushaben als allein dies, daß er mit einem Weibe zusammenleben darf«. In dieser Hinsicht trifft er auf Nachsicht, in allem übrigen jedoch ist er zu demselben verpflichtet wie der Mönch. Auch sind die Seligpreisungen Christi nicht allein an die Mönche gerichtet. Andernfalls ginge ja die ganze Welt zugrunde, und wir müßten Gott, den »Stifter des Ehestandes«, »der Grausamkeit bezichtigen . . . Wie wäre sonst auch die Ehe (sc. mit den Pastoralbriefen) als ehrenhaft zu bezeichnen, wenn sie für uns ein solches (Tugend-)Hindernis wäre?« Nein, »es ist möglich, durchaus möglich, auch im Ehestande der Tugend nachzujagen, wenn wir nur wollen. Wie denn? Wenn die, die Frauen haben, sind, als hätten sie keine; wenn wir uns über irgendeinen Besitz nicht in Freude verlieren; wenn wir diese Welt brauchen, als gebrauchten wir sie nicht (vgl. 1. Kor 7,29–31) . . . Führe du nur die Ehe in angemessener Weise, so wirst du der Erste im Himmelreich sein und alle Güter genießen«[5].

Wie hat nun dieser große altkirchliche Prediger und Seelsorger seine Aufgabe verstanden und angepackt? Dazu gibt es in seinem Schrifttum so gut wie keine theoretischen Erwägungen. Allein, liest man seine Texte im Licht jener formalen Grundlegung der Predigt, wie sie sein Zeitgenosse Augustin in Buch IV von »De doctrina christiana« vorgelegt hat, so geht einem schlagartig auf, daß die homiletische Praxis des Chrysostomus auf soliden theoretischen Grundlagen ruht (ohne daß eine Abhängigkeit von Augustin behauptet werden soll, die schon aus chronologischen Gründen ausscheidet).

Was wir als »Predigt« bezeichnen, heißt auch für und bei Chrysostomus hauptsächlich homilia oder logos. Dieser Sprachgebrauch ist bereits im Neuen Testament und in der frühchristlichen Tradition verwurzelt. Die beiden Ausdrücke werden u.a. bei zwei für die christliche Predigt bezeichnenden Gelegenheiten verwendet: bei dem Gespräch, bei dem Jesus in Emmaus den Jüngern die Schrift auslegt[6], und den Gesprächen, in denen es um die Darlegung der Wahrheit bezüglich der Heiligen Schrift geht[7]. Die Unterscheidung zwischen beiden Begriffen setzte sich nicht eigentlich durch. Die Bezeichnung homilia blieb mehr beschreibend und gab ein gegenüber falscher Rhetorik anzustrebendes Ideal an; logos besaß, trotz der Kollision mit dieser Rhetorik, den Vorteil, sich in ein theologisches Programm einzufügen, nämlich in den Umkreis des sich offenbarenden LOGOS oder »Wortes« (Joh 1,1–14). Gebildeten Predigern wie Origenes und Chrysostomus war dabei wohl bewußt, daß es sich bei homilia um einen Anklang an den Sprachgebrauch der Philosophenschulen handelte. Bezeichnete man damit doch die einfachen und familiären Gespräche, die Philosophen mit ihren Schülern pflegten[8].

Dazu paßt, was Augustin in »De doctrina christiana« über die christliche Predigt, ihre verschiedenen »Gattungen« (genera) und ihre Aufgabenstellung schreibt. Die Predigt soll in erster Linie »belehren« und »zum Handeln bewegen« (flectere). Damit kommt sie am ehesten in die Nähe des »symbuleutischen« (»beratenden«) Genus der antiken Rhetorik. Augustin plädiert für die extemporierte, die freie Predigt, die auf die Reaktion der Gemeinde wiederum unmittelbar reagieren kann, und nimmt ausdrücklich Platos Plädoyer für das mündliche Gespräch auf (unter Kritik an der Verschriftung). Die Belehrung muß so lange fortgesetzt werden, bis das »Publikum« zu erkennen gibt, daß es »verstanden« hat. Den biblischen Text faßt Augustin primär als »Ermunterung« (adhortatio) auf. Um des erstrebten unmittelbaren Austausches zwischen Prediger und Hörer willen empfiehlt er endlich nachdrücklich einen nicht-artifiziellen Sprachstil (sermo humilis), damit die »Einfältigeren« (simpliciores) nicht auf der Strecke bleiben.

All dies findet man bei Chrysostomus ohne Abstriche verwirklicht, obwohl er aller Wahrscheinlichkeit nach von Augustin allenfalls gehört, aber von dem genannten Lehrbuch keine Kenntnis besessen hat. Diese Nähe ist um so leichter zu verstehen, als die altchristliche Predigt (in Ost wie West) viel stärker an die synagogale angeknüpft hat als etwa an die griechisch-römische Diatribe (zu der die altchristliche Predigt keine spezifische Affinität aufweist).

Nach der Zerstörung des Zweiten Tempels (70 n.Chr.) ist überall die Predigt zum festen Bestandteil des Synagogengottesdienstes an Sabbaten und Festtagen geworden, so sehr, daß »den Sabbat feiern« und »am Sabbat eine Predigt halten oder hören« zu Synonymen werden. Gerade das 3. und 4. Jahrhundert n.Chr. gelten als das »goldene Zeitalter jüdischer Predigt«. Wichtig ist im Blick auf Chrysostomus (und nicht nur auf ihn) weiterhin, daß in der Synagoge (während der uns interessierenden Zeit der sog. »Amoräer« und der Talmudim) die Predigt als nach dem Psalmengesang an die gottesdienstliche Versammlung gerichtete Ansprache ihren Ausgang von zwei unmittelbar zuvor gelesenen Bibeltexten (vgl. Apg 17,2) nimmt, einem aus dem »Gesetz« (der Torah) und einem aus den »Propheten«. Dabei ist es zunächst nicht ihre Aufgabe, den Bibeltext zu interpretieren, zu erklären oder zu deuten, obschon sie meist in solcher Form auftritt. »Im Verein mit der Hl. Schrift« will die Predigt vielmehr »in demselben ›transzendentalen Heute‹ vor allem verkündigen, daß das in der Schrift bezeugte Heute der Vergangenheit und das Heute der Gegenwart Heilsereignis sind«. Die Beziehung der Predigt »zum vorab gelesenen Bibeltext ist paradigmatischer Natur . . .: Nichts anderes sagen als die Hl. Schrift, doch mit anderen Worten, so daß ein u(nd) derselbe Sinn (bestimmt durch den Glauben, wie er in der liturgischen Feier zum Ausdruck kommt) dem, was die Schrift sagt, u(nd) dem, was jetzt zu sagen ist, innewohnt«[9]. Daher ist die Predigt hinter die Schriftlesung gestellt und beginnt häufig mit einer Wiederholung eines Bibelverses. Deshalb zeigt sie eine paränetische Tendenz, geht über in den Ton der Ermahnung (bzw. Aufforderung), der Drohung oder des Trostes, weshalb sie auch gern als »Wort des Zuspruchs«[10] bezeichnet wird, formuliert Verhaltensregeln und »erbaut«.

Es wäre ein Leichtes zu zeigen, wie aufschlußreich das alles als Hintergrund für des Chrysostomus seelsorgliches Predigen ist. Doch seien stattdessen einige Textbeispiele für »seelsorgliches Predigen« nach Chrysostomus vorgeführt und anschließend kurz besprochen.

II. Exemplarische Texte

1. Seelsorge als ärztliches Tun

a. Aus den Matthäushomilien, hom. 29 (30), 3 (im Anschluß an die Geschichte von der Heilung des Gelähmten, bes. Mt 9,8: PG 57, 362):

»Wenn du ... irgendwo einen Feind der Wahrheit siehst, so heile ihn, pflege ihn, leite ihn an zur Tugend, gib ihm das Beispiel (sittlich) bester Lebensführung, sei unverwerflich in der Rede, erweise ihm Hilfe und Fürsorge, laß nichts unversucht, ihn auf den rechten Weg zu bringen, ahme die besten unter den Ärzten nach. Diese haben ja auch nicht bloß ein einziges Heilverfahren, sondern wenn sie sehen, daß eine Wunde mit dem ersten Mittel nicht zu heilen ist, so wählen sie ein zweites, und nachher ein drittes. Das eine Mal schneiden sie auseinander, ein anderes Mal binden sie zusammen. So sei auch du ein Arzt für die Seelen! Laß kein Heilmittel unversucht, entsprechend den Weisungen Christi, damit du nicht bloß den Lohn für deine eigene Rettung, sondern auch für das, was du anderen Gutes getan, empfängst. Und alles tue zur Ehre Gottes, durch die du dann auch selbst verherrlicht wirst. Denn, sagt der Herr: ›Die mich ehren, die werde auch ich ehren; und die mich verachten, werde auch ich verachten!‹ (1. Sam 2,30).

Tun wir also alles zu seiner Verherrlichung, damit diese Seligpreisung einst an uns sich bewähre; das möge uns allen zuteil werden durch die Gnade und Menschenfreundlichkeit unseres Herrn Jesus Christus, dem Ehre und Macht gebührt in alle Ewigkeit. Amen!«

b. Aus den Homilien über den Philipperbrief, hom. 7 (6), 6 (PG 62, 227):

»Am liebsten würde auch ich von etwas anderem reden ... Allein, was soll ich tun? Mit dem, der fiebert und sich in einer schlimmen Verfassung befindet, läßt sich ja auch nicht vom Himmelreich reden; da muß das Gespräch zuvor um die Herstellung der Gesundheit gehen. Mit dem, der der Strafe verfallen ist, läßt sich ja auch nicht von Auszeichnungen reden; da kommt es zunächst darauf an, daß er von Schuld und Strafe frei werde. Denn solange dies nicht erreicht ist, welchen Sinn könnte es da haben, auf jenes die Rede zu bringen? Deshalb spreche ich ununterbrochen von dem einen, damit wir rasch auf das andere übergehen mögen«.

2. Mit Zwang ist gar nichts zu erreichen

Aus den Matthäushomilien, hom. 55 (56), 1 (im Anschluß an Jesu Einladungsruf Mt 16,24: PG 58):

»Beachte . . . wie sein Wort keinerlei Nötigung enthält. Denn er sagte nicht: Ob ihr wollt oder nicht, ihr müßt dies leiden, sondern: ›Wenn mir jemand nachfolgen will‹. Ich zwinge nicht, ich nötige nicht, ich lasse jeden Herr seiner eigenen Entscheidung sein; deshalb sage ich: ›Wenn jemand will‹. Ich lade ja zu etwas Gutem ein, nicht zu etwas Bösem oder Widerwärtigem, nicht zu Züchtigung und Strafe, so daß ich Zwang anwenden müßte. Die Natur der Sache selbst ist derart, daß sie hinlänglich zu locken vermag. Durch diese Worte übte er nur um so mehr Anziehungskraft aus. Wer Gewalt anwendet, stößt oftmals ab; wer aber den Zuhörer Herr seiner eigenen Entscheidung bleiben läßt, lockt ihn eher an. Pfleglicher Umgang wirkt stärker als Zwang. Deshalb sprach er: ›Wenn jemand will‹. Er will damit sagen: Es sind große Güter, die ich euch anbiete, und sie sind derart, daß man gern danach strebt . . . Denn wenn dir die Sache selbst nicht Beine macht, bist du auch nicht wert, sie zu erlangen, und selbst wenn du sie erlangtest, würdest du sie kaum zu würdigen wissen. Das ist der Grund, weshalb Christus uns nicht nötigt, sondern um uns wirbt; er nimmt eben Rücksicht auf uns, schont unser«.

3. Vom Segen des Bibelstudiums

Aus den Matthäushomilien, hom. 5,1 (PG 57, 55f.):

»Vielfach höre ich Leute sagen: Solange wir (in der Kirche) präsent sind und der Predigt lauschen, sind wir zerknirscht; kaum aber sind wir draußen, so werden wir anderen Sinnes und lassen das Feuer der Begeisterung verlöschen. Was ist dagegen zu tun? Gehen wir der Ursache auf den Grund! Woher kommt es denn, daß wir so unbeständig sind? Das kommt daher, daß wir nicht so leben, wie es sich gehört, und wir mit schlechten Menschen Umgang haben. Wenn wir aus dem Gottesdienst kommen, sollten wir uns eben nicht alsbald wieder in zum Gottesdienst nicht passende Geschäfte stürzen, vielmehr sollten wir, wenn wir nach Hause kommen, sogleich die Hl. Schrift zur Hand nehmen, Frau und Kinder zusammenrufen und mit ihnen, was in der Predigt gesagt wurde, wiederholen und dann erst den zeitlichen Geschäften nachgehen. Wenn du schon nicht gerne aus dem Bade unmittelbar dich auf den Markt begibst, um dir nicht deine Erholung durch geschäftliche Dinge zu verderben, so solltest du das um so weniger tun unmittelbar nach dem Gottesdienst. In der Tat tun wir gerade das Gegenteil, und damit verderben wir alles. Denn noch ehe der Nutzen, den wir aus der Predigt geschöpft, bei uns Wurzeln geschlagen hat, reißt und trägt schon der gewaltige Aufruhr dessen, was von außen her auf uns einstürmt, alles mit sich fort. Damit du dem also entgehst, halte bei deiner Rückkehr aus der Kirche nichts für notwendiger als die Wiederholung der Predigt. Denn es wäre doch äußerst unverständig, fünf oder sechs Tage den weltlichen Geschäften zu widmen, den geistlichen Dingen aber nicht einmal einen einzigen, ja kaum einen kleinen Teil auch nur eines Tages zu gönnen . . .

Damit also das nicht geschehe, machen wir es uns selbst zum unabänderlichen Gesetz, mit unserer Frau und unseren Kindern einen Tag in der Woche, und zwar einen ganzen, dem Anhören der Predigt und deren Wiederholung zu widmen. Auf diese Weise werden wir auch viel mehr Verständnis für die jeweilige Fortsetzung haben; es wird unsere Mühe geringer und unseren Gewinn größer machen, wenn wir das Frühere noch im Gedächtnis haben, während wir bereits das Folgende hören. Denn das hilft nicht wenig zum Verständnis des Gesagten, wenn ihr die Reihenfolge der Gedanken, die wir euch entwickelt haben, genau gegenwärtig habt. Da es nämlich unmöglich ist, sie alle in einem einzigen Tag vorzubringen, so müßt ihr das, was wir in vielen Tagen euch vorgelegt, im Geist zusammenfassen und gleichsam eine Kette daraus bilden, die ihr so um die Seele legt, daß die gesamte Hl. Schrift im Überblick euch vor Augen steht. Rufen wir uns also das Frühere nochmals ins Gedächtnis zurück, und gehen heute so zum Folgenden über . . .«

4. *Die Kraft der Auferstehung ist schon jetzt spürbar oder: Vom Vorbild der Mönche*

Aus den Matthäushomilien, hom. 70 (71), 3 (im Anschluß an Mt 22,31–33: PG 58, 658f.):

»Da es sich so mit der Auferstehung verhält, wohlan, so wollen wir alles tun, daß wir einen Siegespreis dabei erlangen. Und wenn es euch recht ist, will ich euch Leute vor Augen stellen, die schon hienieden, noch vor der Auferstehung, danach trachten und (bereits jetzt) die Früchte (solchen Trachtens) ernten. Wir brauchen nur wieder in die Wüste zu ziehen. Ich komme noch einmal auf dies Gesprächsthema zurück, weil ich sehe, daß ihr mit großer Freude davon reden hört. Wir wollen also auch heute jene geistlichen Truppen betrachten und sehen, wie sie eine Freude genießen, die frei ist von Furcht. Nicht wie Soldaten – hierbei brach ich jüngst meine Rede ab – mit Lanzen, Schilden und Panzern bewaffnet, haben sie ihr Lager bezogen; dennoch kannst du sehen, daß sie ohne Bewaffnung dergleichen verrichten, was Soldaten trotz ihrer Waffen nicht gelingt. Damit du es mit anschauen kannst, komm, reiche mir deine Hand; wir wollen miteinander in diesen Krieg ziehen, um ihren Kämpfen zuzuschauen.«

5. *Christus, im Armen gegenwärtig*

Aus den Matthäushomilien, hom. 50 (51), 2f. (im Anschluß an die Sturmstillungsgeschichte Mt 14,23–36: PG 58, 507f.):

(2) »Berühren also auch wir den Saum seines Kleides (Mt 14,36), oder vielmehr, wenn wir nur wollen, können wir ihn selbst ganz in unserem Besitz haben. Denn auch sein heiliger Leib liegt in diesem Augenblick vor uns; nicht bloß sein Kleid, sondern auch sein Leib; und nicht, damit wir ihn bloß berühren, sondern ihn auch essen und uns mit ihm sättigen. Treten wir also im Glauben herzu, wer immer an einer Krankheit leidet. Wenn schon diejenigen, die nur den Saum seines Kleides

berührten, eine solche Kraft empfingen, um wieviel mehr dann jene, die ihn ganz besitzen? Das gläubige Herzutreten aber ist nicht gleichzusetzen dem bloßen Empfangen dessen, was vor uns liegt, sondern bedeutet, daß wir es auch mit reinem Herzen berühren und in solcher Verfassung sind, als träten wir zu Christus selbst herzu. Was macht es denn, wenn du auch seine Stimme nicht hörst? Du siehst ihn dafür vor dir liegen; ja du hörst sogar auch seine Stimme, spricht er doch durch die Evangelisten.

(3) Glaubt also, daß es auch jetzt das gleiche Mahl ist, an dem er selber zugegen war. Denn jenes ist von diesem in nichts unterschieden. Es ist nicht etwa so, als werde dieses von Menschen bereitet, jenes aber von ihm selber hergerichtet; vielmehr bereitet er selbst sowohl dieses wie jenes. Wenn du also siehst, wie der Priester dir (Leib und Blut) austeilt, so denke nicht, daß es der Priester sei, der dies tut, sondern daß dir Christi Hand entgegengestreckt wird. Wenn du getauft wirst, ist es ja auch nicht der Priester, der dich tauft, sondern Gott ist es, der mit unsichtbarer Macht dein Haupt hält; kein Engel und kein Erzengel noch sonst jemand wagt es, hinzuzutreten und dich zu berühren. Gerade so ist es auch hier ... Hören wir es also, Priester und Laien, wessen wir gewürdigt worden sind; hören wir es und erschaudern wir! Christus hat uns verliehen, uns mit seinem heiligen Fleisch zu sättigen; sich selbst hat er als Schlachtopfer hingegeben! Wie können wir uns also rechtfertigen, wenn wir trotz dieser erhabenen Speise doch so viele und so schwere Sünden begehen? Wenn wir das Lamm essen und zu Wölfen werden? Wenn wir vom Lamm uns nähren und dann gleich Löwen zu rauben anfangen? Dies Geheimnis verlangt ja, daß wir uns nicht bloß von Raub, sondern auch von bloßer Feindschaft vollkommen freihalten. Dies Geheimnis ist eben ein Geheimnis des Friedens; es verträgt sich nicht damit, daß man (auf unrechte Weise) dem Reichtum nachjage. Wenn Christus selbst sich um unseretwillen nicht schonte, was verdienen wir dann, wenn wir – auf unser Geld achten und um unsere Seele uns nicht kümmern, um derentwillen er seiner selbst nicht schonte? Den Juden hat Gott zur Erinnerung an die Wohltaten, die sie empfingen, ihre jährlichen Feste vorgeschrieben; dir hat er es sozusagen täglich durch diese Geheimnisse anbefohlen. Schäme dich also des Kreuzes nicht; das ist unsere Ehre, das unser Geheimnis; dieses Geschenk ist unser Schmuck und unsere Zierde. Wenn ich sage, Gott hat das Himmelszelt gespannt, hat die Erde und das Meer gebildet, hat die Propheten gesandt, so sage ich nichts, was dem gleich käme. Das ist eben die höchste aller Gaben, daß er seines eigenen Sohnes nicht schonte, um seine verirrten Knechte zu retten. – Kein Judas möge also diesem Tisch sich nahen, kein Simon (Magus); diese sind ja beide wegen ihrer Habsucht zugrunde gegangen (vgl. Apg 8,9–24).

Fliehen wir also diesen Abgrund und glauben nicht, es genüge zu unserem Heil, einen goldenen, mit Edelsteinen besetzten Kelch für den Altar zu opfern, nachdem wir zuvor Witwen und Waisen beraubt haben. Wenn du das Opfer ehren willst, so opfere deine eigene Seele, um derentwillen (das Opferlamm) geschlachtet wurde; sie soll aus Gold sein. Wenn sie dagegen wertloser ist als Blei und Scherben, während der Kelch (den du spendest) aus Gold ist, welchen Nutzen hast du dann davon? Achten wir also nicht bloß darauf, daß wir goldene Gefäße spenden, sondern daß wir sie auch mit ehrlichem Verdienst bezahlt haben. Das ist noch mehr wert als Gold, daß kein ungerechtes Gut dabei im Spiel ist. Die Kirche ist ja kein Gold- oder Silberladen, sondern ein Lobpreis der Engel. Dazu kommt es auf unsere Seelen an; denn nur der Seelen wegen nimmt Gott solche (goldenen) Gefäße überhaupt an. – Jener Tisch (beim Abendmahl) war ja damals auch nicht aus Silber und der Kelch nicht aus Gold, aus dem Christus seinen Jüngern sein eigenes Blut reichte; dennoch war alles kostbar und schaudererregend, weil es eben voll des Hl. Geistes war.

Willst du also Christi Leib ehren? Geh nicht an ihm vorüber, wenn du ihn nackt siehst; ehre ihn nicht (hier in der Kirche) mit seidenen Gewändern, während du dich draußen auf der Straße nicht um ihn scherst, wo er vor Kälte und Blöße zugrunde geht! Derselbe, der da gesagt hat: ›Dies ist mein Leib‹ (Mt 26,26), und durch das Wort die Tatsache bekräftigte, der hat auch gesagt: ›Ihr habt mich hungern sehen und habt mich nicht genährt‹ (Mt 25,42), und: ›Was ihr einem von diesen Geringsten nicht getan habt, das habt ihr mir auch nicht getan‹ (Mt 25,45). Dazu bedarf es ja keiner (seidenen) Decken, wohl aber einer reinen Seele; jenes dagegen bedarf vieler Sorgfalt.

Lernen wir also, weise zu sein und Christus so zu ehren, wie er selbst geehrt sein will. Dem Geehrten ist die Ehrenbezeugung am liebsten, die er selber wünscht, nicht die, die wir dafür halten. Auch Petrus glaubte ihn dadurch zu ehren, daß er ihn hindern wollte, seine Füße zu waschen (Joh 13,6–10); gleichwohl war es kein Ehrenerweis, was er tat, sondern das Gegenteil. So erweise auch du ihm die Ehre, die er selbst verlangt hat, und benutze deinen Reichtum zugunsten der Armen. Gott braucht keine goldenen Kelche, sondern goldene Seelen«.

6. *Der Seelsorger als Liebender*

Aus den Römerbriefhomilien, hom. 33 (32), 2–4 (PG 60, 678–682):

(2) »›Die Gnade unseres Herrn Jesu Christi sei mit euch. Amen‹. Siehst du, von wo aus alles anfangen und wo es enden soll? Der Apostel hat von hier aus den Grund gelegt zu seinem Brief, und von hier aus hat er ihm das Dach aufgesetzt, indem er die Quelle aller Güter auf sie (die Römer) herabflehte und zugleich das ganze Ausmaß der (göttlichen) Wohltat ihnen in Erinnerung rief . . .

Wer wird nun für uns beten, nachdem Paulus von hinnen schied? Als die Nachahmer des Paulus wollen wir einzig darauf bedacht sein, wie wir solcher Fürsprache uns als würdig erzeigen, damit wir nicht allein auf Erden die Stimme des Paulus hören, sondern auch nach unserem Hinscheiden gewürdigt werden, den Kämpfer für Christus in der anderen Welt zu schauen . . . Denn wenn er schon auf Erden eine solche Liebe zu den Menschen empfand, daß er, vor die Wahl gestellt, ›aus der Welt zu scheiden und bei Christus zu sein‹ (Phil 1,23), auf der Erde zu bleiben vorzog, wieviel brennender wird seine Liebe sein, die er dort spüren läßt.

Deswegen liebe ich auch (die Stadt) Rom so sehr. Obwohl ich auch andere Gründe wüßte, sie zu preisen . . ., will ich das alles doch beiseite lassen und sie deswegen preisen, weil er (Paulus) zu seinen Lebzeiten den Römern geschrieben, weil er sie so sehr geliebt, bei ihnen geweilt, mit ihnen gesprochen und in ihrer Stadt sein Leben beschlossen hat. Deswegen ist diese Stadt auch berühmter als um aller ihrer übrigen Vorzüge willen; wie ein großer, starker Leib hat sie zwei leuchtende Augen, die Leiber dieser beiden Heiligen (Petrus und Paulus) . . . Von hier wird Paulus, von hier Petrus entrückt werden. Bedenkt und erschaudert, welches Schauspiels Rom Zeuge wird, Paulus plötzlich auferstehend aus jenem Grabe an der Seite des Petrus und (in den Himmel) entrückt, daß er dem Herrn begegne! Welche Rose ist's, die Rom Christus überreicht, welch herrliches Doppelkranzgewinde, das diese Stadt um ihre Stirn trägt, welch prächtige Goldketten umschlingen sie, welch reiche Quellen sind in ihrem Besitz. Deswegen bestaune ich diese Stadt; nicht wegen ihres überreichen Besitzes an Gold, der Säulenreihen oder sonstigen Prunks, sondern um dieser (zwei) Säulen der Kirche willen.

(3) Wäre es mir doch in diesem Augenblick vergönnt, den Leib des Paulus zu umfangen, an sein Grab mich zu schmiegen, den Staub jenes Leibes zu schauen, welcher ›erstattete, was (an den Leiden) Christi noch fehlt‹ (Kol 1,24), der ›die Malzeichen‹ trug (Gal 6,17), der allenthalben den Verkündigungssamen ausstreute! Den Staub jenes Leibes, mit dem Paulus überall hin unterwegs war, den Staub des Mundes, durch den Christus sprach, aus dem ein Licht erstrahlte, heller als jeder Blitz, und eine Stimme erscholl, den Dämonen schrecklicher als jeder Donner, aus welchem jenes Wort ertönte, für das man Paulus nur seligpreisen kann: ›Ich wünschte, um meiner Brüder willen verflucht zu sein‹. (Es ist der Mund auch), mit welchem er ohne Scheu vor Königen sprach, durch welchen wir Paulus kennengelernt haben und eben damit auch seinen Herrn! Uns schreckt der Donner nicht so sehr, wie jene Stimme die Dämonen. Wenn ihnen schon vor seinen Kleidern schauderte, wieviel mehr vor seiner Stimme! Diese war es, die sie gefangen wegführte, diese hat den Erdkreis reingefegt, die Krankheiten gebannt, die Bosheit vertrieben, die Wahrheit wieder auf den Leuchter gestellt. Christus war es, den sie in sich trug und mit dem sie überall hinging. Ja (wirklich), wozu einst die Cheruben dienten, eben das leistete die Stimme des Paulus. Wie nämlich (der Herr der Heerscharen) auf jenen Mächten thronte (1. Sam 4,4 u.ö.), so (Christus) auf der Zunge des Paulus. Und sie war würdig, Christi Thron zu sein, sprach sie doch einzig, was Christus lieb war, und erhob sich wie die Seraphim in unaussprechliche Höhen. Was ist erhabener als jenes Wort, das sie gesprochen: ›Ich bin gewiß, daß weder Engel noch Mächte noch Gewalten, weder Gegenwärtiges noch Zukünftiges, weder Hohes noch Tiefes noch eine andere Kreatur uns scheiden kann von der Liebe Gottes, die in Christus Jesus ist‹. Über welche gewaltigen Schwingen verfügt m.E. diese Stimme? Über welch durchdringenden Blick? Sagte er doch darum: ›Uns ist wohl bewußt, was er (Satan) im Sinn hat‹ (2. Kor 2,11). Darum flohen die Dämonen, nicht nur wenn sie ihn reden hörten, sondern auch wenn sie auch nur von weitem sein Gewand erblickten. Ja, sehen

möchte ich den Staub dieses Mundes, durch welchen Christus Großes und Unaussprechliches sprach, Größeres als durch seinen eigenen. Denn wie er mittels der Jünger Größeres bewirkte (vgl. Joh 14,12), so redete er auch Gewaltigeres (durch sie). (Es ist der Mund), durch welchen der Geist der ganzen Ökumene solch wunderbare Orakelsprüche zuteil werden ließ. Was hat dieser Mund nicht alles Gutes bewirkt? Er hat Dämonen vertrieben, von Sündenschuld freigesprochen, Gewalthaber verstummen lassen, Philosophen die Rede verschlagen, die bewohnte Erde zu Gott geführt, Barbaren zu Philosophen werden lassen, alles auf Erden in die rechte Ordnung gebracht. Aber auch im Himmel hat er nach Gutdünken geschaltet, gebunden, wen immer er wollte, und von Banden gelöst entsprechend der ihm verliehenen Gewalt.

Aber nicht allein den Staub seines Mundes, sondern auch seines Herzens möchte ich sehen, das man mit vollem Recht das Herz des Erdkreises nennen könnte ... So weit war dieses Herz, daß es ganzen Städten, Völkern und Nationen Raum gab. ›Mein Herz hat sich nämlich‹, wie er sagte, ›geweitet‹ (2. Kor 6,11). Und doch hat dieses Herz die(selbe) Liebe, die es geweitet, oft genug auch zusammengepreßt und beklemmt. ›Ich schrieb euch‹, sagt er (an anderer Stelle), ›aus großer Drangsal und Beklemmung des Herzens‹ (ebenda 2,4). Jenes (in Staub) aufgelöste Herz verlangt mich zu sehen, welches darauf brannte, für einen jeden, der in Gefahr war, zugrunde zu gehen, das die zur Fehlgeburt gebrachten Säuglinge (vgl. ApkPetr, Fragm. 2) ein zweites Mal gebar (Gal 4,19), das jetzt Gott anschaut. ›Die reinen Herzens sind‹, heißt es ja, ›werden Gott schauen‹ (Mt 5,8). (Jenes) zum Opfer gewordene (Herz möchte ich schauen); denn ›ein geängsteter Geist ist ein Opfer für Gott‹ (Ps 51,19) ... (Jenes Herz möchte ich sehen), das das neue Leben lebte, nicht so eins wie wir; denn ›ich lebe‹, heißt es, ›doch nun nicht ich, sondern Christus lebt in mir‹ (Gal 2,20). Also Christi Herz war das Herz des Paulus und eine Schreibtafel des Hl. Geistes, ein Buch der Gnade. Es erzitterte um der Sünden anderer willen. Sagt er doch: ›Ich fürchte für euch, daß ich vielleicht vergeblich an euch gearbeitet habe‹ (ebenda 4,11), ›daß (euch) die Schlange verführt wie Eva‹ (2. Kor 11,3), ›daß, wenn ich komme, ich euch nicht so finde, wie ich möchte‹ (ebenda 12,20). (Jenes Herz möchte ich sehen), das für sich selbst zwischen Furcht und Zuversicht schwebte; heißt es doch: ich fürchte, ›anderen zu predigen und selbst verwerflich zu werden‹ (1. Kor 9,27), (andererseits) wiederum: ›Ich bin gewiß, daß weder Engel noch Mächte uns scheiden können‹ (Röm 8,38). Jenes Herz, das gewürdigt ward, Christus zu lieben, wie ihn kein anderer liebte, das Tod und Hölle verachtete und bei den Tränen der Brüder zerfloß. ›Was macht ihr‹, sagte er (Paulus), ›daß ihr weint und brecht mir mein Herz?‹ (Apg 21,13). (Jenes) so einzigartig starkmütige (Herz möchte ich sehen), das es (doch) nicht ertrug, für kurze Zeit von den Thessalonichern entfernt zu sein (1. Thess 3,5).

(4) Ich wünschte mir, den Staub jener Hände zu sehen, die in Ketten gelegt wurden, durch deren Auflegung der Geist verliehen ward, welche diesen Brief (den Römerbrief) niederschrieben. ›Seht, mit wie großen Buchstaben ich euch schreibe mit eigener Hand!‹ (Gal 6,11); und wiederum: ›Hier mein, des Paulus,

eigenhändiger Gruß‹ (1. Kor 16,21). (Den Staub) jener Hände (möchte ich sehen), bei deren Anblick die Natter ins Feuer fiel (vgl. Apg 28,3–5).

Ich wünschte mir, den Staub jener Augen zu sehen, die zu ihrem Glück geblendet wurden, dann aber auf das Heil der Welt schauten und gewürdigt wurden, Christus leibhaftig zu sehen, die Irdisches sahen und doch nicht sahen, die Unsichtbares schauten, keinen Schlaf kannten, selbst um Mitternacht wachten, keiner Augenlust erlagen.

Ich wünschte auch den Staub jener Füße zu sehen, die den Erdkreis durchliefen und nicht ermatteten, die im Holzpflock eingespannt lagen, als der Kerker erbebte (vgl. Apg 16,24–26), die bewohnte und unbewohnte Gegenden durcheilten und so oft unterwegs waren.

Was soll ich jedoch alle Körperteile einzeln aufzählen? Ich wünschte mir, das Grab zu sehen, wo die Waffen der Gerechtigkeit bestattet liegen, die Waffen des Lichts, die Glieder, die nun leben, als er lebte jedoch abgetötet waren, in welchen allen Christus lebte, die der Welt gekreuzigt waren, die Glieder Christi, die Christus angezogen hatten, Tempel des Hl. Geistes (1. Kor 6,19), heiliges Bauwerk, (Glieder), die gebunden waren durch den Hl. Geist (vgl. Apg 20,22), angenagelt waren durch die Furcht Gottes und die Malzeichen Christi an sich trugen (vgl. Gal 6,17). Dieser Leib umringt jene Stadt (Rom) wie eine Mauer, der mehr Sicherheit verleiht als jeder Turm und tausend Bollwerke. Und an seiner Seite der Leib des Petrus. Ihn ehrte Paulus, als er (Petrus) noch lebte: ›Ich zog nämlich hinauf (nach Jerusalem), um Kephas kennenzulernen‹ (Gal 1,18). Darum verlieh ihm auch die Gnade, nach seinem Hinscheiden mit Petrus denselben Grabplatz zu teilen ...

Das alles wollen wir bedenken und tapfer standhalten! Auch Paulus war ein Mensch, hatte Teil an derselben Natur wie wir und hatte mit uns auch alles andere gemeinsam. Weil er aber eine große Liebe zu Christus bewies, darum überstieg er (noch) die Himmel und nahm seinen Platz unter den Engeln ein. Wir werden diesem Heiligen nachzueifern vermögen, wenn wir uns auch (nur) ein wenig aufraffen und jenes Feuer (der Liebe) in uns entfachen wollten. Wäre dies unmöglich, so hätte er uns nicht zugerufen: ›Folgt meinem Beispiel, wie ich dem Beispiel Christi!‹ (1. Kor 11,1). So wollen wir ihn denn nicht bloß anstaunen und von ihm hingerissen sein, sondern ihn auch nachahmen, damit wir nach unserem Tode gewürdigt werden, ihn zu schauen und an seiner unaussprechlichen Herrlichkeit teilzuhaben! Dieser mögen wir alle gewürdigt werden durch die Gnade und Liebe unseres Herrn Jesus Christus, mit welchem die Herrlichkeit, die Kraft und die Ehre dem Vater zugleich mit dem Hl. Geist sei, jetzt und immerdar, und von Ewigkeit zu Ewigkeit. Amen«.

III. Wirkung

Es ist wohl aus dem einleitend Gesagten bereits deutlich geworden, daß bei Chrysostomus (wie weithin auch bereits in seiner Tradition) eine

Grundaffinität zwischen Predigt und Seelsorge besteht. Das geht so weit, daß, wie wir sahen, »Wort des Zuspruchs« regelrecht als terminus technicus für Predigt überhaupt erscheint. Nicht zuletzt das Homiletische an den christlichen »Homilien«, ihr Gesprächscharakter, der sie mit dem einfachen und familiären »Umgang« (das bedeutet ja das griechische Verb, von dem das Substantiv »Homilie« abgeleitet ist) in den Philosophenschulen, auch begrifflich, verbindet, steckt voller »seelsorglicher« Möglichkeiten.

Was aber heißt genauer »Seelsorge« für und bei Chrysostomus? Man kann hier natürlich nicht das Stichwort selbst zum Leitfaden nehmen, da es, weil sehr viel jünger, in einem antiken Text noch nicht begegnen kann. Wohl aber finden sich bei Chrysostomus in Fülle ältere Entsprechungen wie: füreinander Sorge tragen, einander zum Hirten, Lehrer oder Arzt werden. Dazu liefert unser erster Text (1a) ein Beispiel. Er entstammt den (relativ frühen) Matthäushomilien des Chrysostomus, gehalten in seiner Zeit als antiochenischer Presbyter. Angeredet sind, wie man sogleich bemerkt, keineswegs nur berufsmäßige »Seelsorger«.

Die Arztmetaphorik begegnet bei Chrysostomus immer wieder in unserem Zusammenhang. Es kann keine Rede davon sein, daß sich der Prediger darum risse, die Ärmel hochzukrempeln und seine Hände mit Blut und Eiter zu beschmieren. Aber kann er sich dieser unangenehmen Aufgabe, anderen gelegentlich Schmerzen zuzufügen wie der Arzt bei der Operation, entziehen (Text 1b)?

Chrysostomus ist sich dessen vollkommen bewußt, daß mit Gewalt und Zwang in der Seelsorge überhaupt nichts zu erreichen ist. Das kommt etwa in seiner (auch im Pietismus viel beachteten) Schrift »Über das Priestertum« (De sacerdotio), Buch VI, Kap. 3, zum Ausdruck. Nur Freiwilligkeit ist hier von Nutzen und Segen, wie Chrysostomus in unserem dritten Textbeispiel (2) eindrucksvoll klarzumachen versteht.

Eines der Kernprobleme, mit dem wir Chrysostomus – vor allem in Antiochien – beharrlich ringen sehen, ist die Tatsache, daß es dort selbst gegen Ende des 4. Jahrhunderts noch immer kaum gelungen war, die Menge der Taufbewerber im Gefolge von Konstantins Machtübernahme auch im Osten des Reiches (im Jahre 324) voll zu integrieren, zumal die großkirchliche Gemeinde Antiochiens von inneren Wirren zerrissen und während der Regentschaft des »arianisch« gesinnten Kaisers Valens (im Kampf gegen die Goten gefallen 378) überdies jahrelang ihrer Kirchen und ihres Bischofs beraubt war. So zählte sich zur Zeit des Chrysostomus wohl die Mehrheit der antiochenischen Bevölkerung nominell zur christlichen Kirche. Das bedeutete aber mitnichten, daß alle Christen Antiochiens die Brücken zu ihrer Vergangenheit auch wirklich abgebrochen und auch nur eine Ahnung davon besessen hätten, was das sein und heißen möchte: authentisches Christsein!

Hier nun sehen wir Chrysostomus unermüdlich raten, warnen, locken. Sein Hauptinstrument ist es, die Bibel bekannt und lieb zu machen. Er ist, wie A. v. Harnack völlig zu Recht festgestellt hat, der eigentliche Bibelmann der Alten Kirche gewesen. Dem dienen ja auch seine zahlreichen Predigten. Dem dient zum andern sein Bemühen um häusliches Schriftstudium, um Hauspriestertum, wofür der nächste Text (3) nur ein Beleg unter vielen ist.

Die zweite Hauptwaffe, besonders in seinem Ringen um die Antiochener, ist das Vorbild der Mönche, das er ihnen immer wieder vor Augen hält. Da Chrysostomus – ganz entsprechend den Ratschlägen Augustins (s.o.) – wohl über ein Konzept und eine Struktur für seine Predigt verfügte, im übrigen aber – in der Regel zumindest – frei sprach, also extemporierte, so daß er auf Zustimmung wie Kritik aus seiner Gemeinde sensibel zu reagieren vermochte (seine Stenographen haben das alles getreulich festgehalten!), ist es schon einigermaßen beweiskräftig, daß wir von Vorbehalten oder gar Unmut seitens der Hörerinnen und Hörer in dieser Hinsicht und in diesem Falle nie etwas hören. Im Gegenteil scheint es, als habe sich sein Predigtpublikum gar nicht genug darauf ansprechen lassen können (Text 4). Verständlich ist diese Einstellung nicht nur von daher, daß es sich beim Aufblühen des Mönchtums zur Zeit des Chrysostomus um etwas noch relativ Neues handelte. Vielmehr wird die eingangs skizzierte Konzeption des Verhältnisses von Mönchtum und Kirche den Hörern des Chrysostomus wohlgetan haben, weil sie ihnen die Vision von Eindeutigkeit, von Verbindlichkeit, von Authentie vermittelte, ohne sie zwangsläufig aus der »Welt« herauszuführen!

Das andere Hauptproblem, mit dem Chrysostomus lebenslang als Presbyter, wie später als Bischof der Reichshauptstadt gerungen hat, war das der Polarisierung von Armut und Reichtum, die ihm völlig unerträglich war. Bis auf die Kanzel verfolgten ihn die oft fürchterlichen Bilder und Szenen, die sich ihm boten, sobald er das Kirchenportal durchschritt (wo sich zur Gottesdienstzeit die Bettelarmut und das Elend zu konzentrieren pflegten). Diese Polarisierung hing noch immer mit der vielerörterten »Krise des 3. Jahrhunderts« n.Chr. zusammen, welche nahezu alle Bereiche des öffentlichen und privaten Lebens beeinflußt hatte. In der Zwischenzeit konnte wohl hie und da von einer Erholung gesprochen werden. Aber diese Erholung führte weniger zur Bekämpfung der schlimmsten Armut als – selbst unter getauften Christen – zum Wiederaufleben von Prunksucht und des typisch antiken »monumentalen Euergetismus« (im Sinne des Prinzips: Gutes tun und ja laut davon reden. Und was gäbe es für ein lauteres und dauerhafteres Selbstlob als die Verewigung in Marmorbauten oder – nun gegenüber der »siegreichen« Kirche – in Mosaikschmuck und kostbarem Altargerät!). Chrysostomus hat es meist im guten versucht, die Gemeindeglieder innerlich von der Habsucht zu lösen und zu einem »Almosen«, das diesen Namen verdient (A. kommt ja von dem griechischen Wort für »Erbarmen«), willig zu machen. Sein wichtigstes und wirksamstes Argument war stets, daß wir im Armen Christus begegnen (Text 5).

Chrysostomus hat freilich gelegentlich auch ganz andere Töne anschlagen und beispielsweise reichen Konstantinopler Frauen, die nicht von ihrer unsinnigen Prunksucht lassen und auf ihr goldenes Nachtgeschirr und ihre Klunkern verzichten mochten, mit dem Ausschluß aus der Kirchengemeinschaft drohen können (Kolosserbriefhomilien, hom. 7, 5: PG 62, 349–352). Das hat man ihm natürlich schwer übel genommen.

Chrysostomus hat seinen Gemeindegliedern nichts geschenkt und vor Widerständen (und eigenen Insuffizienzgefühlen) nicht kapituliert. Gleichwohl haben ihn seine Gemeinden, soweit wir das noch feststellen können, geliebt; davon ist eingangs bereits andeutungsweise die Rede gewesen. Fragt man, woran das liege, so fallen mir hauptsächlich drei Antworten ein: 1. Chrysostomus gehörte zu der Art von Predigern und Seelsorgern, denen man abspürte, daß sie nicht zuletzt sich selbst (Dativ!) predigten. 2. Die Antiochener haben ihm gewiß nie vergessen, wie er ihnen im Frühjahr 387 seelsorgerlichen Beistand leistete. Aus Anlaß einer Steuererhöhung hatte das Volk von Antiochien in einem plötzlichen Tumult die kaiserlichen Bildsäulen gestürzt und geschändet, und eine furchtbare Strafe (des als jähzornig geltenden Kaisers Theodosius) stand zu erwarten. Die ganze Stadt, in der einzelne Hinrichtungen bereits begannen, »war von lähmendem Entsetzen gepackt und glich ›einem verlassenen Bienenkorb‹ (hom. de stat. 2,1). Chrysostomus besuchte die Gefangenen, ging persönlich zum Kommandanten und versuchte in seinen Predigten die Gemeinde auf alle Fälle zu rüsten und aufzurichten« (H. v.Campenhausen), nicht zuletzt dadurch, daß er sie zu wahrer Bußgesinnung zu erwecken trachtete – in diesem Zusammenhang gehören seine berühmtesten Gelegenheitsreden, die 21 »Säulenhomilien an das Volk von Antiochien« (PG 49,15–222). Der Konstantinopler Bevölkerung aber machte bleibenden Eindruck, daß sich Chrysostomus bei vielen Gelegenheiten weniger als »Hofbischof« denn als echter »Mann des Volkes« erwiesen hatte. 3. Chrysostomus, so scheint es mir, war – weit über seine Lebenszeit hinaus – so überaus beliebt, weil er sich selbst als ein großer Liebender zu erkennen gab; das letzte Textbeispiel (6) lehrt dies zur Genüge.

Anmerkungen

1 Homilien über den 1. Korintherbrief, hom. 25 (PG 61, 208); vgl. auch ebenda, hom. 36 (311).
2 Über das Priestertum, Buch VI, Kap. 10 (PG 48, 686).
3 Römerbriefhomilien, hom. 27 (26: PG 60, 644).
4 Vgl. u.a. Matthäushomilien, hom. 77 (78), 5.6 (PG 58, 708–710); Homilien über den 1. Korintherbrief, hom. 25 (PG 61, 209–212); Homilien über den Titusbrief, hom. 6 (PG 62, 698).
5 Homilien über den Hebräerbrief, hom. 7 (PG 63, 67f.).
6 Lk 24,14f.
7 Vgl. Justin, dial. 28.85; Theophilos von Antiochien, Ad Autol. 2, 1.
8 Vgl. Xenophon, Memorabilien 1, 2, 6.12.15.48; zum Ganzen den Artikel »Homilie« von M. Sachot, RAC 16, 1991ff., 148–175; ferner K. Berger, Antike Rhetorik und christliche Homiletik, in: Spätantike und Christentum. Beiträge zur Religions- und Geistesgeschichte, hg. v. C. Colpe u.a., Berlin 1992, 173–187.
9 M. Sachot (s. vorige Anm.), 148f.
10 Vgl. Apg 13,15.

Literatur

Chr. Baur, Der heilige Johannes Chrysostomus und seine Zeit, Bd. I/II, München 1929/1930.

H. v.Campenhausen, Griechische Kirchenväter, 7. Aufl. Suttgart 1986, 11. Kapitel (hieraus stammen die Zitate).

P. Rentinck, La cura pastorale in Antiochia nel IV seculo, Rom 1970 (vgl. dazu ZKG 84, 1973, S. 324f.).

A.M. Ritter, Charisma im Verständnis des Joannes Chrysostomos und seiner Zeit. Ein Beitrag zur Erforschung der griechisch-orientialischen Ekklesiologie in der Frühzeit der Reichskirche, Göttingen 1972.

Derselbe, Zwischen »Gottesherrschaft« und »einfachem Leben«. Dio Chrysostomus, Johannes Chrysostomus und das Problem einer Humanisierung der Gesellschaft, JAC 31, 1988, S. 127–143.

R.A. Krupp, Shepherding the Flock of God. The Pastoral Theology of John Chrysostom, New York usw. 1991 (= American University Studies, Ser. VII, 101).

Ambrosius von Mailand

Christoph Jacob

I. Biographie

Ambrosius (339–397) hätte 374 eigentlich nicht Bischof von Mailand werden dürfen, denn nach dem 325 in Nizäa kirchenrechtlich festgeschriebenen Brauch soll kein Ungetaufter zum Bischof gewählt und kein Neugetaufter dazu geweiht werden. Vor dem Hintergrund der damaligen christologischen Auseinandersetzungen war diese Bischofswahl besonders wichtig, weil damit die grundsätzliche Ausrichtung der Kirchenpolitik in Mailand und darüber hinaus festgelegt wurde. Die außergewöhnliche Entscheidung für einen Mann, der als der für die öffentliche Ordnung zuständige Beamte die Gemüter beruhigen wollte (Vita Ambr. 6), mag mit der Bedeutung Mailands für die westlichen Kaiser zusammenhängen. Daß aber gerade Ambrosius zum Bischof der Stadt gewählt wurde, gibt nicht nur Aufschluß über die Charaktereigenschaften dieses Mannes oder seine Loyalität gegenüber dem religionspolitisch neutralen Kaiser Valentinian I. Ein paar Jahrzehnte später wäre die Wahl eines noch nicht Getauften zum Metropoliten unvorstellbar gewesen. Diese Bischofswahl eines Katechumenen ist es, die hier zunächst zu denken geben muß.

Was ist daraus für die Struktur der Gemeinden in der zweiten Hälfte des vierten Jahrhunderts zu entnehmen? Man weiß, daß Ambrosius auf eine christliche Familientradition zurückblicken konnte. Auch die Situation seiner Geschwister gibt darüber Auskunft: Seine Schwester Marcellina gehörte seit den fünfziger Jahren dem Stand der gottgeweihten Jungfrauen an, sein Bruder Satyrus dagegen war – obwohl im Auftrag des Ambrosius unterwegs – noch immer nicht getauft, und das trotz der Ge-

Ambrosius von Mailand

fahren, die eine Seereise zu dieser Zeit mit sich brachte (Exc.fratr. 1,43). In dieser Hinsicht stellte die Familie des Bischofs von Mailand keine Ausnahme dar; die Aufschiebung der Taufe bis ins höhere Alter ist aus vornehmen und weniger vornehmen Familien dieser Zeit bekannt. Wegen der Überzeugung von der vollständigen Sündenvergebung beim Empfang der Initiationssakramente wartete man damit möglichst lange. Wie mag aber ein gewöhnlicher Sonntagsgottesdienst ausgesehen haben, wenn ein Großteil der Gemeinde zum Ende der Wortverkündigung die Kirche verlassen mußte? Für Mailand ist bezeugt, daß die Mysterien nur von denen gefeiert werden durften, die bereits in die christlichen Geheimnisse eingeweiht waren und den Prozeß der sakramentalen Initiation mit den entsprechenden Katechesen durchlaufen hatten (vgl. z. B. De myst. 1,2; Epist. 67[80],6; Hel. 10,33f.). Wie war es möglich, einer solchen Gemeinde die Bibel auszulegen? Eine zentrale Aufgabe des Seelsorgers bestand ja gerade darin, die nicht geringe Zahl der noch Uneingeweihten zum Empfang der Sakramente aufzufordern und gleichzeitig die Getauften zu einem nachahmenswerten Leben aus dem Glauben anzuleiten.

Ambrosius, der auf keine gediegene theologische Ausbildung zurückgreifen konnte und »lehren mußte, bevor er selbst gelernt hatte« (De off. I 1,4), wünschte sich als junger Bischof vor allem anderen »Fleiß und Eifer in Sachen der Heiligen Schrift« (De off. I 1,3). Genau diese Fähigkeit, die Bibel nach ihrem geistigen Sinn, der allein lebendig macht (2. Kor 3,6), auszulegen, wird ihm von Augustinus bescheinigt (Conf. VI 4,6). Dieser junge Intellektuelle, der als Rhetorikprofessor Mitte der achtziger Jahre lediglich die formalen Aspekte der ambrosianischen Ansprachen studieren wollte, wurde so in ihren Bann gezogen, daß dadurch seine endgültige Entscheidung für den christlichen Glauben 386 vorbereitet wurde. Rückblickend wird er sagen: »Ich bin nach Mailand zum Bischof Ambrosius gekommen, der bekannt war auf der ganzen Erde als einer der Besten« (Conf. V 13,23). Und wie Augustinus wird so manch anderem mit der Wertschätzung der ambrosianischen Rhetorik der Inhalt des christlichen Glaubens ins Herz gedrungen sein. Wie erreichte Ambrosius es, Zuhörern, die wie Augustinus Schwierigkeiten mit dem Wortsinn der Hl. Schrift hatten (Conf. V 14,24), die Bibel so auszulegen, daß sie sich davon persönlich betroffen und angesprochen fühlen konnten? Ambrosius, dessen Ausbildung von dem einflußreichen Petronius Probus gefördert wurde, beherrschte mit der rhetorischen Allegorie eine Redeweise, die es ihm erlaubte, mehr zum Ausdruck zu bringen, als er direkt sagte. Man mag deren Sinn und Bedeutung heute in Frage stellen; zur Zeit des Ambrosius eignete sie sich hervorragend für die Predigt vor einer Gemeinde, die nur zum Teil in die christlichen Mysterien initiiert war. Während Ambrosius z. B. in seiner Auslegung der Perikope von der Auferweckung der Tochter des Synagogenvorstehers (Lk 8,54–56) von der Einführung in das Gemach des Bräutigams (Hld 1,4) und dem Gastmahl der Weisheit (Spr 9,5) sprach, mochten die einen darin eine mehr oder weniger geglückte Nacherzählung der neutestamentlichen Wundergeschichte sehen; den Getauften dürfte aber kaum entgangen sein, daß Ambrosius hier auf die christliche Initiation anspielt, in der die sakramentale Auferweckung in der Taufe (Röm 6,4) geschieht und das Brot vom Himmel (Joh 6,50f.) auf die erste Eucharistiefeier in der Gemeinde verweist (Expos.Evang.Luc. VI, 63)[1]. Wer den Bischof von Mailand verstehen und sich ein Urteil über sein Reden und Denken erlauben will, muß diese Dimension seiner Allegorese mit erfassen.

Ambrosius hat diese Form der Bibelauslegung östlichen jüdischen und christlichen Autoren nachempfunden und in der Hl. Schrift die Kirche seiner Zeit mit ihren aktuellen, vor allem soteriologischen und ekklesiologischen Fragen wiedergefunden; er war weniger am historischen als am allegorischen, mystischen Sinn der Bibel, an ihrer Bedeutung »für uns« hier und heute interessiert und betrieb nicht so sehr Exegese wie methodische Eisegese. So sah er z. B. in der Vergewaltigung (Gen 34) einer Israelitin durch einen Nicht-Israeliten, in Ehebruch (2. Sam 11) und Heirat (Ri 14) eines Israeliten mit jemandem, der nicht dem auserwählten Volk Gottes angehört, ein Mysterium, einen Typus der Heidenkirche im Alten Bund, weil die Gestalt der Kirche ex gentibus hier in Erscheinung trete. Historisch ist diese Interpretation freilich nicht nachzuvollziehen, und der exegetisch Sensibilisierte unserer Zeit wird mit solch einer Deutung gewiß seine Schwierigkeiten haben. Aber es wäre zu einfach, Ambrosius (und anderen Kirchenvätern) Willkür zu unterstellen oder zu behaupten, sie hätten mit ihrer allegorischen Interpretation die Peinlichkeiten des Alten Testaments vergessen machen wollen und seien deshalb in der Verlegenheit gewesen, Ungehörigem wie z. B. dem Ehebruch Davids (2. Sam 11) einen tieferen Sinn abzugewinnen[2]. In der Bibel werden genügend Ereignisse beschrieben, die durch keine allegorisierende Auslegung »bereinigt« werden können; man denke etwa an den Beschwörungszauber Elischas (2. Kön 13), der nicht nur von Ambrosius stillschweigend übergangen wird. Die Allegorese ist nicht Ausdruck einer Verlegenheit des Interpreten, der die ihm anstößig erscheinenden Texte zu »heilen« sucht; sie ist vielmehr ein Versuch, in Geschehnissen der Vergangenheit Anknüpfungspunkte für eine Deutung aus der Perspektive der Gegenwart zu suchen. Man würde die Schriftauslegung des Ambrosius besser verstehen, wenn man sie auch aus der Sicht des Rezipienten betrachten würde.

Das Bild des Mailänder Metropoliten ist in den letzten Jahrzehnten korrigiert und um wichtige Züge ergänzt worden. Insbesondere das Urteil, er sei ein Plagiator gewesen, der aus Mangel an Zeit und entsprechender Bildung hauptsächlich Vorgefertigtes habe bieten können, ist in der neueren Forschung zur Genüge widerlegt worden[3]. Ambrosius hat seinen Ausführungen zwar Schriften von Philo, Origenes, Basilius, Cicero und neuplatonischen Autoren (vgl. jeweils z. B. De Cain et Abel; Expositio Evangelii secundum Lucam; Exameron; De officiis ministrorum; De Isaac uel anima) zugrundegelegt, sie aber nicht übersetzt und ausgeschrieben, sondern höchstens ein Grundraster für seine eigene Interpretation übernommen. Seine ethischen und theologischen Ansichten hat er diesen Schriftstellern nicht entlehnt, so sehr er sie durch die Auseinandersetzung mit ihnen auch geschult haben mag. Dem damaligen Eklektizismus entsprechend hatte er keine Schwierigkeiten, ihm unpassende Gedanken wegzulassen, sie radikal umzuformulieren oder eigene Überlegungen einzufügen. Sein Denken ist nie von zwei Polen – der Bibel und der Philosophie – bestimmt. Philosophische Autoren werden herangezogen, aber nur dort, wo ihre Ausführungen einem christlichen Menschenbild bzw. kirchlichen Vorstellungen, z. B. vom Fortschritt der Seele[4], dienlich gemacht werden können. Ambrosius betreibt keine Philosophie um ihrer selbst willen und gerät dadurch erst recht nicht mit biblisch-kirchlichen Positionen in Konflikt[5]; sie kann ihm allenfalls helfen, bestimmte Überzeugungen besser zum Ausdruck zu bringen. Hier freilich entfaltet sie eine eigene Dynamik; man wird beispielsweise fragen, inwiefern Ambrosius' Ausführungen zur Jungfräulichkeit nicht auch von neuplatonischer Leibfeindlichkeit zeugen. Sicherlich ist die Einstellung des »Lehrers der Jungfräulichkeit« (De uirginit. 25) hier nicht nur von philosophischer Brisanz; er muß sich auch gegen die in höheren gesellschaftlichen Kreisen unhinterfragte Vorstellung wehren, daß die Rolle der Frau durch traditionelle römische Ideale (familiär-ehelicher Eifer und Treue der Frau) bestimmt sei[6]. Die abfälligen Bemerkungen, die vor allem in diesem Zusammenhang über die Leiblichkeit des Menschen fallen, zeigen, daß der Bischof von Mailand sie nicht sonderlich geschätzt hat. Man muß sich jedoch vor Verallgemeinerungen hüten, denn er hat seine Lehre vom Menschen z. B. im Rahmen einer Schrift vorgetragen, die der Auslegung des sinnlich prägnanten Hohenliedes gewidmet ist[7].

Die Schriften des Ambrosius weisen immer wieder die sakramentale Initiation als das grundlegende Interpretationsraster auf. Lesungen vor allem aus dem Buch Genesis hat der Bischof in erster Linie für Taufbewerber gedeutet (vgl. z. B. De Abraham; Examerон) und die Liturgie der Initiationssakramente den Neugetauften nach Ostern erklärt (De sacramentis; De mysteriis). Die Hinführung zur Taufe, die tägliche Feier der Eucharistie und Lektüre der Bibel bestimmen nicht nur die Thematik einzelner Schriften, sondern umschreiben Kernpunkte der ambrosianischen Spiritualität. Die Einweihung in das Heilsgeheimnis der Kirche ist ihm nicht ein Anliegen neben anderen, sondern prägt seinen Zugang zum mystischen, gegenwärtig aktuellen Sinn der Schrift und gibt die Leitlinien seiner Schriftauslegung vor.

Ambrosius gilt als ein Mann der Praxis, der das, was er für richtig hielt, auch gegen die Vertreter staatlicher Macht durchzusetzen wußte und der Kirche bei aller grundsätzlichen Loyalität zum Staat Freiraum verschaffte. Berühmt sind sein Eintreten gegen den Arianismus unter Gratian (375–383), seine Ablehnung eines Gesuchs des römischen Stadtpräfekten Symmachus, der mit der Wiedererrichtung des Altars der Victoria im römischen Senat die staatliche Förderung der paganen Kulte reetabliert sehen wollte (384), und seine Weigerung, der »arianisierenden«, kaiserlich unterstützten Minderheit eine Kirche in Mailand zur Verfügung zu stellen (386). In der Affäre von Kallinikum (388), in der Ambrosius der christlichen Gemeinde den Wiederaufbau einer niedergebrannten Synagoge ersparte, erreichte er, daß die Förderung und Monopolisierung des Christentums staatlichem Gerechtigkeitsdenken übergeordnet wurde. Die öffentliche Buße des Kaisers Theodosius wegen einer von ihm angeordneten Strafaktion in Thessaloniki (wahrsch. 390) zeugt eher von dem Mut des Mailänder Bischofs, der die kirchliche Disziplin über politisch-taktische Erwägungen stellte, als von dem selbstherrlichen Auftreten eines »Kirchenfürsten«.

Die Wertschätzung seines politischen Engagements darf nicht darüber hinwegtäuschen, daß Ambrosius sich in erster Linie pastoralen Aufgaben widmete. Keinem war der Zutritt zu ihm untersagt, niemand wurde förmlich angemeldet, allen, die mit einem Anliegen zu ihm kamen, versuchte er zu helfen (Augustinus, Conf. VI 3,3). Mit der bischöflichen Gerichtsbarkeit übernahm er eine Aufgabe, die einen Großteil seiner Zeit in Anspruch nahm: So hatte er unter anderem Erbstreitigkeiten und Unterhaltszahlungen (Epist. 24[82]) zu regeln; für die richterlichen Entscheidungen wird seine Ausbildung als Staatsbeamter nicht unnütz gewesen sein. Seine Überzeugung, daß der Besitz der Kirche den Bedürftigen gehört (Epist. 73[18],16), ließ ihn nicht nur kostbare, für den Gottesdienst bestimmte Gefäße einschmelzen, um Kriegsgefangene aus der Sklaverei freizukaufen (De off. II 15,70; 28,136–143). Er wußte, daß sich echte Not nicht immer laut bemerkbar macht (De off. II 15,69); aber er wußte auch, daß die Sozialleistungen der Kirche mißbraucht wurden und daher Vorsicht geboten war (De off. II 16,76f.). Bei all dem hatte er eine recht nüchterne Vorstellung von der konkreten Wirkung seiner pastoralen Arbeit und wußte zwischen Forderungen an seine Gemeinde und seiner persönlichen Lebensgestaltung zu unterscheiden[8].

Die Hymnen, mit denen Ambrosius die Mailänder Liturgie verschönerte, waren nicht allein gegen den Arianismus gerichtet, wie es die Erzählung suggerieren könnte, daß der Hymnengesang zur Zeit der Belagerung einer Basilika durch Soldaten des Hofes, der das »arianische« Christusbekenntnis favorisierte, eingeführt worden sei (Vita Ambr. 13). Ambrosius, der sein rhetorisches Talent hier kunstvoll entfalten konnte, war gewiß nicht der erste und einzige, der die Bedeutung des Hymnengesangs für die Kirche erkannte; aber er war der erste Lateiner, dem es gelang, theologisch durchdachte Hymnen so zu komponieren, daß sie von der Gemeinde gesungen wurden. Deren Rezeption bis in die Gegenwart darf auch als Zeichen ihrer ästhetischen Qualität gewertet werden.

Ambrosius wollte seiner Umwelt einen christlich-kirchlichen Stempel aufdrücken, und das dürfte ihm nicht nur hinsichtlich des praktisch-politischen, sondern auch des geistigen Lebens seiner Zeit und darüber hinaus bis ins Mittelalter gelungen sein. Er war für klare gesellschaftliche Grenzen, und die mögen in einer Zeit der Genese einer christlichen Kultur nötig gewesen sein. Ambrosius selbst hat an diesem Prozeß, den er als eine providentielle Fortsetzung und Ablösung der religiösen Kultur des römischen Imperiums betrachtete, entscheidend mitgewirkt; daß nicht mehr Homer und Vergil, sondern zunehmend die Bibel westeuropäisches Kulturschaffen prägte, war auch sein Verdienst. In dem Maße, in dem die geläufige Vorstellung von dem Bischof von Mailand korrigiert wird, wird man »das Gefühl souveräner Überlegenheit, das [. . .] nicht nur Ambrosius, sondern überhaupt den Christen im Umgang mit heidnischer Literatur und Kultur weithin eigentümlich ist«[9], neu entdecken.

II. Exemplarische Texte

1. De Cain et Abel I 8,31 (CSEL 32/1, 365f. Schenkl)

»Du findest das auch im Evangelium, wo der Herr Jesus sagt: ›Zachäus, steig' schnell herab‹ (Lk 19,5). Und jener, der erreicht hatte, was er wollte, Christus zu sehen, und darüber hinaus erreicht hatte, daß er von Christus gesehen und gerufen wurde, stieg schnell herab und nahm ihn freudig bei sich auf. Und deshalb stellte der Herr seine Begeisterung auf die Probe und beschenkte ihn mit sofortiger Vergebung, indem er sagte: ›Weil heute diesem Haus Heil widerfahren ist‹ (Lk 19,8). Es drängte nämlich auch den Herrn zur Wohltat, und deshalb wartete er nicht, daß er zuerst verspreche und danach das Versprechen einlöse, sondern er tat es zuerst und machte es daraufhin bekannt. Er sagte nämlich: ›Es ist Heil widerfahren‹ (Lk 19,8), was gewiß dem, der zuvorkommt, nicht dem, der verspricht, zusteht. Der Gerechte übergibt nämlich sein gelobtes Opfer in Eile. Und deshalb haben unsere Väter das Paschalamm schnell gegessen, mit gegürteten Hüften und die Schuhriemen an ihren Füßen gelöst (vgl. Ex 12,11), wobei sie gleichsam die Bürde des Körpers niederlegten, damit sie bereit seien zum Transitus; das Pascha des Herrn ist nämlich der Übergang von den Leidenschaften zu den Mühen der Tugend. Und deshalb wird es das Pascha des Herrn genannt, da die Wahrheit des Leidens des Herrn ja damals in jenem Typus des Lammes angekündigt wurde und nun seine Gnade gefeiert wird.«

2. De mysteriis 9,57f. (CSEL 73, 114f. Faller; FC 3, 250–253 Schmitz)

»Über deren Fruchtbarkeit erfreut, antwortet denn auch der Herr: ›Ich bin in meinen Garten gekommen, meine Schwester Braut. Ich habe meine Myrrhe mit meinem Balsam geerntet. Ich habe meine Speise mit meinem Honig gegessen. Ich habe meinen Trank mit meiner Milch zu mir genommen‹ (Hld 5,1b). Glaubender, suche zu erfassen, warum ich von ›Speise‹ und ›Trank‹ gesprochen habe! Es gibt keinen Zweifel daran, daß er selbst auch in uns ißt und trinkt, da er, wie du gelesen hast, von sich sagt, er sei in uns eingekerkert (vgl. Mt 25,35–40). Daher mahnt auch die Kirche beim Anblick einer solch großen Gnade ihre Kinder, mahnt sie ihre Angehörigen, zu den Sakramenten zusammenzukommen, indem sie spricht: ›Eßt, meine Angehörigen, trinkt und berauscht euch, meine Brüder!‹ (Hld 5,1a). Was wir essen und was wir trinken sollen, hat dir der Heilige Geist durch den Propheten an einer anderen Stelle mit den Worten erklärt: ›Kostet und seht, wie angenehm der Herr ist. Selig der Mann, der auf ihn vertraut‹ (Ps 33,9). In diesem Sakrament ist Christus, da es der Leib Christi ist.«

3. Exameron III 17,71f. (CSEL 32/1, 108f. Schenkl; BKV² 17, 128–130 Niederhuber)

»Die Palme hingegen bleibt immer grün, indem sie ihren Blätterschmuck andauernd behält und nicht wechselt: die Blätter, die sie ursprünglich treibt, behält sie bei, ohne sie irgendwie durch neue zu ersetzen. Ahme sie denn nach, o Mensch, daß auch dir das Wort gelte: ›Dein Wuchs ward gleich der Palme‹ (Hld 7,7). [...] Bleib also gepflanzt im Hause des Herrn, daß du in seinen Vorhöfen blühest gleich der Palme und die Gnade der Kirche zu dir emporsteige: ›Und der Geruch deiner Nase sei wie Äpfel und dein Gaumen wie der beste Wein‹ (Hld 7,8), auf daß du trunken werdest in Christus (vgl. Hld 5,1)! [. . .] Doch auch darin wahrte der Herr diesem seinem Geschöpfe einen Vorzug, daß er uns dessen

Frucht zum Heile wandelte, und durch sie uns Nachlaß der Sünden werden sollte (vgl. Mt 26,26). Frommes Sinnes sprach darum Isaak: ›Der Geruch Jakobs ist der Geruch vollen Feldes‹ (Gen 27,27), d. i. natürlicher Wohlgeruch. Was gibt es denn auch Lieblicheres als ein volles Ackerfeld, was Köstlicheres als Rebenduft, was Anmutigeres als Bohnenblüte? Mag daher ein Autor vor uns noch so geistreich bemerkt haben: ›Nicht den Duft der Rebe oder der Feige oder der Getreidefrucht, sondern den Wohlgeruch der Tugend strömte der Patriarch aus‹: ich doch verstehe die schönen Segensworte zugleich auch von jenem echten und reinen irdischen Wohlgeruch, den keine Fälschung künstlich herstellte, sondern die Wahrheit der himmlischen Huld träufelte. Erscheint doch auch unter den hochheiligen Segensgebeten die Bitte aufgenommen, es möge der Herr uns vom Tau des Himmels die Kraft des Weines, des Öles und des Getreides verleihen (vgl. Gen 27,28).«

4. De Iacob et uita beata II 7,32–34 (CSEL 32/2, 50–52 Schenkl)

»Kurz nach dieser Offenbarung haben schließlich, als Dina, die Tochter Jakobs, vom Sohn eines Fremden vergewaltigt wurde, indem ihr die Blüte der Jungfräulichkeit genommen wurde, ihre Brüder, die das Geheimnis nicht verstanden, die Fremden, die durch die Vereinigung des Geschlechts eine Glaubensgemeinschaft anboten, aus Rachegelüsten getötet (vgl. Gen 34,1–5.25–29). Jakob aber, der aus moralischer Gewohnheit die Nachsicht liebte bzw. in seinem mystischen Geist das Geheimnis der Sammlung der Kirche aus den Heiden vorhersah, hat jene vollendete Racheangelegenheit mit Unwillen und Bedauern aufgenommen. Deshalb wurde dem, der die Ankunft des Herrn Jesus prophezeite, die göttliche Antwort gegeben: ›Steh' auf und geh' nach Bethel hinauf‹ (Gen 35,1), d. h. in das Haus des Brotes, wo Christus geboren wurde, wie der Prophet Micha bezeugt, indem er sagt: ›Und du Bethlehem, Haus Ephrata, bist nicht zu klein, um unter den Fürsten Judas zu sein. Aus dir wird nämlich der Herrscher über Israel hervorgehen, und sein Hervortreten ist von Anfang an, seit Urzeiten‹ (Mi 5,1). Das ist wahrhaft das Haus des Brotes, das das Haus Christi ist, der uns als heilbringendes Brot vom Himmel kam (vgl. Joh 6,51), damit niemand mehr Mangel leide, der die Speise der Unsterblichkeit erwirbt. Dort wurde der Patriarch geheißen zu wohnen, dort dem Gott, der ihm erschien, einen Altar zu errichten (vgl. Gen 35,1). Dort nahm er die fremden Götter und verbarg sie unter der Eiche (vgl. Gen 35,4), dort ist auch Rachel begraben, wie es heißt, ›an der Straße nach Ephrata; das ist jetzt Bethlehem‹ (Gen 35,19). Dort errichtete Jakob über ihrem Grab auch eine Säule (vgl. Gen 35,20). Welch' große Geheimnisse, denn dort ist die Kirche Gottes, in der Gott erscheint und mit seinen Dienern redet! Dort werden die Götzen der Heiden herausgerissen und begraben; der Glaube der Kirche hat nämlich jegliche religiöse Praxis des Heidentums zunichte gemacht. [. . .] Dem entsprechend ist dort auch die heilige Rachel begraben, denn alle, die auf den Namen Christi getauft werden, werden mit ihm begraben (vgl. Röm 6,4). [. . .] Dann wird also jeglicher Irrtum der Heiden wahrhaft begraben, wenn jemand von seinen Vergehen rein gewaschen wird, denn unser alter Mensch, der mit ans Kreuz geschlagen wurde, weiß der Sünde nicht mehr zu dienen. Passend wird auch eine Säule über dem Grabmal Rachels errichtet, denn die Kirche ist Säule und Fundament der Wahrheit (vgl. 1. Tim 3,5).«

5. De Isaac uel anima 2,4–3,7 (CSEL 32/1, 644–646 Schenkl)

»Die Seele besteht also nicht aus Blut, weil Blut zum Fleisch gehört; noch ist die Seele eine Harmonie beider, weil auch ein solcher Einklang zum Fleisch gehört; noch ist die Seele Luft, weil ein durch Blasen erzeugter Hauch eines ist, die Seele ein anderes; noch ist die Seele Feuer, noch ist sie eine Entelechie, sondern die Seele ist lebendig, weil Adam als eine lebendige Seele geschaffen wurde (vgl. Gen 2,7), weil die Seele den empfindungslosen und toten Körper belebt und regiert. Es gibt nämlich den vorzüglicheren Menschen, von dem es heißt: ›Der Geistige jedoch urteilt über alles, er aber wird von niemandem gerichtet‹ (1. Kor 2,15). Dieser ist vorzüglicher als alle anderen. Daher sagt auch David: ›Wer ist der Mensch, daß Du seiner gedenkst, oder der Menschensohn, außer wenn Du nach ihm siehst‹ (Ps 8,5)? ›Der Mensch ist der Nichtigkeit gleich gemacht worden‹ (Ps 144,4). Nicht jener Mensch nach dem Bild Gottes (vgl. Eph 4,23) gehört der Nichtigkeit an, sondern der, der dessen verlustig ging, indem er in Sünde hinabgesunken ist und sich in das Materielle verirrt hat – dieser Mensch gehört der Nichtigkeit an. [. . .] Die vollkommene Seele jedoch wendet sich vom Materiellen ab, flieht und weist von sich alles Unmäßige, Unbeständige, Bösartige und sieht es nicht und nähert sich nicht dem Verderben jener irdischen Schlüpfrigkeit: sie strebt zum Himmlischen, flieht jedoch die irdische Materie. Die Flucht besteht aber nicht darin, die Erde zu verlassen, sondern darin, auf der Erde zu sein, Gerechtigkeit und Nüchternheit zu wahren, den Lastern, nicht dem Gebrauch der Dinge zu entsagen. Der heilige David floh den Anblick Sauls (vgl. 1. Sam 19,18), nicht so sehr, um die Erde zu verlassen, sondern um dem verderblichen Einfluß des Grausamen, des Unberechenbaren, des Treulosen zu entgehen. Er floh jedoch Gott anhangend, wie er selbst sagte: ›Meine Seele hängt an dir‹ (Ps 63,9). Er entzog und enthob sich der Laster dieser Welt, erhob seine Seele, wie Isaak sich im Feld verlor bzw. – wie es auch heißt – erging (vgl. Gen 24,63). Denn auch dies ist ein Beweis für einen vertrauten Umgang mit den Tugenden, daß jeder in der Unschuld seines Herzens einhergeht, durch keinerlei Umgang mit irdischen Lastern verwirrt wird, in ungestörter Spur des Geistes einen untadeligen ›Weg zieht‹ (Vergil, Aen. VI, 62) und der Verkehrtheit in sich keinerlei Raum gewährt. So war Isaak, als er die Ankunft Rebekkas erwartete und sich auf die geistige Vereinigung vorbereitete (vgl. Gen 24,62f.).«

6. De uirginitate 25f. (PL 16,286)[10]

»Du bist ein Lehrer der Jungfräulichkeit, heißt es, und du gewinnst sehr viele für sie. Wollte Gott, daß ich doch dessen überführt würde, daß ein so schreckliches Verbrechen erwiesen wäre! Ich würde keine Anfeindung fürchten, wenn ich diesen Erfolg sähe! Wenn ihr mir doch lieber Beispiele vorhalten würdet als mit üblen Reden auf mich einzuschlagen! Aber ich fürchte, ich scheine mir böse Zungen zugezogen zu haben, die mich in Wirklichkeit gegen ihren Willen loben. Ihr sagt: Kaum sind die Mädchen getauft, da weihst du sie auch schon Gott und verbietest ihnen zu heiraten. Gebe Gott, daß ich jene anderen, die heiraten wollen, nur zurückhalten könnte! Wenn ich ihnen für den roten Brautschleier doch den heiligen Schleier gottgeweihter Jungfräulichkeit geben könnte! Oder scheint es unwürdig zu sein, daß gottgeweihte Jungfrauen nicht vom heiligen Altar zur Hochzeit fortgeführt werden? Und diejenigen, die einen Gatten erwählen können, sollen Gott nicht vorziehen dürfen? Bei mir macht man also eine Ausnahme, und man beschimpft mich in einer Sache, die stets als eine Aufgabe der Bischöfe angesehen wurde, Hingabe an Gott den Herzen einzupflanzen und das Streben nach Gottgeweihtheit zu fördern.«

7. Epistula 77[22],7–9 (CSEL 82/3, 130–132 Zelzer)[11]

»Ein anderer Psalm, der auch heute gelesen ward, sagt uns: ›Wer ist wie unser Gott, der in der Höhe wohnt und auf das Niedere herabsieht?‹ (Ps 113,5f.) Wahrhaftig, er hat auf das Niedere gesehen, indem er die Reliquien der heiligen Martyrer, die unter dem niederen Rasen verborgen lagen, seiner Kirche offenbart hat. Ihre Geister waren im Himmel, ihre Leiber auf Erden. [. . .] Man kann die Erhebung ihrer Leiber nicht ganz ohne Grund eine Auferstehung nennen, denn für uns sind sie allerdings auferstanden. Ihr habt mit euren Augen gesehen, daß sehr viele von den bösen Geistern befreit sind; daß sehr viele, die das Kleid der Heiligen mit ihren Händen berührten, von ihren Schwachheiten geheilt wurden; daß die Wunderkraft der alten Zeit, die durch die Ankunft Jesu, des Herrn, neue Gnaden auf Erden gebracht hatte, heute wieder erneuert, daß viele durch den Schatten der heiligen Leiber gesund geworden.«

8. Splendor paternae gloriae[12]

»Glanz der väterlichen Herrlichkeit, / aus Licht Licht hervorbringend, Licht des / Lichts und Quelle des Lichts, Tag die / Tage erleuchtend,

und wahre Sonne, brich herein, leuchtend / im Glanz des Ewigen, und den Strahl des / Heiligen Geistes gieße unseren Sinnen / ein.

Mit Bitten rufen wir auch den Vater an, / den Vater der ewigen Herrlichkeit, den / Vater der mächtigen Gnade, er binde die / schlüpfrige Schuld,

er leite an zu entschlossenen Taten, den / Zahn des Neides stoße er aus, die harten / Schicksalsschläge wende er ab, er schenke / Gnade zum Handeln,

den Geist lenke und leite er im keuschen, / treuen Körper, der Glaube entflamme in / Glut, das Gift des Betruges kenne er / nicht.

Und Christus sei uns Speise und unser Trank / sei der Glaube, fröhlich mögen wir / die nüchterne Trunkenheit des Geistes / trinken.

Fröhlich gehe dieser Tag vorüber, die / Scham sei wie das Morgenrot, der Glaube / wie der Mittag, Dämmerung kenne der Geist / nicht. Das Morgenrot nimmt seinen Lauf / *der Morgenrot* gehe ganz auf, im Vater ganz der / Sohn und ganz im Logos der Vater.«

III. Wirkung

Das zentrale Anliegen des Ambrosius, dessen Nüchternheit und Ablehnung alles Spektakulären oft herausgestellt wurden, war die Seelsorge des Alltags. In erster Linie ist daher zu fragen, welcher Zusammenhang konkret zwischen seinen Schriften und der Initiation des einzelnen in das christliche Mysterium besteht. Daß Ambrosius sich die Freiheit bewahrte, eigene Akzente zu setzen, läßt sich besonders gut an einigen Texten zeigen, in denen er seine Vorlagen von seiner kirchlich geprägten Weltanschauung her korrigiert hat. Dies wird schon bei der genaueren Untersuchung des ersten Textbeispiels (De Cain et Abel I 8,31) deutlich. In der älteren Forschung wird ein Satz Philos oft als Schlüssel für die ganze Passage angesehen; Ambrosius stimmt mit diesem Alexandriner gewiß darin überein, den Transitus als Übergang von den Leidenschaften zu den Mühen der Tugend (Philo, De sacrificiis Abelis et Caini 63) zu verstehen. Damit ist der eigentliche Sinn dieses Absatzes jedoch noch nicht erfaßt. Ambrosius weiß konkret, *wo* sich dieses Pascha des Herrn *heute* vollzieht, nämlich in der christlichen Taufe. Ein kleines exegetisches Detail, das oft falsch bewertet wurde, ist hier zu beachten: In seinem Zitat von Ex 12,11 sind die Schuhriemen der Wüstenväter im Gegensatz zum Wortlaut der Bibel gelöst. Es bereitet Ambrosius offenbar keine Schwierigkeit, das biblische *exemplum* so darzustellen, wie er es für seine Deutung benötigt[13], weil er nicht vom Text der Hl. Schrift, sondern von der Heilsrelevanz des zugrundeliegenden Ereignisses ausgeht. Die »Bürde des Körpers« wird – wie bei Philo von Alexandrien – beim Transitus abgelegt. Dieser geschieht aber in der christlichen Kirche, und so sind dann der Hinweis auf die Eile der Israeliten beim Paschamahl wie auch der Verweis auf Zachäus (Lk 19) und die anderen unmittelbar vorausgegangenen biblischen Beispiele (Gen 18,7; Weish 16,28) zu verstehen: Ambrosius will die Unsitte der Aufschiebung der christlichen Initiation zu seiner Zeit kritisieren und konfrontiert die beständig Zaudernden daher mit diesen Schriftstellen, die zur Eile mahnen. Das *pascha* des Alten Testaments ist deshalb Typus, weil seine volle Verwirklichung heute in der Kirche gefeiert wird.

An diesem ersten Beispiel wird deutlich, daß Ambrosius in Andeutungen spricht, daß der eigentliche Sinn seiner Ausführungen nicht auf den ersten Blick zu erkennen ist. Heute wird ein Westeuropäer zwar geneigt sein, diesen Schritt der Entschlüsselung generell abzulehnen, und die Schriften und Predigten des Bischofs von Mailand ohne diese Theorie der rhetorischen Allegorie zu verstehen suchen; gerade in der ungenügenden Beachtung ihrer rhetorischen Form dürfte aber begründet liegen, daß seine Schriften so oft mißverstanden wurden. Die mystagogischen Katechesen (Text 2) zeigen besonders deutlich, daß diese Redeweise in bestimmten Situationen notwendig war. Diese Predigten dürften wegen der damaligen Geheimhaltungspflicht eigentlich überhaupt nicht schriftlich fixiert sein. Tatsächlich spricht der Mailänder Bischof in der für die Veröffentlichung bestimmten Fassung[14] nirgends konkret von den Sakramenten. So beschreibt er z. B. den Kommunionempfang in De myst. 9,57f. lediglich in Form biblischer Zitate, und selbst die sind ihm hier noch zu deutlich, denn er ändert »Brot« und »Wein« aus Hld 5,1 in »Speise« und »Trank« ab und macht den Gläubigen darauf aufmerksam, daß er hier mehr sagen will[15]. Man wird sich allerdings fragen, ob der Uneingeweihte im vierten Jahrhundert diese Aposiopese (Verstummen, stilistisch: Abbrechen der Rede) nicht doch verstanden hat, und diesen Formalismus in Frage stellen.

Diese Dimension wird auch in die Genesisauslegung hineingetragen. Ambrosius geht in Exam. III 17,71f. (Text 3) deshalb über die »Vorlage« des Basilius hinaus, kritisiert deshalb Philo, der Gen 27,27 ausschließlich auf das Tugendleben des Patriarchen bezieht, weil der Wein, der in Christus trunken macht (Hld 5,1), aus seiner Sicht nicht ohne Bezug auf die Eucharistie verstanden werden kann: Dort nämlich wird die Frucht des Weinstocks dem Menschen zum Heil, zum Nachlaß der Sünden (Mt 26,26). Die Passage aus ›De lacob et uita beata‹ (Text 4) ist ähnlich zu verstehen: In Gen 34 und 35 sieht der Bischof von Mailand wunderbare Geheimnisse, weil er die Kirche seiner Zeit darin spiegeln kann. Das Vergraben der fremden Götzen (Gen 35,4) in enger Verbindung mit dem Tod und Begräbnis Rachels (Gen 35,19f.) bei dem Haus des Brotes (Gen 35,1) und sogar die Vergewaltigung Dinas (Gen 34,1–4) haben ihren tieferen, geistigen Sinn darin, daß sie die Mysterien des Neuen Bundes, Taufe und Eucharistie, und damit die Geburt der Heidenkirche symbolisieren[16]. Historisch ist diese Interpretation freilich nicht nachzuvollziehen. Ambrosius hat den Wortlaut der Bibel so zurechtgebogen, hat die Ereignisse so ausgewählt und deren Chronologie so dargestellt, daß sie mit der sakramentalen Initiation übereinstimmen. Er bewertet die Heilsgegenwart Gottes in seiner Kirche so hoch, daß diese kleine Nachhilfe bei der Konstruktion alttestamentlicher »Typen« nicht ins Gewicht fällt. Es ist wiederum deutlich, daß der Bischof von Mailand hier nicht ausdrücklich von der Kirche und ihren Sakramenten spricht, daß aber seine Lektüre vor allem des Alten Testaments davon geprägt ist.

Auch die ambrosianische »Anthropologie« in ›De Isaac uel anima‹ (Text 5) ist vor diesem Hintergrund zu betrachten. Es lassen sich Passagen aufzeigen, die bis in den Wortlaut hinein zeigen, daß Ambrosius philosophische Quellen gelesen hat. Dennoch ist dieser Abschnitt nicht nur ein Beweis für seine Kenntnis oder Adaptation philosophischer Meinungen. In der Bibel wird Isaak beschrieben, der sich auf die Begegnung mit Rebekka vorbereitet (Gen 24,62f.). Diese Begegnung vollzieht sich nach kirchlichem Verständnis in der christlichen Initiation, wo der Täufling – im Typus Isaak – auf die Kirche – im Typus Rebekka – trifft. Diese Gleichsetzung legt auch Ambrosius zugrunde, wenngleich in dieses Schema Gedanken philosophischer Herkunft eingefügt sind. Er begnügt sich nicht mit der Addition biblischer Episoden, wie z. B. dem Hinweis auf Davids Flucht vor Saul (1. Sam 19,18) oder einem Vergilzitat (Aen. VI, 62), das seine Bildung veranschaulicht. Der Weise, der die Welt flieht, entsagt den Lastern, nicht dem Gebrauch der Dinge. Das klingt zwar auch gut platonisch (vgl. Plotin, Enn. I 8,6 zu Plato, Theait. 176B); diese Flucht vor der irdischen Schlüpfrigkeit führt aber zur Wiederherstellung des Menschen nach dem Bild Gottes (Eph 4,23), und das Laster, das es zu fliehen gilt, ist in erster Linie die Sünde, erst dann das Materielle. Aus diesem Blickwinkel erscheinen Inhalt und Sinn von ›De Isaac uel anima‹ in einem besonderen Licht; unternimmt diese Schrift nicht eine Art zeitgenössische philosophische »Aufbereitung« des kirchlichen Lebens? Der Neugetaufte[17] wird hier ein eigenes Verständnis entwickeln, weil er das Raster der christlichen Initiation im Kopf hat.

Ambrosius hat die Verbreitung des Hymnengesangs im Westen entscheidend vorangebracht, hat auf eine Wertschätzung der Jungfräulichkeit hingewirkt und der Märtyrerverehrung eine eigene Bedeutung gegeben. So einsichtig es erscheint, daß er – wie viele andere Bischöfe auch – das Charisma der Jungfräulichkeit, die in der damaligen stark polarisierten Gesellschaft eine besondere Rolle spielte, gefördert hat; wenn Taufe und Jungfrauenweihe, wie aus dem Beispiel (Text 6) ersichtlich wird, so eng miteinander verbunden werden, stellt sich die Frage nach der Spiritualität eines getauften Christen, der sich nicht zu einem zölibatären Leben verpflichtet. Im vierten Jahrhundert war es gewiß angebracht, das Ideal der Jungfräulichkeit und die Verehrung der Märtyrer zu verteidigen und theologisch zu legitimieren oder gar umzuinterpretieren, auch wenn aus heutiger Sicht nicht leicht nachzuvollziehen ist, daß vor allem Jungfrau und Märtyrer zu Leitbildern christicher Existenz[18] wurden. – Die Märtyrerverehrung (Text 7), die Ambrosius wie den Hymnengesang (Text 8) östlichen Vorbildern nachempfunden hat, war angesichts der Verbreitung des paganen Totenkultes von großer Bedeutung. Daß Monica, die Mutter des Augustinus, aufgrund eines ausdrücklichen Befehls des Mailänder Bischofs vom Friedhofspförtner an der in Afrika üblichen Praxis des Totengedenkens gehindert wurde (Conf. VI 2,2), zeigt jedoch, daß Ambrosius diesen religiösen Brauch nicht unkritisch übernommen hat. So hat er, als die Gräber der Märtyrer Gervasius und Protasius entdeckt wurden, ihre Verehrung bewußt mit dem christlichen Gottesdienst in Verbindung gesetzt (Epist. 77[22],13).

In der Vorstellung vom klugen Kirchenpolitiker und pastoralen Praktiker, die in der abendländischen Tradition eine bedeutende Rolle gespielt hat, hat die theologische Leistung des Seelsorgers nicht genügend Beachtung gefunden. Ist Ambrosius als Staatsbeamter nach Mailand gekommen, weil er zu jener Klasse junger Männer gehörte, »die Macht benötigte und Gefallen daran fand«[19]? Was hier suggeriert wird, paßt gut zu dem alten Ambrosiusbild, nach dem der Bischof von Mailand vor allem an der Rolle seiner Kirche als eines echten Gegenübers zum römischen Staat interessiert war. Ambrosius hat sicher auf eine christliche Beeinflussung des öffentlichen Lebens seiner Zeit hingewirkt, doch er hat dazu auch die Voraussetzungen geschaffen. Hier wird manches nachzuholen sein, will man Ambrosius als Prediger und Seelsorger seiner Zeit verstehen.

Inwiefern ist Ambrosius für die heutige Seelsorge von Bedeutung? Was die religiöse Grundlage der Kultur anbelangt, ist die Gegenwart mit der Spätantike nicht zu vergleichen. Damals hat ein junger, dynamischer Glaube eine alte, eigentlich längst überholte Religion abgelöst, deren Glaubwürdigkeit im wesentlichen auf ihrer gesellschaftlichen Akzeptanz beruhte. Wer diese Differenz nicht in Betracht zieht, wird in Ambrosius in erster Linie einen engstirnigen, intoleranten Taktiker sehen, der das öffentliche Leben seiner Zeit entscheidend beeinflußte. Die Frömmigkeitsformen und religiösen Praktiken, denen Ambrosius damals bei aller Modifikation zum Durchbruch verholfen hat, sind heute kaum zu kopieren. Die Tugend der Jungfräulichkeit oder die Märtyrerverehrung stellen keine neue, dauerhafte Provokation der gegenwärtigen Gesellschaft mehr dar, und so gern man auch die von Ambrosius verfaßten Hymnen singen mag – die Gestaltung des Kirchengesangs ist kein Problem, das heute dringend nach einer Lösung verlangte.

Geblieben ist jedoch das große soziale Gefälle in allen Gesellschaften.

Auch heute werden die Reichen immer reicher, und es wächst die Zahl der Armen und Bedürftigen in Europa und der ganzen Welt. Das Leben und Denken des Ambrosius bleibt in dieser Hinsicht aktuell. Er hat sich sehr deutlich gegen Wucherzinsen und übermäßigen Reichtum ausgesprochen (De Tobia; De Nabutha) und sein gesamtes Vermögen der Kirche vermacht, die es für ihre Sozialleistungen einzusetzen hatte. Zugleich wußte er, daß Almosen nicht genügen, daß man nicht nur freigebig mit seinem Geld, sondern auch mit seiner Zeit umgehen soll. Mit dieser ständigen Verfügbarkeit und unkomplizierten Ansprechbarkeit ist er auch der heutigen Seelsorge ein unbequemer Mahner.

Sein schriftliches Vermächtnis – vor allem seine der Bibelauslegung gewidmeten Veröffentlichungen – können heute neu verstanden werden. Wie die oben aufgeführten Beispiele zeigen, weisen seine Ansprachen einen sehr kirchlichen Zugang zur Bibel auf. Eine apriorische historische Distanz, die es erlaubt und fordert, die Kirche in ihrer heutigen Gestalt immer wieder an ihren Ursprüngen zu messen, steht bei Ambrosius nicht an erster Stelle. Sein Reden und Denken ist eher ahistorisch, denn er geht von der ekklesialen Erfahrung der Gegenwart aus und deutet aus dieser Perspektive die Verwirklichung von Heil in der Geschichte Gottes mit seinem Volk im Alten und im Neuen Bund. Hier stellt sich die Frage, ob ein solcher initiatorischer Zugang zur Bibel heute bzw. morgen wieder aktuell werden könnte. In einer Zeit, die sich um eine Erneuerung der geistigen Schriftauslegung bemüht, in der die historisch-kritische Exegese – bei aller Wertschätzung ihrer Leistung – einen zentralen, aber nicht den einzigen Platz einnimmt, könnte auch die ambrosianische Deutung der Hl. Schrift eine Rehabilitation erfahren. Wer berücksichtigt, daß diese allegorische Lektüre der Bibel eine christozentrische und kirchliche Hermeneutik voraussetzt, wird sie nicht nach historischen, aber vielleicht nach ästhetischen Gesichtspunkten schätzen lernen. In dieser Hinsicht könnte auch die heutige homiletische Schriftauslegung – besonders in der Zeit um Ostern, in der die Liturgie auf die Feier der sakramentalen Initiation ausgerichtet ist – bedeutende Impulse erfahren.

Anmerkungen

1 Zur Entschlüsselung dieser rhetorischen Allegorie vgl. G. Madec, Saint Ambroise et la philosophie, Paris 1974, 304 Anm. 161.
2 Vgl. dazu noch H. v. Campenhausen, Lateinische Kirchenväter (UB 50), Stuttgart [5]1983, 82.
3 Vgl. nur H. Savon, Saint Ambroise devant l'exégèse de Philon juif, Paris 1977.
4 Vgl. C. Jacob, »Arkandisziplin«, Allegorese, Mystagogie. Ein neuer Zugang zur Theologie des Ambrosius von Mailand (Theoph. 32), Frankfurt 1990, 234–254.
5 Vgl. G. Madec, Verus philosophus est amator Dei: S. Ambroise, S. Augustin et la philosophie: RSPhTh 61 (1977), 549–565.
6 Vgl. P. Brown, The Body and Society. Men, Women, and Sexual Renunciation in Early Christianity, New York 1988, 341–365, 344f.
7 Zur Hoheliedfrömmigkeit des Ambrosius vgl. E. Dassmann, Die Frömmigkeit des Kirchenvaters Ambrosius von Mailand. Quellen und Entfaltung (MBTh 29), Münster 1965, 135–200, und das Textbeispiel De Isaac uel anima 2,4–3,7.
8 Vgl. E. Dassmann, Ambrosius von Mailand: TRE 2 (1978), 362–386, 373.
9 W. Steidle, Beobachtungen zum Gedankengang im 2. Buch De Officiis von Ambrosius: VigChr 39 (1985) 280–298, 294f.
10 Dt. Übersetzung nach W. Schamoni, in: Das Leben des hl. Ambrosius. Die Vita des Paulinus und ausgewählte Texte aus den Werken des Heiligen und anderen Zeitdokumenten, eingel. v. E. Dassmann, Düsseldorf 1967, 144.
11 Dt. Übersetzung nach J. M. Sailer, in: ebd., 121f.
12 Text und Übersetzung nach: A. Franz, Die Tagzeitenliturgie der Mailänder Kirche im 4. Jahrhundert. Ein Beitrag zur Geschichte des Kathedraloffiziums im Westen: ALW 34 (1992), 23–83, 41f.
13 Vgl. Savon, Ambroise devant l'exégèse de Philon juif, 202–210, gegen Schenkls Korrektur des Textes (CSEL 32/1, 366), die als eine Harmonisierung mit Ex 12,11 zu sehen ist. Eine ähnliche Abänderung des Wortlautes der Bibel findet sich bei Ambrosius z. B. in De Isaac uel anima 4,13 (CSEL 32/1, 652), wo in das Zitat von Hld 1,6 eine Verneinung eingefügt ist, weil Ambrosius von der Wirkung der geistigen Sonne ausgeht, die nicht bräunt, sondern die Seele strahlend hell macht.
14 Vgl. die Einleitung von J. Schmitz zu De sacramentis = Über die Sakramente, De mysteriis = Über die Mysterien, Lateinisch-Deutsch (FC 3), Freiburg 1990, 10.
15 Vgl. die Parallele in De sacramentis 5, 15 (FC 3, 164f. Schmitz), wo beim Zitat von Hld 5,1 selbstverständlich von »Brot« und »Wein« die Rede ist. Über Sinn und Unsinn der Veröffentlichung solcher Katechesen sowie die weitere Entwicklung vgl. C. Jacob, Zur Krise der Mystagogie im vierten Jahrhundert: ThPh 66 (1990), 75–89.
16 Vgl. J. Mesot, Die Heidenbekehrung bei Ambrosius von Mailand (NZM.S 7), Schöneck-Beckenried 1958, 60f., und Jacob, »Arkandisziplin«, Allegorese, Mystagogie, 182–185.
17 Vgl. Dassmann, Frömmigkeit, 196–198: Die Predigt ist in erster Linie an Neophyten gerichtet.
18 Vgl. Ders., Ambrosius und die Märtyrer: JbAC 18 (1975), 49–68, 63–68.
19 Brown, Body and Society, 346.

Literatur

1. *Textausgaben und dt. Übersetzungen*

CPL 123–168; CSEL 32/1–4,62,64,73,78,79,82/1–3; CCL 14; CSLP; PL 14–17.
Bibliothek der Kirchenväter: Über die Witwen (BKV 13 [1] Schulte).
Über die Jungfräulichkeit (BKV 13 [1] Schulte).
Über die Buße (BKV 13 [1] Schulte).
Über den Tod seines Bruders Satyrus (BKV 13 [1] Schulte).
Trostrede auf den Tod Valentinians II. (BKV 49 [2] Schulte).
Der Tod ein Gut (BKV 49 [2] Schulte).
Die Flucht vor der Welt (BKV 49 [2] Schulte).
Exameron (BKV² 17 [1] Niederhuber).
Lukaskommentar (BKV² 21 [2] Niederhuber).
Von den Pflichten der Kirchendiener (BKV² 32 [3] Niederhuber).
Über die Jungfrauen (BKV² 32 [3] Niederhuber).
Trauerrede auf Kaiser Theodosius (BKV² 32 [3] Niederhuber).
Fontes Christiani: De Sacramentis = Über die Sakramente, De Mysteriis = Über die Mysterien, Lateinisch-Deutsch (FC 3, Schmitz).
Das Leben des heiligen Ambrosius. Die Vita des Paulinus und ausgewählte Texte aus den Werken des Heiligen und anderen Zeitdokumenten, eingel. v. E. Dassmann, Düsseldorf 1967.

2. *Untersuchungen*

Ambroise de Milan. XVIᵉ centenaire de son éléction épiscopale, hg. Y.-M. Duval, Paris 1974.
Ambrosius Episcopus. Atti del Congresso internazionale di studi ambrosiani, hg. G. Lazzati, 2 Bde. (SPM 6f.), Mailand 1976.
E. Dassmann, Die Frömmigkeit des Kirchenvaters Ambrosius von Mailand. Quellen und Entfaltung (MBTh 29), Münster 1965.
C. Jacob, »Arkandisziplin«, Allegorese, Mystagogie. Ein neuer Zugang zur Theologie des Ambrosius von Mailand (Theoph. 32), Frankfurt 1990.
G. Madec, Saint Ambroise et la philosophie, Paris 1974.
V. Monachino, Ambrogio e la cura pastorale a Milano nel secolo IV, Mailand 1973.
G. Nauroy, Le fouet et le miel. Le combat d'Ambroise contre l'arianisme milanais: RechAug 23 (1988), 3–86.
L. F. Pizzolato, La dottrina esegetica di sant' Ambrogio di Milano (SPM 8), Mailand 1978.
H. Savon, Saint Ambroise devant l'exégèse de Philon juif, Paris 1977.
J. Schmitz, Der Gottesdienst im altchristlichen Mailand. Eine liturgiewissenschaftliche Untersuchung über Initiation und Meßfeier während des Jahres zur Zeit des Bischofs Ambrosius †397 (Theoph. 25), Köln-Bonn 1975.

Augustin

Alfred Schindler

I. Biographie

Augustin hat ein so reich erfülltes Leben gehabt und hat für das abendländische Christentum eine so große Bedeutung erlangt, daß im beschränkten Rahmen eines einzelnen Kapitels über Augustin als Seelsorger weder sein Leben noch sein Wirken und literarisches Werk auch nur andeutend dargestellt werden können. Noch viel weniger kann sein Nachwirken in unseren Kirchen vor der Reformation, aber auch nach ihr auf beiden Seiten des seither aufgebrochenen konfessionellen Grabens, berücksichtigt werden. Biographien und Überblicksdarstellungen gibt es jedoch in ziemlich großer Zahl[1], so daß wir uns hier auf das Allerwichtigste aus seinem Leben und auf wenige Aspekte seines seelsorgerlichen Wirkens beschränken können.

Augustin wurde im Jahre 354 in einem kleineren Ort im damals römischen Nordafrika, heute Algerien, geboren. Man darf sich ihn jedoch weder der Hautfarbe noch der Sprache nach als Afrikaner vorstellen, sondern muß ihn als Römer nehmen, genauer als Glied einer übernationalen Gemeinschaft, die sich die römische Kultur und Sprache angeeignet hatte und durch das übergreifende römische Reich einen politischen Zusammenhalt besaß, der erst in den folgenden Jahrhunderten langsam zerfallen sollte. Dieses römische Reich hatte durch die Hinwendung Kaiser Konstantins zum Christentum rund 40 Jahre vor Augustins Geburt eine neue Entwicklung genommen, deren Auswirkungen in der Mitte des 4. Jahrhunderts noch nicht zum Ziel gelangt waren. So gab es z.B. noch ein ziemlich lebendiges Heidentum, und das Bildungswesen war noch nicht christianisiert. Augustins Mutter Monica war Christin, sein Vater bis kurz vor seinem Tod (ca. 370 n.Chr.) aber noch Heide, und die Schul- und Universitätsbildung, die die Eltern dem begabten Sohn unter großen

Augustin

materiellen Opfern ermöglichten, war an den klassischen Schriftstellern der Antike orientiert.

Im Blick auf Augustins Wirken als Seelsorger ist interessant, daß zwei wichtige Aktivitäten des späteren Bischofs in einer mehr oder weniger direkten Linie heidnische – oder besser: außerchristliche – Bildungstraditionen fortsetzten: Augustin ließ sich als Redner und Professor der Redekunst (Rhetorik) ausbilden und führte diese Tätigkeit in seinen Predigten als Bischof weiter, wenn auch mit tiefgreifenden Unterschieden in der Art und im Inhalt seiner Reden und der Theorie dazu.[2] Beim Unterricht in lateinischer Literatur sodann lernte er auch so etwas wie Seelenführung durch Gespräche, Briefe und praktisch-philosophische Abhandlungen kennen, vor allem in den Schriften Ciceros und Senecas. Auch diese Tradition nahm er als Christ wieder auf, indem viele seiner Schriften und Briefe einen seelsorgerlichen Charakter tragen. Trotz seiner entschiedenen Distanzierung von heidnischer Lebensbewältigungskunst hat er z.B. die Gattung des »Trostbriefs« auf seine Weise weitergeführt, wofür nachfolgend einige wenige Beispiele geboten werden.

Augustins Ausbildung erfolgte in Karthago, wo er anschliessend auch selbst Unterricht in Rhetorik erteilte. Später wechselte er nach Rom hinüber, von wo aus ihm der große berufliche Sprung gelang: Er wurde zum öffentlichen Redner und Rhetoriklehrer in Mailand und am dortigen Kaiserhof berufen. Diesen Posten hatte er mit Erfolg inne, bis ihn seine Hinwendung zu einer strengen und asketischen Form des Christentums, die sog. »Bekehrung« im Jahre 386, dazu bewog, seine renommierte Stellung aufzugeben. Er wollte, wie er selber sagt, nicht mehr »leere Wortkunst« seinen Studenten »verkaufen«, sondern ein mönchisches – und gelehrtes – christliches Gemeinschaftsleben führen.

Zu diesem Zweck kehrte er auf die elterlichen Güter – die man sich aber recht bescheiden vorstellen muß – zurück nach Afrika. Seine mönchische Gemeinschaft und seine schriftstellerische Aktivität machten ihn dort rasch bekannt, so daß er in der Hafenstadt Hippo Regius (heute Annaba in Algerien) schon nach wenigen Jahren zum Priester und ca. 395 oder 396 zum Bischof gewählt wurde. Das hinderte ihn nicht an der Weiterführung seiner klösterlichen Gemeinschaft.

Der Lebensweg, der hinsichtlich der äußeren Entwicklung damit zu einem gewissen Abschluß kam, war in Augustins Innerem alles andere als einfach und zielstrebig. Aus seinen berühmten »Bekenntnissen« (Confessiones) wissen wir, wie viele Irrwege er in seiner Entwicklung selbst sah und welche inneren Qualen er litt, bis er nach seiner »Bekehrung« zwar wußte, was er wollte, aber seinen künftigen Beruf – als Seelsorger! – noch nicht ahnte. Andererseits würden wir von seinen inneren Stürmen nichts ahnen und auch über seinen äußeren Lebensweg sehr viel weniger wissen, wenn er nicht selbst eine Darstellung davon gegeben hätte, deren Absicht letztlich eine seelsorgerliche war. Die Confessiones sind ein großes, autobiographisches Sünden- und Dankbekenntnis, in das er seine Leser hineinnimmt, wie ein weiter unten wiedergegebenes Textstück zeigen wird.

Die Abfassung der Confessiones fällt in die ersten Jahre seiner Bischofszeit. Deshalb ändern sich für unsere Kenntnis seines Lebens danach die Grundlagen: Ab etwa 400 sind es Briefe, seine Werke und die erste Biographie nach seinem Tod von seinem Schüler Possidius, denen wir unsere Kenntnis verdanken.

Sein Leben als kirchlicher Amtsträger wurde in erheblichem Maße bestimmt von Auseinandersetzungen, die ihn auch zum Schreiben veranlaßten: Zuerst die Auseinandersetzung mit den Manichäern, einer schon damals längst staatlich verbotenen, aber keineswegs verschwundenen Religionsgemeinschaft, der er selbst von seinem 20. bis zu seinem 29. Lebensjahr angehört hatte. Die Manichäer lehrten, die materielle Welt – auch der menschliche Leib – sei böse und das Heil bestehe darin, daß man sich ganz der jenseitigen Welt zuwende, während die christliche Kirche bekanntlich die Güte der Schöpfung lehrt, damit aber auch den Körper positiv wertet. Diese kirchliche Position hat Augustin nachdrücklich und wirkungsvoll in vielen Schriften, auch in öffentlichen Disputationen mit Manichäern vertreten.

Seit seinem Amtsantritt focht er zudem gegen die Donatisten, eine in Nordafrika nach der letzten Christenverfolgung (303–305) entstandene Konkurrenzkirche zur weltweit-katholischen Kirche. Die Donatisten warfen dieser, also auch Augustins Kirche, vor, sie habe das Erbe der Märtyrerzeit verleugnet und sich durch die Verbindung mit dem Staat selbst zur Verfolgerkirche weiterentwickelt und die Sakramente nicht rein erhalten. Im zweiten und dritten Jahrzehnt des 5. Jahrhunderts folgten der Kampf gegen den Pelagianismus und die Auseinandersetzung mit den Heiden – auch manchen Christen –, die in der Eroberung Roms durch die Westgoten im Jahre 410 einen Beweis für die Unfähigkeit des Christentums erblickten, das römische Weltreich religiös und ideologisch zu stützen. Aus dieser Auseinandersetzung wuchs das Riesenwerk »De civitate dei« heraus.

Die große Kontroverse mit den Pelagianern schließlich sollte für das Abendland in dogmatischer Hinsicht besonders wichtig werden: Gegen diese Strömung – später: Ketzerei –, die den uneingeschränkten freien Willen des Menschen lehrte, vertrat Augustin die Überzeugung, die menschliche Sünde werde verharmlost und die Gnade Gottes entwertet, wenn man nicht die Unfreiheit des Willens vertrete, die Säuglingstaufe wegen der Erbsünde konsequent durchführe und alles gute Tun der Christen ausschließlich dem Gnadenwirken Gottes im Heiligen Geist zuschreibe. Im großen ganzen setzten sich Augustins Standpunkte in der Kirche durch.

Die Aufzählung dieser Lehrstreitigkeiten hat mehr, als man vermuten könnte, mit dem Thema »Augustin als Seelsorger« zu tun. Die große Durchschlagskraft seiner Schriften und Predigten hängt nämlich mit seiner Fähigkeit zusammen, auch schwierige und abstrakte theologische Lehren mit dem Frömmigkeitsleben der Christen in nahe Verbindung zu bringen. So hat die Thematik des »Gottesstaats« (civitas dei) ziemlich direkt mit der Frage zu tun, weshalb Gott uns Glück und Unglück im Leben schickt, auch dann, wenn wir weder das eine noch das andere verdient zu haben glauben. Es ist dies ein Grundthema zahlloser Seelsorgegespräche aller Zeiten und so auch z.B. der Trostbriefe Augustins. Und die Kontroverse mit dem Donatismus wird immer dann aktuell, wenn jemand Anstoß an der schlechten Amtsführung oder an den mangelnden religiösen, moralischen, persönlichen Qualitäten von Pfarrern nimmt. Die Problematik des Manichäismus wie des Pelagianismus greift Augustin in den Confessiones auf, die die Erfahrung des Menschen mit seiner eigenen Triebhaftigkeit, mit seinem Streben nach Gutem wie nach Bösem aufnehmen und auf erzählerische Weise die Leser zur christlichen Haltung sich selbst gegenüber anleiten.

Wir berühren damit einen wichtigen Punkt, eine Eigenart, die zu Augustin als Seelsorger in ganz besonderem Maß gehört, nämlich das, was man als Seelsorge durch Bücher bezeichnen kann. Er selbst hat in seiner komplizierten inneren Entwicklung mehrfach unter dem Eindruck einer ganz bestimmten Lektüre eine entscheidende innere Wandlung erlebt. Mit 19 Jahren las er Ciceros Hortensius, der ihn zuerst zu einem rastlosen philosophischen, danach zu einem christlichen Weisheits- und Sittlichkeits-Streben »bekehrte«. Später war es Athanasius' Lebensbeschreibung des Einsiedlers Antonius und schießlich der Römerbrief des Paulus, die ihn auf die Bahn der Enthaltsamkeit in der Nachfolge Jesu Christi brachten. Noch etwas später brachte ihn derselbe Römerbrief des Paulus zu seiner Einsicht in die absolute Unverdienbarkeit von Gottes Gnade und Erwählung, eine Einsicht, die in den Confessiones breit entfaltet ist und später gegen die Pelagianer konsequent verteidigt wird.[3] So ist es nicht verwunderlich, daß diese »Bekenntnisse« selbst zu einem Seelsorgebuch wurden und wohl auch als solches geplant waren – Seelsorge nicht durch

Belehrung, sondern, wie erwähnt, durch Nachvollziehen der Gottes- und Selbsterfahrung Augustins durch die Leser.

Stellen wir die Frage nach Augustin als Seelsorger im eigentlichen Sinne, so ist in erster Linie auf sein nahezu 40-jähriges Wirken in Hippo Regius als Pfarrer hinzuweisen. Zwar war er zuerst »presbyter«, dann »episcopus« dieser Stadt mit Umland, aber die heute üblichen Übersetzungen der zwei Amtsbezeichnungen, nämlich »Priester« und »Bischof«, vor allem die zweite Bezeichnung, wecken falsche Assoziationen. Als Bischof war er einfach der Hauptpfarrer eines Ortes von mehreren tausend Einwohnern, und auf den Synoden der (mehreren hundert) afrikanischen Bischöfe bildete er mit diesen allen zusammen das Leitungsgremium dieser Kirchenprovinz innerhalb des römischen Reiches. Ein Bischof im heutigen Sinne mit Kompetenzen über eine Diözese oder (protestantisch) über eine Landeskirche von vielleicht mehreren Millionen Gläubigen – ein solcher Bischof war Augustin nicht, und eine päpstliche Oberhoheit des Bischofs von Rom gab es nahezu gar nicht. Augustin war deshalb der erste und oberste Seelsorger seiner Gemeinde, und über ihm stand praktisch niemand, neben ihm aber standen die Presbyter und Diakone.

Was gehört bei Augustin alles zur Seelsorge? Es gibt ein bekanntes und hervorragendes, auch sehr umfangreiches Buch des (katholischen) Niederländers Frits van der Meer, das im Holländischen wie im Deutschen den Titel trägt: Augustin der Seelsorger.[4] Gemeint ist hier das gesamte bischöfliche Wirken Augustins. Der Autor ist nicht stark interessiert an dem, was im protestantischen Raum vorwiegend unter Seelsorge verstanden wird, nämlich Beratung und Begleitung von Einzelpersonen. Ohne das gesamte Wirken des Seelsorgers Augustin ausschließen zu wollen, konzentrieren wir uns hier aber doch auf seine Zuwendung zu einzelnen Personen in ihren Nöten, mit ihren Fragen, Pflichten und Situationen. Das wichtigste Zeugnis, das uns bleibt, sind natürlich die Briefe, und zwar weit mehr als die paar Stellen aus Trostbriefen, die nachfolgend dargeboten werden. Es gibt Briefe an hochgestellte Persönlichkeiten, die in schwierigen Entscheidungen Augustin um Rat fragen, es gibt umfangreiche dogmatische und ethische Lehrschreiben, Anleitungen zum rechten Beten, Ermahnungs- und Tadelbriefe und vieles andere, was hier weggelassen werden muß. Aber auch in den Predigten, von denen mehrere hundert erhalten sind, läßt sich der seelsorgerliche Zug immer wieder erkennen. Augustin kannte seine Gemeinde sehr genau und wußte sie zu lenken.[5]

Über diese Aktivitäten hinaus, die durch schriftliche Aufzeichnungen faßbar sind, wissen wir relativ wenig über individuelle Beratung und persönliche Gespräche. Klar ist allerdings, daß ihm das Gespräch sehr wichtig war, jedenfalls mit den Brüdern in seinem Kloster, das er, wie erwähnt, als Bischof weiterführte und zu einer Gemeinschaft der Geistlichen seiner Stadt ausgestaltete. Dort waren auch Gäste jederzeit willkommen, dort wurde das Tischgespräch gepflegt. Zudem gab es Aussprachen mit einzelnen Personen im Falle schwerer Sünden, also so etwas wie Beichtgespräche. Aber regelmäßige Beichte aller Gemeindeglieder gab es so wenig wie – nach unserem Wissen – regelmäßige Besuche des Bischofs in den Häusern der Gläubigen. Er selbst wurde hingegen oft von ihnen aufgesucht, nicht zuletzt in seiner Funktion als Schiedsrichter. Die christlichen Bischöfe jener Zeit waren mit staatlicher Anerkennung so etwas wie Friedensrichter auch in rein zivilen Angelegenheiten, und wozu sie ermächtigt waren, dazu waren sie wohl oder übel auch verpflichtet. Trotzdem wird man schwerlich das unter »Seelsorge« zusammenfassen können, was Augustin während Jahrzehnten als Schiedsrichter tat, nämlich Streitfälle zu entscheiden, die ihm auch von Leuten angetragen wurden, die gar nicht Christen oder nicht »katholische«, sondern z.B. donatistische Christen waren und ihn nicht als »ihren« Bischof ansahen. Dagegen kann man all das als Seelsorge bezeichnen, was er in der Beratung von bischöflichen, presbyteralen und anderen Kollegen tat, also »Seelsorge an Seelsorgern«. Auch dafür liegt in der Textsammlung ein Beispiel vor.

Wann darf, wann soll sich ein Seelsorger von seiner Gemeinde zurückziehen? Augustin hat wenige Jahre vor seinem Tod (430 n.Chr.) sein Amt im wesentlichen einem Nachfolger überlassen. So hatte er für seine Bücher mehr Zeit. Andererseits hat er die Hirten dringend ermahnt, bei ihrer Herde zu bleiben, als die Vandalen Nordafrika eroberten und die Versuchung groß war – sofern man konnte –, sich vor der Belagerung aus dem Staub zu machen, wenn die eigene Stadt bedroht war. Er selbst ist während der Belagerung von Hippo Regius ebenda gestorben, wünschte keine Besuche mehr und war allein, an der Wand neben seinem Bett die sieben Bußpsalmen. So starb er im Gespräch mit Gott und in gewisser Weise – wie schon in den Confessiones – als sein eigener Seelsorger.

II. Exemplarische Texte

Die Textauswahl beginnt mit einem Abschnitt aus den Confessiones, der ziemlich genau in der Mitte des Gesamtwerks steht und über den Zweck ihrer Abfassung recht viel sagt. Was soeben, am Ende der Überblicksdarstellung, über Augustin als »Seelsorger seiner selbst« gesagt wurde, könnte auch auf die Confessiones angewandt werden. Einerseits wird immer wieder deutlich, wie sehr Augustin für sich allein mit Gott reden konnte, andererseits treibt ihn natürlich nicht bloße Selbstlosigkeit dazu, dies aufzuschreiben, sondern ein ganz elementares Bedürfnis, andere, Gleichgesinnte, an seinem Gott-Seele-Dialog teilnehmen zu lassen.

Es gibt wohl kein Werk Augustins, das er so sorgfältig ausgearbeitet hat wie seine »Bekenntnisse«. Daher ist der Stil auch ganz besonders ausgefeilt, und zwar in einer Art und Weise, die vom klassischen (oder klassizistischen) Stil-Ideal besonders weit entfernt ist und ungewöhnlich viele Bibelzitate, speziell Psalmenzitate, nicht nur »bringt«, sondern völlig mit der eigenen Diktion verschmelzen läßt. Das hat natürlich damit zu tun, daß die 13 Bücher eigentlich durchgehend ein einziges langes Gebet sind. Beim Lesen muß man darum immer auf diese Eigenart achten, und deshalb sind die vielen biblischen Anspielungen hier, im Unterschied zu den weiteren Textausschnitten, auch nicht besonders gekennzeichnet.

Als nächster Ausschnitt aus einem größeren Werk folgen die Einleitung und einige Abschnitte aus dem Buch De catechizandis rudibus, das Augustin um das Jahr 404 an den Diakon Deogratias in Karthago richtete, der ihm seine inneren Schwierigkeiten geklagt hatte, und zwar besonders Schwierigkeiten beim Unterricht der Heiden, die sich als »Katechumenen« einschreiben lassen wollten, d.h. Christen werden und sich taufen lassen wollten. Leute, die geeignet waren, solche Personen – also meist Erwachsene – in die Grundlehren des Christentums einzuführen, sahen sich einem sehr wechselhaften »Publikum« – manchmal auch einzelnen – gegenübergestellt, und dies oft auch zur Unzeit, so daß man die Unlust und Verdrießlichkeit verstehen kann, die Deogratias erfüllte, wenn er überraschend gerufen wurde und im Grunde nur immer wieder dieselben Glaubensartikel referieren mußte, mit sehr zweifelhaftem Erfolg dazu.

Erstaunlich ist hier, wie gut sich Augustin in die Seelennöte seines Briefpartners einfühlen, ja sie wohl besser analysieren kann als dieser selbst. Wenn die Confessiones zeigen, wie er geradezu genial sich selbst zu bespiegeln verstand, so De catechizandis rudibus, wie er die Nöte anderer zu spiegeln und eine zutiefst theologische Antwort zu geben vermochte. Vorausgesetzt ist immer die für ihn typische strenge Scheidung von Innenwelt (der Seele) und Außenwelt (der Sinne). Er sieht die Wahrheit – auch die christlichen Glaubenslehren – in ungetrübter Klarheit in seinem Inneren und in Gott *über* seinem Inneren, und der Transfer in Worte, der für jede zwischenmenschliche Kommunikation unentbehrlich ist, bereitete ihm Nöte, die er auch mit seiner rhetorischen Sprachkunst nie beseitigen konnte. Daß er diese Dualität von Innen- und Außenwelt bis zu einem gewissen Grad auf Deogratias projiziert, ist anzunehmen. Aber seelsorgerlicher Zuspruch kommt wohl ohne ein gewisses Maß an

»Projektion« nicht aus. Wir lernen ja auch dadurch unsere eigene Situation besser verstehen, daß jemand sie von seiner andersartigen Situation her beurteilt und damit neue, ungewohnte Gesichtspunkte ins Spiel bringt, die man nicht restlos übernehmen kann, die einem aber doch neue Perspektiven eröffnen.

Es folgen dann zwei Briefe, die beide vollständig wiedergegeben sind und sich beide nicht sehr genau biographisch einordnen lassen, weder in Augustins Leben noch hinsichtlich der Empfänger. Im ersten Fall, dem Brief 244 an Chrisimus, wird das Thema des Suizids angesprochen. Wer Chrisimus war und worin der Verlust bestand, der ihn zur Verzweiflung trieb, läßt sich auf keine Art und Weise herausfinden. Er war offenbar nicht ein »Kleriker«, sondern ein eher hochrangiger christlicher Laie.

Brief 263 an Sapida ist ein klassischer Trostbrief. Er nimmt auf den Tod ihres Bruders, eines karthagischen Klerikers, Bezug, mit dem Sapida offenbar zusammengelebt hatte. Daß beide je als »heilig« bezeichnet werden, hat ungefähr gleich viel zu bedeuten wie im Neuen Testament, wo dieses Eigenschaftswort einfach für Christen angewendet wird, die durch Christus geheiligt sind. Immerhin spielt bei Sapida die Tatsache eine Rolle, daß sie ein Jungfräulichkeitsgelübde abgelegt hatte, aber – entsprechend der noch unentwickelten Form des Mönchtums im damaligen Nordafrika – nicht mit anderen »Nonnen« in einem Kloster, sondern wohl einfach »zuhause« lebte, aber eben zusammen mit ihrem Bruder, der wahrscheinlich auch unverheiratet war, vielleicht ebenfalls auf Grund eines Zölibatsgelübdes. Näheres wissen wir nicht. Trotz der starken Jenseits-Orientierung dieses Briefes ist es erstaunlich, wie weit sich Augustin auf die eher zudringliche Geste der Sapida einläßt, nämlich die von ihr gewobene und ihm zugesandte Tunica wirklich anzieht, wie er außerdem das Trauern und Weinen auch gläubiger Christen für legitim erklärt, um dann aber doch ziemlich energisch auf die eigentlich christliche Haltung und die wahre Hoffnung hinzulenken.

Hier wird bei einem modernen Leser unweigerlich die Frage auftauchen, ob es richtig sei, einer nach einem Todesfall alleingebliebenen Person – sozusagen einer Witwe – so ausschließlich Hinweise auf das jetzige und künftige Leben *des Verstorbenen* zu geben und sich so wenig auf ihre unausweichlich eintretende bzw. eingetretene »irdische« Situation einzulassen. Allerdings wird man angesichts der starken Bindung der Sapida an Handgreifliches diese Tendenz eher verstehen, und ein Zuspruch in eine vom Briefschreiber nur angenommene Situation der Betroffenen hinein wäre ja wohl schwerlich ein Zeugnis seelsorgerlicher Einfühlungsgabe gewesen.

Interessant ist der Jenseitsbezug in dem Brief an den Selbstmordgefährdeten; denn in jeder Depression steckt auch die elementare Frage nach Sinn und Unsinn irdischen Daseins. Und jede Depression enthält keimhaft die Vision einer anderen Welt, in der nicht Angst und Vergänglichkeit, sondern Freude und ewige Gegenwart herrschen. Deshalb ist der Stellenwert der Jenseitsorientierung im Brief 244 ein anderer als im Brief 263. In allen Äußerungen Augustins findet sich aber der Hinweis auf die jenseitige Heimat und die künftige Herrlichkeit, ein Hinweis, ohne den die Seelsorge keine christliche Seelsorge wäre; denn das Christliche, nämlich Jesus Christus, ist als wahrer Gott und wahrer Mensch zugleich ganz dem Diesseits gegeben und ganz im Jenseits verborgen.

1. Confessiones. Zehntes Buch[6]

Erkennen will ich dich, der du mich erkennst, erkennen will ich dich, so wie ich erkannt bin. Du Kraft meiner Seele, tritt in sie ein und bereite sie für dich, so daß du sie in Besitz hast, ohne Makel und Runzel. . . .. Sieh, du hast nämlich die Wahrheit geliebt, und so kommt, wer sie tut, ans Licht. Ich will jetzt die Wahrheit tun – in meinem Herzen vor dir mit meinem Bekenntnis, mit meinem Schreiben aber vor vielen Zeugen.[7]

Du aber, der du mich im Innersten heilst, mache mir klar, wozu ich das tue. Du hast mir meine vergangenen Sünden nachgelassen und zugedeckt, um mich in dir zu beseligen, nachdem du meine Seele durch den Glauben und dein Sakrament verwandelt hast. Liest oder hört nun einer die Bekenntnisse meiner vergangenen Sünden, so erwecken sie sein Herz, damit es nicht in Verzweiflung versinke und sich sage: »Ich kann nicht«, sondern damit es aufwache in der Liebe deiner Barmherzigkeit und in der Wonne deiner Gnade. Durch sie wird jeder Schwache stark, der sich durch sie seiner Schwäche bewußt wird. Die Guten freut es, von den vergangenen Fehlern derer zu hören, die sie abgelegt haben. Sie freuen sich nicht, weil es Fehler sind, sondern weil es sie einst gab und weil sie jetzt nicht mehr sind. Wozu also, mein Herr, dem täglich mein Gewissen sein Bekenntnis ablegt, wobei es sich mehr auf die Hoffnung deiner Barmherzigkeit stützt als auf seine eigene Unschuld, wozu also, frage ich, bekenne ich hiermit auch den Menschen vor dir, wer ich jetzt bin, nicht nur, wer ich einmal war? Denn was das letztere nutzt, das sehe ich und habe ich schon erwähnt. Doch wer ich jetzt, in diesem Augenblick meiner Bekenntnisse, bin, das wollen viele wissen, die mich kennen und die mich nicht kennen, die von mir oder über mich irgend etwas gehört haben. Aber ihr Ohr ist weit weg von meinem Herzen, von dort, wo ich wirklich bin, was ich bin. Sie wollen also durch meine Bekenntnisse hören, was ich selbst innerlich bin, wohin weder ihr Auge noch ihr Ohr noch ihr Geist eindringt. Sie sind bereit, mir zu glauben. Aber werden sie auch erkennen? Die Liebe, die sie zu Guten macht, ist es, die ihnen sagt, daß ich bei meinen Bekenntnissen nicht lüge, und sie selbst ist es in ihnen, die mir glaubt.[8]

Aber wozu wollen sie das? Wollen sie mich beglückwünschen, nachdem sie gehört haben, wie nahe ich dir komme durch deine Gabe? Wollen sie für mich beten, wenn sie hören, wie sehr mich meine eigene Last dabei zurückhält? Solchen Menschen will ich mich zeigen. Denn das wäre, mein Herr und Gott, kein geringes Ergebnis, daß viele dir meinetwegen Dank sagen und viele für mich bitten würden. Ein brüderlicher Geist soll das in mir lieben, was du zu lieben lehrst, und das in mir beklagen, was du zu beklagen lehrst. Jener brüderliche Geist kann das tun, nicht aber ein fremder, nicht also der der fremden Söhne, deren Mund Eitles redet und deren Arm der Sünde dient, sondern jener brüderliche Geist, der sich über mich freut, wenn er mich gutheißen kann, und traurig wird, wenn er mich mißbilligt; denn ob er mich gutheißt oder ob er mich mißbilligt, er liebt mich. Solchen Menschen will ich mich zeigen: Sie sollen aufatmen an dem, was gut ist in mir, und seufzen über das, was schlecht ist in mir. Das Gute an mir ist dein Werk und dein Geschenk. Das Böse an mir ist meine Schuld und dein Gerichtsspruch. Dort sollen sie aufatmen, hier sollen sie aufseufzen. Freudelied wie Klage sollen aufsteigen zu deinem Angesicht aus brüderlichen Herzen wie aus Weihrauchschalen. Du aber, Herr, erfreut von diesem Wohlgeruch deines heiligen Tempels, erbarme dich meiner um deines Namens willen in deiner großen Barmherzigkeit. Niemals gibst du das Werk auf, das du begonnen hast. So vollende, was an mir unvollkommen ist.[9]

2. *De catechizandis rudibus. Vom ersten katechetischen Unterricht.*[10]

Du hast mich gebeten, Bruder Deogratias, dir für deinen Gebrauch einen Leitfaden zur Einführungskatechese für Nichtchristen zu schreiben. Wie du sagtest, führt man in Karthago, wo du Diakon bist, immer wieder Leute zu dir, die einen ersten Einblick in den christlichen Glauben erhalten möchten, weil man dich für einen besonders begabten Katecheten hält, sowohl wegen deiner Kenntnis der Glaubenslehre wie auch wegen der gewinnenden Art deines Vortrags. Nun leidest du aber nach deiner Aussage fast ständig unter der quälenden Unsicherheit, wie denn die Kernpunkte des christlichen Glaubens in geeigneter Form zu vermitteln sind: wo etwa die erzählende Darstellung einzusetzen hat und wie weit sie zu führen ist, ob man im Anschluß an die Erzählung eine Ermahnung mitgeben soll oder ob man sich auf die Erwähnung der Gebote beschränken kann, die der Zuhörer befolgen muß, um den Normen des christlichen Lebens und Bekenntnisses mit Sicherheit zu genügen. Im weiteren hast du bedauernd eingestanden, daß du dir im Verlauf eines langen und zähfließenden Vortrags selber immer wieder oberflächlich und langweilig vorkamst; was müsse da erst jener empfunden haben, den du mit deinen Worten in den Glauben einführtest, und die übrigen Zuhörer, die mit dabei waren. Diese unbefriedigende Situation habe dich gedrängt, deinerseits unter Berufung auf die Liebe, die ich dir schulde, mich zu drängen, ungeachtet all meiner anderen Verpflichtungen und ohne mich zu sträuben, auf diese Thematik einzugehen.[11]

Die Hauptklage, die ich von dir hörte, lautete also, daß du deinen eigenen

Vortrag, mit dem du Menschen in den christlichen Glauben einführst, selber als gehaltlos und langweilig empfindest. Dies liegt aber, dessen bin ich sicher, nicht an deiner mangelhaften Kenntnis der Inhalte, die du vermitteln mußt – dafür bist du ja, wie ich weiß, genügend gerüstet und geschult –, auch nicht an mangelnder Redekunst, sondern allein an deinem Überdruß. Dafür gibt es mehrere Gründe, von denen ich einen schon genannt habe, nämlich daß das, was wir in der Stille mit unserem geistigen Auge schauen, uns mehr Freude bereitet und uns stärker fesselt, und daß wir uns nur ungern davon wegrufen lassen zum gänzlich andersartigen Gerassel der Wörter. Als zweiten Grund führe ich an, daß wir selbst dann, wenn das Sprechen uns befriedigt, es vorziehen, das anzuhören oder zu lesen, was bereits treffender formuliert wurde oder was von anderer Seite, ohne daß es uns selber Mühe und innere Spannung verursacht, geäußert wird, als daß wir nach Geschmack und Auffassungsvermögen anderer uns eilig Worte zurecht legen, ohne je sicher zu sein, ob diese unsere Gedanken richtig wiedergeben und ob sie vom Zuhörer nutzbringend aufgenommen werden. (Ein weiterer Grund liegt darin, daß wir genug davon haben, immer und immer wieder auf dieselben Themen zurückzukommen, die wir Leuten vermitteln, die Christen werden wollen, weil sie uns ja längst bekannt sind und zu unserer eigenen Förderung nichts mehr beitragen; unser doch einigermaßen erwachsener Geist bewegt sich nicht mehr mit sonderlich viel Lust auf diesen ausgetretenen und gleichsam kindlichen Pfaden.) Des weiteren kann die Teilnahmslosigkeit des Zuhörers dem Vortragenden Überdruß bereiten. Nicht daß wir auf menschliches Lob aus sein dürfen, aber was wir darreichen, ist ja eine Gabe Gottes. Und je mehr wir jene lieben, zu denen wir sprechen, um so mehr wünschen wir, daß ihnen zusagt, was wir ihnen zu ihrem Heil darbieten. Gelingt uns dies nicht, befällt uns Traurigkeit, mitten im Lauf erleiden wir eine Schwäche und geben entkräftet auf, da uns alle Mühe nutzlos erscheint.[12]

Wenn nun der Grund für unseren Mißmut darin liegt, daß der Hörer die Einsicht unseres Geistes nicht unmittelbar erfaßt, wir also gleichsam von ihrem erhabenen Gipfel herabsteigen und tief unter ihr und weit von ihr entfernt uns beim trägen Gang der Silben aufhalten müssen; wenn es uns ferner Sorgen macht, wie das, was der Geist in einem Zug blitzschnell in sich einsaugt, in langwieriger und verwickelter Weitschweifigkeit durch den leiblichen Mund wieder ans Licht tritt, und wenn wir nur mit Widerwillen sprechen, lieber schweigen möchten, weil die Rede so ganz und gar der Einsicht unähnlich ist: Dann wollen wir daran denken, was der uns als Vorleistung gewährte, »der uns ein Beispiel gab, auf daß wir seinen Spuren folgen« (l. Petr 2,21). Mag sich unser gegliedertes Sprechen noch so sehr von der Behendigkeit unserer Erkenntniskraft unterscheiden, noch viel größer ist der Abstand zwischen uns, deren Fleisch sterblich ist, und ihm, der Gott gleich ist. »Und obwohl Christus die gleiche Natur wie Gott besaß, entäußerte er sich selber, indem er Knechtsgestalt annahm usw., bis zum Tod am Kreuz» (Phil 2,6–8). Weshalb tat er dies? Doch nur, «weil er den Schwachen ein Schwacher wurde, um die Schwachen zu gewinnen» (1. Kor 9,22).

. . . So wurde er also ganz klein in unserer Mitte, «wie eine Amme, die ihre Kinder hegt» (1. Thess 2,7). Macht es etwa Freude, außer wenn die Liebe dazu einlädt, verkürzte und verstümmelte Wörter an das Kind hinzuplappern? Und doch sehnen sich die Menschen danach, Kinder zu haben, für die sie dies tun können. Und für eine Mutter bedeutet es mehr Freude, ihrem Söhnchen kleine Bissen zu kauen und in den Mund zu schieben, als selber größere Stücke zu genießen. . . . Wenn uns nämlich die Erkenntnis in unserem Innersten Genuß bereitet, muß es uns auch Genuß bereiten, wenn wir erkennen, daß die Liebe desto mehr Kraft hat, ins Innerste zurückzukehren, je mehr Hilfsbereitschaft sie hat, ins Tiefste hinabzusteigen, aus dem guten Gewissen heraus, bei jenen, zu denen sie herabsteigt, nichts anderes als deren ewiges Heil im Auge zu haben.[13]

Wenn wir es ferner leid sind, dauernd die üblichen, für Kinder angemessenen Themen zu wiederholen, wollen wir uns doch in brüderlicher, väterlicher und mütterlicher Liebe zu ihnen hinunterneigen und die Verbindung zu ihrem Herzen knüpfen, und auch uns wird alles wieder neu erscheinen! Wieviel vermag doch das Mitfühlen des Herzens! Wenn die Zuhörer dieses Gefühl uns gegenüber empfinden, die wir sprechen, wir aber ihnen gegenüber, die lernen, dann wohnen wir uns gleichsam gegenseitig inne, und was jene hören, das sprechen sie gleichsam in uns, und wir lernen gewissermaßen in ihnen, was wir lehren. Machen wir nicht immer wieder folgende Erfahrung: Da gingen wir wiederholt für uns allein an eindrücklichen und reizvollen Sehenswürdigkeiten in der Stadt oder auf dem Land vorbei, ohne daß sie uns auch nur in geringster Weise beeindruckten, weil wir sie schon zu oft gesehen hatten; nun aber, da wir sie anderen Leuten zeigen, die sie noch nie gesehen hatten, lebt unsere Begeisterung neu auf durch die Begeisterung, die das erstmalige Sehen in ihnen weckt? Das erfahren wir um so stärker, je enger sie mit uns befreundet sind: Im selben Maß, wie wir mit ihnen durch das Band der Liebe eins sind, wird auch für uns neu, was uns sattsam bekannt war.[14]

3. *Brief 244 an Chrisimus*[15]

a) Gerüchtweise habe ich gehört – Gott gebe, daß es nicht stimmt! –, Du seiest in so schlechter Gemütsverfassung, daß ich mich sehr wundere, wie ein Mann von Deiner Klugheit und christlichen Gesinnung so wenig mit der Tatsache rechnet, daß die irdischen Dinge niemals den himmlischen gleichgeachtet werden dürfen. Diesen allein gehören unser Herz und unsere Hoffnung. Mein guter Freund, hast Du etwa Deine ganze Hoffnung auf die Dinge gesetzt, die Du jetzt verloren zu haben scheinst, oder hast Du sie für ein so großes Gut gehalten, daß nach ihrem Verlust Dein Geist von übergroßer Traurigkeit verdunkelt wird, als ob nicht Gott sein Licht wäre, sondern die irdischen Dinge?

Ich habe nämlich gehört – aber, wie gesagt, Gott gebe, daß ich etwas Falsches gehört habe –, daß Du Hand an Dich legen wollest; ich glaube, dieser Gedanke wäre besser nie in Dir aufgestiegen oder nie von Dir geäußert worden. Weil Du nun aber doch so verstört bist, daß ein solches Gerücht entstehen konnte, hat mich große Traurigkeit ergriffen, und ich dachte, ich könnte Dich, mein Lieber, mit diesem brieflichen Zuspruch etwas trösten. Allerdings zweifle ich nicht daran, daß der Herr, unser Gott, in Deinem Herzen Dich besser trösten kann. Ich weiß ja, wie eifrig Du immer sein Wort zu hören pflegtest.

b) Richte Deinen Geist auf, liebster Bruder in Christus. Unser Gott verläßt die Seinen nicht und wird sie nicht verderben. Aber er will uns deutlich machen, wie zerbrechlich und unsicher die Dinge sind, die die Menschen unmäßig lieben, damit wir die Bindung an sie lösen, durch die sie uns begehrenswert scheinen und uns mit unsichtbaren Fäden an sich ziehen. Stattdessen sollen wir uns darin üben, mit unserem ganzen Streben jenem entgegenzueilen, bei dem wir keinen Verlust zu fürchten haben. Er ist es, der Dich durch meinen Dienst ermutigen will. Du sollst unerschütterlich daran festhalten, daß Du ein getaufter Christ und vom Blute dessen erlöst bist, der nicht nur in seiner ewigen Weisheit, sondern auch durch seine irdische Gegenwart als Mensch uns gelehrt hat, durch Mäßigung das Glück dieser Welt gering zu achten und mit Tapferkeit das Unglück hienieden zu ertragen, indem er uns als Lohn eine Glückseligkeit versprach, die uns niemand rauben kann.[16]

4. *Brief 263 an Sapida*[17]

a) Du hast mir ein Werk Deiner sorgfältigen und liebevollen Handarbeit zukommen lassen. Ich behalte es, weil ich Dich, die Du Trost brauchst, nicht noch mehr betrüben möchte. Dies tue ich um so lieber, weil Du die Vorstellung als besonders tröstlich bezeichnest, daß ich die Tunica trage, die Du für Deinen Bruder, den heiligen Diener Gottes, verfertigt hattest. Dieser bedarf ja keiner vergänglichen Dinge mehr, nachdem er das Land der Sterblichen verlassen hat. Ich habe also getan, was Du Dir gewünscht hast, und habe Dir nicht verweigert, was Du für tröstlich hältst im Blick auf die Empfindungen Deinem Bruder gegenüber. Ich habe also die von Dir gesandte Tunica erhalten, und während ich diesen Brief schreibe, habe ich sie schon zu tragen begonnen. Sei guten Mutes, aber wende Dich besseren und größeren Tröstungen zu, damit die Wolken, die aus menschlicher Schwäche Dein Herz verdunkelt haben, von Gottes Herrlichkeit vertrieben werden. Und lebe beharrlich weiterhin so, um auf diese Weise mit Deinem Bruder zu leben; denn Dein Bruder ist ja gestorben, um zu leben.

b) Es gibt allerdings Anlaß zu Tränen, daß Du Deinen Bruder, der Dich liebte und Dich wegen Deiner Lebensgestaltung und des Jungfräulichkeitsgelübdes hoch achtete, nicht mehr wie gewohnt sehen kannst, ihn, der als Diakon der Kirche von Karthago bei Dir ein- und ausging und die Pflichten seines kirchlichen Amtes mit Eifer ausübte. Nun kannst Du seine ehrerbietigen Worte nicht mehr hören, die er liebevoll und zuvorkommend an Dich, seine heilige Schwester, richtete. Wenn man daran zurückdenkt und sich zu dem, was einst eine liebe Gewohnheit war, zurücksehnt, so geht einem ein Stich durchs Herz, und das Weinen stellt sich wie das Bluten des Herzens ein. Aber das Herz soll zum Herrn erhoben sein, und so werden auch die Augen wieder trocken werden. Zwar ist das, worüber Du trauerst, Dir entrissen, weil seine Zeit abgelaufen ist, aber deshalb ist die Liebe, die Timotheus für Sapida empfand – und empfindet –, nicht zugrunde gegangen. Sie bleibt bewahrt wie in einer Schatzkammer und »ist verborgen mit Christus im Herrn« (Kol 3,3).

Wer Gold liebt, verliert der es, wenn er es versteckt? Ist es nicht umgekehrt so, daß man – soweit möglich – noch mehr Sicherheit hat, wenn man es für die Augen unsichtbar in einem verläßlicheren Versteck aufbewahrt? Wenn nun schon für das Streben nach Irdischem das als sicherer gilt, was man liebt und doch nicht sieht, sollte sich da die Liebe zum Himmlischen grämen, als ob verloren wäre, was sie in himmlische Scheunen vorausgeschickt hat? Sapida, achte auf die Bedeutung Deines Namens, und was droben ist, sape – bedenke! –[18], wo Christus ist, sitzend zur Rechten Gottes (Kol 3,1), der für uns den Tod auf sich genommen hat, damit wir, auch wenn wir sterben, leben, und damit der Tod nicht vom Menschen gefürchtet wird wie etwas, das den Menschen vernichtet, und damit auch nicht um einen Verstorbenen getrauert wird, für den das Leben gestorben ist, als ob *er* das Leben verloren hätte. Solches und Ähnliches möge Dein gottgegebener Trost sein, vor dem menschliche Traurigkeit errötet und zurückweicht.

c) Man darf sich nicht über den Schmerz erzürnen, den die Sterblichen um ihre verstorbenen Lieben empfinden. Aber Gläubige sollen nicht allzulange trauern. Darum, wenn Du auch jetzt noch traurig bist, so möge es doch jetzt genug sein! Trauere nicht so »wie die Heiden, die keine Hoffnung haben« (1. Thess 4,13). Der Apostel Paulus hat das Trauern nicht an sich verboten, als er dies sagte, wohl aber *so* zu trauern »wie die Heiden, die keine Hoffnung haben«. Denn auch Martha und Maria, die liebevollen und gläubigen Schwestern, weinten um ihren Bruder Lazarus, der doch auferstehen sollte (Joh 11,33 und 24), obschon sie zu dem Zeitpunkt nicht wissen konnten, daß er sogar in dieses Leben zurückkehren würde. Ja, der Herr selbst weinte um Lazarus, den er doch auferwecken wollte (Joh 11,35). Ohne Zweifel hat er damit nicht durch ein Gebot befohlen, wohl aber ein Beispiel dafür gegeben, daß es auch uns erlaubt ist, um diejenigen Verstorbenen zu weinen, von denen wir glauben, daß sie zum wahren Leben auferstehen werden. Nicht ohne Grund sagt die Schrift im Buch Jesus Sirach: »Mein Kind, wenn einer stirbt, so beweine ihn und klage wie einer, dem großes Leid geschehen ist« (38,16). Kurz danach aber heißt es: »Tröste Dich in der Traurigkeit; denn vom Trauern kommt der Tod, und die Traurigkeit des Herzens schwächt die Kräfte« (38,17 u. 19).

d) Dein Bruder, meine Tochter, lebt im Geist, schläft im Fleisch. »Wer schläft, wird der nicht auch wieder aufstehen?« (Ps 41,9). Gott, der seinen Geist aufgenommen hat, wird seinen Körper wieder herstellen, den er nicht weggenommen hat, um ihn zu vernichten, sondern entfernt hat, um ihn ihm wiederzugeben. Es gibt deshalb keinen Grund zu langer Trauer, sondern vielmehr Grund zu ewiger Freude, wenn doch sogar der sterbliche Teil Deines Bruders, der in der Erde liegt, für Dich nicht zugrunde gehen wird, also das, womit er Dir gegenwärtig war, wodurch er Dich anredete und mit der für Deine Ohren wohlbekannten Stimme sprach, so vertraut wie sein Gesicht, womit er sich Deinen Augen darbot, so daß, wo man ihn hörte, man ihn auch erkannte, ohne ihn zu sehen. Dies alles wird den Sinnen der Lebenden entzogen, so daß sie Schmerz über die Abwesenheit der Toten empfinden. Aber wenn die Leiber nicht in Ewigkeit zugrunde gehen werden, wie auch »kein Haar von Eurem Haupt verloren gehen wird« (Lk 21,18), und wenn sie zeitweilig ins Grab gelegt, aber so wieder empfangen werden, daß sie nie mehr abgelegt werden müssen, sondern so bleiben werden, wie sie zum Besseren verwandelt sein werden: Dann besteht viel mehr Grund zur Freude in der Hoffnung auf die unschätzbare Ewigkeit, als Grund zur Trauer in einer Sache, die so kurze Zeit dauert. Diese Hoffnung haben die Heiden nicht, die »weder die Schrift noch die Kraft Gottes kennen« (Mt 22,29), des Gottes, der das Zerstörte wiederherstellen, das Tote lebendig, das Verdorbene wieder ganz machen, das Getrennte wieder vereinigen kann und das, was verdorben ist und von ihm vollendet wird, danach ohne Ende bewahren kann. Der hat verheißen, dies zu tun, der den Glauben schon weckte durch Erfüllung dessen, was er zuvor verheißen hat. Dies möge Dir Dein eigener *Glaube* sagen, weil Deine *Hoffnung* nicht betrogen werden wird, auch wenn zur Zeit Deine *Liebe* noch unerfüllt ist: Dies bedenke, damit tröste Dich reichlicher und trefflicher, als ich es kann. Und wenn es Dich etwas tröstet, daß ich, da er es nicht mehr konnte, mit dem Gewand mich kleide, das Du dem Bruder gewoben hattest – wie viel mehr und wie viel gewisser mußt Du Dich trösten, weil der, für den es vorbereitet war, nun umkleidet ist mit Unverweslichkeit und Unsterblichkeit und auch keines unvergänglichen Kleides mehr bedarf.

III. Wirkung

Die seelsorgerliche Tätigkeit Augustins ist durchzogen von Spannungen: einmal die Spannung zwischen dem Inneren mit seiner Erkenntnisklarheit und dem Äußeren der Sprach- und Zeichenvermittlung, die dem wahrhaft Gemeinten nie adäquat sein kann; sodann die Spannung zwischen den hohen sittlichen Erwartungen an sich selbst – und an andere – und der immer wiederholten Erfahrung des Ungenügens und Unvermögens, des Schuldigwerdens und Sündigens; sodann die Spannung zwischen der ewigen Heimat und der endzeitlichen Erlösung einerseits und dem Wandel »im Fleisch« mit seinen Leiden und Versuchungen andererseits; nicht zuletzt auch die Spannung zwischen dem Wirken des hl. Geistes im Herzen des einzelnen, das allein auf Gottes freiem Wirken beruht, und den äußeren Zeichen, d.h. den Sakramenten, sowie der äußeren kirchlichen Gemeinschaft und Institution. Alle diese Spannungsfelder könnten einen Seelsorger zur Verzweiflung treiben. Augustin haben sie zwar belastet, aber auch sein seelsorgerliches Wirken befruchtet; denn die meisten Christinnen und Christen leiden unter ähnlichen Gegensätzen, und die Erfahrung der Solidarität unter derart Belasteten ist selbst schon ein Teil der Seelsorge. Voraussetzung ist natürlich – wie es bei Augustin der Fall war –, daß Zweifel, Resignation und Isolation in den Schatten gestellt werden von Glaube, Hoffnung und Liebe. Die Selbsterfahrung des Seelsorgers vor Gott kann so zu einer gemeinsamen Erfahrung und zur Quelle seelsorgerlichen Wirkens werden.

Ein ganz wesentliches Element von Augustins Selbsterfahrung war das, was wir heute als eine Art von Psychologisierung empfinden, am ausgeprägtesten in den Büchern I bis X der Confessiones. Nun ist ja die Psychologie, vor allem seit den Sechzigerjahren, spürbar in Theorie und Praxis der christlichen Seelsorge eingekehrt. Nur liegt der Unterschied zwischen Augustins und unserer Psychologie darin, daß die modernen psychologischen Schulen ihrerseits Produkte einer langen Entwicklung sind, deren Wurzeln zurückreichen ins traditionell christliche Menschenbild. Die Menschenbilder der Psychologie haben sich aber vom christlichen weitgehend gelöst, zum Teil sich entschieden von ihm losgesagt. Augustins Psychologie ist zwar ihrerseits von antik-philosophischen Voraussetzungen abhängig, lebt aber doch vor allem von unmittelbarer Selbstbeobachtung und von der Offenlegung der Seele vor dem Gott der Bibel. Möglicherweise ist genau dies eine Eigenart, die aller christlichen Seelsorge Gewinn bringt: eine Öffnung zur Psychologie, die weniger von Schulen und ihren Methoden profitiert als vom Beobachten der realen Individuen und vom Reden vor Gott und mit Gott, dem Versöhner und Erneuerer. Die Bibel ist weder ein psychologisches noch ein antipsychologisches Lehrbuch. Sie ist ein Lebensbuch, das auch zu psychologischen Tiefblicken anregt.

Augustins Seelsorge war an der »Auferbauung des Leibes Christi« orientiert. Das hat nicht einfach mit seiner Ausübung des bischöflichen Amtes zu tun, sondern mit seiner Erfahrung von Jesus Christus als dem Haupt mit seinem Leib. Die versammelte Gemeinde ist selbst der Leib Christi, und keineswegs sind es nur die Abendmahlselemente auf dem Altar. Die Amtsträger sind ausführende Organe des Leibes Christi und keineswegs so etwas wie ein Gerüst, an dem die kirchliche Gemeinschaft gleichsam aufgehängt wäre. Der Leib Christi bleibt freilich immer eine geistige oder geistliche, letztlich unsichtbare Gemeinschaft und ist nicht identisch mit den Mitgliedern der sichtbaren Kirche. Diese Aussagen schließen ein, daß die Gemeindeglieder an Christi Priestertum teilhaben und somit auch zur Seelsorge aneinander aufgerufen sind. Wie weit dies in die Tat umgesetzt wurde, ist nicht ohne weiteres zu erkennen. Einen Gemeindeaufbau aus »mündigen Laien« hat Augustin in seiner bischöflichen Alltagspraxis sicher nicht betrieben. Allerdings ist dies nur die eine Hälfte der Wahrheit. Denn Augustins Gründung klösterlicher Gemeinschaften, sowohl von Klerikern als auch von gewöhnlichen Christen, bedeutete eine Aufwertung des »Laien«. Zwar gab es einen Probst oder Abt in einer solchen Kommunität, aber die gegenseitige Tröstung und Zurechtweisung, die Rücksichtnahme und Liebe in der Gemeinschaft bildeten einen Rahmen, den man im besten Sinne des Wortes als seelsorgerlich bezeichnen kann – Seelsorge nun nicht in erster Linie als Dienst am Individuum, sondern Seelsorge als Gemeinschaft, in der die einzelnen getragen, »ein Herz und eine Seele sind«, wie Augustin gern in Anlehnung an Apg 4,32 sagt. Auf diese Weise war Augustins Mönchtum eine Form von seelsorgerlichem Gemeindeaufbau.

Anmerkungen

1 Neueste allgemeinverständliche Überblicksdarstellung: Ernst Dassmann, Augustinus – Heiliger und Kirchenlehrer, Stuttgart/Berlin/Köln 1993. Ich verweise zudem auf Kurt Flaschs Reclam-Bändchen: Augustin. Einführung in sein Denken, 1980, das aber stark philosophisch orientiert und Augustin gegenüber (über-)kritisch ist. Kurz und an den geistesgeschichtlichen und theologischen Zusammenhängen interessiert ist die Darstellung von H. Chadwick, Augustin, Göttingen 1987. Die klassische Biographie bleibt vorläufig: Peter Brown, Augustinus von Hippo, Frankfurt a.M., 2.Aufl. 1982 (ursprünglich englisch, 1967). Zusammenfassend auch A. Schindler, Artikel »Augustin« in: Theologische Realenzyklopädie, Band IV (1979), 646–698. Für biographische Belange ist auch van der Meers Buch nützlich (s.u. Anm.4).

2 Augustin selbst hat eine Auslegungs- und Predigtlehre verfaßt unter dem Titel »De doctrina christiana«, was ungefähr so viel heißt wie: von der christlichen Wissenschaft.

3 Die Buch-Bekehrungen Augustins sind in den Confessiones zu finden: III,4,7f. (Cicero), VIII,6,14 (Antonius), VIII,12,29 (Paulus als Mahner zu einem enthaltsamen Lebenswandel). Das erste Werk nach der Wende zu einem streng paulinischen Prädestinations-Verständnis ist das Werk Ad Simplicianum de diversis quaestionibus, dessen entscheidendes Kapitel Kurt Flasch unter dem bezeichnenden Titel »Logik des Schreckens« deutsch und lateinisch veröffentlicht hat, Mainz 1990, (Excerpta classica 8).

4 Frits van der Meer, Augustinus de zielzorger, 1946, deutsch Köln 1951, 3. Aufl. 1958, englisch bezeichnenderweise mit dem Titel: Augustine the Bishop, 1961.

5 Ausführlich und anschaulich über Augustin als Prediger van der Meer, 430–471.

6 Verwendet ist hier die Übersetzung von Kurt Flasch und Burkhard Mojsisch, Reclam 1989. Eine lateinisch-deutsche Ausgabe mit der Übersetzung von J. Bernhart gibt es seit Jahren bei Kösel, inzwischen als Insel-Taschenbuch 1002, Frankfurt a.M. 1987, ebenso gehört die bei dtv (urspr. Artemis, dann auch Reclam) erschie-

nene Übersetzung von W. Thimme zu den älteren, aber empfehlenswerten. Die heute maßgebende lateinische Textausgabe besorgte L. Verheijen, Turnholt 1981, (Corpus Christianorum, Series Latina, Band 27).

7 Confessiones X,1,1 (Ausschnitt).

8 Conf. X,3,4 mit leichten Änderungen gegenüber der Übersetzung von Flasch/Mojsisch.

9 Conf. X,4,5 mit leichten Änderungen gegenüber der Übersetzung von Flasch/Mojsisch.

10 Der Titel dieser Schrift Augustins erscheint einem modernen Benützer seltsam. Er lautet, wörtlich übersetzt: Von den zu unterrichtenden Ungebildeten. »catechizare« ist ein Lehnwort aus dem Griechischen und mit unserem »Katechese, Katechismus, Katechumene« verwandt. Die »rudes« sind die Heiden, die zum Katechumenen-Unterricht kommen wollen. Die hier benutzte Übersetzung erschien 1985: Aurelius Augustinus, Vom ersten katechetischen Unterricht. Neu übersetzt von Werner Steinmann, bearbeitet von Otto Wermelinger, Kösel (Schriften der Kirchenväter, hg. v. N. Brox, Band 7). Der lateinische Text von De catechizandis rudibus ist 1969 herausgegeben worden von I.B. Bauer im Corpus Christianorum, Series Latina, Band 46.

11 De cat.rud. 1 mit leichten Änderungen gegenüber der Übersetzung von Steinmann/Wermelinger.

12 De cat.rud. 14 (Ausschnitt),mit ganz geringfügigen Änderungen gegenüber der Übersetzung von Steinmann/Wermelinger.

13 De cat.rud. 15 (Ausschnitte) mit leichten Änderungen gegenüber der Übersetzung von Steinmann/Wermelinger.

14 De cat.rud. 17 (Ausschnitt) mit leichten Änderungen gegenüber der Übersetzung von Steinmann/Wermelinger.

15 Die Übersetzung dieses Briefes stammt von A. Schindler. Die Anrede ist weggelassen, weil Titulatur und Wendungen praktisch nicht auf Deutsch übersetzbar sind: Domino vere ac merito carissimo et praedicando fratri Chrisimo Augustinus in domino salutem. Der lateinische Text der Briefe Augustins ist herausgegeben worden von Al. Goldbacher im Corpus Scriptorum Ecclesiasticorum Latinorum, in mehreren Bänden. Die beiden hier wiedergegebenen Briefe finden sich in Band 57, erschienen 1911.

16 Es folgen noch ein paar Mitteilungen ohne Bedeutung für den seelsorgerlichen Inhalt des Briefes, die deshalb weggelassen sind.

17 Die Übersetzung dieses Briefes stammt von A. Schindler. Auch hier ist die Anrede nicht übersetzt. Sie lautet auf Lateinisch: Dominae religiosissimae et sanctae filiae Sapidae Augustinus in domino salutem.

18 Hier verwendet Augustin im Lateinischen ein Wortspiel: Sapida ist eigentlich die weibliche Form des Adjektivs »sapidus« mit der Bedeutung: 1. schmackhaft, 2. weise. Es ist verwandt mit dem Verbum »sapere«, dessen Imperativ Augustin hier verwendet in der Bedeutung: Sei weise. Die von ihm verwendeten lateinischen Bibelübersetzungen boten in Kolosser 3,1 teils »quaerite« (suchet), teils »sapite« (bedenkt).

Benedikt von Nursia

Benedikt von Nursia

Gerhard Voss

I. Biographie

1. Benedikt von Nursia, der bedeutendste Mönchsvater des Abendlandes, wurde um 480 in Nursia, im heutigen Norcia (Italien), geboren und starb wohl zwischen 555 und 560 in dem im Jahre 529 (?) von ihm gegründeten Kloster auf dem Monte Cassino, etwa 140 km südöstlich von Rom. Eine Darstellung seines Lebens haben wir aus der Feder des Papstes Gregor des Großen (+ 604) im zweiten Buch seiner Dialoge.[1] Als Gregor dieses Werk etwa 10 Jahre vor seinem Tode schrieb, war das Kloster auf dem Monte Cassino längst schon verlassen – nach seiner Zerstörung durch die Langobarden im Jahre 577. Doch nennt Gregor als seine Gewährsmänner vier ihm bekannte Schüler Benedikts, und manche der von ihm erwähnten Begebenheiten lassen sich aufgrund anderer Quellen datieren. Das Interesse Gregors gilt jedoch nicht historischer Genauigkeit. Er zeichnet Benedikt vielmehr als Archetyp eines Menschen, der, gesegnet mit Gnadengaben, die ihn biblischen Propheten- und Apostelgestalten ähnlich machen, sein Studium im damals dekadenten Rom aufgibt, um unter der Führung des Evangeliums einen Weg einzuschlagen, auf dem er in Wahrnehmung der Gegenwart Gottes in seinem Leben fähig wird, »ganz in sich zu wohnen« (habitare secum) und das von ihm geleitete und geprägte Kloster inmitten der Wirren der Völkerwanderungszeit zu einem Ort des Friedens zu machen, zu einem Ort, an dem es ebensowenig wie überall eine »noch heile Welt« gibt, an dem jedoch in dieser Welt Heilung an Seele und Leib erfahren wird.

Das Interesse Gregors an dieser Heiligengestalt ist von der schmerzlichen Erfahrung bestimmt, aufgrund seiner eigenen vielfältigen Beanspruchungen durch die vielen Menschen und Aufgaben, denen er nachzugehen hatte, selbst allzusehr außer sich zu geraten und sich ganz aus dem Auge zu verlieren. So wird ihm Benedikt in seiner Fähigkeit, Aktion und Kontemplation miteinander zu verbinden, zum faszinierenden Vorbild. Der Mönchsvater wird in der Darstellung Gregors zum geistlichen Lehrmeister, zum Seelenführer, dessen eigener Lebenswandel ganz von der Wegweisung geprägt ist, die er in seiner »Regel« klösterlichen Lebens hinterlassen hat: »Er verfaßte nämlich eine Regel für Mönche, die sich durch ihre Weisheit auszeichnet und glänzend geschrieben ist. Wenn einer seine Lebensart genauer kennenlernen will, kann er in den Anweisungen der Regel alles finden, was der Meister selbst übte. Denn der heilige Mann konnte nicht anders lehren, als er lebte« (Dial. II, 36). Die historische Gestalt Benedikts tritt also ganz zurück hinter dem Bild des Abtes, das Benedikt in seiner Regel zeichnet. Die wesentlichste und zugleich »schwierige und mühevolle Aufgabe« dieses Abtes in der Leitung seines Klosters ist die Sorge für seine Brüder (RB 2,38): »Vor allem darf er über das Heil der ihm Anvertrauten nicht hinwegsehen oder es geringschätzen und sich größere Sorge machen um vergängliche, irdische und hinfällige Dinge. Stets denke er daran: Er hat die Aufgabe übernommen, Menschen (animas) zu führen, für die er einmal Rechenschaft ablegen muß« (RB 2,33f.).[2] »Der Abt muß sich darum sorgen und mit Gespür und großem Eifer danach streben, daß er keines der ihm anvertrauten Schafe verliert. Er sei sich bewußt, daß er die Sorge für gebrechliche Menschen (infirmarum cura animarum) übernommen hat, nicht die Gewaltherrschaft über gesunde« (RB 27,5f.). »Am Tage des Gerichts muß er für sie alle (ipsarum omnium animarum) dem Herrn Rechenschaft ablegen, dazu ohne Zweifel auch für sich selbst (suae animae)« (RB 2,38).

2. Im Dienst dieser seelsorgerlichen Verantwortung schreibt Benedikt seine Regel als Lebensordnung für Anfänger auf dem geistlichen Weg (RB 73,1.8). Er ist jedoch keineswegs der erste, der eine solche Regel schreibt. Er schöpft vielmehr aus der großen Mönchstradition vor ihm in ihrer ganzen Breite, übernimmt daraus ganze Passagen weitgehend wörtlich. Und doch ist die Regel, die Benedikt am Ende seines Lebens nach langer Erprobung und wohl auch mehrfacher Überarbeitung hinterläßt, etwas Neues aufgrund der Weise, wie er das Überkommene auswählt, ergänzt und zusammenstellt. Mit dem überlieferten geistlichen Erbe verbinden sich bei Benedikt der praktische Sinn und das Augenmaß des Römers, eine in langjähriger Erfahrung gewonnene Menschenkenntnis sowie die Güte und Geduld eines in der Ausrichtung auf Christus reif und weise gewordenen Herzens. So entstand ein einzigartiges Handbuch, das

die Lebensordnung einer klösterlichen Gemeinschaft umfassend und sehr konkret regelt, zugleich aber in allem Zeit- und Situationsbedingten flexibel bleibt, weil es der pastoralen Sorge den nötigen Spielraum läßt. Es gehört zur Größe der Regel Benedikts, daß sie selbst über sich hinausweist: »Ist denn nicht jede Seite oder jedes von Gott beglaubigte Wort des Alten und Neuen Testamentes eine verläßliche Wegweisung für das menschliche Leben? Oder welches Buch der heiligen katholischen Väter redet nicht laut von dem geraden Weg, auf dem wir zu unserem Schöpfer gelangen?« (RB 73,3f.). Aufgrund ihrer geistlichen Qualität und Anpassungsfähigkeit wurde die Regel Benedikts mehr und mehr und bis ins Hochmittelalter hinein zur alleinigen Norm für alle Klöster des gesamten Abendlandes, zunächst in England und von dorther – seit dem Concilium Germanicum 742 verpflichtend – im Frankenreich, aber auch in Italien und Spanien. Nachdem Karl der Große 789 zudem die Errichtung von Schulen in allen Klöstern verfügt hatte, wurden diese flächendeckend zu den nicht nur geistlichen, sondern auch geistig-kulturellen Bildungszentren des werdenden Abendlandes, so daß man – um einen Buchtitel aufzugreifen – von der »Geburt der westlichen Zivilisation aus dem Geist des romanischen Mönchtums« sprechen kann.[3]

Bis heute überdauern – in einer Vielzahl katholischer, aber auch neuer evangelischer klösterlicher Gemeinschaften – konnte die Regel Benedikts nur, weil sie, auch in ihren gesetzlich anmutenden Anordnungen, gelebtes Evangelium vermittelt und weil sie das in einer Weise tut, die durch alle Jahrhunderte und auch heute noch eine hilfreiche Wegweisung ist für Menschen auf ihrem persönlichen Lebensweg wie auch in ihrem Zusammenleben. Wegweisung kann sie Menschen auch dann sein, wenn diese sich nicht konkret an ein Kloster binden. Was Benedikt über das Ziel des geistlichen Weges sagt, was er als Wegmarkierung in seiner Gelübdeformel zum Ausdruck bringt, muß sich in irgendeiner Form in jedem Glaubensweg konkretisieren, ist darum auch eine Vorgabe jeder Seelsorge.[4] Für den Mönchsvater Benedikt freilich ist das Kloster der konkrete »Sitz im Leben« – in seinem Leben wie im Leben seiner Brüder, für die er Sorge trägt. Auf diese biographische Grundlage seiner Pastoral ist darum hier noch kurz einzugehen.

3. Benedikt beginnt seine Regel mit einem längeren Prolog in Form einer persönlichen Anrede: »Höre, mein Sohn, auf die Weisung des Meisters, neige das Ohr deines Herzens, nimm den Zuspruch des gütigen Vaters willig an und erfülle ihn durch die Tat! So kehrst du durch die Mühe des Gehorsams zu dem zurück, den du durch die Trägheit des Ungehorsams verlassen hast. An dich also richte ich jetzt mein Wort, wer

immer du bist, wenn du nur dem Eigenwillen widersagst, für Christus, den Herrn und wahren König, kämpfen willst und den starken und glänzenden Schild des Gehorsams ergreifst . . .« (RB, Prol 1–3).

Ziel der Weisung Benedikts ist also ein Zurückkehren zu einem ursprünglichen Daheimsein, das verlorengegangen ist. Benedikt knüpft damit an bei der Sehnsucht nach dem verlorenen Paradies (nach dem »himmlischen Vaterland«, wie er RB 73,8 sagt), bei der Sehnsucht nach Überwindung des Gefühls der Unbehaustheit als einer Urbefindlichkeit des Menschen. Wenn Seelsorge sich nicht im Peripheren verlieren will, muß sie anknüpfen bei dieser Unruhe des Herzens (Augustinus). Als Jesus mit seinem ersten Wort im Johannesevangelium (Joh 1,38) die, die ihm nachfolgen, fragt: Was sucht ihr?, da äußert sich diese Unruhe des Herzens in deren Gegenfrage: Wo wohnst du? – wörtlich: Wo bleibst du? Wo hast du deine Bleibe? »Bleiben« ist im Johannesevangelium ein häufig wiederkehrendes, ein gefülltes, ein eindringliches Wort, besonders im 15. Kapitel, in der Bildrede vom Fruchtbringen: Bleibt in meiner Liebe! Benedikt greift dieses Bleiben im ersten Begriff seiner Gelübdeformel auf: Stabilitas – Beständigkeit. Die Bleibe, die der Mönch in der klösterlichen Gemeinschaft zu finden hofft, ist ihm zugleich verpflichtende Aufgabe. Sie erfordert ein Aushalten und Ertragen auch der anderen, der »Brüder«, mit all ihren Unzulänglichkeiten. Hier konkretisiert sich die »Mühe des Gehorsams«, die Benedikt der »Eigenwilligkeit« entgegenstellt, jener »Verkrümmtheit in sich selbst« (Luther), die der Grund dafür ist, daß wir uns selbst immer schon als Entfremdete erfahren. Hier wird deutlich, daß »Beständigkeit« nicht nur soziologisch zu verstehen ist, sondern nicht minder psychologisch: Die anderen nicht ertragen, nicht »leiden« können, hat seinen Grund darin, daß wir uns selbst nicht ertragen, nicht »leiden« können. Diese Relation kommt ja auch im biblischen Gebot der Nächstenliebe zum Ausdruck, wenn wir hier einmal »lieben« durch »leiden können« ersetzen. Der Weg der Heimkehr zu Gott ist also wesentlich auch ein Weg zu sich selbst, zu einem »Bei-sich-selbst-Sein«, ein »In-sich-Gehen«, wie Gregor (Dial. II, 2,6) mit Blick auf den Verlorenen Sohn (Lk 15,17) sagt, ein »In-sich-Gehen«, das zugleich eine fortschreitende Selbsterkenntnis erforderlich macht, die freilich wohl nur möglich ist in dem »Geist«, in dem wir rufen: »Abba, Vater!« (Röm 8,15). Es ist der Geist, von dem nach Benedikt (RB 2,3f.) alle Weisungen des Abtes bestimmt sein müssen.

Dem Weg-Charakter des klösterlichen Lebens entspricht der zweite Begriff der Gelübdeformel Benedikts: Conversatio morum. Conversatio ist eine Iterativform von conversio, dem lateinischen Wort für Umkehr. In

Verbindung mit morum, mit der moralischen Dimension des Lebens also, meint conversatio die Verpflichtung, in der konkreten Lebensgestaltung täglich neu mit der Umkehr ernst zu machen. Auch hier entspricht der soziologischen Dimension eine psychologische: Die klösterliche Ordnung, die der Mönch übernimmt, ist ein Schutz gegen Ausschweifungen jeder Art, eine Hilfe, sich zu sammeln, die eigenen Grenzen anzuerkennen und darin die eigenen Möglichkeiten zu verwirklichen. Letztlich aber geht es um einen Läuterungsprozeß, um Identitätsfindung. Das entfaltet Benedikt in seiner Regel im Kapitel über die Demut. »Demut« ist ein Begriff, mit dem viele Menschen heute Schwierigkeiten haben. Das lateinische Wort »Humilitas«, das Benedikt gebraucht, ist von »humus« = »Erdboden« abgeleitet. Es ist dem Hochhinaus-Wollen (»Hochmut«) entgegengestellt, das zugleich ein Abheben vom Erdboden ist, durch das man in Wahrheit jedoch zu Fall kommt, zu Boden fällt (»humiliabitur«). Benedikt veranschaulicht den Unterschied am biblischen Gleichnis vom Pharisäer und Zöllner. Der Weg der Demut ist der Wandlungsprozeß von der zwanghaften Geltungssucht des Pharisäers zur Freiheit des Zöllners. Benedikt entfaltet diesen Weg in zwölf »Stufen«, bei denen es jedoch nicht um eine Leistungssteigerung geht, sondern um eine schrittweise Durchformung des ganzen Menschen.[5] Es ließe sich zeigen, daß hier eine Entsprechung zu den zwölf Zeichen des Tierkreises vorliegt, der eine in unserem Kulturkreis seit der Antike geläufige Darstellung menschlicher Fähigkeiten ist, die sich im Menschen negativ oder positiv, als Laster oder Tugenden auswirken können. Am Bild des Zöllners im Evangelium macht Benedikt auch deutlich, daß es bei dem Demutsweg um einen Integrationsprozeß geht, bei dem der Fortschritt sich auch in einem integrierten körperlichen Verhalten erweist. Schon zu Beginn des Demutskapitels weist Benedikt auf die Korrespondenz von Seele und Leib hin. Seelsorge ist immer auch Sorge für den Leib. Der Abt muß sich darum in seiner Sorge für die Brüder auch um deren leibliche Bedürfnisse kümmern. Gerade hier muß er zu unterscheiden verstehen. Und für die Brüder selbst gehört der rechte Umgang mit solchen Bedürfnissen zum Mut zur Wahrheit auf dem Weg der Demut.

Wegweisung setzt bei denen, denen sie zugesprochen wird, eine Bereitschaft voraus, sie anzunehmen. »Höre« ist darum das erste Wort der Regel Benedikts – ein biblisches Wort, das die Weisung des Abtes als Aktualisierung des Wortes Christi kennzeichnet. Der Aufforderung zum Hören entspricht der dritte Begriff in der Gelübdeformel Benedikts: Gehorsam. Gehorsam darf hier freilich nicht in einem sozusagen militärischen Sinn mißverstanden werden. Im Lateinischen ist Gehorsam ein weiblicher Begriff: Oboedientia. Auch im Deutschen ist »Gehorsam« (althochdeutsch: gihorsami) ursprünglich und bis in die Zeit Luthers ein Femininum.[6] Wir sollten oboedientia vielleicht mit Gehorsamkeit übersetzen. Das Organ solcher Gehorsamkeit ist für Benedikt das Ohr des Herzens; Gehorsam in diesem Sinn ist die Sensibilität des liebenden Herzens, eine Sensibilität, die Gottes Gegenwart nicht nur im Abt wahrnimmt, sondern in allen Brüdern, ja in allen Menschen – die nach dem Willen Benedikts wie Christus aufgenommen werden sollen – und sogar in allen Dingen, so daß Benedikt alle Geräte des Klosters so ehrfürchtig wie heilige Altargefäße behandelt wissen will. Solcher Gehorsam läßt durchaus ein Wachstum zu. Dieses muß und wird sich jedoch erweisen in einer zunehmenden Kultivierung der Seele, der Anima. Insofern handelt es sich beim Kloster Benedikts nicht um das, was man gewöhnlich abwertend als »Männergesellschaft« bezeichnet, sosehr die Regel Benedikts für eine Gemeinschaft von Mönchen formuliert ist (obwohl es auch zahllose Frauenklöster gibt, die auf ihre Weise nach der Regel Benedikts leben). Die »Frau« ist in der Regel Benedikts kein Thema, wohl aber in Gregors Darstellung des Lebens Benedikts, hier dreimal an entscheidenden Wendepunkten in diesem Leben.[7] Zunächst berichtet Gregor die Ablösung Benedikts von der Mutterbindung an seine Amme (Dial. II,1,3). Es folgt die Auseinandersetzung mit dem Bild der Frau, deren Schönheit in Benedikt »ein solches Feuer entfachte, daß er meinte, sein Herz müsse von der Glut der Liebe zerspringen« (Dial. II,2,1). Benedikt entscheidet sich für den Mönchsweg, »indem er das Feuer umwandelte«. Die Leidenschaft des Eros wandelt sich in die Agape, die wächst und zugleich sich verströmt in der Gemeinschaft seiner Brüder. Und doch bedarf sie zu ihrer letzten Vollendung noch einmal der Begegnung mit einer Frau – in der Gestalt seiner Schwester Scholastika, deren Liebe Benedikts gesetzesstrenge Regeltreue korrigiert (Dial. II,23). Erst jetzt findet er zur Schau der Ganzheit des Lebens.

4. Um das Bild Benedikts abzurunden, ist schließlich noch auf die Erfahrung hinzuweisen, von der er selbst in seiner Regel spricht, daß nämlich der Fortschritt auf dem Weg des Gehorsams sich in einer wachsenden Freiheit zeigt. Am Ende des Prologs bezeichnet er das Kloster als eine Schule für den Dienst des Herrn, für die er jedoch nichts Hartes und Schweres festzulegen hofft: »Sollte es jedoch aus wohlüberlegtem Grund etwas strenger zugehen, um Fehler zu bessern und die Liebe zu bewahren, dann laß dich nicht sofort von Angst verwirren und fliehe nicht vom Weg des Heils; er kann am Anfang nicht anders sein als eng. Wer aber im klösterlichen Leben und im Glauben fortschreitet, dem wird das Herz weit, und er läuft in unsagbarem Glück der Liebe den Weg der Gebote

Gottes« (RB, Prol 47–49). Am Anfang also steht Erfahrung von Enge, am Anfang steht Angst. Je mehr man jedoch aus der Unbehaustheit und Selbstentfremdung zu sich selbst findet, um so mehr weitet sich das Herz. Davon spricht Benedikt noch einmal am Ende des Demutskapitels: »Wenn also der Mönch alle Stufen auf dem Wege der Demut erstiegen hat, gelangt er alsbald zu jener vollendeten Gottesliebe, die alle Furcht vertreibt. Aus dieser Liebe wird er alles, was er bisher nicht ohne Angst beobachtet hat, von nun an ganz mühelos, gleichsam natürlich und aus Gewöhnung einhalten, nicht mehr aus Furcht vor der Hölle, sondern aus Liebe zu Christus, aus guter Gewohnheit und aus Freude an der Tugend« (RB 7,67–69). »Gleichsam natürlich« äußert sich also die Liebe. Dabei darf das »gleichsam« nicht übersehen werden. Denn einfach natürlich ist diese Liebe nicht. Sie ist das Ergebnis eines bewußt eingeschlagenen Weges, eine wiedergewonnene Natürlichkeit, eine wiedergewonnene Selbstverständlichkeit. Zu helfen, dahin zu gelangen, ist die Aufgabe aller Seelsorge, wie Benedikt sie versteht und in den nun folgenden Texten aus seiner Regel dem Abt ans Herz legt. Benedikt vergißt freilich am Ende seines Demutskapitels nicht, darauf hinzuweisen, daß es das Werk des Heiligen Geistes ist, wenn das Ziel tatsächlich erreicht wird.

*II. Exemplarische Texte**

1. Wie der Abt sein soll (Kap. 2)

30 Der Abt bedenke immer, was er ist;
er bedenke, was er für einen Namen trägt;
und er wisse: WEM MAN VIEL ANVERTRAUT HAT,
VON DEM WIRD MAN UM SO MEHR FORDERN.

31 Er wisse, wie schwer und mühevoll die Aufgabe ist,
die er übernommen hat:
Seelen zu leiten und der Eigenart vieler zu dienen,
dem einen mit freundlichen Worten,
einem andern mit Tadel, einem dritten mit gutem Rat.
32 Dem Charakter und der Fassungskraft jedes einzelnen
suche er zu entsprechen
und sich allen so verständnisvoll anzupassen,

* Nach: Die Benediktsregel, Eine Anleitung zu christlichem Leben, übersetzt und erklärt von Georg Holzherr, Abt von Einsiedeln, Benziger Verlag 1980.

daß er an der ihm anvertrauten Herde
nicht nur keinen Schaden leidet,
sondern sich am Gedeihen einer guten Herde freuen kann.
33 Vor allem darf er nicht hinwegsehen
über das Heil der ihm anvertrauten Seelen
oder es geringschätzen und sich größere Sorgen machen
um vergängliche, irdische und hinfällige Dinge.
34 Er sei sich vielmehr stets seiner Aufgabe bewußt:
Er hat SEELEN zu leiten,
FÜR DIE er einst auch RECHENSCHAFT ABLEGEN muß.

2. Wie sich der Abt um die Ausgeschlossenen sorgen soll (Kap. 27)

1 Der Abt bemühe sich auf jede Weise,
Sorge zu tragen um Brüder, die gefehlt haben.
Denn: NICHT DIE GESUNDEN BRAUCHEN DEN ARZT,
SONDERN DIE KRANKEN.
2 Deshalb muß er wie ein erfahrener Arzt alle Mittel anwenden.
Er schicke Senpekten vor,
das heißt ältere, erfahrene Brüder,
3 die den schwankenden Bruder fast unvermerkt trösten,
ihn zu Demut und Genugtuung bewegen und TRÖSTEN,
DAMIT IHN NICHT ALLZU GROSSE TRAURIGKEIT ÜBERWÄLTIGT.
4 Vielmehr soll man nach dem Wort des Apostels
IHM GEGENÜBER LIEBE WALTEN LASSEN,
und alle sollen für ihn beten.

5 Der Abt wende äußerste Sorgfalt an,
bemühe sich mit viel Taktgefühl und eile,
um kein ihm anvertrautes Schaf zu verlieren.
6 Er sei sich bewußt, was er übernommen hat:
die Sorge um schwache Seelen,
nicht eine Gewaltherrschaft über gesunde.
7 Er fürchte Gottes Wort, der beim Propheten droht:
WAS EUCH FETT SCHIEN, HABT IHR FÜR EUCH GENOMMEN,
ABER WAS SCHWACH WAR, HABT IHR WEGGEWORFEN.
8 Er ahme das Beispiel treuer Liebe des GUTEN HIRTEN nach,
der NEUNUNDNEUNZIG SCHAFE IN DEN BERGEN ZURÜCKLIESS,
und hinging, um DAS EINE VERIRRTE SCHAF ZU SUCHEN.
9 So groß war sein Mitleid mit dessen Schwäche,
daß er sich herabließ,
es AUF seine heiligen SCHULTERN ZU NEHMEN
und so zur Herde zurückzutragen.

3. *Von der Einsetzung des Abtes (Kap. 64)*

7 Wenn der Abt eingesetzt ist, bedenke er stets,
welch schwere Aufgabe er übernommen hat
und wem er FÜR seine VERWALTUNG RECHENSCHAFT GEBEN muß;
8 er wisse auch, daß es für ihn wichtiger ist,
vorzusehen als vorzustehen.
9 Er muß sich im göttlichen Gesetz auskennen
und ein Wissen besitzen,
aus dem er ALTES UND NEUES HERVORHOLEN kann.
Er sei KEUSCH, NÜCHTERN, BARMHERZIG,
10 und DAS ERBARMEN ÜBERTREFFE immer DAS RICHTEN,
damit auch er Gleiches erfahre.
11 Er hasse das Böse und liebe die Brüder.
12 Muß er zurechtweisen, so gehe er klug vor
und tue nicht zuviel des Guten,
damit das Gefäß nicht zerbricht,
wenn er den Rost allzu eifrig auskratzen will.
13 Stets mißtraue er seiner eigenen Schwachheit
und erinnere sich:
EIN GEKNICKTES ROHR DARF MAN NICHT BRECHEN!
14 Damit sagen wir nicht, er dürfe Fehler wuchern lassen,
sondern er schneide sie klug und liebevoll heraus,
wie es dem einzelnen nach seiner Ansicht hilft,
– was wir schon sagten –;
15 und er suche, mehr geliebt als gefürchtet zu werden.

16 Er sei NICHT AUFGEREGT oder ängstlich,
nicht maßlos oder engstirnig,
nicht eifersüchtig oder argwöhnisch,
weil er sonst nie zur Ruhe kommt.
17 Bei Anordnungen sei er weitsichtig und besonnen.
Ob ein Arbeitsauftrag, den er erteilt,
Göttliches oder Weltliches betrifft,
wisse er zu unterscheiden und Maß zu halten.
18 Er denke an die Unterscheidungsgabe des heiligen Jakob,
der sprach:
WENN ICH MEINE HERDEN UNTERWEGS ÜBERANSTRENGE,
GEHEN ALLE AN EINEM EINZIGEN TAG ZUGRUNDE.
19 Dieses und andere Zeugnisse für die Unterscheidungsgabe
– die Mutter der Tugenden! – nehme er sich vor;
so ordne er alles mit Maß,
damit die Starken finden, was sie suchen,
und die Schwachen nicht abgeschreckt werden.

III. Wirkung bzw. Grundzüge benediktinischer Seelsorge

Die ausgewählten Texte bedürfen kaum der Erläuterung. So seien im Folgenden lediglich einige Grundzüge benediktinischer Seelsorge herausgestellt – unter Berücksichtigung auch anderer Stellen der Regel Benedikts.

1. Discretio

Auffällig ist, mit welchem Nachdruck Benedikt den Abt auf seine seelsorgerliche Verantwortung anspricht, auf jeden einzelnen seiner Brüder je nach dessen Eigenart und Fassungskraft einzugehen, die unterschiedlichen Charaktere zu berücksichtigen, bei offenkundigem Fehlverhalten die Zuwendung sogar noch zu intensivieren, die Schwachen nicht zu überfordern, die Starken dagegen entsprechend zu belasten und insgesamt jedem zukommen zu lassen, was er nötig hat, soweit dies möglich ist. Diese »maßvolle Unterscheidung« – lateinisch: Discretio – ist für Benedikt die »Mutter aller Tugenden«. Der tiefste Grund für diese Einstellung ist seine Glaubensüberzeugung, daß ihm in den anderen Christus begegnet. Benedikt unterstreicht das besonders (mit Hinweis auf Mt 25,36.40) im Blick auf die Kranken und (Mt 25,35 zitierend) auf die Fremden, die als Gäste ins Kloster kommen, zwei Gruppen also, die oft eine besondere Belastung bedeuten. Die Christus-Wirklichkeit in ihnen muß das Verhalten zu ihnen wie zu allen anderen bestimmen. Alle sonstigen Kriterien, etwa der sozialen Herkunft oder des Alters, haben dahinter zurückzutreten: »In Christus sind wir alle eins« (RB 2,20 = Gal 3,28). Wo man damit ernst macht, in den anderen Christus zu sehen, wird man ihnen mit der entsprechenden Ehrfurcht begegnen – bis in die Anrede hinein (vgl. RB 63,11 f.) – und sie zugleich mit den Augen Christi sehen, gerade auch in ihrer persönlichen Eigenart. Aus dieser Einstellung heraus kann Benedikt beispielsweise damit rechnen, daß »der Herr oft einem Jüngeren offenbart, was das Bessere ist« (RB 3,3). Ausdruck solch sensibler Discretio ist etwa auch die Forderung Benedikts, daß die Jüngeren die Älteren ehren, die Älteren die Jüngeren lieben sollen (RB 4,70 f. und 63,10). Im Gebrauch des Wortes »Liebe« ist Benedikt eher zurückhaltend. Liebe im umfassenden Sinn kann man nicht fordern. Doch mit immer wieder neuen Formulierungen fordert er Ehrfurcht voreinander, bis hin zum patientissime tolerare, zum geduldigen Ertragen, zum Leiden-Können der anderen – wie Christus und aus Liebe zu Christus. Allein Christus gegenüber ist der Abt auch Rechenschaft schuldig. Diese Rechenschaft ist einerseits verpflichtender als jede Rechenschaft Menschen gegenüber. Andererseits gibt es nur in dieser Rechenschaft auch eine verantwortliche Entlastung: Wo die ihm Anvertrauten endgültig nicht mehr seiner Weisung folgen wollen, kann und muß der Abt sie der Barmherzigkeit Christi überlassen. Christus ist ja sowieso durch den Heiligen Geist der eigentlich Wirkende in uns allen. Diese Glaubensüberzeugung gibt Gelassenheit auch angesichts der eigenen Schwächen. Das entbindet den Abt aber nicht davon, sich zu fragen, ob er zunächst Gutwillige nicht vielleicht dadurch abgeschreckt hat, daß er sich ihnen mehr aus Selbstgefälligkeit und Geltungsdrang zugewandt hat als um ihres Heiles willen, ob er ihnen vielleicht nicht genügend Freiheit gelassen hat auf ihrem Weg, ob er ihnen und dem in ihnen wirkenden Heiligen Geist womöglich nicht genügend Vertrauen geschenkt hat. Benedikt jedenfalls mahnt den Abt, »nicht stürmisch und nicht ängstlich, nicht maßlos und nicht engstirnig, nicht eifersüchtig und nicht allzu argwöhnisch« zu sein, kommt er doch sonst selbst »nie zur Ruhe« (RB 64,16).

2. *Vaterschaft*

Nicht erst in der Regel Benedikts, sondern schon in der Mönchstradition vor ihm wird der Vorsteher des Klosters als »Abt« bezeichnet. Das Wort ist abgeleitet von dem Wort »Abba«, mit dem gemäß neutestamentlicher Überlieferung (vgl. Mk 14,36) Jesus seinen himmlischen Vater anredete. Es ist Ausdruck eines gleichsam kindlichen Zutrauens. Benedikt zitiert Röm 8,15. Hier ist »Abba« vertrauensvoller Ausdruck der vom Geist Gottes gewirkten Gotteskindschaft, in der der Sohn Gottes in den Herzen der Glaubenden Gestalt annimmt. Diese Gotteskindschaft ist es, die den Mönch die für ihn zuständige Autoritätsperson mit »Abt« anreden läßt, weil – wie Benedikt sagt – dieser »Abt« die Stelle Christi im Kloster vertritt. Dadurch bekommt die Bezeichnung »Abba« einen neuen Aspekt. Benedikt macht deutlich, daß der Abt diesen Namen trägt, weil er im Kloster der Lehrer der Weisung Christi ist – und nur insofern sein Wort der »Weisung des Herrn« entspricht. Wenn er aber wirklich das Wort Christi bezeugt, erzeugt er Leben – das Leben der Gotteskindschaft – in denen, die sein Wort mit dem Ohr ihres Herzens (vgl. RB, Prol 1) aufnehmen. Die Qualität dieses Wortes bedeutet freilich auch eine hohe Anforderung an den Abt: daß nämlich auch sein eigenes Leben von diesem Wort geprägt ist. Nur so kann er die Wahrheit dieses Wortes wirksam bezeugen. Der Abt muß selbst schon auf seinem Weg das Leben erfahren haben, um anderen »Meister« sein zu können. Es ist nicht zu übersehen, daß Benedikt nicht einfach sagt, daß der Abt der Vater seiner Mönche an Christi Statt *ist*. Der Abt kann sich selbst diese Würde nicht anmaßen. Seine Vaterschaft ist eine Wirklichkeit des Glaubens auf seiten derer, die sich ihm anvertrauen: Christi agere vices in monasterio *creditur* (RB 2,2; 63,13). »Er selbst aber bedenke das und verhalte sich so, daß er dieser Ehre würdig ist« (RB 63,14). Gleichzeitig zeichnet Benedikt im Abt das Bild des Vaters (pius pater), der neben der Wegweisung auch eine erzieherische Aufgabe hat, eine Rolle, in der fürsorgende Liebe mit zupakkender Autorität verbunden ist, der zugemutet wird, daß sie notfalls auch, um Fehlverhalten zu korrigieren, Strafen verhängt oder allzu großen Eifer davor bewahrt, in Werkgerechtigkeit auszuarten (vgl. RB 49,8 f.). Das Bild des Abtes in der Regel Benedikts macht somit deutlich, daß Seelsorge nicht distanziert ausgeübt werden kann, sondern nur möglich ist als Begleitung auf dem Wege, als eine Begleitung, bei der der Abt sich auf die einläßt, die sich ihm anvertrauen. Seelsorge ist nur möglich in einem Gemeinschaftsbezug, der bei Benedikt nicht auf das Vater-Sohn-Verhältnis reduziert ist, sondern eingebunden ist in die Gemeinschaft des ganzen Klosters, die ja nichts anderes ist als eine ecclesiola, eine Konkretisierung kirchlicher Gemeinschaft. Alle sind seelsorgerlich füreinander verantwortlich, wie Benedikt besonders im 72. Kapitel seiner Regel deutlich macht. Aber auch die Vater-Sohn-Beziehung ist keine Einbahnstraße. Ganz abgesehen davon, daß sie sich wandelt, je mehr der Mönch auf seinem Weg Fortschritte macht; wird doch auch der Abt »selbst von seinen Fehlern geläutert«, »wenn er mit seinen Ermahnungen anderen zur Besserung verhilft« (RB 2,40).

3. *Gotteslob*

Auffällig ist, wie oft Benedikt seine Mönche mahnt, nicht traurig zu sein und nicht zu murren. Vielmehr sollen sie auch in Widerwärtigkeiten Gott loben (vgl. RB 40,8 f.). »Damit in allem Gott verherrlicht werde« (RB 57,9) ist sicher der am meisten zitierte Satz aus der Regel. Das Lob Gottes meint hier nicht eine gottesdienstliche Aktivität. Das ganze Leben soll vielmehr davon durchdrungen sein, daß wir bestimmt sind, »zu *sein* (so im griechischen Text) zum Lob Seiner Herrlichkeit« (Eph 1,12). Gott zu loben ist der höchste Ausdruck der Bejahung des Lebens, das wir Gott verdanken. Dem steht das Murren diametral entgegen. Murren ist immer Projektion eigener Unzufriedenheit. Es ist Ausdruck der Acedia – wie die alten Mönchsväter sagten –, einer Trägheit oder gar Verhärtung des Herzens, das nicht mehr bemüht ist, in allem Gottes Willen zu suchen. Seelsorge muß gerade hierauf ihr Augenmerk richten, in aller Behutsamkeit, mit geduldiger

Zuwendung, Gebet und notfalls auch Zurechtweisung dem Murren begegnen und Mut machen, das Leben zu bejahen, wie es ist: »Herr! schicke, was du willst, ein Liebes oder Leides; ich bin vergnügt, daß beides aus deinen Händen quillt« (Mörike). Benedikt will jedem seiner Mönche gleichsam einhämmern, was er am Ende seiner Zusammenstellung der »Werkzeuge der geistlichen Kunst« (RB 4) so formuliert: »An der Barmherzigkeit Gottes niemals verzweifeln.« Das ist wohl einer der konstruktivsten Sätze in der Regel Benedikts, hat er doch Mönche immer wieder dazu geführt, nicht aufzugeben; wenn Klöster zerstört wurden, trotzdem wieder neu anzufangen: Succisa virescit – Abgehauen grünt es doch wieder.

4. Lebensordnung

Weil die meisten Menschen gewöhnlich ihr religiöses Leben nicht so leben, wie sie sollten und eigentlich auch wohl wollten, gewinnt die vorösterliche Fastenzeit bei Benedikt eine besondere Bedeutung als Zeit intensiven geistlichen Lebens (RB 49). Das bedeutet für die Dauer dieser Zeit in mancher Hinsicht Entsagung und Verzicht. Hier wird zu einem Lebensgesetz hingeführt, dessen Nichtbeachtung mit ein Grund ist für die »Sinnkrise« unserer Tage, da uns aufgrund der technischen Möglichkeiten heute alles, was wir uns wünschen, jeder Zeit zur Verfügung steht. Wenn jede Zeit gleich-gültig ist, kann es keine gespannte Erwartungen geben, wie Benedikt sie kennt, wenn er in der Fastenzeit »mit geistlicher Sehnsucht und Freude das Osterfest erwartet«. Eine rituelle Strukturierung der Zeit – des Jahres wie jeden Tages – ist im Kloster Benedikts das wichtigste Prinzip der Lebensordnung, des Ordo, der Voraussetzung ist für den Fortschritt im geistlichen Leben. Alles hat in dieser Ordnung seine bestimmte Zeit: nicht nur der Gottesdienst, auch die Arbeit, die Muße und das Essen, das Zusammensein und das Alleinsein, das Reden und das Schweigen. Wenn alles seine bestimmte Zeit hat, dann hat alles auch seine Grenze. Konsequente Einhaltung dieser Grenzen, auch bei noch so drängenden Beschäftigungen, ist ein wirksamer Schutz gegen die Abhängigkeit von eigener Leistung, von Beifall und Erfolg. Konsequente Grenzsetzung ist Einübung der grundsätzlichen Begrenztheit der eigenen Lebensmöglichkeiten. Zugleich werden die eigenen Möglichkeiten abgegrenzt, die wirklich wahrgenommen werden können, ohne sich ins Sinnlose zu verlieren. In die gleiche Richtung ziehlt die Anordnung Benedikts, daß jeder in der Fastenzeit aus der Bibliothek ein (biblisches) Buch bekommen soll, das er »von Anfang bis Ende ganz lesen soll« (RB 48), mit gesammelter Aufmerksamkeit also. Das mag heute anders klingen als im

6. Jahrhundert; doch wenn jemand herumschmökernd nur »Zerstreuung« will, verrät schon dieses deutsche Wort, daß hier etwas anderes gesucht wird als »Bei-sich-Sein«. Nicht unwichtig ist auch die Anordnung Benedikts, daß schwache Gemüter am Abend nicht mit solchen Büchern konfrontiert werden sollen, die vielleicht allzu sehr die Phantasie erregen (RB 42,4). Auch das gehört zur Seelsorge, darauf zu achten, welchen Bildern die Seele ausgesetzt wird, bevor sie sich dem Schlaf übergibt. So enthält die Regel Benedikts eine Fülle konkreter Hinweise, die nur das eine Ziel haben, jedem, der sich ihrer Führung überläßt, Hilfen zu geben auf dem Weg der Sammlung bei sich selbst, in der eigenen Tiefe, um dort ganz bei Gott zu sein und zugleich frei zu werden für seinen Auftrag.

Anmerkungen

1 Zitiert wird im Folgenden (mit dem Hinweis: Dial.II mit Angabe des Kapitels und Abschnitts) nach: E. Jungclaussen (Hg.), Benedictus. Eine Bild-Biographie. Nach dem Zweiten Buch der Dialoge Gregors des Großen, Regensburg 1980. Vgl. auch A. de Vogüé, Benedikt von Nursia: TRE 5, 538–549.

2 Die Zitate aus der Regel Benedikts (abgekürzt: RB mit Angabe des Kapitels bzw. des Prologs = Prol und Verses) sind der von einer Kommission erstellten neuen Standardübersetzung für den deutschen Sprachraum entnommen: Regula Benedicti – Die Benediktusregel, lateinisch/deutsch. Herausgegeben im Auftrag der Salzburger Äbtekonferenz, Beuron 1992. Daß Benedikt den Ausdruck »Seelsorge« (cura animarum) kennt, wird im deutschen Text nicht so deutlich, weil hier animae mit »Menschen« wiedergegeben wird. – Vgl. auch F. Renner, Benediktusregel: TRE 5, 573–577.

3 Hugo Fischer, Die Geburt der westlichen Zivilisation aus dem Geist des romanischen Mönchtums, München 1969.

4 Aus der Vielzahl der Veröffentlichungen zur benediktinischen Spiritualität seien nur die folgenden pastoral orientierten erwähnt: G. Braulik (Hg.), Herausforderung der Mönche. Benediktinische Spiritualität heute, Wien 1979; A. Grün, Benedikt von Nursia – Seine Botschaft heute, Münsterschwarzach 1979; E. Jungclaussen, Worte der Weisung. Die Regel des heiligen Benedikt als Einführung ins geistliche Leben, Freiburg 1980, jetzt in: ders., In den Spuren der Meister, Freiburg 1992, 245–365; B. Jaspert, Studien zum Mönchtum, Hildesheim 1982; ders., Benedikts Botschaft am Ende des 20. Jahrhunderts, Münsterschwarzach 1987.

5 Vgl. G. Voss, Aufstieg zum Ursprung. Über den Weg der »Demut« im siebten Kapitel der Regel Benedikts, in: M. Langer/A. Bilgri (Hg.), Weite des Herzens – Weite des Lebens, 1. Bd., Freiburg 1989, 183–191.

6 Vgl. Art. GEHORSAM (Subst.) in: Deutsches Wörterbuch von Jacob und Wilhelm Grimm, Band 5, dtv 1984 (= Leipzig 1987), 2535–2539, hier 2535.

7 Vgl. den Abschnitt »Benedikt und die Frau« in der Einführung von E. Jungclaussen in seiner Ausgabe der Benediktus-Biographie Gregors des Großen (siehe Anm. 1), 20–24.

Gregor der Große

Christian Möller

I. Biographie

1. Gregor, um 540 in Rom geboren, stammt aus dem römischen Senatorengeschlecht der Anicier, das in hohem Ansehen stand und über große Reichtümer verfügte. Gregors Vater, Gordianus, besaß in Rom einen Palast und ausgedehnte Besitzungen in Sizilien. Er war Regionarius, d.h. Vorsteher eines der sieben Bezirke, in die die Stadt von der Kirche eingeteilt worden war. Aus dem Geschlecht der Anicier war bereits Papst Felix III. (483–492) hervorgegangen.

Gregor wuchs in einer Zeit verheerender Kriege, Krankheiten und Naturkatastrophen auf: Zwischen seinem sechsten und zwölften Lebensjahr (546–552) war Rom von den Ostgoten unter Totila besetzt. Dann wurde es von Belisar, dem Feldherrn des oströmischen Kaisers, wieder befreit. Dann wurde es wiederum von den Goten erobert und noch einmal durch oströmische Truppen unter Narses befreit. Kaum war es in Italien zu einer relativen Ruhe unter der Herrschaft Konstantinopels gekommen, rückten 568 die Langobarden von Norden her an und fielen über Italien her. 572 hatten sie bereits Norditalien bis Ravenna in der Hand und rückten nun immer weiter auf Rom zu. Dazu kamen während Gregors Lebzeiten Pestepidemien, Hungersnöte und Überschwemmungen, so daß sich unter den Zeitgenossen die Überzeugung ausbreitete: »Das Ende alles Fleisches ist herbeigekommen.« Auch Gregors Leben ist angesichts so chaotischer Verhältnisse von der Überzeugung geprägt, daß die Weltgeschichte bald zu einem Ende kommen würde. Aber gerade diese Überzeugung machte ihn um so wacher und entschlossener für jeden einzelnen Tag, an dem es noch zu beten und zu handeln galt.

Gregor der Große diskutiert mit seinem Sekretär,
dem Diakon Peter, die Botschaft der Taube

Vielleicht ist es dieser Überzeugung zuzuschreiben, daß Gregor sich mit 32 Jahren zum römischen Stadtpräfekten berufen ließ, womit ihm die ganze Zivil- und Kriminalgerichtsbarkeit, Verwaltung und Polizei in Rom unterstand. Zusammen mit dem Papst regelte er den Einkauf und die Verteilung des Brotgetreides. Mit dem Magister Militium traf er die Maßnahmen zur Verteidigung der Stadt. Auf diese Weise übte sich Gregor in Verwaltung und Rechtssprechung. Er lernte die soziale Not kennen und Mittel zur Abhilfe zu suchen. Doch schon nach drei Jahren, 575, gab Gregor nicht nur das Amt des Stadtpräfekten, sondern seine ganze weltliche Existenz auf und gründete auf Sizilien sechs Klöster und in Rom die Klostergemeinschaft St. Andreas, in die er selbst eintrat. Das übrige Vermögen, das er nach dem Tode seines Vaters Gordianus geerbt hatte, verteilte er an die Armen. Im Rückblick auf diesen Lebensschritt schrieb Gregor später an seinen Freund, Bischof Leander:

»Während ich mich so zwang, der Welt noch dem äußeren Scheine nach zu dienen, gewannen die Verhältnisse mitten unter den weltlichen Sorgen allmählich eine solche Macht, daß ich nicht mehr bloß dem Scheine nach, sondern, was schon schwerer wiegt, auch der Seele nach in der Welt zurückgehalten wurde. Dem allem entfloh ich endlich und suchte den Port des Klosters auf, ließ alles, wie ich damals freilich irrig annahm, was der Welt gehörte, zurück und entging nackend und bloß dem Schiffbruch dieses Lebens«[1].

Gregor war nun einfacher Mönch im früheren Palast seiner Eltern und lebte mit seiner neuen Klostergemeinschaft in monastischer Tradition. Immer wieder betonte er später, daß die ersten stillen Jahre im Kloster, wo er sich ganz der Betrachtung, dem Studium der Heiligen Schrift und der Väter widmen konnte, die schönsten Jahre seines Lebens gewesen seien. Gregor übte freilich ein so strenges Fasten, daß sich bald ein schweres Magenleiden einstellte. Vielleicht hatte er auch damals schon durch Erkältungen den Grund zu der Gicht gelegt, die ihm später in seinem Papsttum manchmal so schwer zu schaffen machte, daß er sich nur drei bis vier Stunden auf den Beinen halten konnte.

Das kontemplative Leben der römischen Klostergemeinschaft dauerte freilich nur vier Jahre. Dann wurde er, gegen seinen Willen, von Papst Pelagius II. zu einem ständigen Gesandten beim oströmischen Kaiserhof ernannt. Gregor wurde nach Konstantinopel von einigen Mönchen aus seiner römischen Klostergemeinschaft begleitet, mit denen er gemeinsam in Konstantinopel sieben Jahre lang lebte. Seine erste Aufgabe war, den oströmischen Kaiser um Hilfe für Rom und Italien gegen die Langobarden zu gewinnen. Gregor mußte aber schnell erkennen, daß Byzanz im Kampf mit den Persern an der Ostflanke viel zu viel zu tun hatte, um auch noch in Italien machtvoll eingreifen zu können. Am liebsten zog sich Gregor wohl auch in Byzanz von dem prunkvollen und ränkesüchtigen Kaiserhof zu seinen klösterlichen Mitbrüdern zurück. Ihnen und dem ebenfalls in Byzanz anwesenden Bischof von Sevilla, Leander, legte er in vielen Abenden das Buch Hiob aus, und zwar in historischem, allegorischem und moralischem Sinn. Die »Moralia in Hiob«, die 595 veröffentlicht wurden, sind so etwas wie ein Handbuch der Moraltheologie und der Aszetik.

585 kehrte Gregor mit seinen Klosterbrüdern nach Rom zurück in das St. Andreas-Kloster und wurde alsbald von Papst Pelagius II. zu seinem Sekretär und Ratgeber ernannt. In Rom entstanden weitere Schriftauslegungen und Homilien über das Hohe Lied und das 1. Buch der Könige sowie Homilien über die Evangelien und Erklärungen zum Propheten Ezechiel. Gregor erwies sich mehr und mehr als ein höchst schriftkundlicher Theologe, der der bei Origenes und Augustin gelernten Hermeneutik des mehrfachen Schriftsinnes folgte, wonach es vor allem auf den geistlichen Sinn der Schrift ankommt, der auf dem historischen Sinn der Bibel aufbaut.

Während einer Pestepidemie im Jahr 590 starb Papst Pelagius II. Gregor wurde sofort und einstimmig als dessen Nachfolger gewählt. Ihm war freilich klar, daß die Annahme dieses Bischofsamtes das Ende seines kontemplativen Lebens im Kloster bedeuten würde, an dem ihm soviel lag. So verweigerte er zunächst die Übernahme des Amtes. Es war wohl mehr als bloß eine Ablehnung aus Bescheidenheit. Gregor richtete ein Schreiben an den oströmischen Kaiser Mauritius, worin er ihn anflehte, der Wahl nicht zuzustimmen. Außerdem soll sich Gregor für einige Zeit in ein Versteck zurückgezogen haben. Sechs Monate später wurde seine Wahl zum Papst doch vom Kaiser bestätigt. Der Klerus und das Volk von Rom, die Gregor unbedingt zum Papst haben wollten, suchten und ergriffen ihn und – so heißt es – »trugen ihn eigenhändig in die Basilika von St. Peter«. Am 3. September 590 wurde Gregor zum Papst eingesetzt. Als er dann Papst war, wandte er sich um so entschiedener seinem Amt zu und prägte es in den 14 Jahren seines Dienstes durch große Tatkraft und weitsichtige Entscheidungen in einer unumkehrbaren Richtung. Er starb am 11. 3. 604.

2. Bezeichnend ist schon der Beginn seines bischöflichen Amtes, der von der Abfassung der *regula pastoralis* bestimmt ist. Sie ist gleichsam das Programm für seine eigene wie für die Tätigkeit aller, die mit der Seelsorge befaßt sind. Der äußere Anlaß dieser Seelsorgeschrift ist eine an den Bischof Johannes von Ravenna gerichtete Begründung, mit der Gregor

deutlich machen will, warum er sich dem Amt des römischen Bischofs zunächst entziehen wollte: Es ist die Last der Seelsorge und der Seelenleitung, die nicht nur ihm, sondern eigentlich jedem Menschen zu schwer erscheinen müsse, der etwas von der Bürde dieses Amtes auch nur ahne. Wer sich nach dem Amt des Seelsorgers drängt, gibt bereits zu verstehen, daß er von Seelsorge nichts versteht. Die *cura animarum* sei die Kunst aller Künste. Körperliche Wunden zu heilen sei schon schwierig genug. Seelenwunden aber lägen noch tiefer. Deshalb müsse man sich in den Gesetzen des geistlichen Lebens auskennen, um ein Seelenarzt werden zu können.

Im einzelnen ist die regula pastoralis[2] (hier zitiert nach der Übersetzung von G. Kubis) so aufgebaut, daß sie im I. Teil Antwort auf die Frage gibt: »Wie jemand zum Hirtenamt gelangt«; im II. Teil: »Wie derjenige, der rechtmäßig dazu gekommen ist, sein Leben einrichtet«; im III. Teil: »Wie er dann, wenn er ein gutes Leben führt, das Lehramt verwaltet«; im IV. Teil »Wie er, wenn er das Lehramt gut verwaltet, täglich seine Schwachheit zu erkennen sucht«. Gregor begründet diesen Aufbau so: Der Antritt des Seelsorgeamtes solle nicht der Demut entbehren, um die es vor allem in Teil I geht; das Amt solle nicht dem Leben widersprechen, so Teil II; das Leben solle nicht durch die Lehrweise an Kraft verlieren, so Teil III; die Lehrweise solle nicht durch Anmaßung Schaden erleiden, so Teil IV. Zwei wesentliche Anliegen sind es also, die Gregor mit seiner Seelsorgeschrift verfolgt: Einmal geht es um die Person des Seelsorgers, der für Seelsorge geistlich gereift sein muß. Zum andern geht es um Kenntnis der Seele in ihrer ganzen Differenziertheit und Gegensätzlichkeit. Das erste Anliegen könnte man ein ›pastoral-theologisches‹, das zweite Anliegen ein ›psychologisches‹ nennen. Dem ›pastoraltheologischen‹ Anliegen widmet Gregor die Teile I, II und IV der regula pastoralis; dem ›psychologischen‹ Anliegen den Teil III, der mit 40 Kapiteln umfangreicher ist als die Teile I, II und IV insgesamt.

3.a) Der selbstkritische Umgang mit der Macht ist für Gregor eine entscheidende Frage zur Einübung in Seelsorge. Wer das Hirtenamt nur erstrebe, um nach Ehre und Ruhm zu haschen, angesehen zu sein oder über andere herrschen zu wollen, sei in der Seelsorge fehl am Platz. Es reiche nicht aus, die Gesetze des geistlichen Lebens zu erforschen und psychologische Methoden zu erkennen, wenn der Seelsorger das, was er mit dem Verstande erfaßt habe, durch sein Leben mit den Füßen trete: »Schnell lehren sie, was sie nicht durch eigene Übung, sondern nur durch Nachdenken erlernt haben; und was sie dann mit Worten predigen, das bekämpfen sie durch ihr Verhalten. So geht der Hirt den jähen Weg abwärts, und die Herde stürzt ihm nach« (66). Das Herz eines Seelsorgers müsse bei dem Unglück oft in die Schule gehen. Wenn es nämlich zur Höhe einer leitenden Stelle emporkomme, wende es sich schnell zur Selbstüberhebung, da es von allen Seiten Ehrenbezeugungen empfange.

b) Die Einübung in die innere Konzentration ist eine weitere Aufgabe zur Einübung in Seelsorge. Wenn nämlich der Geist in stetem Durcheinander sich in viele Dinge teilen soll, gehe die »ganze zarte Innerlichkeit« (70), die für Seelsorge wichtig sei, verloren. Ein Seelsorger verliere sich dann völlig in äußeren Geschäften. Er verwirrt sich dann so sehr, »daß er dem Streben nach Selbsterkenntnis entfremdet wird und nicht einmal mehr die Verluste sieht, die er erleidet, und nicht mehr weiß, wie viele Fehler er begeht« (70). Vielleicht glücke es einem Seelsorger sogar, alle möglichen Geschäfte zügig zu erledigen und die Menschen zum Staunen über seine Vielgeschäftigkeit zu bringen. Gerade dann aber sammle sich im Inneren des Menschen ein gefährlicher Stolz und verdrehe alles, was in der Seelsorge passiere, auch wenn es nicht gleich nach außen hin sichtbar werde.

c) Es ist typisch für Gregor als Seelsorger, daß er sich stets den Gefahren zur einen Seite, der Vielgeschäftigkeit, und dann wiederum den Gefahren der anderen Seite zuwendet, die ebenso Seelsorge verhindern können, nämlich den Rückzug in die falsche Innerlichkeit: »Es gibt also solche, die, wie gesagt, mit großen Gaben ausgestattet sind, die aber ihre Sorge einzig nur der Betrachtung widmen, dem Nächsten durch die Predigt nicht nützen wollen, dagegen ruhige Zurückgezogenheit und beschauliche Einsamkeit lieben. Wenn sie darüber strenge zur Rechenschaft gezogen werden, sind sie ohne Zweifel für so viele verantwortlich, als sie aus ihrem öffentlichen Auftreten Nutzen gezogen hätten« (73 f.). Als Begründung für diese Wahrung vor falscher Beschaulichkeit stellt Gregor die Frage: »Denn mit welcher Berechtigung zieht einer, der durch hervorragende Tätigkeit andern dienen könnte, seine Stille dem Nutzen der andern vor, wenn sogar der Eingeborene des höchsten Vaters, um vielen zu nützen, den Schoß des Vaters verließ und in unsere Mitte trat?«

In den Propheten Jesaja und Jeremia findet Gregor zwei gegensätzliche Modellfälle dafür, wie Menschen dem Auftrag Gottes begegnen: Jesaja bietet sich der Berufung Gottes aus freien Stücken an, während sich Jeremia zunächst gegen Gottes Sendung sträubt. Beides sei möglich, die Weigerung ebenso wie die Einwilligung, wenn beides nur im Vertrauen auf die Kraft dessen geschehe, der den Auftrag gibt. Die Demut als derjenige Mut, der sich der Furcht Gottes beugt und in ihr den Anfang der Weisheit sieht, ist für Gregor die entscheidende Voraussetzung zum

Seelsorgeamt. Erst mit dieser Demut wird auch das biblische Wort recht verstanden: »Wenn jemand ein Bischofsamt begehrt, der begehrt eine hohe Aufgabe« (1. Tim 3,1), während dort, wo ein Machtverlangen im Spiel ist, dieses Wort aus den Pastoralbriefen in sein Gegenteil verkehrt werde. Das Machtverlangen könne einen Menschen so tief regieren, daß er sich auch über sich selbst täuscht und sich zum Seelsorger für geeignet hält, während er in Wahrheit nur Macht über die Seelen anderer gewinnen will. In der Selbsttäuschung sieht Gregor das subtilste Hindernis für die Seelsorge, das es zu durchschauen und zu bekämpfen gilt. Deshalb wendet er sich dieser Gefahr immer wieder in der regula pastoralis zu:

»Die herrschsüchtige Seele ist zaghaft, solange sie noch nach der Herrschaft strebt; hat sie dieselbe aber erreicht, dann ist sie keck ... Sie beginnt die erlangte Amtswürde nach Weise dieser Welt zu genießen und vergißt leicht, worauf sie früher gottesfürchtig gesonnen. Deshalb ist es notwendig, daß das Geistesauge, wenn die Gedanken auf Abwege geraten, sich schnell die Vergangenheit ins Gedächtnis rufe und jeder sein Verhalten als Untergebener erwäge, dann wird er bald erkennen, ob er als Vorgesetzter seine guten Vorsätze erhalten könne; denn niemand kann in hoher Stellung Demut lernen, der in niedriger Stellung den Stolz nicht abgelegt hat; der versteht nicht, den Lobeserhebungen auszuweichen, der darnach dürstete, wenn er sie entbehren mußte. Wer für sich an seinem Einkommen nicht genug hatte, der kann den Geiz nicht überwinden, sobald er für den Unterhalt vieler zu sorgen hat. Im Spiegel des vergangenen Lebens soll sich also jeder selbst erkennen, damit ihn nicht bei seinem Verlangen nach der Amtswürde ein Trugbild täusche. Es geht ja sogar beim Antritt eines Amtes sehr häufig jene Übung im Guten verloren, die man in der Zeit der Ruhe besaß; denn bei ruhigem Meere kann auch ein Unerfahrener das Schiff mit Sicherheit leiten, während im Toben des Sturmes auch der erfahrene Schiffer in Verwirrung gerät. Was aber ist die Amtsgewalt anderes als ein Sturm in der Seele? Da wird das Herzensschiff beständig von Gedankenstürmen gepeitscht und unaufhörlich bald hierhin, bald dorthin getrieben, bis es schließlich an unbedachten Verstößen in Wort und Werk wie an Klippen zerschellt« (78 f.).

Gregor warnt davor, daß sich einer zur Seelsorge drängt, der selber in seiner Seele noch mit widersprüchlichen Emotionen so belastet sei, daß er für den, der eigentlich Seelsorge braucht, mehr zur Last als zur Befreiung wird. Wer aber zu seinen Leidenschaften ein Verhältnis gewonnen habe und mit ihnen umgehen könne, und wer ein geistliches Leben führe und das Glück der Welt hintansetze, vor keiner Widerwärtigkeit zurückscheue und sein Verlangen nur aufs Innerliche richte, der sei zur Seelsorge geeignet. Dabei heißt geistliches Leben für Gregor vor allem, Übung im Gebet zu haben und die Erfahrung zu machen, durch das Gebet alles vom Herrn erlangen zu können, was immer man nur bitte. Empathie als entscheidende Voraussetzung für Seelsorge kommt bei Gregor so zum Ausdruck:

»Mitleidsvoll ist ein Seelsorger schnell zu Verzeihen bereit, läßt sich aber nie durch zu leichtes Verzeihen von der Höhe seiner Grundsätze herabziehen. Er tut nichts Unerlaubtes, weint aber wie über eigene Schuld, wenn andere solches tun. Er hat herzliches Mitleid mit fremdem Elend und freut sich, wenn es dem Nächsten wohl ergeht, wie über sein eigenes Glück« (80 f.).

d) Eine Lehre von der Seelsorge sollte ihrerseits bis in die Sprache hinein seelsorglich sein. Das scheint mir bei der regula pastoralis in hohem Maß der Fall zu sein, denn hier bekommt die Seele des Menschen etwas zu schauen, indem ihr unvergeßliche Bilder eingeprägt werden. Bei Gregor gerät die Sprache durch ständiges Eintauchen in die biblische Sprache in die Bewegung der Metapher. Das trifft vor allem für die Metapher vom Hirten zu, die Gregor aus Ezechiel 34 und aus Johannes 10 und Sacharja 11 gelernt hat. In der Metapher des Hirten begegnet etwas Archetypisches: Die Angewiesenheit des Menschen auf Schutz, Hut und Weide und die Verpflichtung des Menschen, Hüter seines Nächsten zu sein. Die Metapher von Hirt und Herde ist in die Seele der Menschheit eingegangen und hat sich tief eingeprägt. Man muß diese Metapher nur an der rechten Stelle gebrauchen, dann erweist sie die ihr eigentümliche seelsorgliche Kraft. Das scheint mir im zweiten Teil der regula pastoralis der Fall zu sein, wenn vom Leben des Hirten die Rede ist und danach gefragt wird, wie derjenige sich im Amt verhalten muß, der ordnungsgemäß zu demselben gekommen ist. Gregor antwortet darauf:

»Er muß also lauter sein in seinen Gedanken, musterhaft im Wandel, taktvoll im Schweigen, tüchtig im Reden, gegen jedermann voll Teilnahme, mehr als alle der Betrachtung ergeben, den Guten ein demütiger Genosse, den Fehltritten der Sünder gegenüber ein unbeugsamer Eiferer für die Gerechtigkeit.

Es ist nämlich oft der Fall, daß gleichgültige Seelenhirten sich scheuen, frei und offen zu reden, weil sie sonst die Gunst der Menschen einbüßen könnten, und so die Herde, wie die ewige Wahrheit sagt, nicht in wahrer Hirtensorge, sondern nach Art der Mietlinge bewacht; denn sie fliehen vor dem Wolf, wenn sie sich durch Stillschweigen in Sicherheit bringen wollen. Deshalb schilt sie der Herr durch den Propheten stumme Hunde, die nicht bellen können und klagt an einer anderen Stelle: ›Ihr erhebet euch nicht zum Widerstand und setzet euch nicht zur Mauer für das Haus Israel, um festzustehen im Streite am Tage des Herrn . . . Wenn der Hirt sich fürchtet, die Wahrheit zu sagen, was ist das anderes, als durch Schweigen die Flucht ergreifen? Wer sich aber für seine Herde dem Feinde entgegenstellt, der errichtet für das Haus Israel eine Mauer gegen die Feinde« (94).[3]

Für einen Hirten kommt es in der Seelsorge nach Gregors Verständnis vor allem darauf an, daß er das rechte Maß, den rechten Augenblick und das rechte Wort zur rechten Zeit findet, nicht aber alles über einen Kamm schert. So kann etwa Petrus, den Gregor den »ersten Hirten« nennt, gegenüber Cornelius auf jede übertriebene Ehrenbezeugung verzichten und sagen: »Stehe auf; auch ich bin ein Mensch!« (Apg 10). Dagegen muß er angesichts von Hananias und Saphiras Schuld seine ganze Vollmacht an den Tag legen und sie in der Kraft des Heiligen Geistes strafen (Apg 5). Es kommt in der Seelsorge auf ein ganz elementares Unterscheidungsvermögen an, das den Sünder von der Sünde zu trennen vermag, indem die Fehler mit aller Schärfe genannt, der Mensch aber in der Benennung seiner Fehler nicht vernichtet wird, weil er in der Seelsorge von seinen Fehlern noch einmal unterschieden wird. In allem Nein zur Sünde muß zugleich das Ja zum Sünder laut werden – das ist praktizierte Rechtfertigungslehre in der Seelsorge. Gregor sagt es so:

»Wenn aber die Vorsteher Untergebene, die sich verfehlt haben, zurechtweisen, so sollen sie allen Ernstes darauf sehen, daß sie zwar die Fehler der Disziplin wegen kraft ihres Amtes rügen müssen, aber um der Bewahrung der Demut willen sich den Brüdern, die sie tadeln, gleichachten sollen; . . . Darum muß man also im Herzen Demut, im Werke Zucht üben« (105 f.).

4. In dem umfassendsten Teil der *regula pastoralis* gibt Gregor dem Seelsorger so etwas wie eine christliche Seelenlehre an die Hand, um ihn für kontextuelle Seelsorge zu sensibilisieren. Da heißt es z. B.: »Anders sind die Männer zu ermahnen, anders die Frauen«; . . . »anders die Demütigen, anders die Stolzen, anders die Eigensinnigen, anders Wankelmütige.« So werden etwa 40 Gruppen von Menschen in Gegensatzpaaren bedacht, auf die es jeweils anders einzugehen gilt.

a) Nehmen wir z. B. das Gegensatzpaar des Selbstsicheren und des Furchtsamen: Der Selbstsichere, so gibt Gregor zu bedenken, wird schwerlich sein anmaßendes Verhalten erkennen können. Deshalb bedarf es eines entschiedenen Seelsorgers, um in dem Selbstsicheren die Erkenntnis reifen zu lassen, daß er sein Spiel überreizt. Dagegen macht sich der Furchtsame in manchmal schon peinlichem Maß seine Unzulänglichkeit bewußt, weil er ständig fürchtet, anderer Leute Freiraum oder Recht zu verletzen. Hier sei vom Seelsorger nicht nur aufbauende Ermutigung nötig, sondern geradezu ein Training des Selbstbewußtseins. Gregor spezifiziert die Dialektik seiner Gegensätze mit außergewöhnlicher Genauigkeit: Während Selbstbewußte ihre Tendenz zur Anmaßung erkennen müssen, müssen unterwürfige Verleugner das Gegenteil erkennen, daß sie nämlich ihre eigene

Stärke besser erkennen, mit dem Ziel, daß sie offener und selbstbewußter anbieten, was sie anzubieten in der Lage sind.

b) Schrift und Erfahrung sind die Quellen für Gregors Seelenkenntnis. In dem Apostel Paulus entdeckt Gregor den Prototyp eines Seelsorgers, der beide Arten situationsbezogener Ermahnung verkörpern kann: Paulus widerspricht dem Aggressiven, und er stärkt die Eigeninitiative des Furchtsamen, ohne die geistliche Grundstruktur beider Typen zu verletzen. Der Apostel konnte die Galater offen zurechtweisen, weil er sie als verzaubert ansah (Gal 3,1). Andererseits sprach er mit den Philippern einfühlsam und aufbauend, als sie sich in beschämendem Maße ihre Unzulänglichkeit vorhielten. Der Hochmütige bedarf eben einer anderen seelsorglichen Zuwendung als derjenige, der über sich selbst verzagt ist. Bei dem Furchtsamen ist eine Seelsorge des Lobens nötig, das stark macht und mit vorsichtiger Mahnung das stärkt, was noch schwach ausgebildet ist. So ging Paulus auch mit den Thessalonichern seelsorglich um, als diese sich in Angst um die Endzeit sorgten: »Ich bitte euch, daß ihr euch nicht so bald wankend machen lasset in eurem Sinn durch eine Offenbarung im Geist oder durch ein Wort« (2. Thess 2,2).

c) Eine besonders subtile Studie widmet Gregor dem Menschen, der dazu neigt, Gutes in der Öffentlichkeit zu tun, in Wahrheit aber Böses verheimlicht. Es gibt Menschen, die ein öffentliches Ansehen wegen Großzügigkeit, Freigebigkeit und Güte genießen, obwohl sie heimlich Verachtenswertes tun. Solche Menschen benötigen eine besondere Art seelsorglicher Mahnung. Hier gilt es, zwischen den menschlichen Urteilen und dem Urteil Gottes zu unterscheiden. Menschliche Leistungen vergehen schnell, während das Urteil Gottes ewig ist und alles Verborgene ans Licht bringt. Für Gregor steht jeder Mensch unwiderruflich vor dem Urteil Gottes. Deshalb tut der Seelsorger dem Menschen keinen Gefallen, wenn er mit der Warnung vor Gottes letztem Gericht hinter dem Berge hält. – Wiederum denkt Gregor auch an dieser Stelle an die gegensätzliche Art von Menschen, nämlich an diejenigen, die dazu neigen, Gutes zu tun, aber darauf zu bestehen, es heimlich zu tun. Der anonyme Wohltäter sollte dafür gelobt werden, daß er Jesu Lehre aus der Bergpredigt ernst nimmt, wonach die linke Hand nicht wissen solle, was die rechte tue. Es kann freilich bei solchen Menschen auch einen ganz geheimen, raffinierten Stolz auf ihre gute Tat geben. Deshalb mahnt Gregor die anonymen Wohltäter, ihre Nächsten weniger als sich selbst zu lieben. Wer die Erbauung anderer Menschen verhindere, indem er seine guten Taten verberge, der verhindere auch, daß sich Menschen an guten Taten freuen, ihnen nacheifern und davon profitieren könnten. Schließlich habe Jesus ja auch in der Bergpredigt gesagt, daß die Stadt, die auf dem Berge liege, nicht verborgen sei und das Licht nicht unter den Scheffel gestellt werden solle.

II. Exemplarische Texte

1. Aus einer Auslegung zu Ezechiel 3,17: Das Wächteramt

(Ez 3,17) Menschensohn, ich habe dich zum Wächter bestellt über das Haus Israel.

»Man beachte, daß der Herr den zur Verkündigung Gesendeten einen Wächter nennt. Als Wächter wird bezeichnet, wem die Sorge um fremde Bereiche übertragen ist; er soll auf der Höhe des Geistes sein und den Namen aus der Kraft der Tätigkeit rechtfertigen. Wer unten ist, ist ja kein Wächter. Ein Wächter steht stets auf einer Anhöhe, damit er schon von weitem voraussieht, was immer kommen wird. Und wer zum Wächter des Volkes bestellt ist, soll in seinem Lebenswandel auf der Höhe feststehen, damit er durch seine Voraussicht zu nützen vermag. So ermahnt ein anderer Prophet den Wächter: Steige auf einen hohen Berg hinauf, der du Sion die Freudenbotschaft bringst (Jes 40,9). Wer den Ort der Verkündigung eingenommen hat, steige zur Höhe der guten Werke empor; er erhebe sich in die Höhe und übertreffe die Werke der ihm Anvertrauten, und er wird den Lebenswandel der Untergebenen um so besser erkennen, je weniger er die Seele irdischen Dingen, die er verachtet, unterordnet.

Oh, wie bitter ist mir das, was ich da sage, weil ich mit diesen Worten mich selbst treffe, da weder mein Reden die Verkündigung geziemend vollzieht noch mein Leben meiner Rede so entspricht, wie es sein müßte. Oft verliere ich mich in müßiges Geschwätz und vernachlässige, unachtsam und träge, die Ermahnung und die Erbauung der Mitmenschen. Vor Gottes Angesicht bin ich stumm und geschwätzig geworden: stumm im Notwendigen, geschwätzig im Überflüssigen. Doch siehe, was Gott über das Leben eines Wächters sagt, zwingt mich zum Reden. Ich kann nicht schweigen, und doch fürchte ich, daß ich mich im Reden selber treffe. Oh, daß ich doch so redete, daß das Schwert des Wortes Gottes, das das Herz des Nächsten treffen soll, auch mich durchbohrte. Daß ich doch so redete, daß das Wort Gottes aus mir auch gegen mich ertönte. Ich bekenne meine Schuld, ich sehe meine Trägheit und Nachlässigkeit. Vielleicht wird die Anerkennung der Schuld bei dem gnädigen Richter Verzeihung erwirken.

Ja, als ich noch im Kloster war, da konnte ich meine Zunge vor unnützem Reden zurückhalten und den Geist fast ununterbrochen in der Gebetshaltung bewahren. Aber nachdem ich die Bürde der Seelsorge den Schultern des Herzens aufgeladen habe, vermag sich die Seele nicht immerfort in sich selbst zu sammeln, weil sie in so vielerlei geteilt ist. Ich sehe mich genötigt, bald Streitfragen von Kirchen, bald die von Klöstern zu schlichten, oft auch mich um die Lebensumstände und Tätigkeiten einzelner zu kümmern. Ein andermal ist es die Sorge um die Anliegen der Bürger, die Schrecken der hereinbrechenden Schwerter der Barbaren, die Angst vor den Wölfen, die der anvertrauten Herde nachstellen. Dann wieder habe ich darauf zu achten, daß denen, die die öffentliche Ordnung aufrechterhalten, die nötige Unterstützung nicht fehle, muß Plünderer gleichmütig ertragen beziehungsweise ihnen unter Einhaltung der gebotenen Liebe entgegentreten. Wenn nun der Geist nicht umhin kann, seine Aufmerksamkeit auf so viele und so wichtige Dinge zu richten, und daher zerrissen und zersplittert ist, wann soll er zu sich selbst kommen, um sich ganz auf die Verkündigung hin zu sammeln, um den Dienst des Predigtwortes nicht zu vernachlässigen? Weil ich aufgrund meines Amtes oft mit Weltleuten zu tun habe, lockere ich manchmal die Zügel meiner Zunge. Halte ich mich mit dem gebotenen Eifer an meine Amtsgeschäfte, bin ich mir bewußt, daß ich mich den Schwächeren entziehe und sie nie zu dem bringe, was ich im Sinne habe. So kommt es, daß ich ihr müßiges Gerede oft geduldig anhöre. Und da ich selber auch schwach bin, werde ich unmerklich in nutzlose Gespräche hineingezogen und beginne selber gern zu sagen, was ich zunächst widerwillig angehört habe; und wo es mich vor dem Fall ekelte, da liege ich nun selber gar nicht so ungern. Welcher oder was für ein Wächter bin ich, der ich nicht auf dem Berg des rechten Tuns stehe, sondern noch im Graben der Schwachheit liege? Doch hat der Schöpfer und Erlöser des Menschengeschlechtes die Macht, mir Unwürdigem die Höhe des Lebenswandels und die Wirksamkeit des Redens zu schenken, zumal ich aus Liebe zu ihm auch mich selbst in der Verkündigung nicht schone« (Homilien zu Ezechiel, Einsiedeln 1983, 218–220).

2. Gregor an Gregoria, Kammerfrau der Kaiserin

»Den sehnlich erwarteten Brief Eurer Liebe habe ich erhalten. Ihr klagt Euch darin schwer über Eure Sünden an; doch ich weiß, daß ihr den allmächtigen Herrn glühend liebet, und ich vertraue zu seiner Barmherzigkeit, daß aus dem Munde der ewigen Wahrheit das gleiche Urteil über Euch gesprochen werde wie einst über eine heilige Frau: ›Ihr sind viele Sünden vergeben, weil sie viel geliebt hat‹ (Lk 7,47). Wie sie aber vergeben wurden, ist in dem gezeigt, was nachfolgte; denn sie saß zu den Füßen des Herrn und horchte auf seine Worte. In das beschauliche Leben versunken, hatte sie sich bereits über das tätige Leben erhoben, das ihre Schwester noch führte. Eifrig suchte sie den Herrn, nachdem er begraben war, schaute gebückt in das Grab, fand ihn aber nicht und blieb noch weinend beim Grabe, als es die Jünger verließen; und den sie als tot suchte, fand sie dann lebendig und überbrachte den Jüngern die Nachricht von seiner Auferstehung. Es ist eine wunderbare Fügung der Güte Gottes, daß durch eine Frau das Leben verkündet wurde, nachdem im Paradiese aus deren Munde der Tod herstammte. Sie sah den Herrn nach seiner Auferstehung mit der anderen Maria, näherte sich ihm und umfaßte seine Füße. Führe Dir vor Augen, ich bitte Dich, wessen Hände das waren und wessen Füße sie umschlangen. Ein Weib, das eine große Sünderin in der Stadt gewesen, sündenbefleckte Hände berührten die Füße desjenigen, der über den Engelchören zur Rechten des Vaters sitzt. Denken wir nach, so gut wir können, wie groß doch Gottes Barmherzigkeit ist! Ein Weib, das in den Strudel der Sünde gestürzt war, wird durch die Gnade auf den Schwingen der Liebe in die Höhe getragen! Erfüllt ist, geliebte Tochter, erfüllt, was für jetzt der heiligen Kirche aus Prophetenmund verheißen wurde: ›An jenem Tage wird das Haus Davids als ein Quell sich auftun (Der hebräische Text und die Vulgata haben: es wird dem Hause Davids sich ein Quell auftun.) zur Abwaschung der Sünder und der Blutflüssigen‹ (Zach 13,1). Das Haus Davids ist für uns Sünder ein Quell der Abwaschung, weil wir durch den Sohn Davids, unsern Erlöser, durch seine Barmherzigkeit, die sich uns auftut, gereinigt werden.

Wenn aber Deine Liebe im Briefe noch beifügt, Du wolltest mir keine Ruhe lassen, bis ich schreibe, es sei mir die Vergebung Deiner Sünden geoffenbart worden, so verlangst Du etwas, was schwer zu erfüllen und dazu nutzlos ist: schwer, weil ich unwürdig bin, eine Offenbarung zu empfangen, nutzlos, weil Du wegen Deiner Sünden nicht sicher sein darfst, bis Du sie an Deinem letzten Tage nicht mehr beweinen kannst. Bis dieser Tag kommt, mußt Du wegen der Sünden immer zagen und zittern und sie Tag für Tag beweinen. Der Apostel Paulus war schon in den dritten Himmel emporgestiegen und ins Paradies entrückt, hörte geheime Worte, die ein Mensch nicht aussprechen darf, und sagt mit Zittern: ›Ich züchtige meinen Leib und bringe ihn in Botmäßigkeit, damit ich nicht etwa, nachdem ich andern gepredigt, selbst verworfen werde‹ (1. Kor 9,27). Der schon in den Himmel entrückt war, fürchtet sich noch immer, und es soll sich nicht fürchten, wer noch auf Erden weilt? Bedenke, liebste Tochter, daß Sicherheit gerne die Mutter der Fahrlässigkeit ist. Du hast also in diesem Leben keine Sicherheit nötig, durch die Du vielleicht nachlässig werden könntest. Denn es steht geschrieben: ›Selig der Mann, der immer in Sorgen ist‹ (Spr 28,14) und wiederum: ›Dienet dem Herrn in Furcht und frohlocket ihm mit Zittern‹ (Ps 2,11). Es muß also Eure Seele während dieses Lebens kurze Zeit in Ängsten sein, damit nachher der jubelnden Sicherheit kein Ende sei.

Der allmächtige Gott erfülle Euch mit der Gnade des Heiligen Geistes und führe Euch nach den Tränen, die Ihr in täglichem Gebete vergießet, zu den ewigen Freuden!« (BKV II/4.1, 295–297; vgl. PL 77, 877–879).

III. Wirkung

1. Politische Seelsorge oder: Der Seelsorger als Politiker

Angesichts der chaotischen Umstände in Italien, die den Weltuntergang nahe erscheinen ließen, konnte sich Gregor weder vor noch nach seiner Wahl zum Papst aus der Politik heraushalten. So versuchte es Gregor mit der Macht der Ohnmacht, indem er auf König Agilulf zuging, um ihn durch die Macht einer bischöflichen Persönlichkeit und durch sein eindringliches Bitten zum Abzug zu bewegen. Tatsächlich kehrte Agilulf nach Mailand zurück. Später gelang es Gregor, zwischen dem oströmischen Exarchen in Ravenna und dem langobardischen König in Mailand einen Friedensschluß herbeizuführen, der nicht nur Rom, sondern das ganze italische Land aufatmen ließ. Zugleich gab Gregor keinen Versuch auf, die Langobarden auch für den christlichen Glauben zu gewinnen. Das gelang ihm zwar nicht bei König Agilulf, doch immerhin bei dessen Sohn Adelwald, der sich später sogar taufen ließ.

2. Soziale Seelsorge oder: Der Seelsorger als Mann der kleinen Leute

Das hatte Gregor schon frühzeitig im Volk so beliebt gemacht, daß er das ererbte Vermögen seiner Eltern teils zur Gründung von Klöstern, vor allem aber zur Versorgung der Armen freigab. Dieser soziale Grundzug hielt sich auch in seinem Papsttum durch, mußte er doch das völlig verarmte Volk mit Nahrung versorgen. Immer wieder gibt es Briefe von Gregor an die Bischöfe und Statthalter in Sizilien, für das nötige Korn zu sorgen, das nach Rom geschafft werden soll. Gregor nimmt sich Zeit für die Sorgen der kleinen Leute und kümmert sich um deren Kleinigkeiten: Einen befreiten christlichen Sklaven schützt er gegen den früheren jüdischen Herrn; er nimmt sich der Seifensieder von Neapel gegen den Steuerbeamten an; er ordnet die Rückgabe von entwendeten Büchern und Vorhängen eines Klosters an; er sorgt für die Kleidung der Diener eines Staatsbeamten; er setzt das Maß der Unterstützung eines notleidenden Blinden fest; er zwingt einen Bischofsneffen, eine von ihm Verführte zu heiraten; er holt einen Mann, der ohne Einwilligung seiner Frau ins Kloster gegangen ist, wieder aus dem Kloster heraus; er läßt eine entsprungene Nonne einfangen; er läßt fortgelaufenen Sklaven eines römischen Klosters und dem entwischten Bäcker seines eigenen Bruders nachstellen; er hilft einem Bischof, der unter Kälte leidet, mit warmer Kleidung aus, und dgl. mehr (vgl. J. Haller, Das Papsttum, Band 1, Stuttgart 1930, 299).

3. Missionarische Seelsorge oder: Der Seelsorger in der Offensive

In Gregors Leben wie besonders in seinem Wirken als Papst liegt ein offensiver Zug, der sich mit dem kontemplativen Zug seines Lebens etwa so verbindet, wie es Roger Schütz, der Prior von Taizé, in dem berühmten Motto zum Ausdruck bringt: »Kampf und Kontemplation«. Darin kommt auch das eigentümliche Verhältnis von vita activa und vita contemplativa in Gregors Seelsorge zum Ausdruck. Aus seinem Rückzug in die Kontemplation der Klostergemeinschaft erwuchsen Gregor die Kräfte für eine offensive Strategie mit den Feinden vor den Toren Roms: Er ging vermittelnd, versöhnend und friedensstiftend auf sie zu und gewann sie auf Dauer für den christlichen Glauben. Ebenso bemühte er sich um gute Verbindungen zur Kirche im Frankenreich, was aber nur begrenzt möglich war. Der eigentliche Erfolg war Gregor in der Missionierung der Angelsachsen beschieden. Schon früh hatte Gregor auf dem Forum in Rom englische Sklaven gesehen, die dort zum Verkauf ausgestellt waren. Dabei hatte er ihre Gestalt und die von ihnen ausgehende Kraft bewundert. Da die Angelsachsen noch dem Heidentum anhingen, faßte Gregor zunächst den Plan, eine Reihe von englischen Sklaven loszukaufen, sie in Rom klösterlich auszubilden und später als Missionare zu ihren eigenen Landsleuten nach England zurückzusenden. Diese Art der Missionierung kam aber nur langsam voran, während Gregor Eile geboten erschien. Darum gab er schon 595 einigen seiner Brüder im Andreas-Kloster den Auftrag, sich unter der Leitung des Bruders Augustinus über Gallien nach England zu begeben. Die Brüder begaben sich auf dem Weg durch das Frankenreich nach England und trafen dort zunächst auf so große Schwierigkeiten, daß sie Augustin nach Rom zurückschickten mit der Bitte, Gregor möge ihnen den Auftrag abnehmen. Doch dieser blieb bei seinem Vorhaben. Er ernannte Augustin zum Abt der Mönche und schickte ihn mit Begleitschreiben an gallische Bischöfe und fränkische Könige zurück. Daraufhin gingen die Klosterbrüder nach England und gewannen die Königin Berta von Kent für ihr neues Missionswerk, das nunmehr mit Hilfe der gewonnenen Königin so gut vorankam, daß Gregor bereits 598 an den Bischof Eulogius von Alexandrien schreiben konnte:

»Da du dich bei deinen guten Werken auch über andere freust, will ich dir etwas von mir berichten. Das Volk der Angeln, das an einer weltfernen Ecke draußen wohnt, verehrte bisher noch Bäume und Steine. Unterstützt durch dein Gebet, habe ich nach Gottes Willen zu ihnen einen Mönch aus meinem Kloster zur Glaubenspredigt geschickt. Mit meiner Erlaubnis wurde er von germanischen Bischöfen zum Bischof geweiht und reiste, gestärkt durch ihre ermunternden Worte, zu jenem Volke ans Ende der Welt. Jetzt ist die Nachricht bei mir eingetroffen, daß er und seine Begleiter beim Volke durch so viele Wunder glänzen, daß sie die Apostel in ihren Wundern nachzuahmen scheinen. Am letzten Weihnachtsfeste sind, wie er meldet, mehr als 10000 Angeln von ihm und seinen Begleitern getauft worden.«[4]

Wir sehen aus diesem Brief, wie missionarische Seelsorge nicht nur diejenigen verändert, die zum Glauben bekehrt werden, sondern auch diejenigen, die an diesem Missionswerk beteiligt sind. Die Freude Gregors über das gelungene Missionswerk dürfte sicher alsbald ganz Rom und über Rom hinaus das darniederliegende Italien erfüllt haben und zu der Folge führen, daß die Menschen sich nicht bloß um sich selbst kümmern und ihre eigenen Wunden lecken, sondern an der sich ausbreitenden Kraft des christlichen Glaubens nun auch ihrerseits Aufrichtung und Stärkung in ihrem Elend erfahren. Seelsorge in der Offensive, missionarische Seelsorge, verhindert, daß eine Kirche sich bloß mit sich selbst beschäftigt und also nur in der Innenperspektive bleibt. Dann verkümmert auch die contemplatio zu reiner Introvertiertheit.

4. Klösterliche Seelsorge oder: Der Seelsorger als Mönch

Die Frage nach den Motiven, die einen Menschen dazu bewegen, in das klösterliche Leben einzutreten, ist immer spannend und beliebt. Sie ist aber bei Gregor nach über 1500 Jahren kaum mehr überzeugend zu beantworten. Die in seiner Familie tief verwurzelte Frömmigkeit dürfte ein wesentlicher Grund dafür gewesen sein, daß der Stadtpräfekt nach drei Jahren sein Amt aufgab und im elterlichen Palast ein Kloster gründete. Ein anderer, vielleicht noch entscheidenderer Grund dürfte in der Beobachtung des Stadtpräfekten gelegen haben, daß staatliche Autorität in Italien am Ende des 6. Jh. nichts mehr auszurichten vermag, sondern (angesichts der verheerenden Verwüstungen und Fremdbesatzungen durch Ostrom, die Misere durch die Ostgoten, durch die Langobarden usw.) nur zu überwinden ist, wenn eine Erneuerung von innen her gesucht wird, nämlich aus dem Glauben, aus der Einsamkeit und aus der Kontemplation. Die Zeitläufte gaben Gregor ja tatsächlich recht, daß mit Hilfe staatlicher Autorität in dem mehr und mehr zusammenbrechenden oder schon längst zusammengebrochenen Italien nichts mehr zu machen war. Vielmehr stärkte die aus den Klöstern erwachsene geistliche Autorität allmählich die Kirche, so daß auch von einer innerlich wieder erstarkten Kirche aus dem staatlichen Leben wieder neue Kräfte zuwuchsen. Der eigentliche Schlüssel für Gregors Wirken, zumal für seine Seelsorge, scheint mir in seiner klösterlichen Verwurzelung zu liegen. Hier fand er die Kraft zur Kontemplation, die ihm dann auch die Kraft zum Kampf gab. Hier fand er die Gemeinschaft, die ihn bis nach Konstantinopel an den kaiserlichen Hof begleitete und dann sieben Jahre lang stärkte. Hier fand er die Gemeinschaft der Hörer, der Mitdenkenden und Mitbetenden, die ihn trug. Hier fand er die Missionare, die bis nach England auszogen und dort missionarische Hoffnungszeichen setzten, welche auch in Italien aufrichtend wirkten. Im Wissen um diese Kraft der Klöster schrieb Gregor 593/94 Dialoge über Leben und Wunder der italischen Väter, womit vor allem die Mönche gemeint waren, aber auch Bischöfe.

Im Mittelpunkt der Dialoge steht die *vita Benedicti*, ein Leben des heiligen Benedikt, von Gregor durchaus als Parallele zur vita Antonii des Athanasius gemeint. Hier setzte Gregor dem heiligen Benedikt ein Denkmal. Es ist der Orden der katholischen Kirche, der vor allem das Erbe der Liturgie und des gregorianischen Chorals pflegt. Ohne das von Gregor geschriebene sehr volkstümliche Porträt des heiligen Benedikt hätte der Benediktinerorden wohl nie so bald diese Ausstrahlungskraft bis ins Mittelalter, ja bis zum heutigen Tage, bekommen, wie auch Gregor seinerseits ohne die Verwurzelung im Benediktinerorden niemals das geworden wäre, was er selbst geworden ist und für seine Kirche und sein ganzes Land tun konnte. Die *regula Benedicti* gab ja und gibt diesem Orden bis heute seine Strenge, wie zugleich auch der Gesang und die Liturgie diesem Orden seine Leichtigkeit und seine Ausstrahlungskraft geben. Genau das ist es, was auch für die Seelsorge des Gregor so bezeichnend ist: eine Seelsorge der Strenge voller Leichtigkeit!

5. *Seelsorge aus dem Gesang oder: Der Liturg als Seelsorger*

Ob und inwieweit der gregorianische Gesang tatsächlich auf Gregor den Großen zurückgeht oder erst auf Gregor II. oder noch später, ist im Streit der Historiker und Liturgiewissenschaftler nicht entschieden. Der Biograph Gregors des Großen, Johannes Diakonos, schreibt in seiner vita Gregorii: »Alsdann veranstaltete er im Hause des Herrn, wie der weise Salomon, wegen der Eindringlichkeit seines schönen Gesanges mit großem Fleiße eine Sammlung der Antiphonen für den Gesang. Auch gründete er einen Sängerchor, der heute noch in der römischen Kirche nach denselben Bestimmungen singt.« Gregor habe, so berichtet Johannes Diakonos weiter, das Buch des Gelasius über die Feier der heiligen Messe neu redigiert, habe Änderungen im Kanon getroffen und die Stationsgottesdienste neu geregelt. Gregor gilt von da ab als der große Restaurator des Gesanges, der nach ihm benannt worden ist. Sollten die Nachrichten des Johannes Diakonos tatsächlich stimmen, so dürften es wiederum die Klosterbrüder gewesen sein, die hier die formende Kraft dafür waren, daß der Gesang eine Gestalt bekam und eine Ausbreitung gewann, wobei die Autorität von Gregors Namen äußerst hilfreich gewesen sein dürfte. Es kam damals ja nicht auf die Individualität des eigenen Namens an, es kam vielmehr darauf an, daß ein Name Klang und Autorität hatte, so daß er für eine Sache gutstand, weniger für eine Person. Die Sache des gregorianischen Gesangs aber ist bis zum heutigen Tage voller Seelsorge, weil hier Seele, Leib und Geist tatsächlich in einen Atemrhythmus kommen, in den Rhythmus von Ein- und Ausatmen, und das nicht nur im körperlichen, sondern auch im geistlichen und seelischen Sinne: Gottes Atem wird singend eingeatmet und menschlicher Atem wird ausgeatmet.

6. Legendarische Seelsorge oder: Der Schriftsteller als Seelsorger

Was die regula pastoralis für die Ausbildung und Ausrichtung der Priester im Mittelalter, ja z. T. bis zum heutigen Tage bedeutet, waren und sind Gregors Dialoge über Leben und Wunder der italischen Väter für das Volk. Gregor hatte erkannt, daß sich die Seele des Volkes an nichts so gern erbaut wie an wunderbaren Legenden und Beispielerzählungen, von denen es bisher viele Legenden aus dem geistlichen Leben des Ostens, aus Ägypten und Antiochien, gegeben hatte. Mit den vier Büchern der Dialoge wollte Gregor nun ein weiteres Zeichen für die Eigenständigkeit und Ebenbürtigkeit der westlichen Kirche setzen, daß nämlich hier auch und genau solche Erfahrungen mit Wundern vorliegen wie im Osten, vor allem am Beispiel des heiligen Benedikt verdeutlicht. Wie die Bedeutung der regula pastoralis für die geistliche Formung der römischen Priester bis in die Gegenwart kaum zu überschätzen ist – Hinkmar von Tours berichtet im 9. Jh., daß ein Priester seine Hand sowohl auf den corpus juris civilis wie auf die regula pastoralis bei der Weihe zu legen hatte, so dürfte die geistliche Bedeutung der von Gregor gesammelten und aufgeschriebenen Legenden im einfachen Volke bis tief ins Mittelalter hinein kaum zu überschätzen sein. Wir alle brauchen immer wieder Geschichten, an denen sich unsere Seele aufrichten kann. Ohne Geschichten, die es gern weiterzuerzählen gilt, sind wir seelenarm und atemlos.

7. Biblische Seelsorge oder: Der Schriftausleger als Seelsorger

Wenn wir die regula pastoralis lesen, so entdecken wir, wie diese Seelsorgelehre mit biblischer Sprache durchtränkt und gleichsam eine fortlaufende Schriftauslegung ist. Das gehört zur Eigentümlichkeit Gregors, daß er ein großartiger Kenner der Heiligen Schrift ist, die er sowohl seinen Brüdern im Kloster wie auch dem Volk in Predigten immer wieder auslegte. Für unsere historisch-kritisch geschulten Ohren ist diese Art der Schriftauslegung, die Gregor vor allem bei Origenes und Augustin gelernt hatte, natürlich ungewöhnlich, ja sie scheint uns überholt, weil sie manchmal so willkürlich scheint. Indessen müssen wir uns von jener Zeit fragen lassen, ob uns nicht die Heilige Schrift mit Hilfe der historisch-kritischen Methode so abständig geworden ist, daß sie ihre geistliche Kraft für die Seelsorge kaum mehr zu entfalten vermag. Das aber war und ist Gregors Anliegen, in die geistliche Kraft der Heiligen Schrift so einzudringen, daß von der biblischen Sprache Seelsorge ausgeht und die Seele in einem biblischen Rhythmus wirklich zu atmen vermag. Eine Seele, die nicht mehr im Bilde ist, setzt Gregor mit seinen biblischen Bildern neu ins Bild. So wird er zum Seelsorger in einer armseligen und seelenlosen Zeit.

Anhang

Gregors Seelsorge im Vergleich mit modernen Konzeptionen der Psychotherapie

Gregors Seelsorge ist eine weisheitlich gestimmte Seelsorge, die nichts von allgemeinen Prinzipien her deduziert, sondern sich dem einzelnen Menschen in seiner Einzelheit zuwendet. Wie modern und aktuell diese Seelsorge ist, wird bei dem amerikanischen Pastoraltheologen Thomas C. Oden ausgeführt: »In fünffacher Hinsicht nahm Gregor moderne Therapie vorweg: Zum ersten dürften diejenigen, die Techniken zur Änderung des Verhaltens für eine Neuentdeckung des 20. Jh. halten, vergessen haben, wie allgemein verbreitet einige behaviouristische Voraussetzungen in der christlichen Tradition sind und besonders im frühen Mönchswesen und den Bußtraditionen. Gregors Arbeit fußt auf bereits vorbereiteten Wegen benediktinischer Mönche. Er betonte stark die geregelte und konsistente Verstärkung gewünschten Verhaltens. Großes Gewicht legte er auf die sorgsame Identifikation mit und dem genauen Befolgen des gewünschten Verhaltens, auf eine überlegte Liste tatsächlich veränderbaren Verhaltens, auf genaues Messen erfolgter Besserungen, auf überlegte Schritte der Änderung und – zu ausgesuchten Zeitpunkten – auf die Konditionierung Unwilliger.

Zum zweiten halten viele Freud für einen unvergleichlichen Innovator, der sich als erster darauf verstand, durch eine Analyse der frühkindlichen Phase die verborgenen Schichten der unbewußten Triebe freizulegen, wobei er die Tendenz zur Selbsttäuschung und Rationalisierung immer im Auge hatte. Indes sind alle diese Interessen eine häufig wiederkehrende Dimension in Gregors seelsorgerlicher Methode. Selbsttäuschung, so eine Voraussetzung, ist eine konstante Tendenz des gefallenen Willens. Eine realistische Selbsterkenntnis stellt daher eines der zentralen Ziele des Heilungsprozesses dar, der durch Gespräche voranschreitet. Einige von Gregors Bildern – an einer Wand meißeln, eine Tür öffnen, durch die Tür hindurchgehen und Grausamkeit betrachten, das Tier und die sexuellen Bilder darin – ähneln doch sehr der Deutung von Träumen und unbewußten Symbolen, die wir dann später bei Freud und in der psychoanalytischen Tradition finden.

Zum dritten werden die, die C. G. Jung für einen herausragenden Innovator halten, vieles bei Gregor finden, womit er Jungs bestätigende Sicht des Unbewußten, der archetypischen Bilder und seine Faszination an der Mystik vorwegnimmt. Gregor verstand wohl die Zusammengehörigkeit von Gegensätzen und die Auflösung von Gegensätzen in eine höhere Synthese und Integration. Er war fasziniert von den Wegen, auf denen jedes Laster mit der entsprechenden Tugend korreliert, so daß menschliche Interaktion zu einem immerwährenden Wechselspiel dieser Gegensätze und Ergänzungen wird. Starke archetypische Bilder fließen in Gregors Sprache ein und aus ihr heraus und immer wieder kommen sie eindrücklich in seinen spirituellen Bibelauslegungen zum Ausdruck.

Zum vierten können diejenigen, die Körpersprache und nonverbale Kommunikation für sehr wichtig halten und dies für eine charakteristisch-moderne Auffassung halten, darüber überrascht sein, daß Gregor immer wieder den Prozeß der Seelsorge auf die nonverbale Kommunikation bezieht. Seelsorger und Gemeindeglied kommunizieren nicht nur durch Worte, sondern auch durch Aktionen, Farben, Symbole, Kleidung und durch nonverbale Gesten. Gregor achtete sehr auf den Zusammenhang – bzw. auf dessen Fehlen – von Sprache und Leben, Wort und Tat.

Schließlich und möglicherweise am wichtigsten, kommen die drei Grundvoraussetzungen klientenzentrierter Therapie schon in Gregors seelsorgerlicher Methode zur Anwendung. Carl Rogers nannte als die drei notwendigen und hinreichenden Bedingungen für psychologische Veränderung: sorgfältige Einfühlung, nicht konditionierende positive Annahme und Aufrichtigkeit ... Jeder dieser drei Punkte der therapeutischen Triade nimmt in Gregors Seelsorge eine entscheidende Funktion ein«.[5]

Anmerkungen

1 Vgl. PL 75, 511.
2 Die Seitenangaben in den folgenden Ausführungen beziehen sich auf die Übersetzung von G. Kubis (vgl. Literaturhinweise).
3 Zum prophetischen Bild des Wächters aus Ezechiel 3 und dessen Auslegung durch Gregor für das Verständnis von Seelsorge und Predigt vgl. Text 1.
4 Vgl. PL 77, 932.
5 T. C. Oden; aaO. 57–59.

Literatur

Quellen

Ausgewählte Schriften des heiligen Gregorius des Großen, Papstes und Kirchenlehrers, nach dem Urtexte übersetzt, mit einem kurzen Vorbericht über das Leben und die Schriften des Heiligen von Th. Kranzfelder, Erster Band, BKV 46, Kempten 1873.

Ausgewählte Schriften des heiligen Gregorius des Großen, Papstes und Kirchenlehrers, nach dem Urtexte übersetzt, Zweiter Band, BKV 47, Kempten 1874.

Gregor der Große, Homilien zu Ezechiel, erstmals ins Deutsche übertragen und eingeleitet von G. Bürke, Christliche Meister 21, Einsiedeln 1983.

Ders., Leben des Benedictus, übersetzt und eingeleitet von F. v. d. Meer und G. Bartelink, St. Ottilien 1980.

Ders., Regula pastoralis. Wie der Seelsorger, der ein untadeliges Leben führt, die ihm anvertrauten Gläubigen belehren und anleiten soll, hrg., übersetzt und mit einer Einleitung versehen von G. Kubis, Graz - Wien - Köln 1986.

Sancti Gregorii Papae I cognomento magni, opera omnia 1, PL 75, o. A.

Sancti Gregorii Papae I cognomento magni, opera omnia 3, PL 77, Paris 1896.

Origenes und Gregor der Große, Das Hohelied, eingeleitet und übersetzt von K. S. Frank, Christliche Meister 29, Einsiedeln 1987.

Des heiligen Papstes und Kirchenlehrers Gregor des Großen Buch der Pastoralregel. Mit einem Anhang: Zwölf Briefe Gregors des Großen, aus dem Lateinischen übersetzt von J. Funk, BKV II/4.1, München 1933.

Sekundärliteratur

M. Frickel, Deus totus ubique simul. Untersuchungen zur allgemeinen Gottgegenwart im Rahmen der Gotteslehre Gregors des Großen, Freiburg 1956.

D. Hofmann, Die geistige Auslegung der Schrift bei Gregor dem Großen, Münsterschwarzacher Studien 6, Münsterschwarzach 1968.

R. A. Markus, Artikel: Gregor I., der Große (ca. 540–604), in: TRE 14, Berlin - New York 1985, 135–145.

T. C. Oden, Care of Souls in the Classic Tradition, Philadelphia 1984, 57–59, übersetzt von K. Dettmer.

DRITTER TEIL

Seelsorge im Mittelalter

Bernhard von Clairvaux

Bernhard von Clairvaux

Bernardin Schellenberger

I. Biographie

1. Eine mitreißende Persönlichkeit

Bernhard von Clairvaux war ein Enthusiast der Gottesliebe, der die Gabe besaß, seine Erfahrungen und Überzeugungen genial ins Wort zu bringen und mitreißend vorzuleben. Aus seinen Schriften sprüht noch heute ein ungestümes Temperament, das spontan anspricht oder abstößt, aber keine kühle Neutralität zuläßt. Bei allen, die seit 800 Jahren über ihn geschrieben haben, spürt man, daß sie diese Wahl treffen mußten. Einer seiner Zeitgenossen und Ordensmitbrüder hat von ihm gesagt: »Wir haben einen Menschen gesehen! Aber einen Menschen, der etwas an sich hatte, das über das bloße Menschsein hinausging. Das, was er tat, oder seine Zurechtweisungen konnten manchen zum Murren bringen, denn sie brannten, wenn er nicht da war. Aber der bezaubernde Adel und die geheimnisvolle Kraft der Liebe, die aus seinem Gesicht strahlten, verbreiteten einen derartigen Frieden und eine solche Gottesfurcht, daß man sich Vorwürfe machte, ihm böse gewesen zu sein, sobald man ihm von Angesicht zu Angesicht gegenüberstand« (Isaak v. Stella, 51. Predigt).

Ein anderer Zeitgenosse äußerte: »Seine Liebenswürdigkeit machte seine Heiligkeit sympathisch, und seine Heiligkeit seine Liebenswürdigkeit wertvoll. So fällt es schwer, zu entscheiden, ob er mehr Liebe oder mehr Achtung genoß« (Gottfried von Auxerre, Vita III,7,21).

Bernhards persönliche Ausstrahlung sei derart stark gewesen, berichtet der gleiche Autor, »daß auch germanische Völker ihm mit wundersamer Ergriffenheit zuhörten und, obwohl sie als Menschen fremder Zunge ihn nicht verstehen konnten, dennoch aus seiner Predigt mehr Erbauung geschöpft zu haben schienen als aus der ihnen verständlichen Übersetzung, die darauf ein Dolmetscher bot« (ebd. III,3,7).

Dieser Hinweis auf seine brillante Persönlichkeit und Ausstrahlungskraft muß an den Anfang einer Darstellung Bernhards als Seelsorger gestellt werden; denn das war das Entscheidende an seiner »Methode«, wenn es eine solche überhaupt gab. Theoretisiert hat er jedenfalls nicht darüber, und so lassen sich keine bemerkenswerten Texte aus seiner Feder über Grundsätze der Seelsorge finden. Wir können ihn lediglich »in Aktion« beobachten und aus Art und Inhalt seiner Äußerungen die Grundzüge seiner »Seelsorgs«weise erschließen.

2. Bernhards Bild des idealen Seelsorgers

Einmal hat er allerdings ein Bild des idealen »Seelsorgers« gezeichnet: in seiner Begräbnisrede auf den Abt Humbert von Igny, der seinen Lebensabend wieder als einfacher Mönch in Clairvaux verbracht hatte:

»Wie erwies er sich als Ratgeber? Unvoreingenommen und diskret. Ich weiß das umso besser, weil ich oft bei seinem Herzen Zuflucht gesucht habe. Aber das weiß nicht nur ich allein: ihr alle habt ihn ebenso erfahren. Wer von euch hat denn nicht in den vielfältigsten Zweifeln und Anfechtungen aus seinem Mund vernommen, wo die Wurzel der Anfechtung sitze und wie man ihr beikommen könne? Denn er erforschte derart hellsichtig alle Winkel des angeschlagenen Bewußtseins, daß, wer sich bei ihm aussprach, glauben konnte, er habe alles mit eigenen Augen gesehen und sei bei allem selbst dabeigewesen.

Aber wie groß war erst seine Liebe! Sein Herz war so voller Verständnis, daß er für alles eine Entschuldigung fand, sich für alle als Fürsprecher einsetzte. Oft wußten die Betreffenden gar nicht, daß er für sie ein Wort einlegte. Immer sah er auf die Not, nie auf die Person. Er war ein von Herzen bescheidener Mensch, liebenswürdig im Gespräch, zum Zupacken bereit, glühend vor Liebe, zuverlässig in allem, umsichtig und klug im Rat. Mehr als alle anderen Menschen, die ich zu seiner Zeit zu Gesicht bekam, hatte er sich selbst in Beherrschung, und immer und überall blieb er sich selbst treu. Er ging wirklich in den Fußspuren des Herrn Jesus und tat keinen Schritt zur Seite, bis er seinen Lauf vollendet hatte« (Totenpredigt auf Humbert, 4–5).

Humbert und Bernhard waren keine »Seelsorger« im heutigen Sinn, denn ihr unmittelbarer Wirkungskreis war nicht eine Pfarrei, sondern ein Mönchskloster.

3. Ein Seelsorger von Mönchen

Bernhard, geboren 1090, war 1112 im erst 1098 gegründeten strengen benediktinischen Reformkloster Cîteaux in Burgund Mönch geworden, aus dem sich, nicht zuletzt dank seines Wirkens, der Zisterzienserorden entwickeln sollte. Er war dort nicht allein eingetreten, sondern hatte mit seiner Begeisterung für das Mönchsleben dreißig Verwandte und Freunde angesteckt und sie alle mitgerissen. Schon 1115 mit zwölf Mönchen zur Neugründung des Kloster Clairvaux ausgesandt, wurde und blieb er dessen Abt bis zu seinem Tod 1153. Das Kloster erlebte eine explosionsartige Entfaltung: 1153 hatte es 64 Tochterhäuser, und in Clairvaux selbst lebten 700 Mönche. Bernhards intensive »Seelsorge« war diesen Mönchen gewidmet, und die Zeugnisse seiner persönlichen Zuwendung und Sorge um jeden einzelnen sind überreich. Wenn Gründermannschaften neuer Klöster bis nach Norwegen, Italien und Spanien ausgesandt wurden, gab es regelmäßig erschütternde Abschiedsszenen der Mönche, die sich von ihrem Abt nicht trennen wollten.

Über sein Kloster und dessen Gründungen hinaus entfaltete Bernhard eine lebhafte kirchen- und weltpolitische Tätigkeit, mit der er sein Jahrhundert nachhaltig prägte. Es ging die Rede, im Grunde genommen sitze der Papst nicht in Rom, sondern in Clairvaux. Er vermittelte bei der Kirchenspaltung von 1130 bis 1138 und entschied, wer der rechtmäßige Papst sei; er unternahm zahlreiche Reisen quer durch Europa, um verfeindete politische Parteien miteinander zu versöhnen; er predigte im Auftrag des Papstes den unseligen Zweiten Kreuzzug von 1147/48. Für unsere Thematik braucht dies nicht weiter beschrieben zu werden; wir wollen den Seelsorger Bernhard näher betrachten.

Die Quelle dafür sind namentlich mehrere hundert überlieferte Predigten und rund 500 Briefe. Dagegen ist schon bei den frühen Biografien immer die Frage, wieweit die Autoren anhand Bernhards ihre eigenen Ideale und Vorstellungen aufzeigen wollten und weniger den wirklichen Bernhard vermitteln.

II. Exemplarische Texte

1. Seelsorge: Heilen durch Liebe

In seinem Traktat »Über die Gottesliebe« findet sich ein Ausspruch, der Bernhards »Ansatz« zur Seelsorge auf den Punkt bringt: »Mit Leichtigkeit werden die Menschen einer immer größeren Liebe fähig, wenn ihnen aufgeht, daß sie immer noch mehr geliebt werden« (III,7).

Hatte sein Ordensvater Benedikt das Kloster als »Schule für den Dienst des Herrn« eingerichtet, so verstand Bernhard sein Kloster als »Schule der Liebe« (schola dilectionis; Über Versch. 121), und er sagte, nur wer »in seinem tiefsten Inneren von der Liebe dazu angestachelt« werde, könne wirklich ein Seelsorger sein« (Hoheliedpr. 58,3).

Im Brief an einen Abt nannte er als innerste Triebfeder seiner Sorge um die Menschen das »Erbarmen« (misericordia):

»Zu diesem Erbarmen neige ich nicht aus Eigennutz, sondern es ist in meinem innersten Herzen von der Not des Nächsten und vom Schmerz um den Bruder aufgeweckt worden. Das Erbarmen ist ja eine intensive Regung des Herzens, die weder vom Willen gesteuert wird noch dem Verstand unterworfen ist. Man ruft es nicht durch eine Willensanstrengung in sich hervor. Nein: das Erbarmen ist eine aktive Kraft, die das sensible Herz mit unwiderstehlichem Drang zum Mitleiden mit den Leidenden zwingt. Selbst wenn es eine Sünde wäre, Erbarmen zu haben, und wenn ich noch so sehr entschlossen wäre, nicht zu sündigen, könnte ich doch nicht anders, als Erbarmen haben« (Brief 70).

2. *Innere Freiheit gegenüber Erfolg und Mißerfolg*

In seinem geistlichen Leitfaden für Papst Eugen III. schrieb er, dieser solle seine Ziele nicht zu hoch stecken und dann verzweifeln, wenn er nicht genügend Erfolg sehe.

»Gefordert ist Pflege, nicht Heilung. Im Evangelium steht nicht ›heile ihn‹ sondern ›trage Sorge um ihn‹ (vgl. Lk 10,35). Zu Recht hat einer gesagt: ›Nicht steht's in des Arztes Macht, den Kranken immer zu heilen‹ (Ovid). Aber besser führe ich Dir einen der Deinigen an. Paulus sagt: ›Ich habe mich mehr als die übrigen abgemüht‹ (1. Kor 15,10). Nicht: ›Ich habe mehr als die übrigen erreicht, mehr als die übrigen Frucht getragen‹; er vermeidet zurückhaltend jede Überheblichkeit. Im übrigen wußte dieser von Gott Belehrte, daß jeder nach dem Maß des Einsatzes, nicht seiner Frucht, belohnt werden wird. Daher will er sich mehr seiner Mühen als seiner Erfolge rühmen, wie Du an anderer Stelle ersiehst: ›In unzähligen Mühen‹ (2. Kor 11,23). So wirke bitte auch Du das Dir Mögliche. Gott wird sich auch ohne Deine Besorgnis und Ängstlichkeit um das Seine kümmern. Pflanze, begieße, pflege, und Du hast Deinen Teil getan. Und sicher wird Gott, nicht Du, das Wachstum verleihen, wann er will. Und selbst wenn er es nicht wollte, würdest Du nichts verlieren, sagt doch die Schrift: ›Gott wird die Mühen seiner Heiligen lohnen.‹ Die Mühe ist gesichert, die durch keinen Mißerfolg entmutigt wird« (De Consideratione IV,II,2).

3. *Verkündigung in der Sprache der Bibel*

Bernhard wuchs im Zeitalter der höfischen Minne auf und setzte dessen Liebessprache in die Sprache der Verkündigung um. Er bediente sich dabei in reichem Maß der Bildersprache eines alttestamentlichen Buches, des Hohenliedes, an dessen erste zwei Kapitel er 86 Predigten anknüpfte und darin seine mystische Theologie entfaltete. Die Predigt, reich durchwoben mit Bibelzitaten, ja geradezu im »Dialekt« der lateinischen »Vulgata« formuliert, war ihm das wichtigste Mittel der Seelsorge. »Um dieses Gericht (d. h. diese Predigt) für euch zuzubereiten, hat heute die ganze Nacht mein Herz in meinem Innern gekocht«, sagte er in einer Predigt zum Allerheiligenfest (1,3). Bei der Predigt, so äußerte er bei einer anderen Gelegenheit, »geht es mir nicht so sehr darum, Worte zu erklären, als vielmehr, Herzen zu erregen« (Hoheliedpr. 16,1).

4. *Aus der eigenen Grunderfahrung des Geliebtwerdens*

Seine menschliche Grunderfahrung war offensichtlich diejenige des Geliebtwerdens. Oft und gern wiederholte er die Aussage: »Gott hat uns zuerst geliebt« (1. Joh 4,19). Der Abschnitt des 1. Johannesbriefs 4,7–21, aus dem dieser Satz stammt, wurde zu einem Grundpfeiler seiner geistlichen Lehre. Er fand darin sein Gottesbild und sein Lebensprogramm treffend ins Wort gebracht: »Liebe Brüder, wir wollen einander lieben; denn die Liebe ist aus Gott, und jeder, der liebt, stammt von Gott und erkennt Gott . . . Die Liebe Gottes wurde unter uns dadurch offenbart, daß Gott seinen einzigen Sohn in die Welt gesandt hat, damit wir durch ihn leben. Nicht darin besteht die Liebe, daß wir Gott geliebt haben, sondern daß er uns geliebt und seinen Sohn . . . gesandt hat« (1. Joh 4,7.9.10).

Wenn Gott den Menschen dort, wo er sich befindet und so, wie er ist, bejaht und abholt, muß der Seelsorger das gleiche tun. In einer originellen Predigt malte Bernhard Gottes Überlegungen folgendermaßen aus:

»Als Gott sein edles Geschöpf, den Menschen, wiedergewinnen wollte, sagte er zu sich selbst: Zwinge ich ihn gegen seinen Willen, so habe ich einen Esel, keinen Menschen. Denn er wird keineswegs von selbst und aus freien Stücken zu mir kommen . . . Soll ich Eseln mein Reich anvertrauen? Oder soll ich als Gott um Ochsen werben?

Ich will ihm Schrecken einjagen; dann kommt er vielleicht freiwillig. Und Gott drohte ihm mit den schlimmsten Dingen, die erdenklich waren, mit ewiger Finsternis, mit Würmern, die nie sterben und mit einem Feuer, das nie erlischt. Aber der Mensch ließ sich davon nicht beeindrucken.

Da sagte Gott: Er hat nicht nur eine Anlage zur Angst, sondern auch eine Anlage zum Begehren. Ich will ihm versprechen, was ihm am begehrenswertesten erscheint . . . Wenn die Menschen schon derart an diesem elenden, mühsamen und kurzfristigen Leben hängen, wird sie gewiß die Aussicht auf ein ruhiges, ewiges, seliges Leben faszinieren. So versprach er ihnen das ewige Leben. Er versprach ihnen, was kein Auge gesehen, was kein Ohr gehört und was in keines Menschen Herz gedrungen ist.

Doch Gott sah, daß auch das nichts half. Da sagte er sich: Jetzt bleibt nur noch eines übrig. Im Menschen wohnen nicht nur die Angst und die Begierde, sondern auch die Liebe, und nichts zieht ihn stärker. So machte sich Gott zum Toren. Wie betrunken vom Wein der Liebe, vergaß er sich ganz selbst und hüllte seine Weisheit ins menschliche Fleisch« (Über Versch. 29,2–3).

5. *Seelsorge durch Liebenswürdigkeit*

Den letzten Versuch mit dem blinden, widerspenstigen Menschen, den Gott angestellt hatte, als er in Jesus Christus die Liebenswürdigkeit in Person wurde, wollte auch Bernhard anstellen.

Tatsächlich ist unzweifelhaft überliefert, daß er eine unglaublich anziehende Liebenswürdigkeit und Begeisterung für Gott ausstrahlte. Von jeder seiner Predigtreisen brachte er Scharen von Klosterkandidaten mit. Und die Mönche im Kloster, schreibt sein Biograf Wilhelm von Saint-Thierry, erfuhren, »daß er für jeden ein mütterliches Herz zu haben scheint« (Vita I,5,26).

An die Eltern eines jungen Mannes, der in Clairvaux eingetreten war, schrieb er:

»Trauert nicht und weint nicht, denn euer Gottfried eilt zur Freude, nicht zur Trauer. Ich werde ihm Vater sein, Mutter, Bruder und Schwester. Ich werde ihm, was krumm ist, gerade machen, und was hügelig ist, soll ebener Weg werden. Ich werde ihm alles so anordnen und zuteilen, daß sein Geist Fortschritte macht und sein Körper nicht ermattet« (Brief 110).

6. *Mütterliche Züge*

Daß Bernhard sich nicht einseitig in einer Vaterrolle bewegte, sondern auch sehr mütterliche Züge an den Tag legte und seine Aufgabe auch ausdrücklich als mütterlichen Dienst verstand, verraten zahlreiche Texte. Zwar entwickelte er keine eigenständige Konzeption vom Abt oder vom Seelsorger als »Mutter«, aber er begründete dennoch einen Sprachgebrauch, der für die frühen Zisterzienser des 12. Jahrhunderts charakteristisch wurde. Mit Hilfe von Bildern aus dem Bereich der Mütterlichkeit erweiterte er die Vorstellung von der Aufgabe des Seelsorgers und Vorgesetzten, die sonst allzugern zu »männlich« aufgefaßt wird: ihm sei das »Nähren, Pflegen, Stillen und Aufziehen« von geistlichen »Kindern« aufgetragen. Dieses Element des Nährenden, der Affektivität und Zärtlichkeit, des Mitleids und der Zugänglichkeit ergänzte originell und wohltuend den Seelsorgsbegriff und die Praxis einer von Männern geprägten Welt und Kirche. Im Tiefsten stammte sie aus einem Gottesbild und -erleben, das ebenfalls weibliche Züge kannte – so sehr, daß einige Zisterzienser (Guerric von Igny, Balduin von Ford) Anschluß an die »Christus-unsere-Mutter«-Frömmigkeit fanden.

7. Seelsorger erwachsener, motivierter Menschen

Grundsätzlich spricht Bernhard in seinen Predigten seine Mönche als erwachsene Menschen mit eigenen ernstzunehmenden Erfahrungen an, die er von gleich zu gleich mit ihnen teilen will.

Er war der Seelsorger hochmotivierter religiöser Menschen. Hatten die zeitgenössischen Benediktinerklöster ihren Nachwuchs vornehmlich von klein an aus ihren Klosterschulen rekrutiert, so traten in die Zisterzienserklöster »neubekehrte« junge Erwachsene ein, und zwar namentlich aus Kreisen des Adels und der Studenten. Diese Männer waren begierig auf qualifizierte geistliche Unterweisung und Erfahrung. Viele von ihnen wurden wie Bernhard bereits nach wenigen Jahren in Clairvaux an der Spitze von Gründergruppen neuer Klöster in die Selbständigkeit entlassen, und überlieferte Texte bezeugen, daß sie imstande waren, tatsächlich selbständig in ihren Predigten und Unterweisungen die später als »Zisterziensermystik« bezeichnete geistliche Tradition zu entfalten und weiterzuführen.

Bernhards zeitlos gültige Anregung für jegliche Seelsorge ist sein Ansatz, jeden Menschen grundsätzlich als (wie auch immer) im Leben »Erfahrenen« an- und ernstzunehmen und über diese Erfahrung mit ihm ins Gespräch und in eine Weggemeinschaft zu kommen. Häufig findet sich in seinen Predigten die Aufforderung an die Zuhörer, das, was er sage, anhand ihrer eigenen Erfahrungen zu überprüfen. »Heute lesen wir aus dem Buch der Erfahrung. Jeder wende sich in sein Inneres und achte auf seine Kenntnis der Dinge, die wir jetzt besprechen müssen.«, beginnt eine Predigt (Hoheliedpr. 3,1). Oder er streut in seine Ausführungen Bemerkungen ein wie: »Ich glaube, wenn ihr's recht bedenkt, werdet ihr sehen, daß das, was ich hier mit äußeren Worten sage, eurer eigenen inneren Erfahrung entspricht« (Hoheliedpr. 21,4).

8. Zurückhaltung als »geistlicher Führer«

Obwohl Bernhard in der benediktinischen Tradition lebte und wirkte, der die Gestalt des »geistlichen Vaters« wichtig ist, hat er sich relativ selten zum Thema »geistliche Führung« geäußert und bietet dazu keine systematische Lehre. Für diese Zurückhaltung gibt es zwei Gründe:

Erstens betonte Bernhard unter Hinweis auf 1. Kor 2,15 (»Der geisterfüllte Mensch urteilt über alles, ihn aber vermag niemand zu beurteilen«) die Pflicht jedes Christen, ein geisterfüllter Mensch, ein »Geistlicher« zu werden. Als solcher müsse er fähig sein, auch ohne den Rat eines geistlichen Vaters die der jeweiligen Situation angemessene geistliche Entscheidung zu treffen. »Führung« (und damit »Seelsorge«) gewährt seiner Auffassung nach jeder Christ dem andern, insofern er ihm das Beispiel eines wirklich christlichen Lebens gibt und seinen »Überfluß« an Gaben und Erkenntnis mit ihm teilt.

Zweitens bildete das Zisterzienserkloster einen Lebensraum, in dem der Gedanke und die Wirklichkeit der »communio« keinen günstigen Nährboden für einzelne charismatische »Seelenführer« bot. Das Alltagsleben des Klosters mit seinem ausgewogenen Rhythmus von Zeiten des Gebets, der Besinnung und der körperlichen Arbeit und die Glaubensgemeinschaft aller Brüder war der wichtigste »Lehrmeister« und übte den prägendsten Einfluß auf die Individuen aus. Der Noviziatsunterricht bestand im wesentlichen einfach im Mitleben und Erleben der Gemeinschaft.

Dennoch gab es natürlich den Abt als »geistlichen Vater« (pater spiritualis), »Lehrer« (magister, praeceptor), »Hirten« (pastor), »Seelenführer« (rector animarum) oder ganz einfach »Geistlichen« (homo, vir spiritualis), der vom Wort Gottes her und aufgrund seiner Erfahrung das auslegte und vertiefte, was die Gemeinschaft und jeder Einzelne in ihr immer schon zu leben bemüht war. Doch konnte diesen Dienst der »Seelsorge« oder »Seelenführung« (regimen animarum) auch jeder andere, der geistlich »Vater« oder »Alter« oder einfach »Bruder« geworden war, ausüben.

9. Gespür für die Eigenart des Einzelnen

Es wird von Bernhard überliefert, er habe mit unglaublicher Intuition die Eigenart und die Probleme jedes einzelnen Mönchs erkannt. Er äußerte selbst, die Zahl seiner Sorgen entspreche der Zahl seiner Mönche (Brief 143). »Die Mönche aber, die er entsendet, sind ihm nicht etwa entfremdet«, heißt es in seiner Biografie, die sein Freund Wilhelm von Saint-Thierry verfaßt hat. »Wo sie auch seien, er ist mit seiner Vatersorge stets bei ihnen; und wie die Flüsse wieder an den Ort zurückkehren, dem sie entströmen, so flutet alles Liebe und alles Leide seiner Söhne täglich zu ihm zurück. Oft auch wird ihm in seiner väterlichen Sorge, ohne jede Offenbarung durch Fleisch und Blut, durch Gott kund, wie es um manche seiner weit entfernten Brüder steht, ob ihnen etwas not tue, ob an ihnen etwas zu bessern sei, ihre Versuchungen und ihre Verfehlungen, ihre Erkrankungen und ihr Tod, ihre Bedrängnisse und Verfolgungen in der Welt« (Vita I, Buch I,13,63).

Dieser Text mag Bernhard übertreibend und idealisierend zeichnen. Sein Wahrheitskern dürfte jedoch sein, daß Bernhard tatsächlich ein außergewöhnliches, seine Zeitgenossen beeindruckendes Einfühlungsvermögen besaß.

10. Genährt aus tiefer Erkenntnis seiner selbst

Nun gründet ein solches Vermögen darauf, daß man sich selbst genau beobachtet hat und kennt.

»Wir ergründen nämlich die Wahrheit auf dreifache Weise: in uns, in unseren Mitmenschen und so, wie sie an sich ist. Beachte hierbei, daß diese Aufzählung auch die Reihenfolge angibt. Du mußt die Wahrheit, noch ehe du sie in deinen Mitmenschen erforschen kannst, bei dir selbst suchen« (Über die Stufen der Demut III,6).

Das Fundament der geistlichen Lehre und Unterweisung Bernhards ist folglich – übrigens in einer langen geistlichen Tradition – die *Selbsterkenntnis*; und dies ist dann auch der wichtigste Anspruch an jeden, der seelsorglich wirken möchte: er muß zuerst sich selbst gründlich kennenlernen, muß zuerst erfahren haben, wovon er reden will.

»Jesus hat gesagt: ›Was wir wissen, reden wir, und wir bezeugen das, was wir gesehen haben‹ (Joh 3,11). Geh doch also und wage zu bezeugen, was du nicht gesehen hast und rede, wovon du gar nichts weißt! Wer das tut, ist unrein. Er hat die Kühnheit, von der Wahrheit zu reden, obwohl er sie wegen seiner Unreinheit noch nicht zu schauen vermag. Was handelt ihr so voreilig? Warum wartet ihr nicht ab, bis es Tag geworden ist? Was wagt ihr euch vor Aufgang des Lichtes an Werke des Lichtes? Das Licht ist Liebe, die nicht das Ihre sucht. Sie muß vorangehen, dann tastet die Zunge nicht ins Ungewisse. Viele haben diese Reinheit außer acht gelassen und zu reden versucht, bevor sie gesehen haben. Aber sie gerieten in schwere Irrtümer, denn sie wußten nicht, wovon sie sprachen, noch was sie vertreten sollten; oder sie machten sich auf peinliche Weise lächerlich, indem sie andere lehren wollten, ohne sich selbst belehrt zu haben« (Hoheliedpr. 52,8).

11. »Becken sein, nicht Leitungsrohr«

»Darum, wenn du weise bist, sei ein Becken, kein Leitungsrohr. Denn ein Leitungsrohr nimmt auf und gibt fast zur gleichen Zeit wieder ab; ein Becken dagegen wartet, bis es voll ist, und dann teilt es ohne eigenen Verlust aus seiner Fülle mit. Ist dir jedoch mein Rat zu wenig, so höre auf einen, der weiser ist als ich! Salomo sagt: ›Der Tor schüttet seinen ganzen Geist auf einmal aus; der Weise spart für die Zukunft‹ (Sprichw. 29,11).

Leitungsrohre haben wir heute leider Gottes viele in der Kirche, Becken aber sehr wenige. Diese Leitungsrohre, die uns Ströme vom Himmel her zufließen lassen wollen, glühen so vor Nächstenliebe, daß sie verströmen möchten, was noch gar nicht in sie hineingegossen ist; sie sind schneller beim Reden als beim Hören; sie möchten allzugern lehren, was sie noch gar nicht gelernt haben, und sie sind scharf darauf, anderen vorzustehen, obwohl sie noch nicht einmal sich selbst beherrschen können« (Hoheliedpr. 18,3).

Unter Seelsorge versteht Bernhard eine mystagogische Unterweisung und Begleitung, die nur ein erfahrener Mystagoge leisten kann. Der Nachdruck, mit dem er die Forderung äußert, wer Seelsorger werden wolle, müsse zuerst tiefe Selbsterkenntnis und ein qualifiziertes geistliches Leben erlangen, mag bei einem Mönch nicht überraschen. Doch ist Bernhard alles andere als ein Introvertierter. Das zeigt zur Genüge seine eigene Lebenspraxis, das bezeugt seine geistliche Lehre. Er schwelgt nicht in der Schilderung eigener innerer Erfahrungen, sondern deutet solche nur immer wieder an, um dann sofort über sie zu reflektieren und sein Beispiel und seine eigene Geschichte in lebendige Theologie umzusetzen, die gleichzeitig bestimmten Erfahrungen seiner Zuhörer entspricht.

12. Die eigene Erfahrung drängt zur Mitteilung

Hat die Selbsterkenntnis und die Erfahrung ein gesundes Maß erreicht, so drängt sie nach Bernhards Auffassung von allein und unwiderstehlich zur Äußerung, zur Kommunikation, zur Seelsorge. Er bringt diese Überzeugung wiederholt – wie ja auch bereits im zitierten Vergleich von Leitungsrohr und Becken – ins Bild von der »Eingießung« und »Ausgießung«. Vom Heiligen Geist geschenkte Gaben, die dem Heil des Mitmenschen dienen, wie z. B. weisheitsvolle Rede, nennt er »Ausgießung«. Diese kann jedoch nur fruchtbar sein, wenn ihr die »Eingießung« vorausgegangen ist. Durch sie wird der Mensch zunächst auf seinen ganz persönlichen Bekehrungsweg geführt. Dabei offenbart ihm die Selbsterkenntnis seine eigene abgründige Armut und Ohnmacht und zugleich seine unendliche Sehnsucht nach und Fähigkeit für Gott.

»Je mehr er über ihn nachdenkt und liest, je mehr er zu ihm betet und ihm gehorcht, desto vertrauter wird er mit ihm, und ganz allmählich leuchtet ihm Gott spürbar auf. Daraus ergibt sich, daß er immer mehr Geschmack an Gott findet. Und wenn er so verkostet, wie gut der Herr ist, gelangt er auf eine Stufe, auf der er Gott nicht mehr um seines eigenen Gewinnes, sondern um seiner selbst willen liebt. In diesem Zustand bleibt man dann lange« (Über die Gottesliebe XV.39).

Es ist der Zustand, in dem der Mensch von innen her zur »Ausgießung« angeregt wird, d. h. zu einer nach außen gerichteten Tätigkeit zum Wohl seiner Mitmenschen, in der nicht mehr das eigene Geltungs- und Trostbedürfnis vorherrscht, sondern wirklich die Sorge um den Nächsten.

13. Echte Demut

Die vorangegangene gründliche Selbsterfahrung hat den Menschen zudem zu einer gesunden Demut erzogen. »Demut ist die Kraft, mit der der Mensch durch eine grundlegende Erkenntnis seiner selbst in seinen eigenen Augen gering wird« (Stufen der Demut I,2). Und »der Blick auf die eigenen Nöte öffnet den Blick für die Nöte der anderen. Durch das, was man selbst erleidet, wird man fähig, mit anderen Leidenden mitzuleiden« (Stufen der Demut V,18). Der anfängliche Eigen-Wille des Menschen, der vornehmlich sich selbst, seine eigene ansehnliche Rolle, Befriedigung und Bestätigung gesucht hatte, ist zum Gemein-Willen, zur Solidarität umgeformt. »Durch die Liebe werden solche Menschen mit ihren Brüdern und Schwestern derart gleichförmig, daß sie deren Stärken und deren Schwächen wie ihre eigenen Stärken und Schwächen empfinden« (Stufen der Demut III,6).

Der Mensch, der »zu seinem Herzen zurückkehrt ist«, in der Meditation von Gott »geträumt« hat und von der Sehnsucht nach ihm erfüllt ist, und der zugleich die Armut seiner Brüder und Schwestern aus eigener Erfahrung von innen her kennt, ist geeignet, als »getreuer und kluger Knecht über das Gesinde im Haus des Herrn gesetzt« zu werden (Lk 12,42).

»Seine Seele ist mit Liebe angefüllt, die wärmt und übersprudelt; sie darf getrost nach außen drängen und sich in reichem Schwall ergießen, indem sie sich das Wort zu eigen macht: ›Wo ist einer schwach und ich bin es nicht auch? Wo nimmt einer Ärgernis und mir geht es nicht brennend nahe?‹ (2. Kor 11,29). Sie soll predigen, sie soll Früchte bringen! Sie soll die Zeichen erneuern und die Wunder wiederholen (Sir 38,6). Wo die Liebe das ganze Herz ausfüllt, ist kein Platz mehr für Eitelkeit. Denn die Liebe ist die Erfüllung des Gesetzes (Röm 8,10) und des Herzens, sofern sie in Fülle da ist. Wer ohne diese Liebe zu Amt und Würde kommt, läuft die allergrößte Gefahr, mag er an anderen Tugenden scheinbar noch so reich sein. Wenn er alle Wissenschaft besäße, wenn er seine gesamte Habe unter die Armen verteilte, wenn er seinen eigenen Leib den Flammen preisgäbe (vgl. 1. Kor 13,2–3) – ohne die Liebe wäre er dennoch hohl und leer.

Achten wir deshalb sehr darauf, wie viel uns erst eingegossen werden muß, ehe wir es wagen können, etwas auszugießen, denn sonst gießen wir nicht Fülle aus, sondern Leere« (Hoheliedpr. 18,6).

14. Der Übereifer des jungen Bernhard

Bernhards Biografen erzählen, er sei, nach kurzer Zeit bereits zum Abt ernannt, selbst zu früh als Seelsorger tätig gewesen. So entstammt seine Warnung davor ebenfalls eigener Erfahrung. In den ersten Jahren seiner Amtszeit war er so unerfahren und in seinem Idealismus und Rigorismus so verstiegen, »daß er Leute, die er zu lenken oder mit denen er zu verkehren hatte, von sich abschreckte. Hielt er ihnen eine Ansprache über geistliche oder erbauliche Dinge, so redete er zu Menschen in der Sprache der Engel und wurde kaum verstanden. Vor allem, wenn es sich um das Verhalten der Menschen handelte, legte er ihnen aus der Überfülle seines Herzens so erhabene Dinge vor, verlangte er von ihnen so Vollkommenes, daß seine Rede hart erschien; so wenig erfaßten sie, was er sagte. Indes nahmen die Mönche auch das mit Ehrfurcht auf, was sie nicht verstanden; und wenn sie bei ihren persönlichen Aussprachen auch stutzten ob des Neugehörten, das schwache Seelen zur Verzweiflung bringen konnte, hielten sie es doch für Unrecht, ›den Worten des Heiligen zu widersprechen‹ (vgl. Ijob 6,10). So kam es, daß die fromme Demut der Schüler zur Meisterin des Meisters wurde. Er sagte sich, daß diese Mönche in ihrem Schweigen sich weit wirksamer um ihr Heil bemühten, als sein Beispiel es vermochte, an seiner Predigt aber eher Ärgernis nähmen als ein wenig Erbauung fänden. Darüber wurde er ganz verwirrt und traurig, und sein Gemüt beschäftigten allerlei Gedanken« (Wilhelm v. Saint-Thierry, Vita I,6,29).

15. Hören auf die Menschen

Der spätere brillante Seelsorger mußte also erst selbst das Hören auf die Menschen lernen, ehe er ihre Sprache zu sprechen verstand, mußte lernen, »mit Menschen zu verkehren, Menschliches zu treiben und Menschlichkeiten zu ertragen« (ebd. I,6,30). Tatsächlich erwarb er sich ein äußerst sensibles Einfühlungsvermögen. Vom Prediger der späteren Jahre konnte der Biograf Gottfried von Auxerre berichten: »Er berücksichtigte dabei die Auffassungskraft, den Charakter und die Willensrichtung der einzelnen, so daß seine Predigt jeweils jeder Zuhörerschaft entsprach. Zum Landvolk redete er so, wie wenn er ganz auf dem Land aufgewachsen wäre; zu anderen beliebigen Klassen von Menschen so, als hätte er alles darangesetzt, sich erst einmal von ihrem Tun und Treiben ein ganz genaues Bild zu machen. Vor Gelehrten war er der Gebildete, vor einfachen Leuten der schlichte Mann, vor geistlichen Vätern der Mann, der aus einem Überfluß an Lehren und Beispielen der Frömmigkeit und Weisheit schöpfte. Er paßte sich allen an, wie er alle für Christus zu gewinnen wünschte« (Vita III,3,6).

Daß hier der Biograf nicht übertreibt, beweisen Bernhards Wirkung auf die Menschen und seine hinterlassenen Predigten. Mehr noch als die zu literarischer Hochform ausgearbeiteten und von Bernhard selbst zusammengestellten und veröffentlichten Predigtsammlungen über Kirchenjahr, Heiligenfeste und Hoheslied zeigen die mehreren hundert Predigtfragmente, -skizzen, Hörernotizen und Geschichten- und Parabelsammlungen, wie originell, geistreich und humorvoll er zu predigen verstand. Seine Traktate »Die Stufen der Demut«, »Über die Bekehrung« und »Über die Gottesliebe« sind didaktisch klug und folgerichtig aufgebaut und enthalten eine Fülle praktischer Beobachtungen und Erfahrungen, die dem Hörer das innere Mitgehen und Verstehen erleichtern und auch heute noch mitvollziehbar sind.

Stellte er an den Prediger und Seelsorger den Anspruch, lange gründlich in die Schule der Selbsterkenntnis gegangen zu sein, so bestand auch seine Predigt und Seelsorge darin, den Menschen zur Selbsterkenntnis anzuleiten, aus dem Vertrauen, ein Mensch, der sich selbst genau kennenlerne, werde unweigerlich auch seiner Gottebenbildlichkeit und seiner Sehnsucht nach Gott gewahr. Mit dieser sokratischen »Methode« wollte er den Menschen mit sich selbst konfrontieren und ihm helfen, auf die Stimme der Wahrheit in seinem eigenen Inneren zu hören. Das wirkt überraschend »modern«.

16. »Spirituelle Therapie«

Ein »Therapeut« im modernen Stil war Bernhard allerdings nicht. Erfüllt von seiner Leidenschaft für Gott, hielt er mit seiner Stellungnahme nämlich nicht hinter dem Berg, wie es ein heutiger Psychiater tut, wenn sein Patient seine innersten Gefühle ausspricht. Ihm ging es nicht um die Erhellung psychischer Probleme, sondern um die Klärung von Intentionen, Absichten und Gewissensfragen; es ging ihm um die Treue jedes einzelnen zu sich selbst, zu seiner Berufung weit über alle vordergründigen Ziele hinaus, und damit um die Treue zu Gott, der für Bernhard, anders als für die meisten von uns heutigen Menschen, selbstverständliche Realität und Gegenwart war. Für Gott und das Bekenntnis zu ihm, für die geistliche Bestimmung und Berufung des Menschen nahm er Partei; dazu entwickelte er eine Art »spiritueller Therapie«. An einen jungen Mann schrieb er:

»Oft, wenn ich an dich denke, empfinde ich Schmerz über dich, lieber Walter. Ich habe dann deine strahlende Jugend vor Augen, deinen scharfsinnigen Verstand, deine reiche Begabung zu Wissenschaft und Gelehrsamkeit und, was für einen Christen noch wichtiger ist, deinen edlen Charakter. Aber in was für unnützen Studien erschöpfst du diese kostbaren Gaben, wenn du damit nicht ihrem Urheber, nämlich, Christus, sondern vergänglichen Dingen dienst! Ach, wenn (was Gott verhüten möge!) ein jäher Tod dies alles zunichte machen würde – wehe, dann wäre es, als fahre ein sengender, wütender Windstoß darüber, und alles würde rasch wie Gras verdorren und wie grüne Kräuter verwelken. Welche Frucht deiner Anstrengung, die du dir auf Erden gemacht hast, wirst du dann mit dir nehmen? Was wirst du dem Herrn zurückgeben für all das, womit er dich bedacht hat? Soll es dann heißen, du habest deine Seele umsonst empfangen, und eine *solche* Seele? Muß man dann feststellen, daß du für deinen unsterblichen und vernünftigen Geist nicht mehr getan hast als ein Rindvieh für den seinigen, der aufhört, sobald das Tier stirbt?« (Brief 104,1–2).

Der betreffende junge Mann rang um die Frage, ob er ins Kloster eintreten solle, war aber anscheinend in einer unguten Weise an seine Mutter gebunden. Bernhard diskutierte nicht diese Mutterbindung, wie wir es heute tun würden, sondern sagte:

»Deiner Mutter ist nicht geholfen, wenn sie ihren Sohn zur Ursache für sein Verderben wird. Sie will etwas, was gegen dein Heil und dadurch auch gegen ihr eigenes Heil ist. Suche dir also unter beidem aus, was du willst: entweder dem Willen von einem von euch beiden willfahren oder, was euch beiden zum Heil gereicht. Wenn du sie tatsächlich sehr liebst, dann verlaß sie lieber um ihretwillen, damit nicht auch sie zugrundegehe, weil du Christus im Stich läßt, um bei ihr zu bleiben. Wenn du anders handelst, tust du derjenigen, die dich geboren hat, einen schlechten Dienst, denn sie geht dann deinetwegen zugrunde. Denn wie sollte sie nicht zugrundegehen, wenn sie den, den sie geboren hat, zugrunderichtet?« (ebd. 3)

17. Spannung zwischen Innerlichkeit und aktivem Einsatz

Schließen wir diese Übersicht ab mit der Beobachtung, daß in Bernhards Leben eine ungeheure Spannung zwischen mystischer Innerlichkeit und seelsorglichem Einsatz, zwischen Kontemplation und Aktion herrschte. Grundsätzlich vertrat er:

»Wenn du als Mönch sorgfältig auf dich selbst achtest, tust du gut; aber wer vielen beisteht, handelt besser und männlicher« (12. Hoheliedpr. 9).

Den Eifer für die Seelen bezeichnete er als Erweis und Wirkung der intensivsten Vereinigung mit Gott.

Doch auch er spürte deutlich, daß dies im Alltag nicht einfach und ohne Konflikte zu leben sei. Öfter stöhnte er, daß man ihn über seine Kräfte beanspruche. In einer Predigt entfuhr ihm der heftige Vorwurf an seine Mönche, mit ihren ständigen Anliegen gönnten sie ihm keine freie Minute. Aber er widerrief ihn sofort:

»Doch nein – ich gehe mit meinem Gejammer zu weit. Ein Kleinmütiger könnte aus Furcht, mich zu stören, über die Kräfte seiner Geduld hinaus mit seinen Nöten hinter dem Berg halten. Ich überwinde mich also und will den Schwachen kein Beispiel der Ungeduld geben. Nehmt mich in Anspruch! Hauptsache, *ihr* werdet gerettet. Mich werdet ihr schonen, indem ihr mich *nicht* schont. Und ich will eher darin meine Ruhe finden, daß ihr ohne Bedenken meine Ruhe stört, wenn ihr etwas auf dem Herzen habt. Ich will euch zur Verfügung stehen, soweit ich nur kann; will in euch meinem Gott in ungeheuchelter Liebe dienen, solange ich lebe. Ich will nicht das Meine suchen; auch nicht, was mir gut tut; sondern was vielen nützt, das will ich auch für mich als nützlich ansehen« (52. Hoheliedpr. 7).

18. Ringen um den Willen Gottes

Im konkreten Fall galt es jedoch immer zu fragen, was nun wirklich der Wille Gottes sei. Und dieser Wille Gottes ließ sich nicht aus festen Prinzipien ableiten, sondern aus einem lebendigen Dialog, der die Seele allen geistlichen Lebens und aller Seelsorge ist:

»Der wahren, selbstlosen Kontemplation ist es eigen, den Geist, den sie am göttlichen Feuer zu heller Glut entfacht hat, immer wieder mit großem Eifer und heftigem Verlangen dazu zu drängen, andere Menschen für Gott zu gewinnen. Sie sollen ihn ebenso lieben wie er selbst. Der Verkündigung des Wortes zuliebe unterbricht er gern die Ruhe der Beschauung. Legt sich dann dieser Drang wieder, so eilt er mit umso größerer Sehnsucht zu sich selbst zurück. Und wiederum eilt er, nachdem er aufs Neue die Beschauung gekostet hat, mit frischer Kraft und mit dem gewohnten Schwung los, um andere für Gott einzufangen.

Übrigens ist der Geist bei einem derartigen dauernden Wechsel meist hin- und hergerissen. Die Furcht bereitet ihm heftiges Kopfzerbrechen, ob er angesichts der Zerrissenheit seiner Interessen nicht vielleicht doch mehr als angemessen sich der einen oder anderen Seite zuwendet und so hier oder dort, wenn auch nur wenig, vom göttlichen Willen abweicht. Vielleicht hat auch der heilige Ijob etwas ähnliches erfahren, als er sagte: ›Wenn ich schlafen gehe, frage ich: wann darf ich mich erheben? Und wiederum warte ich auf den Abend‹ (Ijob 7,4). Das heißt: In der Ruhe habe ich ein schlechtes Gewissen, meine Arbeit zu versäumen, und bei der Arbeit habe ich ein schlechtes Gewissen, meine Ruhe aufgegeben zu haben. Du siehst, wie der heilige Mann zwischen segensreicher Tätigkeit und ruhevoller Kontemplation schmerzlich hin- und herschwankt. Und mag er sich auch immer mit fruchtbaren Dingen abgeben, so büßt er doch dauernd, als habe er etwas Böses getan, und in jedem Augenblick fragt er seufzend, was wohl der Wille

Gottes sei. Das einzige Heilmittel, die einzige Zuflucht in solchen Nöten ist das Gebet, das häufige Flehen zu Gott, er möge uns jederzeit gnädig wissen lassen, was und wann und wie wir etwas tun sollen« (57. Hoheliedpr. 9).

III. Wirkung

Die Frage nach der Seelsorge ist die Frage nach dem Seelsorger

Bernhard von Clairvaux macht aus allen Fragen über die Seelsorge die Frage nach dem Seelsorger: dessen eigene Qualität ist in seinen Augen das Ausschlaggebende. Er selbst besaß offensichtlich auf diesem Gebiet ein unnachahmliches Charisma, das ein Gnadengeschenk und als solches unnachahmlich ist. Aber seine Theorie (soweit es sie gibt) und Praxis der Seelsorge stößt jeden Seelsorger auf die zentrale Frage: Wie sieht mein Bild, meine Erfahrung, mein Gefühl von Gott aus, das ich mit den Menschen teilen und an sie weitergeben will? Und: aus welcher Daseinserfahrung, aus welchem Lebensgefühl heraus trete ich in die Beziehung zu Menschen ein? Bin ich als Medium auch persönlich die Botschaft? Eine Aufspaltung im Seelsorger zwischen persönlicher Existenz und Profession wäre für ihn unvorstellbar gewesen.

Seelsorge verstand er als mystagogische Unterweisung geistlich suchender Menschen, wobei er in der vorteilhaften Lage war, es vorwiegend mit hochmotivierten religiösen Naturen zu tun zu haben, mit denen er in tagtäglicher Lebens- und Weggemeinschaft verbunden war. Zugleich bedeutete sie ihm väterlich-mütterliche Sorge um Menschen, die sich ihm anvertraut hatten; in eine überwiegend von Männern geprägte Gesellschaft brachte er sehr weiblich-mütterliche Züge ein. Dennoch – oder gerade deshalb – nahm er jeden Menschen als erwachsenen Mit-Menschen mit seinen ureigenen Erfahrungen ernst. Er stülpte seinen Mitbrüdern nicht eine neue und sie überfremdende Lehre und Praxis über, sondern ermutigte sie, ihre eigenen Erfahrungen ernstzunehmen, ihnen zu folgen und dadurch ihren ganz eigenen spirituellen Weg zu finden. Es ging ihm also um die Erziehung zu geistlicher Selbständigkeit und Mündigkeit. Offensichtlich gelang es ihm, sein Kloster als »Schule der Liebe« zu gestalten. So erreichte er in seinem klösterlichen Milieu, was wir heute unter ganz anderen Umständen neu suchen: daß die Gemeinde und Gemeinschaft als ganze, und nicht nur ihr Vorsteher, Subjekt der Seelsorge sei; daß das Mitleben in der Christengemeinschaft die beste Seelsorge und Einübung in christliches Leben und Erfahren biete.

Literatur

Lateinische Ausgabe der Werke Bernhards: S. Bernardi Opera I–VIII, Rom 1957–1977; daraus Übersetzung der Zitate durch Vf.

Erste drei Bände der lateinisch-deutschen Werkausgabe: Bernhard von Clairvaux, Sämtliche Werke, Innsbruck 1990–1992.

Bernhard v. Clairvaux, Was ein Papst erwägen muß (Übers. des Traktats »De consideratione« v. H. U. v. Balthasar; das Zitat ist daraus entnommen), Einsiedeln 1985.

Zeitgenössische Lebensbeschreibungen: Das Leben des hl. Bernhard v. Clairvaux, übers. u. hrsg. v. P. Sinz, Düsseldorf 1962 (Zitate daraus).

Bernhard v. Clairvaux, Entschiedenheit in Demut (Biographie v. Jean Leclercq), Freiburg, Schweiz/Würzburg 1991.

Chr. Benke, Unterscheidung der Geister bei Bernhard v. Clairvaux, Würzburg 1991.

B. Schellenberger, Bernhard v. Clairvaux (Darstellung und Textauswahl), Olten u. Freiburg 1982.

B. Schellenberger, Der Weg der Liebe (3 Werke Bernhards deutsch mit Kommentar), Leipzig 1990.

Hildegard von Bingen

Hildegard von Bingen

Margot Schmidt

I. Biographie

1. Einführung

Die außergewöhnlichen Visionsschriften Hildegards stehen im Zusammenhang ihrer dringlichen Reformforderung der Neuevangelisierung ihrer Zeit. Als »Posaune Gottes« versteht sie sich nur wie ein Sprachrohr dessen, der durch sie spricht, um die »Gottvergessenheit« ihrer Zeit aufzubrechen. Sie stellt ihre Visionsschriften in das politisch kirchliche Geschehen ihrer Zeit, die geprägt war von Häresien, kirchlichen Auseinandersetzungen und Glaubensschwund. Das Ziel ihrer Niederschriften, Briefe und Predigtreisen ist unübersehbar: die innere Mission einer Erneuerung und Stärkung der Glaubensverkündigung. In einer Kölner Predigt beklagt sie, daß die wichtigste Aufgabe der Kirche, die Seelsorge (cura animarum) vernachlässigt wird.[1] Die Schau in ›Scivias‹ III 6 gestaltet das Gemeinschaftsleben auch durch Seelsorge, die aufblickt zur Dreifaltigkeit, dem Urbild menschlichen Geistes. Im Prolog des ›Liber divinorum operum‹ spricht ihr Gottes Stimme zu: »Lege (meine Worte) zum Nutzen der Menschen mit festhaltender Schrift nieder, auf daß sie ihren Schöpfer erkennen und ihm die gebührende Ehre nicht vorenthalten.« Zur Krise des Klerus schreibt sie im 1. Buch ›Scivias‹: »[...] damit diejenigen unterrichtet werden, welche, obgleich sie den inneren Gehalt der Schrift kennen, ihn dennoch nicht aussprechen oder verkünden wollen. Denn sie sind lau und schwerfällig.« Wiederholt klagt sie über diejenigen, die »Stützen der Kirche sein sollten und selber am Boden liegen«, die »ihr Volk hungern lassen«, weil sie zu träge sind, das Wort Gottes zu verkünden, so daß sie die Kirche klagen läßt: »Traure, Erde! Mein Gewand ist zerrissen. Zittere,

Abgrund! Meine Schuhe sind vor Unglauben ganz schwarz geworden ... Die aber, welche mir solches antun, sind die, welche meine Hüter und Ernährer sein sollten, die Priester [...], sie wollen die Würde, aber nicht die Bürde ihres Amtes.«[2]

Unter den vielen tiefsinnigen Aspekten ihrer Visionen soll hier Hildegards Wirken als Seelsorgerin beleuchtet werden. Doch zuvor ein kurzer Lebensabriß.

2. *Leben und Werke*

Bevor Hildegard auf ungewöhnliche Weise ins Rampenlicht der Öffentlichkeit gerissen wurde, verlief die erste Hälfte ihres Lebens unscheinbar. Als zehntes Kind der Grafen von Bermersheim wurde sie 1098 in Bermersheim bei Alzey in Rheinhessen geboren. Nach verbreiteter Sitte im Adel wurde die Achtjährige als ein »Geschenk für Gott« der Inklusin Jutta von Spannheim auf dem Disibodenberg zur Erziehung für ein Klosterleben übergeben. Nach deren Tode wurde sie 1136 zur Leiterin des angewachsenen Frauenkonventes gewählt. Ihr bis dahin äußerlich unscheinbares Leben änderte sich plötzlich durch den ausdrücklichen inneren Befehl: »Schreibe auf, was du siehst und hörst«. Nach anfänglichem inneren Widerstreben begann Hildegard erst mit 42 Jahren ab 1141 ihre Werke zu schreiben; ihre Sehergabe wurde auf der Synode von Trier 1147/48 durch Papst Eugen III. auf nachdrückliche Empfehlung Bernhards von Clairvaux bestätigt. Erst durch die Anerkennung und Ermunterung von höchster kirchlicher Stelle entstanden ihre drei Visionsschriften: ›Wisse die Wege‹ (Scivias), ›Das Buch der Lebensverdienste‹ (Liber vitae meritorum) und ›Das Buch der Gotteswerke‹ (Liber divinorum operum), an deren Abfassung sie 25 Jahre gearbeitet hat. Die für ihre Zeit nicht selbstverständliche theologische Schriftstellerei seitens einer Frau veranschaulichen farbenprächtige Miniaturen, die Hildegard als herausgehobene Autorin darstellen. Sie hält Griffel und Schreibtafel mit einem in die Höhe gerichteten Blick und von oben strömenden Licht in der Hand als Zeichen der inspirierten Autorin, die »in Büchern ihr Vermächtnis an die Nachwelt übergibt.«[3] Ferner schrieb sie das erste Singspiel: ›Den Chor der Tugenden‹ (Ordo virtutum), 77 selbstgedichtete geistliche Gesänge (Carmina) mit eigener Vertonung, kleinere theologische und hagiographische Abhandlungen. Ihre naturkundlichen und medizinischen Werke: ›Die Naturkunde‹ (Physica), die ›Ursachen und Heilungen von Krankheiten‹ (Causae et curae) begründeten ihren Ruf als erste deutsche Naturwissenschaftlerin und Ärztin. Außerdem entwarf sie die ›Geheimsprache‹ (Lingua ignota) und die ›Geheimschrift‹ (Litterae ignotae).

Nach Überwindung vielfacher Widerstände zeigten sich Hildegards Talente auch in zwei Klostergründungen. 1151 bezog sie ihr selbstgegründetes Frauenkloster auf dem Rupertsberg bei Eibingen, 1165 folgte die Tochtergründung in Eibingen bei Rüdesheim. Bei ihren Gründungen betrieb Hildegard zielstrebig die Unabhängigkeit ihrer Klöster. Von Kaiser Friedrich Barbarossa erwirkte sie 1163 das außerordentliche Privileg des Schutzes der Reichsunmittelbarkeit und die Freistellung von allen Reichssteuern. Ihre etwa 300 überlieferten Briefe zeigen in beeindruckender Weise ihre Ausstrahlung über fast ganz Europa. Ein bedeutender Zeitgenosse, der Philosoph und Bischof Johannes von Salisbury, spricht von den »Visionen der hochberühmten Hildegard«, die Papst Eugen III. sehr geschätzt habe. Sie war sozusagen Kirchengespräch, denn mit den Führenden in Kirche und Welt, mit Päpsten und Herrschern, mit Geistlichen und Laien verschiedener Stände stand sie in Korrespondenz.

Trotz schwacher Konstitution und mehrerer schwerer Krankheiten wirkte Hildegard auch als Buß- und Mahnpredigerin auf vier größeren Reisen, wo sie öffentlich vor Klerus und Volk predigte. Ihr Starkmut zeigte sich noch im hohen Alter, als sie über 80jährig durch äußere Umstände in einen Rechtsstreit mit dem Mainzer Domkapitel verwickelt wurde, der ihrem Kloster das kirchliche Interdikt zuzog, das Verbot, öffentlich Gottesdienst zu feiern und die Sakramente zu empfangen. Nach bestandenem Konflikt lebte sie nur noch wenige Monate und starb am 17. September 1179 nach 73 Jahren klösterlichen Lebens im 82. Lebensjahr.

3. *Grundlagen*

Bei Hildegard ist der Mensch die Krone der ihm anvertrauten Schöpfung; so ist auch der Mensch Mittelpunkt ihrer Sorge, damit er sein Ziel, die Harmonie zwischen Leib und Seele in der Beziehung zu Gott und der Welt findet. Denn »Gott hat den Menschen geschaffen, damit er, das Himmlische wirkend, das Irdische besiege; und wie Gott im Menschen die Schläue des Satans überwunden hat, so sollte auch der Mensch das Banner der Gottheit sein«[4], denn er ist »ein Licht aus Gott«. Dieses entspringt im rechten Gebrauch seiner Vernunft, der »rationalitas«, worin des Menschen Gottebenbildlichkeit beruht. Vergißt aber der Mensch seines Schöpfers, dann vergißt er auch sich selbst, sein Ebenbildlich-Sein. Denn wie der erste Engel »vor lauter Eigenglanz übermütig wurde«[5], ist auch der Mensch gefährdet und gebärdet sich im Drama der Heilsgeschichte als »Rebell«[6]. Dennoch ist ihm die Möglichkeit geblieben, nach Gott zu fragen und ihn zu suchen. Das Motiv der Suche konstituiert bei Hildegard auf Grund ihres dialogischen Prinzips, »daß alles einander

Antwort gibt«, die ursprüngliche Beziehung zwischen Gott und Mensch. Sie ist die erste vertrauensvolle Hinwendung zu Gott, um ihn erkennen und seine Gnade anrufen zu können.

Hildegards reichbewegtes Leben innerer und äußerer Erfahrungen bescherte ihr einen Schatz an Wissen, der ihr viele Ratsuchende zuführte. Anfangs, als sie selbst noch ängstlich und unsicher war über ihre visionären Überwältigungen und Aufschluß hierüber bei Bernhard von Clairvaux suchte, war dieser davon überzeugt, daß Hildegard unter dem Einfluß göttlicher Eingebungen stand; beruhigend schrieb er ihr: »Wir freuen uns über die Gnade Gottes, die in Dir ist [. . .]« Die gnadenhafte Einsicht rangiert für Bernhard höher als jede menschliche Gelehrsamkeit. Sich selbst zurücknehmend vor der göttlichen Inspiration, fährt er in seinem Schreiben fort: »Über was kann ich Dich noch belehren oder Dir raten, wo Du ja über das innere Wissen (interior eruditio) verfügst, und Dich der Hl. Geist über alles belehrt?«[7] Diese Bestätigung Bernhards, der herausragenden und wortgewaltigen Persönlichkeit des 12. Jahrhunderts, daß Hildegard aus gotterfülltem Geist schrieb und handelte, kann als Beginn ihres öffentlichen Wirkens gelten und bildet die Grundlage ihrer Autorität, daß sie durch die Gabe ihrer Schau eine Wegweisung zu Gott hin aufzeigt, worauf der Titel ihrer ersten Visionsschrift: ›Scivias‹: Wisse die Wege, verweist. Es geht ihr darum, das in der Schau eingegebene Wissen in ein Sein zu verwandeln, nicht nur für sich, sondern auch für andere. Voraussetzung einer solchen Berufung ist eine bestimmte Haltung, die der Gottesfurcht und Armut im Geiste aus dem Bewußtsein der menschlichen Grenze und Schwäche, zwei Tugendhaltungen, die Hildegard als im Menschen wirkende Gotteskräfte in der Eröffnungsvision von ›Scivias‹ eindrücklich vor Augen stellt. Denn keine noch so hohe Begnadung schützt den gebrechlichen Menschen vor Versuchung und Absturz. Aus dieser kritischen Einsicht schreibt Hildegard später an Wibert von Gembloux 1174 ausdrücklich über die Versuchung eitler Ruhmsucht: »Viele Weise sind schon durch erhaltene Wundergaben zu Fall gekommen. Sie taten viele Geheimnisse kund, schrieben es aber in eitler Ruhmsucht sich selber zu und stürzten deshalb. Jene aber, die im Aufstieg ihrer Seele Weisheit aus Gott schöpften und sich selbst für nichts erachteten, die sind Säulen des Himmels geworden.« Aus dem Bewußtsein der eigenen Grenze formt sich Hildegards innere Zucht vor ihrer Begnadung, wie es weiter im gleichen Schreiben zum Ausdruck kommt: »Gefiele es Gott, in dieser Vision meinen Leib und meine Seele zu erheben, so wiche doch die Furcht nicht aus meinem Sinn und Herzen, weil ich weiß, daß ich nur ein Mensch bin [. . .] Deshalb erheb ich meine Hände zu Gott, so als wären sie Federn ohne Gewicht und Kräfte, die im Winde hin und her getrieben werden, damit er mich halten möge.«

Trotzdem wurde sie immer wieder von der überwältigenden Kraft göttlichen Lichts mitgerissen und in die Pflicht genommen. Ihre Sicherheit ruhte auf dem unerschütterlichen Glauben an eine stärkere überirdische Macht – denn der Mensch ist zugleich »himmlische und irdische Gestalt« –, die ihr in den Wechselfällen und Brüchen des eigenen Lebens Halt verleiht: »Oft bin ich krank und es quälen mich starke Schmerzen, die mir den Tod anzukündigen scheinen, doch bis jetzt hat Gott mich immer wieder davor bewahrt« schrieb sie an den Mönch Wibert.

Neben der körperlichen Schwäche weiß Hildegard auch um die relative Festigkeit des Glaubens, der immer eine Herausforderung bleibt. Über diese Herausforderung schreibt sie mit 77 Jahren ebenfalls an Wibert: »Bete für mich, daß ich nicht falle, denn selbst ein Petrus hielt nicht stand.«[8] Dennoch verbleibt Hildegard das große Staunen über das Einströmen der Gnade, die wie »sanfte Regentropfen« in sie einträufelte, ihr Inneres ganz durchdrang und in wacher Schau die Verwandlung ihres Geistes bewirkte, so daß sie jenseits alles irdischen Wissens in göttliches Wissen eintauchte und ihr geschah, »als ob sie sich selbst nicht mehr wüßte«.[9] Aus der Spannung zwischen körperlich-seelisch-geistiger Empfindung, zwischen Natur und Übernatur, wuchs ihr eine Sensibilität für die Möglichkeiten menschlicher Kräfte, für das natürliche und übernatürliche Leben zu. So sind ihre Schriften und Briefe von Weisung und Sorge für den inneren Aufbau des Menschen durchsetzt. Ihre scharfe Beobachtungsgabe und Achtsamkeit offenbaren ihr Talent der Seelsorge, deren Inhalt vom Prinzip lebendiger Wahrheit genährt werden und in ihrer Realistik über die Zeit hinausweisen.

Ausgewählte Textabschnitte sollen exemplarisch für den inneren Aufbau der Seele das Motiv der Suche, die Gabe der discretio und die göttliche Gnade beleuchten und aufzeigen, wie diese Bewegungen des Geistes die inneren Triebe des Menschen lenken und zum inneren Selbststand formen können.

II. Exemplarische Texte

1. *Das Motiv der Suche*

»Alle Menschenkinder, die da so großartige Dinge mit gewaltigen Untersuchungen ausgeklügelt haben, um sie zu erforschen und je nach Vermögen ins Werk zu setzen, sie alle sind eitel. Sie lassen die Wirklichkeit aus dem Auge, die Gott ihnen zeigt und gibt, und sie bauen sich dafür mit ihren falschen Götzen trügerische Planungen wie ein Gebirge auf. Überall *suchen* sie jenen Geschehnissen auf die Spur zu kommen, die uns die Welt doch nur durch Zeichen andeutet. Indem sie so verfahren, halten sie das falsche Wissen für die Wirklichkeit selbst und täuschen sich und andere. Denn was immer ohne Gott *gesucht* und ohne Gott gefunden wird, geht dem Verderben entgegen. Und wie sehr sie in ihrem Fleisch und Blut auch Spiel und Tanz erleben und genießen möchten, sie fallen doch nur der Täuschung anheim, da all dies nichts bedeutet. Wie des Staubes Asche, so schwinden sie dahin« (LVM I 105).

»›Vom Himmel blickt auf die Menschen der Herr, zu sehen, ob einer verständig, ob einer Gott *suche*‹ (Ps 14,2). Das ist so zu verstehen: Der da alles begründet hat, der blickt aus dem Geheimnis seiner Geheimnisse auf jene Wesen, die Kinder des Fleisches sind und somit im Leibe einhergehen, auf daß Er unterscheide, wie ihnen ihr Vermögen Gewinn bringe. Denn der göttliche Blick erwägt auf das genaueste, mit welcher Einsicht sie im Spiegel des Glaubens auf Ihn schauen und mit welcher Aufmerksamkeit sie Ihn in Lauterkeit *suchen*. Solange nämlich die Seele im Fleische ihre guten Taten wirkt, erkennt sie Gott durch den Geschmack der Heiligkeit; und solange sie das Vertrauen zur Vollendung des Guten in der Tugendkraft aufbringt, schaut sie Gott an im Spiegel äußerster Treue und reinsten *Suchens*. Daher sieht auch Gott in Seiner unergründlichen tiefen Schau, mit welchem Eifer sie Ihn versteht und *sucht*, aber auch, mit welchem Trotz sie Ihn verleugnet und vernachlässigt, da Er einem jeden nach seinem Werk die rechte Vergeltung erstattet« (LVM V 75).

Die Schwermut spricht

»Was ist noch mein Heil, wenn nicht Tränen? Was für ein Leben habe ich, wenn nicht Schmerz? Und was wird meine Hilfe sein, wenn nicht der Tod? Welche Antwort wird mir werden, wenn nicht das Verderben? Etwas Besseres gibt's nicht für mich.«

Die Antwort der Seligkeit

»Du bist geradezu süchtig auf Peinigung und willst wohl nichts anderes mehr. Gott will angerufen sein, und seine Güte sollte man *aufsuchen*. Du mißgönnst dir dich selbst, da du nicht auf Gott vertraust. Von Gott forderst du nichts, weshalb du auch nichts findest« (LVM II 18,19).

Die Maßloßigkeit spricht

»Was immer ich wünschen und *suchen* kann, das will ich auch genießen. Ich habe gar keine Lust, mich zu enthalten. Warum sich enthalten, wo einem dies nichts einbringt? Sollte ich etwas vergessen, was ich bin, wo doch jedes Wesen auf seine Eigenart pocht? Wollte ich so leben, daß ich kaum zum Atmen käme, was wäre mein Leben dann noch wert? Was mir an Spiel und Lust entgegenkommt, das will ich auch packen.«

Das Maß antwortet

»O du Spionin im Hinterhalt! Alles, was in der Vernunft ehrenvoll dasteht, das kränkst du durch deine Hinterlist. Du benimmst dich wie die Jungen wilder Tiere, die noch kein Maß kennen, und handelst wie das schmutzige Vieh. Alles nämlich, was in der Ordnung Gottes steht, antwortet einander. Die Sterne funkeln vom Licht des Mondes, und der Mond leuchtet vom Feuer der Sonne. Jedes Ding dient einem Höheren, und nichts überschreitet sein Maß. Du aber nimmst weder auf Gott Rücksicht noch auf Seine Geschöpfe. Du hängst vielmehr in der Luft wie eine leere Scheide, die im Winde baumelt.

Ich aber wandle auf den Pfaden des Mondes und in den Bahnen der Sonne; indem ich Rücksicht nehme auf jede Satzung Gottes, und im ehrenvollen Umgang mit ihr wachse ich. Ich zähle sie alle in Liebe voll und ganz. Denn ich bin im Palaste des Königs eine Fürstin und erforsche alle seine Geheimnisse« (LVM II 22).

Maßloses Suchen

»Die Maßlosigkeit hat weder im Himmel noch auf Erden eine richtige Heimat, weil jeder ihrer Schritte ins Ungewisse führt. In ihrer Vermessenheit will sie überall dabeisein, indem sie behauptet: ›Ich wäre nur ein halber Mensch, wenn ich nicht jedes Ding durch und durch *untersuchen* könnte‹« (LVM II 97).

Nach dem Vorbild der Philosophen betend den Herrn suchen

»›Alle Völker, die Du geschaffen, sie kommen und beten Dich an. Und sie preisen, o Herr, Deinen Namen. Denn groß bist Du und mächtig der Wunder. Du allein nur bist Gott‹ (Ps 86,9–10).

Das will heißen: Die ganze Welt schuf Gott. Und Er ließ zu, daß auch der Mensch sich seine Welt baue. Denn die Menschen wirken und gestalten und befehlen. Sie schaffen an den Geschöpfen und bilden an diesem Vorbild auch anderes nach ihrem Willen, ohne ihnen jedoch einen Geist geben zu können. Denen sie aber vorstehen, denen legen sie auch Gebote auf. Weil Gott nun den Menschen geschaffen hat und ihn mit dem Hauch seines Geistes zum Leben erweckte, sollen alle Völker [. . .] nach Seinem Willen zu Gott kommen. Sie sollen betend diesen Herrn *suchen*, wo immer sie Seinen Namen anrufen. [. . .] Daher ist dem Menschen das Alte und das Neue Gesetz gegeben, damit der Mensch im Glauben und im Schauen wie auch in der Anbetung Gott erkenne. Auf diesen beiden Wegen haben die klugen Philosophen die Weisheit *gesucht* [. . .]. Dies hat Gott gar sehr gefallen. Und so ist der Herr gewaltig in Seinen Wunderwerken, großartig auch in den höheren Gotteskräften« (LVM II 42).

2. *Discretio*

Die Herzenshärte, ohne discretio

»Die Herzenshärte wird von der Vergnügungssucht begleitet. Wenn nämlich der Mensch von solcher Art Zeitvertreib ermüdet ist, kommt der Ekel über ihn, und sein Herz beginnt sich zu verhärten. Nicht mehr wird er benetzt vom himmlischen Tau, so daß er seinen Geist weder mit der Vorschrift der Gebote noch mit dem Pflug der Schriften durchfurcht. Den Wert edler Zucht bekommt er gar nicht mehr zu spüren. Die Herzenshärte ist wie ein dichter Rauch, der zu einer menschlichen Gestalt zusammengeballt ist. Denn sie kennt keinerlei Zartheit (discretio), sondern nur eine gewisse Verdichtung hinterlistiger Bosheit. Und auch das richtet sich wieder ganz auf das Maß des Menschen aus, weil es nichts Böses unter noch über dem Menschen gibt, das er nicht mit seinen Taten umfaßte. Weder ein kleines noch ein großes Übel gibt es, an dem der boshafte Mensch keine Freude fände. Daß diese Erscheinung aber keinerlei menschliche Gestalt hat, mit Ausnahme der großen und feurigen Augen, das bedeutet, daß dieses Laster die Menschen so verhärtet, daß sie das Ebenbild Gottes in anderen Menschen weder kennen noch erkennen wollen. [. . .] In der Scheußlichkeit ihrer Bosheit und Schwärze ihrer Gottvergessenheit glotzen sie überall herum und halten Ausschau, wen sie mit dem Gift des Neides wie mit Natterngift verletzen könnten. Die Gestalt bewegt sich weder nach vorwärts noch nach rückwärts noch nach irgendeiner anderen Richtung, weil die Herzenshärte nicht nach Höherem strebt, auf daß um Gottes Willen ihre Bosheit zerschmelze. [. . .] Starr und stur steht sie da in der erwähnten Finsternis, um auf dem einmal gefaßten Standpunkt zu verharren ohne jede Bewegung, dabei immer nur schmähend und fluchend, da sie nichts anderes im Sinn hat, als die Menschen unter Druck zu setzen. [. . .] Denn Gott hat den Menschen wie einen überaus schönen Edelstein auf die Erde gesetzt, in dessen Glanz die gesamte Schöpfung sich betrachtet. Steht doch der Mensch über aller Kreatur. Daher ist es nicht erlaubt, daß die Herzenshärte ihn für nichts erachte und daß sie sich gegen ihn verhärte. Sie ist unter allen Übeln das schlimmste, da sie auf niemanden Rücksicht nimmt und keinem Barmherzigkeit erweist« (LVM I 83).

Die Feigheit, ohne discretio

»Die Feigheit haftet der Herzenshärte an wie eine Eiterbeule oder gleicht auch kleinen Würmern, die aus der Erde herauswimmeln. Wenn nämlich der verhärtete Mensch einmal vom Streben nach höheren Werten abgelassen hat, verfällt er der Feigheit. Ihn beseelt kein Verlangen nach Ehre und Heiligkeit; träge und aller Trefflichkeit leer lebt er dahin. Keine Lust hat er mehr, den Leidenschaften Widerstand zu leisten. Ist er doch durch seine Feigheit geradezu in sie verstrickt. Dieses Laster hat ein Menschenhaupt mit der Ausnahme eines linken Hasenohres, das dafür aber so groß ist, daß es das gesamte Haupt überdeckt. Denn die törichten Menschen halten sich in ihrer Torheit für rechtschaffene Leute. [. . .] Daß aber der übrige Körper dieser Erscheinung dem Körper eines knochenlosen Weichtieres gleicht, das in seinem Schlupfwinkel eingeschlossen liegt wie ein in Tüchern gewickelter Säugling, das bedeutet, daß dieses Laster die trägen und feigen Menschen dazu bringt, das Vertrauen, das sie auf die Hilfe Gottes und die Unterstützung ihrer Mitmenschen setzen sollten, in den Schmutz ihrer Lust, gleich einem unreinen Wurm, zu ziehen, und daß sie sich mehr auf die Haltlosigkeit ihres Fleisches stützen als auf die göttliche Kraft« (LVM II 84).

»Die Feigheit sagt: Was würde es mir auch nützen, wenn ich etwas in Angriff nähme, was ich dann doch nicht vollenden kann? [. . .] Denn wer den Kampf aufnimmt, kommt wohl auch darin um« (LVM I 19).

Die Antwort von Gottes Sieg

»Da du beim ersten großen Irrtum deine Stimme wider Gott erhoben, begannst du schon zu irren und wolltest der Gerechtigkeit nicht folgen. Und wie du in deiner Haltlosigkeit, zitternd und gefühllos, in die Verbannung gingst, so hast du im Wankelmut deiner Gunst die Menschen hintergangen. Denn dir fehlt aber auch alles rechte Maß (discretio).

[. . .] Ich begehre vielmehr, an den springenden Quell selbst zu gelangen. Ich nehme den Kampf auf gegen die alte Schlange, und all ihre Rüstung zerstöre ich mit dem Geheimnis der heiligen Schriften. Sie sind meine Waffen gegen die Fangnetze des Teufels« (LVM I 20).

Von der Spottsucht, ohne discretio

»Die Gestalt der Spottsucht steht mitten zwischen den übrigen Lastern, da sie den Worten der Lüge vorausgeht – sie mag die Wahrheit ja nicht –, indem sie bald diesen, bald jenen spielerisch zum Bösen reizt und ihnen keine Ruhe mehr gönnt. Sie hat vom Scheitel des Kopfes bis zu den Hüften die Gestalt eines jungen Mannes, da alle, die dieses Laster lieben, aus ihrer ursprünglichen Gesinnung heraus in Wort und Tat ohne Maß (discretio) sind und das Schlüpfrige einer eitlen Lebensweise annehmen, indem sie in der Torheit ihres Herzens alle Interessen hierhin oder dorthin, ganz nach ihrem Eigensinn, verschwenden. Von den Hüften abwärts sieht die Gestalt aus wie ein Krebs, so nämlich wie ein Krebs vom Kopf abwärts gestaltet ist, da sich solche Menschen in ihrer Unenthaltsamkeit immer tiefer fallend zu weiteren Maßlosigkeiten wenden« (LVM V,37).

»Die Spottsucht ist voll der Gottvergessenheit. Mit ihrem Lügengebäude versucht sie die Wahrheit in Stücke zu reißen. Wie ein giftiger Nebel ist sie, der alle Früchte welken macht. Sie keimt nicht auf in der Ehrenhaftigkeit, und sie bedeckt sich nicht mit dem Mantel zuchtvoller Schamhaftigkeit. Alles vielmehr, was wahr ist, versucht sie im Schatten ihrer spielerischen Wortgefechte zu entwurzeln. [. . .] Das rechtmäßige Gesetz verlacht sie, so wie eine Motte ein Kleid zerstört. Mit ihrem Spott täuscht sie den Menschen und bringt ihn so zu Tode« (LVM V 57).

Von der Gottlosigkeit, ohne discretio

»Wo der Kleinmut den Geist eines Menschen beherrscht, da schließt sich ihm die Gottlosigkeit an. Keine Freude an den Gütern des Herrn läßt sie ungetrübt. Alles Gute, wo immer es sich durchsetzt, macht sie nieder. Sie hat die Gestalt eines Menschen, nur daß ihr Haupt zwischen den Schulterblättern aus der Brust herausragt, so daß es mehr dem Kopf eines wilden Tieres denn dem eines Menschen gleicht. Wo diese Gottlosigkeit unter den Menschen vorherrscht und wo sie ihr Beginnen im Eigensinn ihres Gewissens vorträgt, da hält sie tierische und verletzende Sitten bereit und betrügt unter dem Schutzmantel menschlicher Gesittung. Sie behindert die wahre Lehre und das Gute, den Gehorsam wie die Unterwerfung, welche alle aus Gott sind, und sie weiß nichts von der Schönheit der Gerechtigkeit in allen Dingen. Große feurige Augen hat sie sowie ein Leopardenmaul, weil sie mit brennender Glut in ihrer ganzen Neigung nur diese gewaltige Bitternis zeigt, um alles zu zerfetzen und zu zerreißen, was sie nur könnte. Sie will nichts wissen von Gnade und Barmherzigkeit und findet kein Maß (discretio) für die Wahrheit. Die Heiligen und die Gerechten möchte sie treffen, wo sie nur kann« (LVM II 53).

3. *Die Gotteskraft der Gnade*

»Ich bin die Gnade Gottes. Deshalb hört und versteht mich, denn ich schenke denen das Licht der Seele, die mich bei der Ermahnung erkennen. Ich bewahre sie auch in dieser Glückseligkeit, damit sie nicht zur Bosheit zurückkehren. Und weil sie mich nicht verachtet haben, will ich sie auch mit meiner Ermahnung berühren, damit sie beginnen, Gutes zu wirken; jene nämlich, die mich in der Einfalt und Lauterkeit des Herzens *suchen*.

Und während ich die Perlen des Guten anbiete und den Menschen ermahne und ermuntere, nämlich, wenn die Einsicht des Menschen auf diese Weise von mir berührt wird, bin ich ihm ein Anfang; wenn nämlich das Empfindungsvermögen des Menschen meine Ermahnung durch Hören vernimmt, indem auch diese Wahrnehmung in seiner Seele zur Übereinstimmung mit meiner Berührung kommt, dann bin ich ihm ein Anfang des Guten, das er mit dieser meiner Hilfe beginnen soll. Hierauf erhebt sich dort auch ein Kampf, ob das, was ich schenke, zur Vollendung kommt oder nicht. Wieso? Ich möchte das so verstanden wissen: Wenn ich den Menschen ermahne, daß er beginnt, seine Sünden zu beseufzen und zu beweinen, und wenn dann sein Wille mit meiner Ermahnung übereinstimmt, mit der ich ihn ermuntert habe – der Mensch empfindet nämlich mit seinen Sinnen die Wandlung seines Geistes, wie er seine Augen zum Sehen, seinen Mund zum Reden, die Hände zum Fühlen und die Füße zum Gehen nach dem Verlangen, das er im Herzen trägt, gebraucht – und wenn dann sein Wille meine Ermahnung angenommen hat, erhebt er sich alsbald und unterdrückt und überwindet das Gefühl, so daß dieses Empfinden sich an das Unbekannte gewöhnt« (Sciv III 8).

Um das schwierige Phänomen der Gnade irgendwie begreiflich zu machen, spricht Hildegard von der Gnade als einer personifizierten allegorischen Gestalt von übergroßer Schönheit. Ihr Gesicht strahlt von »so großer Heiligkeit«, daß man es nicht genau wie das Gesicht eines Menschen betrachten kann. Da sie aus der »herrlichen Gottheit flammt«, übersteigt sie »das innere und äußere Sehvermögen des Menschen«.

Daher bleiben ihre Geheimnisse dem Menschen verborgen. »Denn die Urteile der göttlichen Gnade sind geheim.«

»Daß aber der Glanz, der sie umgibt, überall voller Augen und ganz lebendig ist, heißt: Die göttliche Barmherzigkeit zeigt zusammen mit der Gnade Gottes das große Mitgefühl der barmherzigen Augen seiner so vielen Erbarmungen, welche auf die Schmerzen der Menschen blicken, die Gott folgen möchten. Sie lebt ganz vom Trost und zur Rettung der Seelen und rüstet sie innerlich keineswegs zum Verderben, sondern zum Leben. Und der Glanz verteilt sich hierhin und dorthin, wie eine Wolke auseinanderzufließen pflegt. Denn sie geht den Gerechten *voran*, damit sie sich vor dem Fall hüten, und folgt den Sündern, damit sie Buße tun und sich erheben. Allen, die sie *suchen*, tut sie sich durch himmlische Gabe kund, so daß er bald breiter, bald aber schmäler erscheint. Denn in den elenden und klagenden Herzen der Gläubigen strömt sie manchmal in großer Fruchtbarkeit über, zuweilen aber zieht sie sich in den lasterhaften und harten Herzen der Sünder wegen ihrer Dürre zusammen.

Deshalb geht sie auch voran und folgt, berührt und mahnt die Menschen, damit die, welche Kinder Gottes sein möchten, ihre Worte heiß entbrannt aufnehmen und im Aufnehmen erfüllen, indem sie nämlich das Hinfällige verachten und das Bleibende umfassen« (Sciv III 8).

»Die Gnade spricht: ›[. . .] die mich hingebungsvoll *suchen*, für die bin ich bereit zu tun, was sie wollen. Die mich aber abweisen, sind tot, und ich kenne sie nicht [. . .] Ich bin eine standfeste Säule, die den, der mich *sucht*, niemals verläßt. Wer mich aber in seinem Herzen vergißt und sich stolz über mich erhebt, d.h., wer mehr auf sich selbst als auf mich vertraut und es deshalb gering schätzt, sein Vertrauen auf mich zu setzen, weil er die Gnade Gottes für nichts erachtet, den will ich von mir werfen und töten [. . .] Jene aber, die meine Gegenwart spüren, freuen sich sogleich in mir und ich an ihnen [. . .] Sobald sie nämlich meine Berührung verspüren, eilen sie zu mir wie der Hirsch zur Wasserquelle. Doch ich verlasse sie oft, so daß es ihnen scheint, sie seien hilflos. Das tue ich deswegen, damit ihr äußerer Mensch nicht von Stolz aufgeblasen werde [. . .], ich aber prüfe so ihren Glauben. Dennoch halte ich sie mit starker Hand und entferne so ihren Hochmut. [. . .] Ich lasse mitunter zu, daß sie teuflische Überredungskünste mit feurigen Pfeilen aus dem unreinen Hauch des glühend brennenden Geistes der Unzucht anfallen. [. . .] Ich lasse dies zu, damit sie vom Hauch des Heiligen Geistes befruchtet werden, damit sie später, leuchtend von Tugenden, ausgezeichnete Verkünder werden. [. . .] Sie sterben nicht den Tod der Seele, sondern sind durch die Läuterung in Widerwärtigkeiten umso lebendiger‹« (Sciv III 8).

III. *Auswertung der Texte*

1. *Gott suchen*

Hildegard spricht über ein zentrales Problem der Seelsorge: Das im Menschen angelegte göttliche Bild trachtet durch seine Geistausstattung (rationalitas) danach, den Gründen und Geheimnissen der sichtbaren Welt auf die Spur zu kommen. Der Drang, zu suchen und zu forschen ist geradezu unstillbar, so daß keine Anstrengungen zu groß erscheinen, ihn zu befriedigen. Es ist aber keineswegs ausgemacht, ob diese so ausgeklügelten, gewaltigen Forschungsunternehmungen überhaupt zum Ziele führen. Denn Hildegard unterscheidet zwei Arten des Suchens: Es ist eines, etwas ohne Gott zu suchen und zu finden, und ein anderes, etwas mit Gott zu suchen. Die erste Art der Suche erscheint eitel, da sie auf falschem Wissen einer Wirklichkeit beruht, die nicht die volle Realität ist, da sie Gott ausklammert. Eine Wirklichkeit ohne Gott bleibt eine Täuschung für sich selbst und andere. So spitzt sich die Frage des richtigen, wahren Suchens zur Frage nach Gott, zur Gottessuche, mit allen Konsequenzen zu. Jede andere Frage ist von sekundärer Bedeutung. Mit diesem Motiv der Suche steht Hildegard in der Tradition des »Ur-Humanum«, das sowohl im Alten Testament mit dem Vers Hld 3,1: »quaesivi quem diligit anima mea« als auch in der griechischen Philosophie die Suche als ursprüngliche Beziehung zwischen Mensch und Gott aufdeckt.[10] Um diese Beziehung, sie in Gang zu setzen, geht es Hildegard. Das ist nicht selbstverständlich. Es erfordert Anstrengung. Mit den Worten des Psalmisten verleiht Hildegard ihrer Aufforderung Nachdruck, daß jeder Mensch Gott suchen soll. Als Seelenkundige weiß sie, daß Gottesnähe und Gottesbesitz keine Selbstverständlichkeit und kein Dauerzustand ist. Gott muß immer wieder aufs neue mit Eifer gesucht und kann dann gefunden werden. Wie muß er gesucht werden? Aus der Erkenntnis des Glaubenden, dem »Spiegel« des Glaubens, wie sie sagt, und der Lauterkeit des Herzens. Hinzu kommt das Vertrauen in die Tugendkraft zur Erfüllung guter Taten. Durch sie gewinnt der Geist den »Geschmack der Heiligkeit«, der zur Gotteserkenntnis führt. Der Geschmack der Heiligkeit führt zu tugendhaftem Wirken; dieses ist die Voraussetzung vertiefter Gottesbeziehung. Ein solches Handeln stärkt die Gottesbeziehung zu äußerster Treue und reinstem Suchen, nämlich Gott um Gottes Willen und nicht um irgend eines persönlichen Vorteiles willen zu finden. Auf dieser Stufe hat sich der Eigenwille mit Gottes Willen ganz verbunden, ohne zu zaudern, was auch immer ihm abverlangt wird, er verharrt in Treue. Hildegard zeigt hier eine sehr hohe Stufe uneigennütziger Gottesliebe auf, weil der menschliche Geist trotz aller Unergründlichkeit oder Dunkelheit Gottes dennoch nicht nachläßt, immer tiefer verstehen zu wollen. Das Gottsuchen ist in der Haltung wacher Aufmerksamkeit, höchster Konzentration und Hingabe, die eine innere Verwandlung bewirken, zugleich ein graduelles Fortschreiten in der Liebe. Der Gegenstand der Liebe, Gott, ist aber unendlich. So ist der Prozeß des Gottsuchens und Verstehens in ständiger Bewegung als dauernde Akte der Tugend des inneren Losschälens, um sich mehr und mehr zur Ebenbildlichkeit zu vervollkommnen, ohne jemals in diesem Leben an ein Ende zu kommen. Der Anspruch Gottes als das unsichtbare Gegenüber bleibt die ständige Herausforderung. Gegner dieser Herausforderung sind Nachlässigkeit, Trägheit oder gar Trotz in Form der Verhärtung des Geistes, innere Haltungen, die sich jeder Gottessuche versperren.

Hildegard insistiert weiter auf die Frage, wie der Mensch Gott suchen soll. Wieder ist es ein Psalmwort, das ihr die Antwort aufschließt: Die Wunderwerke der Schöpfung rufen Staunen, Lobpreis und Ehrfurcht hervor und stacheln den Geist immerfort an, die gewaltige Tiefe der wunderbaren Schöpfung unermüdlich zu erforschen. Bei diesem Unterfangen geziemt es sich, betend den Schöpfer zu suchen, denn angesichts der Geheimnisse des Kosmos wird sich der Geist der eigenen Geschöpflichkeit und Grenze bewußt. Diesem Beweis der Natur fügt Hildegard verstärkend ein zweites Argument aus der Geschichte hinzu: Selbst die alten, klugen Philosophen haben Gott in Anbetung gesucht und erkannt.[11] Natur und Geschichte gehören zur verhüllten Offenbarung, auf die der Mensch nicht verzichten kann. Nach ihr ist Gott suchen und erkennen wollen unweigerlich an die Haltung des Gebetes gebunden, nämlich immer in Demut und Anbetung vor Gott zu stehen. Für manche ist es jedoch nicht einsichtig, in dieser Haltung Gott zu suchen, daher schaffen sie sich ihren eigenen Gott, bemerkt Hildegard, um entlarvend festzustellen: Er ist nur das Werk ihrer eigenen Hände, mit dem sie sich rühmen, ohne mit diesem Trug der Selbstherrlichkeit je Gott wirklich zu besitzen.

Ein anderer Hemmschuh der Gottessuche ist das Sichverfangen und -vergraben im eigenen Schmerz, wo Selbstbemitleidung die eigene Kraft aushöhlt, so daß als einziger Ausweg in tragisch heroischer Geste der Tod erscheint mit der Begründung: »Hier kann doch keiner mehr helfen.« Hildegard demaskiert die Süchtigkeit nach Qualen und Schmerzen und die Verbohrtheit, sich die eigene Trauer nicht abnehmen lassen zu wollen als Mißachtung der eigenen Person: »Du mißgönnst dich dir selbst«, redet Hildegard der Seele ins Gewissen, um sich ihres eigenen Wertes bewußt zu werden, daß er nicht achtlos zertreten werde. In seiner Ebenbildlichkeit wurzelt im Menschen zutiefst der Drang nach Gott. Diesen Urtrieb muß er frei legen, ihm nachgehen und Gottes Güte in seiner Not anrufen, ihn aufsuchen, ja, geradezu seine Hilfe einfordern nach dem Wort der Schrift: »Wer anklopft, dem wird aufgetan werden.« Aus dem »schauenden Glauben« an die ewige Seligkeit nährt sich die Tugend der vertrauensvollen Hoffnung auf Gottes gütige Hilfe, eine Tugend, die heroischer und lebensbejahender ist als jene scheinheroische Haltung der Selbstzerstörung. Hildegards Bildrede, daß die vertrauensvolle Hoffnung »auf Gottes Schoß sitzt«, verdeutlicht die Beziehung des Menschen als Kind Gottes, das sich ganz in die Hut des schützenden Gottes begibt, der allein wahren Trost spendet und alle Tränen trocknet. Das maßlose Sich-Überlassen in eine falsche Leidens- und Katastrophenhaltung hingegen richtet innere Schranken auf, hält positive Gegenkräfte nieder und versperrt den Weg zu Gott.

2. *Die übernatürliche Gabe der Discretio*

Gegen Maßlosigkeit in verschiedensten Formen setzt Hildegard die Gotteskraft der discretio in ihrer doppelten Bedeutung als Unterscheidungsgabe und Maßhaltung.[12]

Nach einer langen Tradition ist die discretio als »Mutter aller Tugenden« das allgemeine Fundament des geistlichen Lebens. Hildegard hat dieser in der Benediktinerregel verankerten Maxime ihre besondere Aufmerksamkeit zugewandt und die discretio in der Bedeutung der Urteilskraft und des Maßhaltens in eindringlichen Bildern vor Augen gestellt. Dabei unterscheidet sie die natürliche und übernatürliche Gabe der discretio. Die natürliche Gabe als Kraft des Verstandes und Willens lernt im Vorausschauen, Abwägen, Überlegen das Nützliche vom Unnützen, das Angemessene vom Unangemessenen zu unterscheiden und ist in der Haltung des Taktes, der Rücksicht und Feinfühligkeit Frucht einer erworbenen Bildung und Lebenserfahrung als Grundlage der seelisch-geistigen Kultur. Die natürliche discretio dringt aber nicht bis in die Tiefe, da ihr das Innerste der Seele und des Geistes verborgen bleibt. Daher reicht sie nur bis zu einer gewissen Belastungsprobe und bricht für das letzte Ausgewogensein der Seele als »anima symphonalis« zusammen. Für die Vervollkommnung des Menschen in seiner Gottebenbildlichkeit und Heiligkeit bedarf er der vom Heiligen Geist erleuchteten »heiligen discretio« (sancta discretio) als übernatürliche Kraft. Von dieser spricht Hildegard in den vorgelegten Texten, die sich radikal vom natürlichen menschlichen

Scharfsinn und Unterscheidungsvermögen abhebt. Die »heilige discretio« unterscheidet und gewinnt ihre Einsichten nicht durch schlußfolgerndes Denken, sondern durch das übernatürliche Licht der Gnade. In dem Maße diese Gnade geschenkt wird, in dem Maße wächst die übernatürliche Gabe der discretio in der Kraft der Einsicht, des Urteilsvermögens und des Maßes.

Sosehr Hildegard auf den Einsatz des Gottsuchens insistiert – »wo die Frage des Menschen nicht ist, da ist auch nicht die Antwort des Heiligen Geistes« –, sosehr geißelt sie die Vermessenheit einer maßlosen Untersuchung alles und jeden Dinges. Maßlosigkeit in dieser Form zerstört den Frieden, da schrankenloses Forschen die Gesetze der Natur vergißt und diese sich letztlich dagegen aufbäumt. Auch das überzogene individuelle Anspruchsdenken im Wünschen und Genießen nach der Devise: »Jeder Mensch folgt seiner Natur, wie es ihm paßt«, weist Hildegard in die Schranken mit dem Gebot der gegenseitigen Rücksichtnahme als eine Form des Maßes, da »nämlich alles, was in der Ordnung Gottes steht, einander antwortet«. Alles Geschaffene steht in einem System innigster Verbindlichkeit und gegenseitiger Verantwortung. Ein schrankenloser Liberalismus ohne Berücksichtigung ewiger Normen führt in die Anarchie. Der Mensch lebt nicht für sich allein, sondern im Gefüge der Gemeinschaft und der gesamten Weltordnung. Verletzt er diese durch Maßlosigkeit, reibt er sich selbst auf. Die übernatürliche Gabe der discretio hingegen vermag souverän wie eine »Fürstin im Palaste des Königs« dessen Geheimnisse zu erforschen. Denn in liebender Zuwendung eröffnen sich ihr die göttlichen Gesetze, um sie dem menschlichen Herzen kundzutun.

In der fürstlichen Gestalt der übernatürlichen discretio umfaßt Hildegard die Spannung von Gesetz und Ordnung als die eine Seite göttlichen Waltens, welche die Gewähr bietet, daß das natürliche und übernatürliche Leben erhalten bleibt, bis hin zur Offenbarung göttlicher Freiheit in der Gnade, Barmherzigkeit und Liebe, die auch dem Menschen die Freiheit eröffnet. Der Mensch gewinnt in dem Maße seine Freiheit, wie er die Spannung von Gesetz und Liebe kraft der übernatürlichen discretio zu harmonisieren versteht. Diese Gabe deckt jene Schwäche des Menschen auf, die sich darin ausdrückt, wider die Natur und Gottes Gebote zu agieren, anstatt auf seine Gesetze zu achten, um von der inneren und äußeren Entwurzelung verschont zu bleiben.

Entgleisungen gegenüber jeder Art von discretio geißelt Hildegard geradezu als Muster des Diabolischen in der Auflehnung und Maßlosigkeit verschiedener Laster wie Herzenshärte, Feigheit, Spottsucht und Gottlosigkeit.

In scharfen Strichen werden Ursache und Wirkungen der Herzenshärte skizziert. Der Ekel über nicht empfangenes Glück trotz maßloser Vergnügungen macht das Herz stumpf und hart. Es ist bar jeder echten Freude, es kann daher keine gnadenhafte Ansprache mehr wahrnehmen, denn es fehlt jede Zartheit. Die Unmenschlichkeit der Herzenshärte charakterisiert Hildegard durch eine unmenschliche Erscheinung, an der nur feurige Augen hervorstechen, ein Sinnbild dafür, daß sie in anderen Menschen das Ebenbild Gottes nicht mehr erkennen will, sich vielmehr in Menschenverachtung austobt. Für Hildegard aber ist der Mensch die Krone der Schöpfung, in seinem Glanz betrachtet sich die ganze Schöpfung. Das geglückte Menschsein ist das Ziel all ihrer Sorge und allen Strebens. »Daher« – wie Hildegard warnend sagt – »ist es nicht erlaubt, daß die Herzenshärte den Menschen für nichts erachte und das Menschliche als solches verächtlich macht«. Das hohe Gut der Menschlichkeit, das unter dem »Wert edler Zucht« steht, erfordert sorgfältigste Pflege, damit es nicht von der Bosheit und dem verzehrenden Feuer der Hartherzigkeit vernichtet wird.

In engster Verbindung mit der Herzenshärte steht die Feigheit. Sie steht jener an Leerlauf in keiner Weise nach, da das Verlangen nach innerer Ehre und Heiligkeit vor lauter Trägheit ausgetrocknet ist. Drastisch schildert Hildegard die Windigkeit der hasenohrigen Feigheit, deren Erscheinung dem »Körper eines knochenlosen Weichtieres gleicht«, eine Versinnbildlichung für feige Menschen, »die sich mehr auf die Haltlosigkeit ihres Fleisches stützen« als in Großmut auf die göttliche Kraft zu vertrauen. Sie haben weder Mut noch Kraft, irgend eine Tugendleistung zu vollbringen; das kostet Anstrengung und Kampf gegen sich selbst. Hier kapituliert der Feige schon vor jedem Beginn: »Wer den Kampf aufnimmt, kommt wohl auch darin um.« Die göttliche Stimme antwortet: »Dir fehlt aber auch alles rechte Maß«. Es geht nicht um kleinliche und geringfügige Ziele, sondern um den »springenden Quell selbst«, nämlich das Verstehen des Wortes Gottes. Im Lesen und Bedenken des verborgenen Sinnes der Heiligen Schriften erwachsen die Entgegnungen, das Rüstzeug, gegen die »Fangnetze des Teufels«.

Die Spottsucht ist wie die Herzenshärte voller Gottvergessenheit. Sie ist maßlos in Wort und Tat. In der Erscheinung ist diese Gestalt nach abwärts wie ein Krebs als Zeichen dafür, daß solche Menschen in ihrer Unenthaltsamkeit immer tiefer in weitere Maßlosigkeiten sich fallen lassen. Nackt erscheint dieses Laster, weil es auf alle mögliche Weise dem Menschen Ehrfurcht und Scham raubt. Unter dem Deckmantel spielerischer Wortgefechte versucht es, die Wahrheit zu vernichten. Dieses Laster kennt kein Pardon. »Selbst das rechtmäßige Gesetz verlacht es, so wie eine Motte ein Kleid zerstört.« Hinter dieser absoluten Zersetzungsmentalität verbirgt sich Menschentäuschung und die Freude über den Untergang. Nur ein zuchtvoller Geist vermag dieses »Gift höhnischen Verhaltens« aus dem Innern zu vertreiben.

Auch der Gottlosigkeit fehlt die discretio. Bar jeder Gnade und Barmherzigkeit, findet sie kein Maß für die Wahrheit. Der Blickwinkel hierfür ist durch den »Eigensinn des Gewissens« abhanden gekommen. Eigensinn ist immer Ausdruck einer Schranke. Es fehlt der weite Blick nach oben und der hohe Mut, sich nach Größerem hin zu erheben. Daher sieht Hildegard im Kleinmut des Menschen die Ursache der Gottlosigkeit. Die Schwäche des Kleinmutes hindert den Geist, die eigenen Schranken der Selbsttäuschung zu überschreiten. Er weiß nichts von der Schönheit der Gerechtigkeit in allen Dingen. Im Gegenteil, die Gottlosigkeit zerstört jede Freude. Sie kann nichts weiter als sich in »beißenden und wütenden Nagen ihres schlechten Wollens« äußern, um damit die Gerechten zu treffen. Das Kennzeichen ihrer Gestalt ist ein Leopardenmaul, aus dem eine große Feuerlohe faucht, »weil es die Menschen mit brennenden Pfeilen ihrer Worte belästigt« und zu verwirren sucht.

3. *Die Gotteskraft der Gnade*

Gegen alle Schwäche und zerstörenden Laster des Menschen stellt Hildegard als einzig helfende und heilende Macht den übernatürlichen Erfahrungshorizont der Gotteskraft der Gnade. Da es schwierig ist, eine einleuchtende Erklärung für die Glaubensmöglichkeit an die Gnade vorzulegen, betont sie in der Beschreibung der allegorischen Gestalt der Gnade, daß wir sie dem Wesen nach nicht erkennen können, da sie in ihrer Göttlichkeit als ungeschaffene Gnade »das innere und äußere Sehvermögen des Menschen übersteigt«. »Ihre Geheimnisse bleiben dem Menschen verborgen«, jedoch kann man sie an ihren Wirkungen erkennen. Das Wirken der Gnade geht mit der Offenheit des Herzens im »hingebungsvollen Suchen« nach ihr Hand in Hand. Dem lauteren Suchen kommt die Gnade in allem entgegen, denn die Unerschütterlichkeit ihres Vorhandenseins und ihrer Treue versinnbildlicht Hildegard als »standfeste Säule«. Daher tröstet die Verheißung der Gnade, daß sie niemals den verläßt, der sie reinen Herzens sucht. Hildegard kennt aber auch die Abweisung der Gnade, dagegen wehrt sie sich, da dies Ausdruck menschlicher Selbstüberschätzung in Form des Stolzes ist. Wie beim

Sturze Luzifers lautet dann die Verheißung: Jene »werde ich von mir werfen und töten, [. . .] ich kenne sie nicht«.

Das Wirken der Gnade offenbart sich im Berühren des inneren Angesprochenwerdens. Die Seele nimmt in den Berührungen der Gnade Ermahnungen wahr. Dieses innere Empfindungsvermögen, das in der Wahrnehmung hört, ist ein Anfang zum Guten. Hildegard weist darauf hin, daß sich sofort ein Kampf erhebt. Warum? Weil die Implikationen des alten Menschen zunächst im Gegensatz zur Anforderung der Gnade stehen. Die Umwandlung des alten Menschen ist eine totale, denn sie ergreift ihn voll und ganz, da die sprachliche Ausdrucksgestalt unter Bedingungen der Sinnlichkeit geschieht – »der Mensch empfindet mit seinen Sinnen die Wandlung seines Geistes –, so daß nicht nur einzelne betroffene Sinne angesprochen werden, sondern es sich um von der Gnade durchformte und gestaltete Sinne des Menschen in seinen inneren und auch äußeren Sinnen handelt, bis gerade diese im Prozeß der vollen Umgestaltung »sich an das Unbekannte gewöhnt« haben. Hildegard schneidet damit das Thema der geistlichen Sinne an sowie die These von der Betroffenheit durch die Gnade. In diesem totalen gnadenhaften Umwandlungsprozeß schwindet das Bewußtsein der Distanz, wie es dem Sehen in der Schau als vereinzeltem Sinn immer noch anhaftet. Hingegen veranschaulichen die sprachlichen Wendungen von Hören, Empfinden, Fühlen, Berühren, Spüren die Aufhebung der Distanz durch ein totales Ergriffenwerden.

Die Aufnahme der Gnade hat Ereignischarakter von durchdringender Wirkung. Darauf hin weist der sie umgebende Glanz, der »überall voller Augen und ganz lebendig ist«, da er sich im Menschen durch dessen Freiheit verlebendigen will. Das Eindringen der Gnade entspringt dem »großen Mitgefühl« göttlichen Erbarmens, so daß dieses Ereignis kein mechanistisch determinierender Vorgang ist, sondern der Unverfügbarkeit Gottes entspringt. Die Aufgabe der Gnade ist es, in urmütterlicher Sorge »ganz zum Trost und zur Rettung der Seelen« zu wirken. Jenen, die sie freudig aufnehmen, verleiht sie die Gabe der Unterscheidung, Wesentliches vom Unwesentlichen zu trennen, »nämlich das Hinfällige zu verachten und das Bleibende zu umfassen«. Im ersten Berühren lockt und reizt sie als vorausgehende Gnade auf den Weg zu Gott hin, um »wie der Hirsch zur Wasserquelle zu eilen«. Dem reuigen Sünder folgt sie, damit er sich in der Umkehr wieder erheben kann.

Hildegards untrüglichem Blick ist nichts Menschliches fremd. Aus der Kenntnis menschlicher Schwäche, wie es ihre oft recht drastischen und ironischen Gestalten der Laster bezeugen, sowie ihrem Wissen um das

Getragensein von Gnade, selbst wenn sie sich zeitweilig entzieht und den Menschen seine ganze Ohnmacht spüren läßt, deutet sie dessen Hilflosigkeit als Prüfung im Glauben. Größte innere Versuchungen sind ihr kein Grund zur Irritation, sondern nur Anlaß, sich in der Übung von Tugendkräften zu stärken, um aus der Bewährung umso lebendiger hervorzugehen. Aus so gestählten Menschen entstehen verständige Verkünder des Glaubens und ausgezeichnete Seelsorger. Sie haben sich die urmütterliche Sorge der Gnade zu eigen gemacht, zum Trost und zur Rettung der Seelen in kundiger Weise dienend zu helfen.

4. *Seelsorgliche Kunst*

Hildegard hat nicht, wie etwa Gregor der Große mit seiner ›Pastoralregel‹, ein seelsorgliches Standardwerk geschrieben. Jedoch sind ihre Visionsschriften und Briefe durchsetzt mit tiefsinnigen Einsichten seelsorglicher Kunst einer seelenkundigen Frau, die mit unbestechlichem aber auch mütterlichem Blick das vielschichtige, oft verworrene menschliche Innere nicht nur aufdeckte, sondern auch Weisung und Trost zu geben verstand. Sie sah ihre Hauptaufgabe darin, in der Krisensituation der Kirche ihrer Zeit den Menschen den Weg zum Heil, zum ewigen Heil, aufzuzeigen. Allein deswegen griff sie zur Feder. Die Art ihrer Rede spricht für einen hohen Bewußtseinsgrad, mit dem sie sorgfältig und präzise innere Haltungen und Vorgänge bildlich veranschaulicht. Wenn man eine so kraftvolle Sprache bewahrte wie sie, im Gegensatz zur nivellierenden Rede heutiger Gemeinplätze, würde man immer verstanden werden, wenn man sie sprechen würde.

Ihre aufgegriffenen Themen und Situationen sind ein durchgängiges menschliches Phänomen, sie sind zeitlos in ihrer Aussage. Der bekannte französische Journalist André Frossard schrieb laut FAZ vom 21. März 1993 einen Brief an die französischen Bischöfe über die heutige Lage der Kirche und des Glaubens. Er beklagte, daß heute »eine psychoanalytische und soziologische Verwässerung des Glaubens« und damit eine »Einebnung der Religion auf den Durchschnittswert moralischer Güte« stattgefunden habe. Den gleichen Sachverhalt griff Hildegard für ihre Zeit auf. Statt Psychoanalyse und Soziologie waren es die Häresien und Sekten ihrer Zeit, die neben dem moralischen Niedergang Glaubensschwund ausgelöst hatten. Es ging ihr nicht um Polemik um der Polemik willen – man vergleiche z.B. ihre Karikatur der Spottsucht –, sondern um deutlich zu machen, wo die wahren Wege und ihre Fundierung zu suchen und zu finden sind. Zu finden sind sie nämlich in einem Leben mit Hilfe der

Gnade, deren Kraft weiter reicht als alle immanent bleibenden Methoden, wie die der Psychoanalyse und der Soziologie, die letztlich in einer Theorie der Selbsterlösung münden, die keine Erlösung ist. Als gute Psychologin aber wußte Hildegard, daß es darüber eine stärkere Kraft, die göttliche Gnade, gibt. Wir sehen heute alle, daß sich der Friede nicht rein menschlich organisieren läßt, wieviel guter Wille auf der Strecke bleibt, wenn sich nicht die Herzen und der Geist der Menschen innerlich umwandeln. Hierin liegt die grundlegende und eminente Aufgabe der Seelsorge: Die innere Umwandlung auf den Weg zu bringen, hierfür Hilfestellung zu leisten, Mittel und Wege aufzuzeigen. Darauf hat Hildegard für ihre Zeit mit aller Leidenschaft insistiert in einer Klarheit, die für jede Zeit, auch für unsere Zeit, von Bedeutung ist.

Anmerkungen

1 Vgl. Epistola VII, XVIII, XIX, XXV, PL 197, col. 158, 174f., 175, 183f.

2 Margot Schmidt, Hildegard von Bingen als Lehrerin des Glaubens. Speculum als Symbol des Transzendenten, in: Hildegard von Bingen, 1179–1979. (Festschrift zum 800. Todestag der Heiligen), Mainz 1979, S. 95–158, bes. S. 97ff.

3 Christel Meier, Prophetentum als literarische Existenz (1098–1179). Ein Porträt, in: Deutsche Literatur von Frauen, Bd. 1, hrsg. von Gisela Brinker-Gabler, München 1988, S. 76–87, bes. 79.

4 Hildegard von Bingen, Der Mensch in der Verantwortung (Liber vitae meritorum =LVM), übersetzt von Heinrich Schipperges, Salzburg 1972, S. 274 (LVM VI,24).

5 Ebd., Schipperges, S. 281 (LVM VI,65).

6 Ebd., Schipperges, S. 174 (LVM III,3).

7 Hildegardis Bingensis Epistolarum, prima pars I–XC, hrsg. von Lieven van Acker, in: Corpus Christianorum, Bd. 91, Turnholti 1991, S. 6,8–13. Hildegard von Bingen, Briefwechsel, übersetzt und erläutert von Adelgundis Führkötter, Salzburg 1990[2], S. 27; S. 226.

8 Margot Schmidt, (wie Anm. 2), S. 131.

9 Das Leben der heiligen Hildegard von Bingen berichtet von den Mönchen Gottfried und Theoderich, übersetzt und kommentiert von Adelgundis Führkötter, Salzburg [2]1980, S. 97 (Vita II c.16, hrsg. von Monika Klaes, [Corpus Christianorum 126], Turnholti 1993, S. 43,3–43,6).

10 Margot Schmidt, Die Suche bei Augustinus im Spiegelbild der deutschen Literatur des Mittelalters, (Scientia Augustiniana – Festschrift f.A. Zumkeller), Würzburg 1975, S. 214–233, bes. S. 215.

11 An anderer Stelle im LVM V,40 (Schipperges S. 239) relativiert Hildegard die Leistung der Philosophen und sagt, sie möchte »nicht noch einmal die Wege der alten Philosophen durchlaufen, die zwar alles, was möglich war, in höchster Wahrheit hervorbrachten, aber noch nicht von der vollen Glut des Hl. Geistes erfaßt waren.« Erst im Christentum zeigt sich die ganze Schönheit der Gnade in Christus.

12 Margot Schmidt, Discretio bei Hildegard von Bingen als Bildungselement, (Analecta Cartusiana Bd. 35) Spiritualität Heute und Gestern, Salzburg 1983, S. 73–94. Vgl. ebenso: Christoph Benke, Unterscheidung der Geister bei Bernhard von Clairvaux, Würzburg 1991.

Literatur

Hildegard von Bingen, Mystische Texte der Gotteserfahrung, hrsg. und eingeleitet von Heinrich Schipperges, Freiburg i.Br. 1978.

Heinrich Schipperges, Hildegard von Bingen. Ein Zeichen für unsere Zeit, Frankfurt a.M. 1981.

Margot Schmidt, Die Kirche. »Eine Erde der Lebendigen«. Zum Kirchenbild bei Hildegard von Bingen, (Aktuelle Information 16) Mainz 1980.

Dies., Die fragende Schau der heiligen Hildegard, Johannes Verlag, Leutesdorf 1992.

Einen umfassenden Überblick über die Hildegard-Literatur bieten die Hildegard-Bibliographien:

Werner Lauter, Hildegard-Bibliographie, Wegweiser zur Hildegard-Literatur, Bd. I + II, Alzey 1970 und 1983.

Gertrud Jaron Lewis, Bibliographie zur deutschen Frauenmystik des Mittelalters, Berlin 1989, S. 66–145.

Lateinische Textausgaben der Werke Hildegards:

Opera omnia S. Hildegardis, PL 197, 1855.

Opera S. Hildegardis, hrsg. von Johannes Baptista Pitra, Analecta Sacra VIII, Montecassino 1882 (Nachdruck, Farnborough 1966).

Causae et curae (Liber compositae medicinae), hrsg. von Paul Kaiser, Leipzig 1903.

Ordo virtutum, krit. Ausgabe, hrsg. von Peter Dronke, in: Poetic Individuality in the Middle Ages, Oxford 1970, S. 180–192.

Scivias, hrsg. von Adelgundis Führkötter/A. Carlevaris, (Corpus Christianorum 43/43A), Turnholt 1978.

Guiberti Gemblacensis Epistolae, hrsg. v. Albert Derolez (Corpus Christianorum 66/66A), Turnholti 1988/1989.

Hildegardis Bingensis Epistolarium, pars prima I–XC, hrsg. von Lieven van Acker, (Corpus Christianorum 91), Turnholti 1991. – Ders., pars secunda XCI–CCL, ebd., t. 91A, 1993.

Übersetzungen:

Wisse die Wege – Scivias. Übertragen und bearbeitet von Maura Böckeler, Salzburg ^{7}1981.

Scivias. Wisse die Wege. Eine Schau von Gott und Mensch in Schöpfung und Zeit. Übers. und hrsg. von Walburga Storch, Augsburg 1990.

Der Mensch in der Verantwortung – Liber Vitae Meritorum. Übersetzt und erläutert von Heinrich Schipperges, Salzburg 1972.

Welt und Mensch – De Operatione Dei. Übersetzt und erläutert von H. Schipperges, Salzburg 1965.
Lieder. Herausgegeben und erläutert von Pudentiana Barth, M.I. Ritscher und J. Schmidt-Görg, Salzburg 1969.
Naturkunde-Physica. Übersetzt und erläutert von Peter Riethe, Salzburg 1974.
Das Leben der heiligen Hildegard von Bingen. Übersetzt und eingeleitet von Adelgundis Führkötter, Salzburg 1980.
Heilkunde – Causae et Curae. Übersetzt und erläutert von H. Schipperges, Salzburg [4]1981.
Briefwechsel. Übersetzt und erläutert von A. Führkötter, Salzburg 1965, 2. verb. Auflage 1990.
Hl. Hildegard, Briefwechsel mit Wibert von Gembloux, übersetzt von Walburga Storch mit einem kunstgeschichtlichen Beitrag von Werner Lauter, Augsburg 1993.

Meister Eckhart

Josef Sudbrack

I. Biographie

Schon der Titel von Kurt Ruhs maßgeblicher Monographie: Meister Eckhart. Theologe, Prediger, Mystiker (München ²1989) macht auf Zusammenhänge aufmerksam, in denen die Seelsorge Eckharts steht. Vorliegende Skizze kann auf ungeklärte Fragen der Biographie nicht eingehen.

1. Es ist »eine Zeit epochaler Wandlungen«. Der letzte Staufer stirbt in Neapel (1268). Die Habsburger und Luxemburger gründen ihren Einfluß auf ihre Hausmacht; die territorialen Auseinandersetzungen prägen das deutsche Reichsgebiet. In Frankreich hingegen festigt sich im Kampf gegen die pästliche »Universalmacht« (die Bulle: Unam Sanctam, 1302 von Papst Bonifaz VIII.) die Zentralmacht. 1309 verlegt der (französische) Papst Clemens V. den Sitz von Rom nach Avignon. Eckhart schreibt das »Buch der göttlichen Tröstung« für die habsburgische Agnes, Königin von Ungarn.

Philosophisch-theologisch gewinnt der Nominalismus mit seinem Mißtrauen gegenüber dem Realismus der Begriffe an Boden. Damit zusammen geht das Aufblühen des naturwissenschaftlichen, empirischen Denkens. Eckharts Philosophie kann als ein gewaltiger Versuch angesehen werden, dem alten, vom Neuplatonismus beeinflußten »symbolischen« Weltbilde neue Geltung zu verschaffen: Gottes Transzendenz kann in der Weltwirklichkeit erkannt, erfahren werden. Für den großen Nominalisten Wilhelm v. Ockham (1285–1347) sind es »Absurditäten«.

Der Kampf gegen Albigenser (1244 Eroberung des Montségur) und Katharer wurde begleitet und dann abgelöst von den Auseinandersetzungen mit Gruppen, die sich z. B. »Brüder und Schwestern vom Freien Geist« nannten. Das Konzil von Vienne (1311f.) verurteilt die Lehren dieser »Be-

Siegel des Meister Eckhart

garden und Beginen«. Am 1.6.1310 wurde in Paris die Begine Marguerite Porète, wie kurz vorher eine Gruppe von Templern, als Häretikerin verbrannt. Eckhart kannte zweifelsohne ihre Lehre. Der spätere Häresieverdacht stellt ihn in eine Reihe mit diesen Gruppen.

Die Volksfrömmigkeit hingegen wird immer konkreter, Hostienfrömmigkeit, Heiligenverehrung, Wallfahrten, Bußgehaben blühen. In den Nonnenbüchern finden sich manche Berichte, in denen diesbezüglich die Grenzen der Rechtgläubigkeit überschritten zu sein scheinen. Dem Dominikanerorden oblag auch die »Cura monialium«, die Sorge für die Nonnenkonvente. Eckhart war »über viele Jahre hauptamtlich in der Schwesternseelsorge tätig.«

2. Geboren wurde Eckhart um 1260 im Thüringischen. Schon jung trat er in den Erfurter Konvent der Dominikaner ein. Um 1277 studierte er in Paris die »Artes Liberales«, die Grundlagen der akademischen Bildung, vor 1280 in Köln Theologie, wo er Albert den Großen kennenlernte. 1293–1294 hat er in Paris theologische Vorlesungen. Nach seiner Rückkehr wird er Prior in Erfurt, aus welcher Zeit wir die »Reden der Unterscheidung« haben. 1300 muß er dieses Amt aufgeben zugunsten des Vikariats über die Thüringer Dominikaner. 1302–1303 ist er Magister actu regens in Paris, d. i. der Nichtfranzosen vorbehaltene Lehrstuhl der Theologie. Diese Ehre, zum zweitenmal, 1311–1313, dorthin berufen zu werden, hat sonst nur noch Thomas von Aquin. In der Zwischenzeit war er Oberer der neugeschaffenen Ordensprovinz Saxonia.

Danach sandte man ihn als Prediger nach Straßburg; wohl auch mit dem Auftrag, die Schwesternkonvente des Südens seelsorglich zu betreuen. Um 1323 wird er als Professor zum Generalstudium in Köln geschickt und entfaltet auch dort eine reiche Predigt- und Seelsorgetätigkeit.

Ab 1326 beginnen die Beanstandungen des Erzbischofs von Köln »auf Grund der Denunziation renitenter Ordensbrüder«. Vier bis fünf Listen mit angeblich »häretischen« Sätzen aus Eckharts Schriften und Predigten wurden aufgestellt, wie W. Trusen zeigt. Am 13. Februar 1327 verliest der Angeschuldigte in der Dominikanerkirche in lateinischer und deutscher Sprache eine Erklärung, in der er den einzelnen Sätzen entlanggeht, jeden Irrtum in Glaubenssätzen abweist und seine Gegner der Unwissenheit und des Irrtums zeiht. Als Mitglied eines Papst-unmittelbaren Ordens appelliert er an den Papst in Avignon und reist dorthin, um seine Sache zu vertreten. Vor April 1328 muß er gestorben sein.

Am 27. März 1329 wird die päpstliche Bulle »In agro dominio« veröffentlicht, in der 17 Sätze Eckharts direkt als häretisch, 11 als der Häresie verdächtig verurteilt werden.

3. Die sorgfältigen rechtsgeschichtlichen Analysen Trusens haben gezeigt, daß man nicht von einer Verurteilung Eckharts sprechen kann. So schreibt H. Stirnimann in dem zur Aufarbeitung der Sache zusammengestellten Sammelband: »Eckhart wurde in Avignon *nicht* verurteilt, schon gar nicht der ›Häresie‹, der Irrlehre, verdächtigt oder bezichtigt . . . Zensuriert wurden lediglich einzelne Sätze aus Eckharts Werken . . . Direkt visiert von der Bulle . . . sind: das eigentliche Anliegen Eckharts verkennende Mißdeutungen einiger seiner Aussagen«. Sätze wie »vielleicht vor der Inquisition auf der Strecke geblieben« (G. Stachel, 1989) entbehren der Sachkenntnis. Doch Meister Eckharts Denken blieb bis auf wenige Ausnahmen in der Geschichte der Theologie unfruchtbar. Nur unter meist anderen Namen und dann oft verstümmelt oder verdreht wirkten seine Predigten im Untergrund weiter. Die deutsche Romantik des 19. Jh. entdeckte ihn wieder. Der Philosoph Franz von Baader empfahl ihn Georg Friedrich Hegel: »Er war so begeistert, daß er am folgenden Tag eine ganze Vorlesung über Eckhart vor mir hielt und am Ende noch sagte: da haben wir es ja, was wir wollen.«

Aber es waren nur unkritisch rezipierte und z. T. unechte deutsche Schriften Eckharts. So fand man einen Gleichklang von Eckharts Theologie und Schopenhauers buddhistischer Nirvanalehre oder Fichtes Idealismus. Im »Mythos des 20. Jahrhunderts«, der Ideologie des Nationalsozialismus von Alfred Rosenberg, wird Eckhart sogar zum »germanischen National-Mystiker«: »Nicht von einem Zwangsglaubenssatz, dazu noch jüdisch-römisch-afrikanischer Herkunft, treten wir an das Leben heran, sondern vom Dasein aus wollen wir das Sosein, wie einst Meister Eckehart es erstrebte, bestimmen. Dieses Daseins aber ist die rassengebundene Seele mit ihrem Höchstwert, der Ehre und der Seelenfreiheit.«

Dabei hätte durch die Entdeckung des lateinischen Eckharts, den H. S. Denifle 1986 mit langen Passagen der Öffentlichkeit vorstellte, dieses anti-römische und antilateinische Eckhartbild längst überwunden sein müssen. Doch Denifle deutete seinen dominikanischen Mitbruder »als unklaren Denker« mit einer »gräulichen Begriffsverwirrung« oder sogar »krankhaftem Denken«. Und so blieb das Eckhart-Bild verwirrt. Es gab weiterhin die Vereinnahmung Eckharts für ein pantheisierendes Gottesbild. Es gab aber auch zukunftsweisende Versuche, zu einem echten Verständnis Eckharts durchzustoßen. So eher philosophisch-spekulativ J. Bernhart und A. Dempf oder eher sympathisch-erbaulich O. Karrer.

Erst mit der Arbeit an der kritischen Ausgabe der Werke Eckharts gewann die Diskussion geordnete Bahnen. Dem Herausgeber der lateinischen Werke, J. Koch, gelang ein erster Durchbruch zur inhaltlichen Würdigung Eckharts; dem Herausgeber der deutschen Werke, J. Quint gelang das von vielen für unmöglich gehaltene Meisterstück, mit scharfsinnigen Überlegungen und Kombinationen die Echtheit der deutschen Predigten und Traktate kritisch zu sondieren. Sein Nachfolger in der Ausgabe, G. Steer, kann sogar zeigen, daß wir nicht nur Mitschriften der Predigten, sondern oftmals von Eckhart selbst autorisierte Texte vor uns haben. Das Verhältnis des deutschen Predigers zum lateinischen Magister (= Meister) wird erst erforscht.

4. In der heutigen Eckhart-Rezeption lassen sich wohl vier Gruppen der Beurteilung unterscheiden.

Eine nicht unerhebliche Gruppe ist bei der Verkennung des 19. Jahrhunderts stehen geblieben: Eckhart als der pantheistische Anti-Römer, als ein freischwebender Esoteriker, der eher in den Buddhismus als in das Christentum hineingehört.

Eine zweite Gruppe versteht Eckhart gleichsam intuitiv, aus einem eher sentimentalen Mitgefühl heraus und ruft gelegentlich sogar Zen-Erfahrung zur Hilfe, um ihn zu verstehen. Dem widersprechen die lateinischen Schriften mit ihrer systematischen Klarheit.

Eine dritte Gruppe konzentriert sich auf den immer deutlicher werdenden Philosophen und Theologen und bestreitet wie K. Flasch ausdrücklich die »mystische Qualität« Meister Eckharts.

Die vierte und zweifelsohne korrekte Interpretation zeigt, daß bei Meister Eckhart Denken und Erfahren, Theologie/Philosophie und Mystik noch eine Einheit bildeten – ähnlich wie es in der patristischen und frühmittelalterlichen Gestalt des Christentums war. Aufschlußreich ist der unterschiedliche Zugang der beiden maßgeblichen und zusammenarbeitenden Forscher zur Mystik Eckharts. Für Alois M. Haas steht die inhaltliche Betrachtung »was denn ein Mystiker im christlichen Sinne ist und sein könnte« im Mittelpunkt. Kurt Ruh kommt eher von der sprachlichen Gestalt der mystischen Dokumente her und zeigt, daß das »Schweigen als Korrelat der mystischen Rede« zu verstehen ist, daß aber die »mystische Erfahrung ... sich mitnichten außerhalb der Sprache vollzieht, vielmehr (die Sprache) selbst Medium der Erfahrung ist«, so daß »die mystische Sprache grundsätzlich ... uneigentlich, aber auf dem Weg zur Eigentlichkeit ist.«

Beide stimmen darin überein, daß die Trennung von Philosophie/Theologie und Mystik, von Denken und Erfahren, eine moderne Verkennung ist und den Bruch anzeigt, an dem sich der spätmittelalterliche Streit um Eckhart entspann. Hildegard von Bingen »erfuhr« in ihren Bildern; Bernhard von Clairvauxs Mystik spielt sich im Umgang mit der Heiligen Schrift ab. Mechthild von Magdeburg denkt und erfährt in Kategorien der Liebe. Meister Eckharts Mystik und Theologie ist einer der letzten großen Versuche, diese Einheit des Menschen noch einmal zu bedenken.

Mit dem Blick auf den Seelsorger Eckhart sind zwei weitere Deutungsversuche zu nennen. Der Ruh-Schüler D. Mieth setzt ebenfalls bei einem ganzheitlichen Begriff von Mystik an: »Christliche Mystik ist zunächst nicht als psychologische Besonderheit zu betrachten, sondern als Erfahrung der christlichen Existenztiefe in Gott durch den Vollzug der christlichen Existenz. Sie ist identisch mit der vollkommenen Frömmigkeit des Christen und hebt sich nur durch die besondere Betonung des Erlebens und Erspürens der Existenztiefe in Gott von den Kategorien Spiritualität und Frömmigkeit ab.« Darauf aufbauend zeigt er, daß bei Eckhart die mystische Erfahrung im Tun gipfelt. Das »Gott-in-allen-Dingen finden« des Ignatius von Loyola ist von ihm in großartiger Systematik durchdacht worden.

Die heute viel diskutierte Nähe Eckharts zum Zenbuddhismus greift den Erfahrungsaspekt auf. Von Shizuteru Uedas aus der Kyoter zen-philosophischen Schule stammt eine grundlegende Studie, die neben aller Verwandtschaft den bleibenden theologischen »Unterbau« von Trinitäts- und Inkarnationsglauben als Grunddifferenz aufzeigt und damit dem Gespräch der Religionen eine wichtige Aufgabe stellt.

5. Die in der Fachwelt sich immer klarer durchsetzende Einsicht, daß Meister Eckhart von seiner Einheit als Theologe-Seelsorger-Mystiker heraus zu verstehen ist, ermöglicht einen intellektuell-theologischen Zugang zu seiner Erfahrung.

Eckhart steht in der Tradition einer neuplatonischen Seinsauffassung, die bis heute in der Theologie der Ostkirche selbstverständlich geblieben ist und ihr die spirituelle Lebendigkeit schenkt. Sätze wie der des Athanasios, des Kirchenvaters des Konzils von Nikaia: »Gott wurde Mensch, damit der Mensch Gott werde«, sind in dieser Tradition so selbstverständlich wie die Deutung der Taufe als »Vergottung«. H. Rahners klassischer Beitrag: »Die Lehre der Kirchenväter von der Geburt Christi aus dem Herzen der Kirche und der Gläubigen« hat einen Strang dieser Tradition aufgearbeitet.

Das Taulerwort, mit dem Ruh seine Monographie einleitet, bietet einen emotionalen Zugang zu diesem Denken: »Er sprach aus der Ewigkeit, und ihr versteht es nach der Zeit.« Für Eckhart ist die Einheit der gesamten Wirklichkeit von Gott und Welt das Erste – so wie es in Gottes Allmacht, Gottes Vorsehung, Gottes Liebe seit Ewigkeit besteht und alle zeitlich/räumliche Wirklichkeit ständig umgreift. Diese Einheit nennt Eckhart Sein oder Gottheit oder einfachhin gut plotinisch das Eine. In dieser Einheit aber steht ebenso deutlich die bleibende Polarität zwischen Gott und Welt: Gott als der wesenhaft Schenkende und der Mensch mit den Geschöpfen als der je neu Empfangende. Eckharts »Seins-Vorstellung« ist also eine dynamische. So kann er die berühmte altkirchliche und in der Orthodoxie lebendige Unterscheidung aufgreifen: Gott und Mensch haben das gleiche, das identische Sein, aber Gott aus seinem Wesen heraus, der Mensch nur als ständiges neues Geschenk.

Da Gottes Sein, in moderner Weise neu gesagt: Gottes Liebe, alles umfängt, ist der Mensch in diesem ewigen Sein, in dieser Liebe mehr, d. h. wesentlicher zuhause, als in seiner eigenen, von Gottes Allwirksamkeit scheinbar losgelösten Existenz. Der Versuch, sich von Gott loszulösen, ist die Sünde. Und dies ist zugleich das Grundverfehlen der eigenen Existenz; denn diese ist »wesentlicher« in Gottes Liebe als in der eigenen Abgeschlossenheit zuhause. Den Menschen losgelöst von Gottes wirkendem Sein zu denken, bedeutet im Grunde, ihn als pures Nichts zu denken. Das Wesen des Menschen ist es, dort den Grund seines eigenen Seins zu suchen, wo dieser »Wirk«lichkeit hat – in Gottes innerstem Wesen, seinem Lieben und seinem Sein.

So fremd dieses Denken dem modernen Menschen sein mag, so kann er doch zuerst einmal die ungeheure religiöse Kraft erspüren, die von ihm ausgeht. Wer Eckhart verstehen und nicht nur sentimental bewundern will, muß sich in diese religöse Kraft versenken. Sein Denken und seine Mystik wird von hierher verständlich und auch ein wenig nachvollziehbar.

Die sorgfältige Eckhart-Arbeit von J. Theisen über Predigt und Gottesdienst hat gezeigt, daß zur Einheit von Denken und Erfahren als drittes Element auch der liturgische Vollzug gehört, in den hinein Eckhart sein Predigen stellt.

6. Eckharts Seelsorge ist untrennbar von seiner Theologie. Daher ist zuerst das doppelte theologische Interesse der Seelsorge Eckharts zu verstehen. In moderner Sprache wäre es etwa folgendermaßen zu formulieren:

Einmal ist es sein Anliegen, die Erfahrungstiefe, die in dem alten, neuplatonisch beeinflußten Weltbild lag und durch die aristotelische, dann nominalistische Nüchternheit unterzugehen drohte, in die neue Zeit einzubringen. Aus einer Welt, die gleichsam durchsichtig war auf Gott, wurde immer mehr die naturwissenschaftlich durchleuchtete und beherrschte Natur. Eckharts Spiritualität will das »Gott-in-allen-Dingen«-finden nicht nur moralistisch-aszetisch, wie spätere Versuche, sondern ontologisch-theologisch begründen.

Zum anderen aber schirmte er dieses Weltbild gegen häretische Versuche ab, in denen Materie, Natur, Sichtbarkeit zugunsten einer vermeintlich reinen Geistigkeit zu verschwinden droht, in denen die Vielfalt der geschöpflichen Dinge als minderwertig zugunsten eines pantheisierenden All-Einheits-Gefühls beiseite gesetzt wird.

Damit verbindet sich drittens ein ausgesprochen praktisch-pastorales Interesse. Eckhart versucht, wie O. Langer zeigt, sein Publikum von einer veräußerlichten Religiosität zur wahren Innerlichkeit zu führen. Nicht Werke, nicht Bußübungen, nicht lange Gebetszeiten oder Wallfahrten usw. machen das Wesen des christlichen Tuns und der christlichen Erfahrung aus, sondern die innerliche Haltung, das Gründen im ewigen Sein Gottes. Martin Luther hat nicht nur per Zufall in der Tradition der Deutschen Mystik sein Anliegen gefunden; und Erich Fromm erläutert ebensowenig zufällig seine Psychologie: »Sein statt Haben« an Eckhart.

II. Exemplarische Texte

Zwei Predigten zum gleichen Schrifttext, aber mit überraschend verschiedener Ausdeutung verdeutlichen die seelsorgliche Kraft des Mystikers und Theologen.

1. Die erste Predigt über Maria und Martha von Bethanien, als Nr. 2 gezählt, gehört zum Grundbestand der gesicherten Schriften Eckharts. Theisen schreibt: »Die Ausführungen über das Miteinander von Jungfrau und Frau erklären sich am 15. August (Fest Maria Himmelfahrt, an dem der Text verlesen wurde) aus dem Inhalt des Festes: Maria wird gefeiert als Jungfrau und Mutter.« Wir bringen Teil a) und b) des ersten Teils (A).

»Ich habe ein Wörtlein gesprochen, zunächst auf lateinisch, das steht geschrieben im Evangelium und lautet zu deutsch also: ›Unser Herr Jesus Christus ging hinauf in ein Burgstädtchen und ward empfangen von einer Jungfrau, die ein Weib war‹« (Lk 10,38).

A: »Jungfrau« und »Weib« zugleich

a) *»Jungfrau«* – ledig von allem, frei für Gott

»Wohlan, achtet nun aufmerksam auf dieses Wort: Notwendig muß es so sein, daß sie eine ›Jungfrau‹ war, jener Mensch, von dem Jesus empfangen war. Jungfrau besagt so viel wie ein Mensch, der von allen fremden Bildern ledig ist, so ledig, wie er war, da er noch nicht war. Seht, nun könnte man fragen, wie ein Mensch, der geboren ist und fortgediehen bis in vernunftfähiges Leben, wie der so ledig sein könne von allen Bildern, wie da er noch nicht war, und dabei weiß er doch viele, das sind alles Bilder; wie kann er dann ledig sein? Nun gebt acht auf die Unterweisung, die will ich euch dartun. Wäre ich von so umfassender Vernunft, daß alle Bilder, die sämtliche Menschen je (in sich) aufnahmen und (zudem) die, die in Gott selbst sind, in meiner Vernunft stünden, doch so, daß ich so frei von Ich-Bindung an sie wäre, daß ich ihrer keines im Tun noch im Lassen, mit Vor noch mit Nach als mir zu eigen ergriffen hätte, daß ich vielmehr in diesem gegenwärtigen Nun frei und ledig stünde für den liebsten Willen Gottes und ihn zu erfüllen ohne Unterlaß, wahrlich, so wäre ich Jungfrau ohne Behinderung durch alle Bilder, ebenso gewiß, wie ich's war, da ich noch nicht war.

Ich sage weiter: Daß der Mensch Jungfrau ist, das benimmt ihm gar nichts von allen den Werken, die er je tat; das alles (aber) läßt ihn magdlich und frei dastehen ohne jede Behinderung an der obersten Wahrheit, so wie Jesus ledig und frei ist und magdlich in sich selbst. Wie die Meister sagen, daß nur gleich und gleich Grund für die Vereinigung ist, darum muß der Mensch Magd sein, Jungfrau, die den magdlichen Jesus empfangen soll.«

»*Weib*« – fruchtbar in Gottes Geist

»Nun gebt acht und seht genau zu! Wenn nun der Mensch immerfort Jungfrau wäre, so käme keine Frucht von ihm. Soll er fruchtbar werden, so ist es notwendig, daß er Weib sei. ›Weib‹ ist der edelste Name, den man der Seele zulegen kann, und ist viel edler als ›Jungfrau‹. Daß der Mensch Gott in sich empfängt, das ist gut, und in dieser Empfänglichkeit ist er Jungfrau. Daß aber Gott fruchtbar in ihm werde, das ist besser; denn Fruchtbarwerden der Gabe, das allein ist Dankbarkeit für die Gabe, und da ist der Geist Weib in der wiedergebärenden Dankbarkeit, wo er Jesum wiedergebiert in Gottes väterliches Herz.

Viele guten Gaben werden empfangen in der Jungfräulichkeit, werden aber nicht in weiblicher Fruchtbarkeit mit dankbarem Lobe wieder eingeboren in Gott. Diese Gaben verderben und werden alle zunichte, so daß der Mensch nimmer seliger noch besser davon wird. Dabei ist ihm seine Jungfräulichkeit zu nichts nütze, denn er ist über seine Jungfräulichkeit hinaus nicht Weib mit voller Fruchtbarkeit. Darin liegt der Schaden. Darum habe ich gesagt: ›Jesus ging hinauf in ein Burgstädtchen und ward empfangen von einer Jungfrau, die ein Weib war.‹ Das muß notwendig so sein, wie ich euch dargetan habe.«

b) Ständige Fruchtbarkeit
[nicht aus eigenem Werk]

»Eheleute bringen im Jahr kaum mehr als eine Frucht hervor. Aber eine andere Art ›Eheleute‹ habe ich nun diesmal im Sinn: alle diejenigen, die ichhaft gebunden sind an Gebet, an Fasten, an Wachen und allerhand äußerliche Übungen und Kasteiungen. Jegliche Ichgebundenheit an irgendwelches Werk, das dir die Freiheit benimmt, in diesem gegenwärtigen Nun Gott zu Gebote zu stehen und ihm allein zu folgen in dem Lichte, mit dem er dich anweisen würde zum Tun und Lassen, frei und neu in jedem Nun, als ob du anders nichts hättest noch wolltest noch könntest: – jegliche Ich-Gebundenheit oder jegliches vorsätzliche Werk, das dir diese allzeit neue Freiheit benimmt, das heiße ich nun ein Jahr; denn deine Seele bringt dabei keinerlei Frucht, ohne daß sie das Werk verrichtet hat, das du ichgebunden in Angriff genommen hast, und du hast auch weder zu Gott noch zu dir selbst Vertrauen, du habest denn dein Werk vollbracht, das du mit Ich-Bindung ergriffen hast; sonst hast du keinen Frieden. Darum bringst du auch keine Frucht, du habest denn dein Werk getan. Dies setze ich als ein Jahr an, und die Frucht ist dennoch klein, weil sie aus dem Werke hervorgegangen ist in Ichgebundenheit und nicht in Freiheit. Solche Menschen heiße ich ›Eheleute‹, weil sie in Ich-Bindung gebunden sind. Solche bringen wenig Frucht, und die ist zudem noch klein, wie ich gesagt habe.«

[sondern aus Gottes Grund]

»Eine Jungfrau, die ein Weib ist, die frei ist und ungebunden ohne Ich-Bindung, die ist Gott und sich selbst allzeit gleich nahe. Die bringt viele Früchte, und die sind groß, nicht weniger und nicht mehr als Gott selbst ist. Diese Frucht und diese Geburt bringt diese Jungfrau, die ein Weib ist, zustande, und sie bringt alle Tage hundertmal oder tausendmal Frucht, ja unzählige Male, gebärend und fruchtbar werdend aus dem alleredelsten Grund; noch besser gesagt: fürwahr, aus demselben Grunde, daraus der Vater sein ewiges Wort gebiert, aus dem wird sie fruchtbar mitgebärend. Denn Jesus, das Licht und der Widerschein des väterlichen Herzens – wie Sankt Paulus sagt, daß er eine Ehre und ein Widerschein des väterlichen Herzens sei und mit Gewalt das väterliche Herz durchstrahle (vgl. Hebr 1, 3) , dieser Jesus ist mit ihr vereint und sie mit ihm, und sie leuchtet und glänzt mit ihm als ein einiges Eins und als ein lauterklares Licht im väterlichen Herzen« (Aus: Hg. J. Quint, Meister Eckhart – Deutsche Predigten und Traktate.)

Des weiteren geht Eckhart in ständiger Vertiefung dem »Seelengrund« (= *Burgstädtchen*) nach, den er zuletzt in Gottes »Einfaltigkeit« hinein birgt. Die Predigt endet:

»Daß wir so ein ›Bürglein‹ seien, in dem Jesus aufsteige und empfangen werde und ewig in uns bleibe in der Weise, wie ich's gesagt habe, dazu helfe uns Gott. Amen.«

2. Die zweite Predigt über den gleichen Schrifttext ist in der Überlieferung nicht so eindeutig bewahrt worden. Doch D. Mieth und O. Langer zeigen, daß ihre inhaltlichen Aussagen – obgleich polemisch zugespitzt – in den Gesamtentwurf der »intellektuellen Mystik« Eckharts passen. Theisen schreibt dazu: »Eine besondere Stellung nimmt Predigt 86 vom Fest der hl. Martha (27.07.) ein. In Auseinandersetzung mit dem Evangelium, das er in Abhängigkeit vom liturgischen Festtag umdeutet, kann er das Verhältnis zwischen vita activa und vita contemplativa beleuchten. In diesem Zusammenhang macht Eckhart bewußt, daß die Eucharistie ihren Sinn in der Herstellung der ›unitas‹ hat.« Der stark verkürzte Text folgt meiner, in moderner Sprache gehaltenen Übersetzung:

»Sankt Lukas schreibt im Evangelium, daß unser Herr Jesus in ein kleines Städtlein ging. Dort empfing ihn eine Frau namens Martha. Die hatte eine Schwester namens Maria. Diese saß zu Füßen unseres Herrn und hörte seine Worte. Aber Martha eilte umher und bediente den lieben Christus.«

A: Maria: Überschwang des Anfangs – Martha: Gelassenheit der Reife

»Dreierlei veranlaßte Maria, zu Füßen Christi zu sitzen. Als erstes hatte Gottes Blüte ihre Seele umfangen. Dann aber war da ein unaussprechliches Verlangen: Sie war voll Sehnsucht und wußte nicht wonach; sie wünschte und wußte nicht was. Das dritte aber war die Wonne und das Wohlgefühl, das sie aus den ewigkeitsschweren Worten schöpfte, die aus Christi Mund flossen.

Auch Martha wurde durch dreierlei bewegt, umherzueilen und den lieben Christus zu bedienen. Das eine war die Lebensreife, zu der ihr Seelengrund durch Erfahrung und Übung langer Jahre herangewachsen war; deshalb auch dachte sie, daß gerade ihr das Tätigsein so gut anstünde. Das zweite war eine weise Besonnenheit, womit sie das Tun der Hände zugleich ausrichten konnte auf das Allerhöchste, was Liebe im Sinne hat. Das dritte war die hohe Würde des Gastes . . .

Martha sagt nun: Herr, befiehl ihr, mir zu helfen. Das sagte Martha nicht ablehnend, sondern aus einem liebenden drängenden Wohlwollen heraus.

Auch wir sollten es auffassen als ein wohlwollendes oder gar scherzhaftes Wort der Liebe. Doch was ist damit gemeint? Gebt acht!

Sie sah, daß Maria bis in den letzten Winkel ihrer Seele mit Wohlgefühl erfüllt war. Martha aber kannte Maria besser als umgekehrt Maria die Martha; denn sie hatte ein langes und gutes Leben hinter sich. Aus dem Leben aber wird das Tiefen-Erkennen geboren. Besser als es Wohlgefühl und Erleuchtung können, erkennt das Leben alles, was man – abgesehen von Gott, wie er in sich ist – in diesem Leben erfahren kann . . .

So aber stand es auch um Martha. Deshalb sagte sie: Herr, befiehl ihr, mir zu helfen; damit ist gemeint: Wenn meine Schwester bei dir sitzt und in deiner Wonne schwelgt, dann meint sie zwar, sie könne alles, was sie wolle. Aber laß sie es erproben, ob es wirklich so ist, und befiehl ihr, sich zu erheben und sich von dir zu trennen.

Obgleich sie anders klangen, kamen diese Worte doch nur aus zärtlicher Liebe. Maria war voll von Verlangen; sie sehnte sich und wußte nicht wonach; sie wünschte und wußte nicht was. Und wir vermuten, daß sie, die liebe Maria, vielleicht doch mehr um des Wohlgefühls als des geistlichen Nutzens willen da gesessen sei.

Deshalb sprach Martha: Herr, befiehl ihr, aufzustehen. Denn sie fürchtete, daß jene im Wohlgefühl stecken bleibe und nicht weiter voranschreite . . .

Christus also spricht: Du bist bekümmert um vieles, nicht um eines.

Das bedeutet: Eine Seele mag ganz und gar einfältig dastehen, ohne alle Tätigkeit, einzig auf den Horizont der Ewigkeit hingerichtet; aber dennoch ist sie begrenzt, da sie durch etwas vermittelt wird; sie kann nicht dort oben bleiben in Freude. Auch ein solcher Mensch steht in Sorge und Betrübnis. Aber Martha stand da in gereifter, wohlgefestigter Tugend und in freiem Gemüt, ungehindert von allen Dingen. Deshalb wollte sie, daß ihre Schwester in das gleiche versetzt würde; denn sie sah, daß jene noch nicht wesentlich da stand . . .

Martha fürchtete, daß ihre Schwester in Freude und Wohlgefühl hängen bleibe; und sie wollte, daß ihre Schwester würde wie sie. Dazu nun äußerte sich Christus, als ob er sagen wollte: Sei beruhigt, Martha, auch sie hat den besten Teil erwählt. Dies hier wird sie verlieren. Das Höchste aber, was einem Geschöpf geschehen kann, das wird auch ihr zuteil werden; sie soll selig werden wie du.«

B: Drei Irrtümer der falschen Mystik

a) Jenseits von Leid und Freude

»Nun aber sagen unsere biederen Leute, man müsse so vollkommen werden, daß uns keine Freude mehr bewegen könne und daß man unberührbar sei durch Freude und Leid. Sie haben Unrecht. Ich behaupte nämlich, daß es noch nie einen so großen Heiligen gegeben hat, der nicht dennoch durch Freude und Leid bewegt wurde . . .

Ihr glaubt, solange euch Worte noch zu Freude und Leid bewegen können, wäret ihr unvollkommen. Dem ist nicht so. Selbst Christus war dies nicht zu eigen. Das zeigte er, als er sprach: Meine Seele ist traurig bis auf den Tod. Soviel Schmerz drücken diese Worte Christi aus, daß, wenn aller Geschöpfe Leid auf ein einziges Geschöpf konzentriert würde, dies nicht so schlimm wäre, wie es Christus schmerzte. Und das war so wegen des Adels seiner Natur und der heiligen Vereinigung von göttlicher und menschlicher Natur . . .

Ein Heiliger kann zwar dahinkommen, daß ihn nichts mehr von Gott abzubringen vermag. Das Herz kann so gepeinigt werden, als ob der Mensch nicht in Gottes Gnade stände, und dennoch verharrt der Wille in einfacher Geradheit bei Gott und spricht: Herr, ich dir und du mir! Was ihm auch dabei zustößt, das hindert die Seligkeit der Ewigkeit keineswegs; denn es betrifft ja nicht den obersten Wipfel, dort nämlich, wo er mit Gottes allergütigstem Willen vereint ist.«

b) Jenseits der Welt- und Körperlichkeit

»Und unsere biederen Leute wollen gar so weit kommen, daß das Anwesendsein sinnfälliger Dinge ihnen nichts mehr bedeute. Das gelingt ihnen nicht. Daß ein schmerzverursachendes Getöse meinen Ohren so wohltue wie ein süßes Saitenspiel, das gelingt mir niemals.

Aber dahin muß man kommen, daß nämlich der besonnenere, Gott wohlgefällige Wille sich loslöst von allem natürlichen Wohlgefallen. Das besagt, wenn die Einsicht dahin kommt, dem Willen zu gebieten, sich abzukehren, daß dann der Wille spricht: Ich tue es gerne. Seht: Dann würde auch die Anstrengung Freude bereiten; denn was der Mensch mit großer Anstrengung erringen muß, das wird ihm zur Herzensfreude – und dann erst ist es fruchtbar geworden.«

c) Jenseits des Tuns

»Gewisse Leute aber wollten so weit kommen, daß sie des Wirkens ledig werden. Ich aber sage: das kann nicht sein. Gerade doch nach dem Zeitpunkt, als die Jünger den Heiligen Geist empfangen hatten, begannen sie, das Werk der Tugenden zu vollbringen.

Die Schrift sagt: Maria saß bei den Füßen des Herrn und hörte seine Worte. Sie lernte also; denn sie war erst in die Schule genommen und lernte das Leben. Aber danach, als sie gelernt hatte und Christus zum Himmel aufgefahren war und sie den Heiligen Geist empfangen hatte, da erst begann sie zu dienen. Sie fuhr über das Meer und predigte und lehrte und wurde zur Dienerin und Wäscherin für die Jünger. Wenn die Heiligen heilig werden, dann beginnen sie erst, das Werk der Tugenden zu vollbringen; dann erst sammeln sie Schätze für die ewige Seligkeit. . . .

Für all das aber gibt Christus selbst ein Zeugnis. Von Anfang an nämlich, als Gott Mensch war und der Mensch Gott, begann er, für unsere Seligkeit zu wirken bis ans Ende des Lebens, als er am Kreuz starb. Und kein Glied war an seinem Leib, das nicht seine eigene Tugend ausgeübt hätte. . . .«

3. Zum Verständnis dieser Aus- und Umdeutung der Maria-Martha-Geschichte muß die mittelalterliche Legende um Maria von Magdala herbeigezogen werden. Nach ihr waren die Sünderin aus Lukas 7, die Schwester der Martha von Bethanien und Maria von Magdala, die als erste dem Auferstandenen begegnete, eine Person. Sie predigte als »Apostolin der Aposteln« in Palästina, wurde auf einem Floß dem Tode preisgegeben, landete aber in Marseille, bekehrte Südfrankreich und zog sich nach vielen Wundern in die Einsamkeit zurück. Eckharts Umdeutung des biblischen Textes ist ein Kabinett-Stück seiner Exegese und muß wohl als bewußte Abgrenzung seiner Mystik von häretischen Tendenzen verstanden werden.

In Bethanien noch ist Maria Anfängerin, hat eine eher »sentimentale« Liebe zu Jesus. Martha aber hat eine reife Frömmigkeit: Sie findet Gott in allen Dingen, braucht keine werkhafte Frömmigkeitsübung. Jesus tröstet die fragende Martha: Auch Maria habe schon »den besten Teil« im Blick und wird ihn – nach einer längeren Lebensgeschichte – ebenso erreichen wie Martha.

III. Wirkung

1. Der damalige seelsorgliche Einfluß, die Wirkung der Predigten Eckharts, läßt sich an vielen Notizen aus der damaligen Schwesternliteratur, an dem Lob seines großen Schülers Johannes Tauler, der Rechtfertigung durch Heinrich Seuse und nicht zuletzt aus der reichen handschriftlichen Überlieferung seines deutschen Werkes ermessen.

2. Schon die Übersetzung: »Jungfrau, die ein Weib war«, zeigt: Eckhart übersteigt den puren Wortsinn in die symbolische Deutung hinein und hat dabei die »jungfräuliche« Gestalt Marias, der »Mutter« Jesu im Blick. Sie ist Urbild des Menschen überhaupt. Der hier nicht wiedergegebene zweite Teil zeigt, daß ihr Wesen als Mutter Gottes das Urbild der Gottesgeburt in jedem Menschen darstellt.

Es muß nicht eigens gesagt werden, daß damit ein modernes Anliegen ergriffen wird: Die Wiedergewinnung des Bild- und Symbol-Denkens. Im korrigierenden Gegensatz zu den vielen »(tiefen-)psychologischen« Deutungen der Bibel geht Meister Eckhart von der Theologie aus in den Bibeltext hinein. Der Erfolg, der sein Schrifttum bis heute begleitet, zeigt, daß in seinem theologischen Ansatz die »psychologische« Erhellung des Menschen keineswegs zu kurz kommt.

3. Diese psychologische Erhellung hat in (Bild-) Begriffen wie Ledigsein, Abgeschiedenheit, »Magdlichkeit« der Jungfräulichkeit eine tragende Säule. Damit ist keine Welt- und keine Bilderflucht gemeint, sondern: »Freiheit von Ich-Bindung« und »Verwurzelung im liebsten Willen Gottes«. Damit ist jedem Standesdünkel (Stand der Vollkommenheit) die Argumentationsbasis weggezogen. Wahres Christ-Sein mißt sich an der Innerlichkeit: Leben im Willen Gottes, damit also Heiligkeit, findet sich ebenso im Ordensstand wie im Ehestand, ebenso beim hierarchischen Vorsteher wie dem schlichten Christen in der Kirchenbank.

Die Seelsorge Eckharts entwickelt ein »demokratisches« Menschenbild, das ganz und gar aus dem christlichen Glauben geboren ist: In dieser Innerlichkeit wurzelt jeder Mensch gleicherweise in Gott.

4. Mit dem Hinweis auf die Fruchtbarkeit des »Weibes« führt Eckhart aus der reinen Innerlichkeit heraus in das konkrete Leben. Die »Gottesgeburt in der Seele« geschieht nicht in reiner »Innerlichkeit«. Die nach außen tretende »Fruchtbarkeit«, das »Weib-Sein« ist Kriterium der wahren Innerlichkeit. Eckhart verbindet dies sehr schön mit »Dankbarkeit«.

Der humorvolle Hinweis auf die menschlichen Sexualität, daß ihre »Fruchtbarkeit« zum Kinde neun Monate braucht, zeigt aber, daß die »äußeren Werke« der Frömmigkeit, der Buße, nicht quantitativ abgeschätzt werden dürfen. Wer »ichgebunden« auf sie baut, kann nur hier und da etwas Nützliches tun, »Frucht« bringen. Wer aber auf Gott baut, bei dem bringt jedes Tun, jeder Atemzug Frucht.

Warum? Weil ein solcher mit dem besten Teil seines Wesens eins ist mit Gott. Daher ist sein ganzes Leben im Leben Gottes verwurzelt. Dieses Teilhaben an Gottes Leben ist, wie Meister Eckhart oft betont, ein ständiges »Fruchtbringen«.

Hiermit ist nicht nur Martin Luthers Kritik an der Werkelei ein- oder gar überholt, auch der mit Ignatius von Loyola verbundene christliche Sinnspruch: »Gott in allen Dingen finden« bekommt eine ontologische Basis.

Für die konkrete, seelsorgliche Arbeit Meister Eckharts bedeutete dies, daß er die Spiritualität seiner Nonnen weg von den Werken auf die christliche Mitte hinlenkte – aber zugleich von dort her dem Leben in dieser Welt, in der konkreten Gemeinschaft und deren Pflichten neuen und tieferen Sinn zumißt.

5. Die drei Irrtümer einer falschen Mystik zeigen noch genauer Eckharts seelsorgliches Interesse:

– Man darf (und kann auch nicht) sich in eine Mentalität weg-meditieren, die über dem Wellenschlag von Leid und Freude steht. Man kann nur »den obersten Wipfel«, seinen Seelengrund in Gott verankern, hier einswerden und -sein mit Gott.

– Nicht das Indifferentsein gegenüber der Schönheit und Häßlichkeit der Welt macht den Heiligen, den Mystiker aus, sondern der Gehorsam vor Gott, auch wenn er Schweres verlangt.

– Und diese echte Mystik zieht sich nicht in die Einsamkeit zurück, im Gegenteil: sie weiß, daß sie Gott und den Menschen dienen soll – so wie es Jesus Christus tat.

6. Zum Verständnis der Korrektur, die Meister Eckhart mit dieser Predigt an Tendenzen der damaligen Spiritualität anbringt, sei ein kurzer Text Marguerite Porètes zitiert: »So also hat die Seele ihren richtigen Namen vom Nichts, wo sie verweilt. Und da sie nichts ist, sorgt sie sich um nichts, weder um sich selbst noch um ihren Nächsten, noch auch um Gott. Sie ist in der Tat so klein, daß sie sich nicht finden kann; und alles Geschaffene ist so weit von ihr entfernt, daß sie es nicht spüren kann; und Gott ist so groß, daß sie nichts von ihm begreifen kann.

Diese Seele ist gefangen und gehalten im Lande des vollen Friedens, denn sie ist stets in voller Befriedigung; in ihm schwimmt sie, taucht sie, badet sie und ist umspült vom göttlichen Frieden, ohne sich zu bewegen von innen und ohne zu wirken nach außen. Denn beides würde ihr den Frieden nehmen, wenn es in sie eindringen könnte. Aber sie können es nicht, weil die Seele im Zustand der Souveränität ist.«

Eckhardt aber stellt den vollkommenen Menschen mitten in die Welt hinein:

»Diese Menschen befinden sich bei den Dingen und nicht in den Dingen. Sie stehen ganz nahe bei ihnen, und besitzen diese doch so, als ob sie selbst sich dort oben am Horizont der Ewigkeit befänden.«

Das muß nicht als Widerspruch zu Marguerite Porète gewertet werden, ist aber deutlich eine Korrektur an ihrer Welt-Enthobenheit. Seine Predigt endet:

»Daß wir ihm wahrhaft nachfolgen in der Übung wahrer Tugend, dazu verhelfe uns Gott. Amen!«

IV. Aktualität

Ein Blick in heutige Fragen der christlichen Verkündigung kann zeigen, wie aktuell Eckharts »mystische Theologie« ist:

1. Dem oft beklagten Erfahrungsdefizit heutiger Theologie und heutigen christlichen Glaubens öffnet Eckhart Möglichkeiten neuer Glaubenserfahrung. Identität, Zu-sich-selber-kommen ist ein Name für die Möglichkeit der Erfahrung. Eckhart bringt dies in theologisch sauberer Weise, wenn auch in alter Sprachgebung seinen Hörern nahe: Identität, aber nur in polar-offener Spannung auf Gott hin, dem Geber alles Seins und aller Identität.

2. Die Bildhaftigkeit theologischen Denkens und praktischen Vollzugs kommt in der sublimen Geistigkeit Meister Eckharts überraschend konkret zu Wort. Diese Einheit von »Geistigkeit« und »Bildhaftigkeit« gelingt Eckhart nicht über psychologische Systeme, sondern von der Theologie aus. Diese sagt ihm zugleich: Gott ist in allen Dingen gegenwärtig; wie sie weiß: Aber Gott übersteigt ebenso alles, was man – bildhaft, intellektuell oder erfahrungsmäßig – von ihm »begreifen« kann.

3. Gottes seinshafte Gegenwart in seiner Schöpfung verweist nach Eckhart den Menschen mit seiner Erfahrung in diese Schöpfung hinein. Zurückgewiesen werden damit überstiegene Spiritualitäten von damals wie heute, die sich in ein Jenseits der Welt mit ihrer Arbeit, ihren Freuden und Sorgen, ihren Hoffnungen und Nöten hineinflüchten wollen.

Ebenso aber wird durch die »Öffnung« dieser Welt auf ihren letzten Grund, der Gott ist, das absolute Festhalten und Vergötzen von welthaften Werten abgewiesen. Weder irdischer Erfolg noch Buß- und Frömmigkeitswerke machen den Wert eines Menschen aus, sondern seine Stellung zu Gott.

4. Dieser Eckhart kann eine wichtige Brücke bilden im Gespräch mit ostasiatischer Spiritualität oder den vielen modernen »Religiositäten«, die augenblicklich aus dem Boden schießen. Es überrascht nicht, daß viele dieser Gruppierungen »Meister Eckhart« sich als Protagonisten erkoren haben. Eine Beschäftigung mit dem wahren Eckhart kann in diesem Gespräch ein Doppeltes ergeben:

– Das genuin-religiöse Anliegen, das sich in all diesen Gruppen verbirgt, könnte mit Meister Eckhart ergriffen und in den christlichen Vollzug eingebracht werden.

– Und zugleich könnte Meister Eckhart gerade diesen Gruppen zeigen, wie groß und »erfahrungsreich« der christliche Glaube ist.

Literatur

Zur Bibliographie

Die Werke Eckharts finden sich in der noch unvollständigen Ausgabe von 1936ff., Kohlhammer, Stuttgart; Die lateinischen Werke: J. Koch (+) u. a. Bd. I–V (vollständig bisher nur I und IV); Die deutschen Werke: J. Quint (+) I–V (vollständig I–III, V).

Allgemein zugängig ist die Übertragung eines Großteils der deutschen Werke durch J. Quint: Meister Eckehart, Deutsche Predigten und Traktate, Hanser, München 1955; die Taschenbuchausgabe dieser Übertragung (Diogenes 10652) in mehrfacher Auflage ist an einigen Stellen von Quint verbessert worden. Auch die von D. Mieth herausgegebenen Texte (mit Übersetzungen aus dem Latein) sind zuverlässig: Meister Eckhart, Einheit in Sein und Wirken, Piper-Taschenbuch, München/Zürich 1986.

In der zweibändigen Ausgabe des Deutschen-Klassiker-Verlags Frankfurt 1993 bringt N. Largier das gesamte, bisher herausgegebene deutsche Werk Eckharts zweisprachig, dazu wichtige lateinische Texte mit Übersetzung und eine vorzügliche Kommentierung, die eine ganze Bibliothek ersetzen kann.

Von N. Largier gibt es eine sorgfältige »Bibliographie zu Meister Eckhart«, Universitätsverlag, Freiburg 1989 (für die Beschäftigung mit Meister Eckhart unentbehrlich).

Wichtige Monographien

Ingeborg Degenhardt, Studien zum Wandel des Eckhartbildes, Leiden 1967.

Heribert Fischer, Meister Eckhart, Einführung in sein philosophisches Denken, Freiburg 1974.

Kurt Flasch, Meister Eckhart – Versuch, ihn aus dem mystischen Strom zu retten, in: P. Koslowski (Hg.), Gnosis und Mystik in der Geschichte der Philosophie, Zürich/München 1988, 94–110.

Wolfram M. Fues, Mystik als Erkenntnis? Kritische Studien zur Meister-Eckhart-Forschung, Bonn 1981.

Heribert Grundmann, Religiöse Bewegungen im Mittelalter, Darmstadt ^{2}1961.

Alois M. Haas, Gott-leiden, Gott-lieben. Zur volkssprachlichen Mystik im Mittelalter, Frankfurt 1989, 153–171. Aus seinem reichen Schrifttum über Eckhart sei die popularisierende Darstellung von dessen Spiritualität erwähnt: Meister Eckhart als normative Gestalt geistlichen Lebens, Einsiedeln 1979.

Susanne Köbele, Bilder der unbegriffenen Wahrheit. Zur Struktur mystischer Rede im Spannungsfeld von Latein und Volkssprache, Tübingen/Basel 1993.

Otto Langer, Mystische Erfahrung und spirituelle Theologie. Zu Meister Eckharts Auseinandersetzung mit der Frauenfrömmigkeit seiner Zeit, München 1987.

Alain de Libera, Introduction à la Mystique Rhenane, d'Albert le Grand à Maitre Eckhart, Sagesse chrétienne, Paris 1984.

Dietmar Mieth, Die Einheit von vita activa und vita contemplativa in den deutschen Predigten und Traktaten Meister Eckharts und bei Johannes Tauler. Untersuchungen zur Struktur des christlichen Lebens, Regensburg 1969.

Hugo Rahner, Die Lehre der Kirchenväter von der Geburt Christi aus dem Herzen der Kirche und der Gläubigen, in: Symbole der Kirche. Die Ekklesiologie der Väter, Salzburg 1964, 13–87.

Kurt Ruh, Geschichte der Abendländischen Mystik, Bd. I u. II (noch unvollständig), München 1990/1993.

Kurt Ruh, Meister Eckhart. Theologe, Prediger, Mystiker, zweite überarbeitete Auflage, München 1989; dazu seinen entsprechenden Artikel im: Verfasserlexikon, Die deutsche Literatur des Mittelalters, Bd. II, Berlin 1980, 327–353.

Georg Steer, Zur Authentizität der deutschen Predigten Meister Eckharts, in: Heinrich Stirnimann ... (s. u.), 127–168.

Heinrich Stirnimann/Ruedi Imbach (Hg), Eckardus Theutonicus. homo doctus et sanctus. Nachweise und Berichte zum Prozeß gegen Meister Eckhart, Fribourg 1992; wichtige Autoren sind vereint zur Darstellung Eckharts.

Loris Sturlese, Die deutsche Philosophie im Mittelalter, Von Bonifatius bis zu Albert dem Großen (748–1280), München 1993.

J. Sudbrack,/W. Ligges, »*Das wahre Wort der Ewigkeit wird in der Einsamkeit gesprochen*«. Meister Eckharts Seinsmystik und die Erfahrung der Wüste, Würzburg 1989.

Johannes Theisen, Predigt und Gottesdienst. Liturgische Strukturen in den Predigten Meister Eckharts, Frankfurt 1990.

Winfried Trusen, Der Prozeß gegen Meister Eckhart. Vorgeschichte, Verlauf und Folgen, Paderborn 1988; (eine verbesserte Neuauflage ist angekündigt).

Shizuteru Ueda, in: Die Gottesgeburt in der Seele und der Durchbruch zur Gottheit. Die mystische Anthropologie Meister Eckharts und ihre Konfrontation mit der Mystik des Zenbuddhismus, Gütersloh 1965.

Johannes Tauler

Michael Egerding

I. Biographie

In Anbetracht der Aufmerksamkeit, die dem Werk des Straßburger Dominikaners Johannes Tauler (1300–1361) bislang entgegengebracht wurde – erinnert sei nur an die Taulerkenntnis Martin Luthers –, ist es erstaunlich, daß sich nur spärliche Hinweise zur Persönlichkeit Johannes Taulers finden. Dennoch reichen diese Angaben aus, um wichtige Bindungen und Beziehungen zu erfassen, die Taulers Leben nachhaltig geprägt und ihn in seiner Tätigkeit bestimmt haben: um 1300 in Straßburg als Sohn einer begüterten Patrizierfamilie geboren, trat er schon früh mit ca. 14/15 Jahren in den Dominikanerorden ein, wo er die ordensübliche Ausbildung erfuhr. Daß während dieser Ausbildung Meister Eckhart einer seiner Lehrer war, läßt sich nicht belegen. Eher ist wahrscheinlich, daß Johannes Tauler Meister Eckhart während dessen Straßburger Aufenthalt (1313–1323/24) kennenlernte und Gelegenheit fand, seinen Predigten dort zuzuhören. Nach Abschluß des für alle Dominikaner geltenden Studienganges wurde Tauler nicht wie z. B. Meister Eckhart zur weiteren wissenschaftlichen Qualifikation nach Köln oder Paris geschickt, sondern mit seelsorgerlichen Aufgaben entsprechend der Zielsetzung des Ordens betraut. Sicher ist, daß Tauler nie ein wissenschaftliches Amt innehatte, wie er nachweislich auch nie ein Amt im Orden übertragen bekam. So bleibt festzuhalten: Johannes Tauler war Seelsorger und versah seinen Predigtdienst wie auch seine sonstigen seelsorgerlichen Tätigkeiten entsprechend der Aufgabenstellung seines Ordens, *contemplata aliis tradere* – das in Studium, Liturgie und persönlicher Gotteserfahrung Erworbene anderen mitzuteilen. Wegen der Verpflichtung der Dominikaner zur cura monia-

Grabmal des Johannes Tauler

lium, der Seelsorge in den Dominikanerinnenklöstern, waren ein wichtiger Seelsorgebereich Taulers sicherlich die sieben Dominikanerinnenklöster Straßburgs. Daneben ist nicht auszuschließen, daß er auch Aufgaben in der seelsorgerlichen Betreuung der zu kleinen Konventen zusammengefaßten Beginen, d. h. von Frauen, die in der Welt nach den evangelischen Räten lebten (in Straßburg gab es zu Taulers Zeiten etwa siebzig Gemeinschaften), sowie die Verpflichtung zur Volkspredigt in einer der zahlreichen Straßburger Kirchen wahrgenommen hat. Seine Tätigkeit wurde unterbrochen, als er mit seinem Konvent infolge der Streitigkeiten zwischen Kaiser Ludwig dem Bayern und Papst Johannes XXII. aus Straßburg vertrieben wurde und im Winter 1338/39 nach Basel übersiedelte. In dieser Zeit machte er die Bekanntschaft des Weltpriesters Heinrich von Nördlingen und der Dominikanerin Margaretha Ebner, beide führende Vertreter eines Kreises von Gottesfreunden, denen es um ein erfahrungsbezogenes, intensiv gelebtes Christsein ging. Nach mehrmonatigen Aufenthalten zwischen Basel, Straßburg und Köln (1344–1346) kehrte er im Winter 1346/47 endgültig nach Straßburg zurück, wo er hauptsächlich als Seelsorger im Kloster Sankt Nikolaus in Undis tätig war. Dem großen Interesse der Dominikanerinnen dieses Konvents an Taulers Predigten ist es zu verdanken, daß ein Großteil von ihnen schriftlich fixiert wurde. Bemerkenswert für Taulers Wirksamkeit ist auch, daß er neben der Seelsorge an den Dominikanerinnen und Beginen in engem Kontakt zu dem um den Straßburger Patrizier Rulman Merswin versammelten Kreis frommer Laien stand. Johannes Tauler starb am 16. Juni 1361; das Interesse an seiner Hinterlassenschaft – ca. 80 Predigten – ist bis heute lebendig.

Über die hinterlassenen Predigten ist es möglich – weitaus mehr, als es die verschiedenen Daten eines Lebenslaufes erlauben –, Aufschlüsse über die Persönlichkeit Taulers zu gewinnen, auch wenn er sich selbst direkt fast nie zum Thema seiner Predigten gemacht hat. Einen Ansatzpunkt, von dem her die Persönlichkeit Johannes Taulers an Konturen gewinnt, stellt die Beobachtung dar, daß er an vielen Stellen seiner Predigten übliche Denk- und Handlungsmuster problematisiert. Indem er mit einer eigenen Haltung auf konventionelles Verhalten in seinem Tätigkeitsbereich als Seelsorger reagiert, bringt er seine individuelle Identität im Rahmen allgemein vertrauter Haltungen und Verhaltensweisen ins Spiel und kann in der schöpferischen Auseinandersetzung mit ihnen wenigstens umrißhaft als der wahrgenommen werden, der er ist. Folgende Aspekte sind in diesem Zusammenhang von Bedeutung:

1. J. Tauler bricht die Selbstverständlichkeit geistlicher Praxis dadurch

auf, daß er die ihr zugrundeliegende Motivation an dem Ziel mißt, auf das das jeweilige menschliche Tun gerichtet ist: Geistliche Praxis muß ausschließlich an Gott interessiert sein; daher verfehlt sie ihr Ziel, wenn der Mensch sich in ihr nur selber sucht und seine Interessen verfolgt. Tauler kommt daher bezüglich der Geistlichen und Ordensfrauen, die wegen des Ertrags ihrer Pfründe oder ihrer Präsenzgelder Gott dienen, zu folgender Sichtweise:

»Wären sie sich dieses Verdienstes nicht sicher oder erhielten sie ihn nicht, so würden sie Gott nicht weiterhin dienen; sie gingen ins andere Lager und würden Gefährten der Feinde Gottes. Von all diesen Leuten hält Gott nichts, da sie auf die Weise, wie sie Gott dienen, nicht Kinder oder Söhne Gottes sein können; auch wenn sie nach außen viele große Werke vollbringen: Gott kümmert sich darum nicht, denn nicht er ist der Grund dieser Werke, sondern diese Leute selbst sind die Ursache dessen, was sie tun« (V 43,182).[1]

2. Jegliches konventionelle Verhalten, insbesondere religiöse Routine, birgt für Tauler die Gefahr in sich, daß der Mensch seine Offenheit für Gott verliert, weil er sich mit seinen Bußübungen, Gebeten, Gottesdiensten zufriedengibt und in der eigenen Leistung – statt sich ganz Gott zu überlassen – Trost und Ruhe findet:

»Jeder bleibt bei seinen eigenen Vorhaben, seiner eigenen, gewohnten Art und Weise, . . . bei seiner Selbstzufriedenheit: das hindert die liebevolle Einwirkung des Hl. Geistes, so daß der Mensch dessen Sprache weder hört noch versteht und seinem liebevollen Werk weder Stätte noch Raum gibt« (V 43,181).

3. Kennzeichnend für Tauler ist die Erfahrungsbezogenheit seiner Kritik. Er geht dabei so vor, daß er das von ihm thematisierte Fehlverhalten in Form von Beispielen, die der Lebenssituation seiner Zuhörer entnommen sind, konkret vor Augen führt und damit diese befähigt, durch eigene Anschauung des in Beispielen erzählten Fehlverhaltens zu einem eigenen Urteil zu kommen. Seine Folgerung etwa, daß der Mensch, der seine Existenz in eigener Leistung gründet, nicht zur Ruhe kommt, sondern außen- und erfolgsorientiert eine vielfältige Wirksamkeit entfaltet, die sich auf die unterschiedlichsten Ziele richtet, veranschaulicht er u. a. folgendermaßen:

»Jeder will Besitz gewinnen, gewinnt ihn auch, häuft an, bewahrt ihn und dabei ist man so geizig! Das tun geistliche und weltliche Leute; niemand ist zufrieden mit dem, was er besitzt, jeder denkt daran, wie er möglichst viel sammeln kann; und so bauen sie große Häuser und bemalen sie in törichter Weise; dort sammeln sie Wunderdinge, um ihre Sinne zu vergnügen, silberne Trinkgefäße, Zierat, Kleider und schönen Hausrat . . . Sie wollen dadurch ihr Vergnügen haben und gesehen sein. Auf diese Weise festigen sie die täglichen Sünden mit den Gelüsten ihrer Sinne . . . und suchen Freundschaft und Zeitvertreib und ein leichtes Leben, in dem sie Gott weder suchen, noch an ihn denken, geschweige denn, daß sie ihn finden« (V 33,127).

4. In der Rückbindung aller religiösen Praxis an die zugrundeliegende Einstellung ist Taulers Freiheit gegenüber Rollenfixierungen und Formen begründet, in denen geistliches Tun vollzogen wird. So ist sich Tauler sicher, daß bei einer gottentsprechenden Haltung die Gläubigen auf geistliche Weise den Leib des Herrn empfangen können, wenn das eucharistische Brot ihnen von einem Priester verweigert würde: »Zweifle nicht, daß dir der Leib des Herrn auf geistliche Weise zuteil werde und vielleicht in fruchtbarerer Weise, als wenn du ihn im Sakrament empfangen hättest: du wirst ihn dann in geistlicher Weise empfangen« (V 60f,313). Auch die Kritik an geistlichen Ämtern ist bei Tauler in der Orientierung an der inneren Einstellung begründet: »Manche wollen rechte Priester und Provinziale sein und jeden belehren und wissen nicht, was sie selber sind« (V 16,74). Schließlich bricht Tauler auch geschlechtsspezifische Rollenzuweisungen auf, indem er zwar die sakramentale Funktion des Priesteramtes auf den Mann beschränkt; er fügt jedoch hinzu: »Aber in geistiger Weise kann das Opfer, d. h. was zum Priester gehört, eine Frau ebenso darbringen wie ein Mann« (V 40,165). Ergebnis dieser – aus dem Kriterium der inneren Einstellung sich ergebenden – Relativierung fester Rollen sind Bemerkungen, die auch als Ansätze zu einem allgemeinen Priestertum verstanden werden konnten: »Dieser oberste Priester, das ist ein jeder gute, innerliche Mensch, der in sein Inneres geht . . .« (V 40,165).

5. Mit seiner Kritik an den theologischen Lehrmeistern, denen er die *lebemeister* gegenüberstellt, bringt er das Anliegen weisheitlicher Theologie zur Geltung; er hebt hervor, daß der christliche Glaube sich nicht auf eine begrifflich ausgebildete und kategorial durchgegliederte Artikulation seiner wesentlichen Inhalte beschränken darf, sondern vielmehr die ganze menschliche Existenz in Anspruch nimmt. Entscheidend ist nicht das Wissen, sondern das Leben, in dessen Rahmen versucht wird, sich dem göttlichen Anspruch zu stellen und ihn im eigenen Lebensvollzug wirklich werden zu lassen. Jegliches Reden über Gott kann dieses Ziel nicht erreichen, da menschliches Denken die göttliche Wirklichkeit nicht erfassen und die göttliche Wirklichkeit in menschlichen Worten nicht mitteilbar ist, so daß nur übrig bleibt, die göttliche Wirklichkeit zu erfahren: »Wer dies erlebt hat, der allein weiß davon; allen kenntnisreichen Lehrmeistern und den Klugen bleibt das unbekannt« (V 78,421). Die Erfahrung Gottes stellt sich aber nur dann ein, wenn der Mensch sich mit seinem ganzen

Leben auf Gott – d. h. für Tauler insbesondere auf das Leben Jesu – einläßt. Indem er sich auf diese Weise ganz Gott überläßt, macht er selbst mit seinem Leben Gott erfahrbar: »Hier bewahrheitet sich das Wort des Hl. Paulus: ›Ihr sollt von seinem Tod künden, bis er kommt.‹ Diese Verkündigung geschieht nicht mit Worten, noch mit Gedanken, sondern sterbend, dich entäußernd, in der Kraft seines Todes« (V 60f,314f).

6. Daß damit kein irrationaler Sprung in den Glauben gemeint ist, zeigt sich an der Tatsache, daß Tauler seinen Aussagen im Rückgriff auf die biblische und theologisch-spirituelle Tradition eine vernünftige Fundierung verleiht. Allerdings ist für ihn typisch, daß er jegliche begriffliche Fixierung und systematische Eindeutigkeit in Bezug auf die göttliche Wirklichkeit und die Beziehung von Gott, Mensch und Welt sofort wieder problematisiert, indem er die Differenz zwischen Gesagtem und Gemeintem, zwischen begrifflich fixierter und lebendiger Erfahrung bewußt macht. Dies führt einerseits zur häufigen Verwendung von Metaphern, die, weil sie auf etwas anderes verweisen, als was sie sagen, im Medium der Sprache als Stelle fungieren, wo das schlechthin Andere einbrechen kann; zum anderen werden traditionelle Muster religiöser Erfahrung durchgespielt, um sie schließlich scheitern zu lassen aufgrund der Einsicht in die immer größere Differenz des Göttlichen zu jeder menschlichen Sichtweise. In Bezug auf die unio mit Gott – dem Dreh- und Angelpunkt der Gotteserfahrung – ersetzt Tauler z. B. das traditionelle Aufstiegsschema in Pr 11 (die Anfangenden auf dem Weg der Reinigung, die Fortschreitenden auf dem Weg der Erleuchtung, die die Vollkommenen in der Vereinigung mit Gott) durch ein anderes Dreierschema (s. Textauszug): die Freude über die Erfahrung Gottes in der Schöpfung, die quälende Armut des Geistes und das Einssein mit Gott. Doch auch dieses Schema muß in Anbetracht der Erfahrung des Göttlichen unzulänglich bleiben, so daß Tauler sich zu der Forderung an seine Zuhörer genötigt sieht:

»›Eines ist not!‹ Welches ist nun dieses eine? Dieses eine besteht darin, daß du erkennst dein Nichts, das dein eigen ist, d. h. was du bist und wer du aus dir selber bist . . . Laßt darum alles fahren, was ich selbst und alle Lehrmeister je gelehrt haben über Wirksamkeit und Beschauung sowie über erhabene Betrachtung, und lernt allein dieses eine, daß euch das werde« (V 45,196f).

7. Taulers Paradoxie, zu predigen, auch wenn er sich der Unangemessenheit seines Tuns bewußt ist, gilt es zu beachten, will man dem Selbstverständnis näherkommen, das seiner Predigt und seiner Seelsorgetätigkeit zugrundeliegt. Festzuhalten bleibt, daß er um seine Unzulänglichkeit weiß

und sich selber als unwürdiges Mitglied des hauptsächlich mit Predigt- und Seelsorgetätigkeit befaßten Dominikanerordens sieht (s. V 56,261). Auch ist er sich seiner Sache als Seelsorger im Wissen um die verborgene Wirklichkeit Gottes wohltuend unsicher und offen für unkonventionelle Praktiken der Seelsorge:

»Da kommen nun die eingebildeten Leute, die sind so von sich eingenommen: es sollte – sagen sie – dies so oder so sein; und sie wollen einen jeden nach ihrem Kopf beurteilen, nach ihren Sinnen, auf ihre Weise. Vierzig Jahre haben sie sich den Anschein eines geistlichen Lebens gegeben und wissen heute noch nicht, woran sie sind. Die sind viel kühner als ich. Ich bin zum Lehren bestimmt; aber wenn ich diese Leute höre, frage ich, wie ihnen sei und wie sie dazu gekommen sind. Doch selbst dann wage ich kein Urteil über sie und wende mich an unseren Herrn ... Ihr aber wollt einem jedem seinen Platz anweisen und jeden nach eurer Sicht und eurem Gutdünken beurteilen ... Jene sagen dann: ›Das pflegten wir so nicht zu machen; das ist eine neue Art und sieht nach Neuerung aus.‹ Und sie vergessen dabei, daß ihnen die verborgenen Wege Gottes unbekannt sind. Ach, wie wird man sich wundern nachher bei denen, die sich jetzt in Sicherheit wiegen!« (V 42,180).

Von zentraler Bedeutung für das Selbstverständnis Taulers als Seelsorger ist schließlich, daß er seine Kompetenz als Seelsorger nicht aus gemachter Erfahrung Gottes gewinnt, sondern aus der Radikalität seiner Entscheidung, Gott erfahren zu wollen. Tauler zieht für sein Rollenverständnis daraus die Konsequenz, keine feste Position und Funktion gegenüber und im Unterschied zu seinen Zuhörern zu beanspruchen; die Besonderheit der Persönlichkeit Taulers besteht vielmehr darin, daß er das herkömmliche Rollenverständnis für seine Person im Bekenntnis seiner eigenen Nicht-Erfahrung auflöst und dadurch eine enge Erfahrungsgemeinschaft mit seinen Zuhörern begründet; diese fühlen sich gerade in ihrer Erfahrungslosigkeit sowie in ihrem Ungenügen gegenüber der in den Predigten immer wieder entwickelten Zielperspektive vom Prediger nicht allein gelassen, sondern entdecken eine tiefe Übereinstimmung mit ihm. Die dadurch erreichte hohe Identifikation seiner Zuhörer mit seiner Person stellt Tauler aber sofort wieder in Frage, indem er die Situation, in der er sich mit seinen Zuhörern befindet, unaufhörlich konfrontiert mit dem ideellen, aus der Beschäftigung mit dem Evangelium gewonnenen Konzept der menschlichen Selbstauslegung. Derart provoziert, muß der Adressat der jeweiligen Predigt für sich entscheiden, ob das im Zuhören erfolgende Mitgehen mit dem Prediger von der Differenz in die Einheit mit Gott auf die Predigt beschränkt bleibt oder ob bei ihm daraus die Bereitschaft erwächst, mit dem Experiment des eigenen Lebens erfahren für die Erfahrung Gottes zu werden.

II. Exemplarische Texte

Predigt über 1.Petr 3,8: Karissime, estote unanimes in oratione. Textauszug aus Predigt 39[2].

»... Nun wollen wir sprechen von drei Graden des Lebens, die beim Menschen als niederster, als mittlerer oder als oberster Grad vorhanden sein können.

Der erste Grad eines von innen her bestimmten tugendhaften Lebens, der direkt in die nächste Nähe Gottes führt, besteht darin, daß der Mensch seine Aufmerksamkeit lenkt auf die wundervollen Werke und Zeichen der unaussprechlichen Gaben und Ausflüsse der verborgenen Güte Gottes; daraus entsteht dann das, was man jubilacio nennt.

Den zweiten Grad kennzeichnet eine Armut des Geistes und ein merkwürdiges Entziehen Gottes, das für den menschlichen Geist eine quälende Beraubung darstellt.

Der dritte Grad beinhaltet eine Überfahrt in gottförmiges Leben in die Einheit des geschaffenen Geistes mit dem aus sich selbst seienden Geist Gottes, was man auch als eine Wende zum Sein hin bezeichnen kann. Und bezüglich derer, die dahinein geraten, ist es unglaublich, daß sie sich jemals wieder von Gott trennen müssen.

Den ersten Grad, die jubilacio, erreicht man durch eifriges Wahrnehmen der Liebeszeichen, die Gott uns in wunderbarer Weise erwiesen hat im Himmel und auf Erden; wie wunderbar viel Gutes er uns getan hat und allen Kreaturen, wie alles blüht und grünt und voll von Gott ist, und wie die unbegreifliche Milde Gottes alle Kreaturen übergossen hat mit seinen großen Gaben, und wie Gott den Menschen gesucht, geführt und mit Gaben versehen hat und wie er ihn geladen und gemahnt hat und geharrt und gewartet hat und seinetwegen Mensch geworden ist und gelitten hat und sein Leben und seine Seele und sich selber für uns eingesetzt hat, und zu welcher unaussprechlichen Nähe seiner selbst er den Menschen eingeladen hat und wie die hohe Hl. Dreifaltigkeit auf ihn ewig gewartet hat, damit er sie ewig genieße. Und wenn dies der Mensch in einem liebevollen Betrachten durchgeht, so entsteht in ihm große wirksame Freude. Und der Mensch, der diese Dinge in rechter Liebe ansieht, wird so übergossen mit innerer Freude, daß der schwache Leib die Freude nicht zu behalten vermag und in besonderer Weise ausbricht. Und täte er das nicht, vielleicht stürzte dem Menschen das Blut aus dem Mund, wie man schon oft hat beobachten können oder der Mensch fühlte sich, wie wenn er zerdrückt würde. Und so schenkt der Herr dem Menschen seine Güte, und der Mensch erfährt die Vereinigung mit Gott in innerlichem Umfangen. So lockt und zieht und reißt Gott den Menschen zuerst aus sich selbst und dann aus aller Ungleichheit zu sich selbst hin. Das sei allen

Menschen verboten, sich mit diesen Kindern Gottes abzugeben und sie hieran zu hindern oder sie zu zerstreuen mit äußerlichen, groben Weisen oder Werken; ihr richtet euch selbst damit zugrunde. Der Prior hat nicht zu fragen, wohin ein Bruder aus dem Chor gehe, wenn man mit dem Chorgebet fertig ist, es sei denn, es ist ein von sich selbst eingenommener Mensch: dessen Wege und Werke muß man natürlich überwachen.

Es geschah einem auserwählten Freund unseres Herrn, daß ihm unser Herr seinen göttlichen Kuß anbot. Da sprach der Geist dieses Menschen: Wahrlich, lieber Herr, das will ich nicht. Denn ich käme dann aus Freude so sehr aus mir selber, und ich könnte dir dann nicht mehr nützlich sein. Denn wie könnte ich dann für deine armen Seelen bitten und ihnen aus dem Fegefeuer helfen und für die armen Sünder? Die Sünder und die armen Seelen vermögen sich selber ja nicht zu helfen, wenn nicht wir, die wir noch in der Zeit leben, ihnen helfen. Gott kann ohne unsere Hilfe ihnen nichts tun, da er seiner Gerechtigkeit genügen muß. Und daher müssen dies immer seine Freunde tun, die sich noch in der Zeit befinden. Welche Liebe besaß jener Mensch, daß er auf eine so große Tröstung wegen einer solchen Sache verzichten wollte!

Zum zweiten Grad: wenn Gott den Menschen aus allen irdischen Dingen gezogen hat und er kein Kind mehr ist und Gott ihn gestärkt hat mit der Labung seiner Lieblichkeit, dann gibt man ihm gutes, hartes Roggenbrot; er ist nun ein Mann geworden. Für den Herangewachsenen ist harte, kräftige Speise richtig, nicht mehr Milch und weiches Brot; und dann wird er geführt auf einen sehr wilden Weg, der sehr finster und verlassen ist. Und auf diesem Weg nimmt Gott ihm alles wieder weg, was er ihm je gegeben hat. Und da wird der Mensch so sehr sich selbst überlassen, daß er von Gott nichts mehr weiß, und dann kommt er in solche Bedrängnis, daß er nicht weiß, ob er je auf dem rechten Weg gewesen ist, ob es einen Gott für ihn gibt oder nicht und ob er selbst ist oder nicht ist, und es wird ihm da so unglaublich schwer, daß ihm die gesamte weite Welt zu eng wird. Er empfindet in diesem Zustand weder etwas von seinem Gott, noch weiß er um ihn, und er fühlt sich so, als ob er zwischen zwei Wänden hinge, hinter ihm ein Schwert und vor ihm ein scharfer Speer. Was will er dann tun? Er kann weder vorwärts noch zurück; es bleibt ihm nur übrig, sich niederzusetzen und zu sprechen: Gott grüße dich, bittere Bitterkeit, voller Gnaden! Wenn es eine Hölle in diesem Leben gäbe, so erschiene das solchen Menschen mehr als die Hölle zu sein: lieben und des geliebten Gutes entbehren zu müssen. Alles, was man dem Menschen da sagen kann, das tröstet ihn so viel, wie ein Stein den Menschen zu trösten vermag. Und noch weniger möchte der Mensch von Kreaturen etwas sagen hören. Je stärker das Empfinden und Fühlen zuvor war, um so größer und schwerer zu verkraften ist die Bitterkeit und der Jammer in diesem Berauben.

Aber nun, fasse Mut! Der Herr ist sicherlich auch hier in deiner Nähe; halte dich am Stamm des wahren, lebendigen Glaubens; es wird bald schon wieder gut werden! Doch es ist der armen Seele während ihrer Bedrückung so unglaublich, daß die unerträgliche Finsternis jemals wieder hell werden könnte.

Wenn unser Herr den Menschen durch diesen unerträglichen Druck gut vorbereitet hat – und dies bereitet ihn besser vor, als alle Übungen es tun können –, dann kommt der Herr und bringt ihn auf die dritte Stufe. Und auf dieser Stufe zieht der Herr ihm den Mantel vor den Augen weg und enthüllt ihm die Wahrheit. Und dann geht der helle Sonnenschein auf und hebt den Menschen aus all seiner Not. Das ist für den Menschen so, als hätte der Herr ihn vom Tod zum Leben erweckt. So führt der Herr den Menschen aus sich selbst heraus und in sich hinein. Und da entschädigt Gott ihn für all sein Elend, und all seine Wunden werden heil, und Gott zieht den Menschen aus seiner menschlichen in eine göttliche Lebensweise, aus allem Jammer in eine göttliche Sicherheit. Der Mensch wird da so vergöttlicht, daß alles, was der Mensch ist und wirkt, Gott wirkt und in ihm ist, und er wird so weit über seine natürliche Lebensweise erhoben, daß er in Gnade das wird, was Gott seinshaft von Natur aus ist. Hierbei fühlt und empfindet der Mensch, wie wenn er sich selbst verloren hätte; er weiß und empfindet und fühlt nichts mehr von sich; er kennt nur noch ein einfaltiges Sein.

Meine Lieben! Darin in Wahrheit zu sein, das ist der tiefste Grund gerechter Demut und Vernichtetheit, den man mit seiner Vernunft nicht zu begreifen vermag. Denn hier gibt es nur die allerwahrste Erkenntnis des eigenen Nichts. Und hier findet das allertiefste Versinken in den Grund der Demut statt; denn je tiefer, desto höher; Höhe und Tiefe sind hier nämlich eins. Und angenommen, der Mensch schlüge auf die eine oder andere Weise von dieser Position der Höhe in menschlicher Anmaßung auf sich oder das Seine aus, das wäre Lucifers Fall. Auf dieser Stufe kommt es auch zur wahren Einmütigkeit des Gebets, wovon die Epistel sprach: daß man in Wahrheit eins mit Gott wird. Daß uns dies allen geschehe, dazu helfe uns Gott. Amen.«

III. Wirkung

Im folgenden soll versucht werden, andeutungsweise unter besonderer Berücksichtigung des vorliegenden Textauszuges zentrale Aspekte des seelsorgerlichen Konzepts zu skizzieren, wie es dem heutigen Leser in Taulers Predigten entgegentritt.

Bemerkenswert ist zunächst, daß Tauler bei seiner (in jeder Predigt zu verfolgenden) Thematisierung der Annäherung des Menschen an Gott sowohl das tatsächliche Verhalten des Menschen als auch die im Vergleich zum Menschen ganz andere göttliche Wirklichkeit gleichermaßen zur Geltung bringt. Für den Menschen bedeutet die Orientierung am ganz Anderen die Erfahrung der Differenz, die nur dann zu verändern ist, wenn der Mensch sich anders als gewohnt verhält. Da alles Denken und Tun tendenziell immer von der egoistischen Verstrickung des Menschen in sich selbst und von der Verabsolutierung des eigenen Ich geprägt ist, heißt dies vor allem: der Mensch muß seine selbstbezogene Lebensweise ablegen und lernen, sich seiner Grundentscheidung entsprechend von Gott bestimmen zu lassen. Den dazu erforderlichen Bruch mit eingeschliffenen Denk- und Handlungsmustern versucht Tauler dadurch herbeizuführen, daß er das tatsächliche Verhalten des Menschen anhand von zahlreichen Beispielen vor Augen führt und es mit der von seinen Zuhörern anvisierten Zielperspektive konfrontiert. Tauler erreicht damit, daß selbstverständliche Einstellungen und Vollzüge fragwürdig und seine Zuhörer zu der Einsicht gebracht werden, in was sie verblendeter Weise bislang gefangen waren. Den gleichen Effekt erzielt Tauler mit der These, daß die im Leben vielfältig zu machende Erfahrung der Traurigkeit, des Leidens und des Verlustes jeder Sicherheit darauf verweist, daß der Mensch ohne Gott ein reines Nichts ist. Der Mensch muß infolgedessen seine Selbstsicherheit korrigieren und sich im Wissen um seine Begrenztheit auf seine eigentliche, d. h. die seinem Menschsein gemäße Orientierung an Gott besinnen. Weil aber der Mensch von Natur aus – wider besseres Wissen und die eigene Entscheidung für Gott – immer wieder darauf verfällt, sich an sich selbst und seinen egoistisch motivierten Interessen zu orientieren, gilt Taulers seelsorgerliches Bemühen vor allem der Frage, wie der Mensch unabhängig von Predigt und Negativerfahrung in seinem Leben eine Umorientierung auf Gott hin vollziehen kann. Einen Ansatzpunkt stellt für ihn die Fähigkeit der menschlichen Vernunft dar, die jeglichem Selbstvollzug zugrundeliegende Motivation analysieren zu können. Dem Menschen wird durch die reflexive Tätigkeit seiner Vernunft bewußt, was ihn bestimmt, wenn er handelt; zugleich erkennt er, indem er mit Hilfe der Vernunft von seinen konkreten Lebensbedingungen und Verhaltensweisen abstrahiert, wer er eigentlich sein könnte, wenn er in den verschiedenen Dimensionen seines Menschseins Gott die Priorität vor allem anderen einräumen würde. Nach Tauler provoziert eine derartige Selbstreflexion die Einsicht in die Fragwürdigkeit einer ausschließlich vom Irdischen bestimmten Existenzweise und einen Bruch mit der Selbstverständlichkeit einer selbstbezogenen Lebensart. Es geht um eine Einstellung, in der der Mensch sich keine von Gott unabhängige Eigenständigkeit anmaßt, sondern seine existentielle Armut anerkennt, infolge derer er zu jedem Zeitpunkt auf das Wirken Gottes angewiesen bleibt. Über die Tätigkeit der Vernunft ist jedoch auf Dauer keine veränderte Einstellung zu erreichen. Sie kann zwar immer wieder die vom Menschen getroffene Grundoption erinnernd ins Spiel bringen; eine Veränderung bewirkt der Mensch jedoch nur durch eine intensive Arbeit an sich selbst. So macht Tauler darauf aufmerksam, daß der Mensch, um Gott zur alles bestimmenden Wirklichkeit seines Lebens zu machen, zu einem lebenslangen Kampf bereit sein muß.

Als hilfreich bei dieser Arbeit an sich selbst kann sich erweisen, den relativierenden Umgang mit dem Endlichen durch Tugenden wie Liebe, Demut, Gottesfurcht, Gelassenheit etc. einzuüben. Denn durch tugendhaftes Verhalten bemüht sich der Mensch, unter den Bedingungen der endlichen Situation mit seinem Handeln dem göttlichen Sinn des Lebens zu entsprechen. Insofern dieser Sinn als unendliche Möglichkeit im *grunt* des Menschen, d.h. in der unbegreifbaren Tiefe der menschlichen Existenz, lebensermöglichend präsent ist, macht der Mensch ihn in dem Maße in seinem begrenzten Dasein wirklich, wie es ihm gelingt, seine Grenzen aufzubrechen und für den göttlichen Sinn transparent zu werden. Mit der (alles menschliche Leben ermöglichenden) göttlichen Präsenz im Menschen ist jedoch immer auch die Gefahr einer Grenzüberschreitung des Menschen gegeben, die darin besteht, daß er die Differenz von Schöpfer und Geschöpf mißachtet und sich etwas anmaßt, was allein Gott zukommen kann. Die Verwechslung der extremen, weil göttlichen Möglichkeiten des Menschseins, die erst im Eschaton dem Menschen zu eigen sind, mit dem Status, den der Mensch als Geschöpf Gottes in Raum und Zeit einnimmt, wird aber von Gott aus nach Taulers Auffassung dadurch verhindert, daß er dem Menschen Anfechtungen und Leiden schickt: »... damit ihm jeder feste Halt gebrochen und er auf sein bloßes, lauteres Nichts verwiesen werde und er wirklich auf Gott (angewiesen) bleibe, ihn in einem schlichten, einfältigen Glauben bekenne und an nichts mehr einen festen Halt besitze« (V 21,87). Der Erfahrung des Leidens spricht Tauler demnach die Funktion zu, den von der Illusion einer praktisch gelebten Unendlichkeit geprägten Menschen in eine Krise zu führen mit dem Ziel, die bisherige Sicht seines Menschseins abzulösen durch die Einsicht in die Endlichkeit des Menschseins und damit in die Unaufhebbarkeit der Grenze zum Göttlichen hin. Die in der Krise des Leidens erfolgende Konfrontation des Menschen mit der Tatsache seiner grundsätzlichen Angewiesenheit auf die Hilfe und Zuwendung Gottes läßt Gott für den Menschen lebenswichtig werden; er erkennt, daß er selbst wie auch die gesamte kreatürliche Wirklichkeit nur im Zusammenhang mit Gott einen Wert besitzt, aus sich selbst heraus aber nichts ist. Damit die als notwendig erkannte Gottesbeziehung aber nicht umschlägt in ein Verhältnis, das der Mensch aus Selbstliebe zur Absicherung seiner Existenz betreibt, entzieht sich Gott dem Menschen wieder, nachdem der Mensch die Erfahrung der göttlichen Nähe in der Natur bzw. in bestimmten Situationen seines Lebens gemacht hat, so daß der Mensch in Anbetracht der Abwesenheit Gottes sowie im Wissen um die Fragwürdigkeit des Vertrauens in sich selbst weder in Gott noch in sich selbst sicheren

Halt gewinnen kann (s. Textauszug). Der Verlust der Möglichkeit, Sinn für das eigene Leben aus sich selbst heraus oder von Gott her mittels bestimmter Frömmigkeitsübungen zu gewinnen, eröffnet dem Menschen die Freiheit zu einem zweckfreien Umgang mit Gott und läßt den Menschen Gott um Gottes willen und nicht des eigenen Vorteils wegen suchen. Jeglicher Versuch, Gott haben zu wollen und sich seiner aus Eigeninteresse zu bemächtigen, ist damit ausgeschlossen: »Sie wollen Trost haben ...., ... Wahrnehmung, Empfindung und wollen immer etwas haben und wollen gerne ein Himmelreich haben« (V 66,361). Gegenüber einem derartigen religiösen Nutzdenken macht Tauler geltend, daß keine auf Gott gerichtete menschliche Anstrengung ihr Ziel erreicht, weil kein irdischer Weg des Menschen an dieses Ziel heranzuführen vermag. Weil Gott der unverfügbar Andere ist, kann der Mensch die Begegnung mit Gott durch eigenes Bemühen auch nicht erzwingen, sondern bleibt auf das gnadenhafte Entgegenkommen Gottes angewiesen. Das für Tauler im Vollzug des eigenen Lebens nur schwer aufzulösende Paradox besteht nun darin, daß Gott dem Menschen im *grunt* seiner Existenz lebensermöglichend immer schon und immer wieder nahe ist, obwohl er als Mensch bislang noch keine Gotteserfahrung gemacht hat. Dies bedeutet: der Mensch kann diesen Sinn nur finden, wenn er ihn als eine immer schon in seinem Leben präsente Wirklichkeit zu entdecken vermag. Allerdings ist dazu ein neues Sehen erforderlich, das nur dann in Gang kommt, wenn der Mensch lernt, völlig von sich abzusehen, in Gelassenheit frei von sich selbst zu werden und ganz offen für die Begegnung Gottes zu sein. In Demut an die Grenze alles Begrenzten geführt, ist der Mensch dann ganz sensibel für das unbegreiflich Andere Gottes, der dem Menschen in seiner Existenz immer begegnet, ohne daß dieser ihn je begreifen könnte; er begegnet, um dem Menschen sofort wieder entzogen zu sein. So lebt der Mensch in andauernder Spannung zwischen der widerfahrenen Begegnung Gottes und dem Bemühen, das, was begegnete, in den Kontext aller bisherigen Erfahrung einzuordnen. Da die Verarbeitung des Widerfahrenen wegen der uneindeutig bleibenden göttlichen Wirklichkeit an kein Ende kommt, hat der Mensch nur zwei Möglichkeiten: Entweder wendet er sich, weil er die nicht integrierbare Spannung zu Gott als dem schlechthin Anderen nicht aushält, erneut sich selbst und seinen diesseitigen Interessen zu; oder er zeigt sich weiterhin zur Offenheit gegenüber der unverfügbaren Wirklichkeit Gottes bereit und läßt sein Leben im Absehen von sich selbst durch das Hinsehen auf Gott bestimmen. Wenn der Mensch sich auf diese Weise mit seinem ganzen Leben auf den lebendigen, alles Gewohnte sprengenden Gott einläßt, wird sein Leben in dem Maße sinnvoll, wie er Gott unter den konkreten Bedingungen seiner Existenz Raum gewährt. Dies heißt: indem sich der Mensch zunehmend den im *grunt* seiner Existenz präsenten Sinnmöglichkeiten öffnet, vollzieht sich der Wandel Gottes von der lebensbegründenden zur lebensbestimmenden Wirklichkeit des Menschen. Diese Offenheit für die Andersheit Gottes bedeutet letztlich für Tauler die Bereitschaft zur Anerkennung dessen, daß Gott sich zeigt, wem, wann und wie er will. Dadurch, daß der Mensch sich derart auf Gott einstellt, wird er im Vollzug des Lebens erfahren für die Erfahrung Gottes, weil er lernt, ihn sein zu lassen, wie er ist (s. Textauszug).

Doch wie kommt der Mensch dazu, etwas seine Aufmerksamkeit zu schenken, das unsichtbar und unbekannt ist? Abgesehen von der Möglichkeit, Gott in der Natur oder im Kontext der Selbsterfahrung zu begegnen, wovon bereits – wie Tauler anmerkt – bei den heidnischen Meistern Platon und Proklos Hinweise zu finden sind, hat insbesondere Jesus Christus für Tauler die Funktion, den Menschen aus sich heraus auf das Göttliche hin zu bewegen. Denn die intensive Betrachtung Jesu Christi bringt den Menschen in Konflikt mit einer Lebenspraxis, die an der sinnlich wahrnehmbaren Wirklichkeit ausgerichtet ist. Der Mensch erkennt, wie sehr er bislang irrtümlich auf das sinnlich Gegebene der endlichen Wirklichkeit fixiert war und wie sehr sich das Lebensmuster Jesu Christi von seinen gewohnten Verhaltensweisen unterscheidet. Das in der Beschäftigung mit dem Leben Jesu Christi geweckte Interesse für dessen Andersheit darf jedoch nicht bei den sinnlich konkreten, bildhaften Vorstellungen von Jesus Christus und seinem Leben stehenbleiben, sondern muß sich seiner Gottheit zuwenden, damit der Grund für die in seiner Lebenspraxis sichtbar werdende Umwertung aller rein irdisch begründeten Werte erfaßt werden kann. Jesus selbst hat bei den Jüngern den Übergang von seiner sinnlichen Erfahrung zur vernünftigen Beschäftigung mit der unsichtbaren Dimension seiner Person, d.h. seines göttlichen Lebens jenseits von Raum und Zeit, dadurch eingeleitet, daß er durch seine Himmelfahrt die Aufmerksamkeit von der Erde auf den Himmel lenkte:

»So mußten die Jünger zehn Tage warten, nachdem sie im Leben und Leiden darauf vorbereitet worden waren und alles hingegeben hatten und die höchste Stufe der Vorbereitung erreicht hatten; diese bestand darin, daß sie den freigegeben hatten, den sie über alles liebten und dessentwegen sie alles aufgegeben hatten. Als Folge stellte sich ein, daß er nun all ihren Geist und ihr Herz, ihre Liebe mit sich völlig in den Himmel genommen hatte und ihr gesamtes Verlangen, ihre Liebe, ihr Herz, ihre Seele, in ihm und mit ihm im Himmel war« (V 19,79f).

Auf diese Weise erhält das menschliche Leben einen neuen Inhalt; der Mensch ist auf Gott hin konzentriert, weil ihn das Leben Jesu Christi in all seinen Dimensionen interessiert. Es interessiert ihn, weil er in dem von seinem eigenen Leben vielfach unterschiedenen Leben Jesu eine völlig a-typische Sicht der menschlichen Existenz gewinnen kann: Gerade durch Jesu willentliche Annahme der im Leiden aufscheinenden Grenzen der menschlichen Existenz und somit durch sein entschiedenes Hineingehen in die Differenz zu Gott bis hin zur Vernichtung seiner menschlichen Existenz im Sterben am Kreuz vollzieht sich der Übergang zu Gott. Ob und in welchem Maße dieser Übergang für den Menschen – unter Umständen bereits im Diesseits – zur Realität wird, hängt von seiner Bereitschaft zur Identifizierung mit dem Lebensweg Jesu ab, in dessen Verlauf der Wechsel von der Differenz in die Identität mit Gott bereits wirklich geworden ist. Obwohl Tauler nach eigenem Bekunden diese Einheit mit Gott selbst noch nie erfahren hat, bildet die Gewißheit, daß der Mensch dazu grundsätzlich in der Lage ist, eine selbstverständliche Voraussetzung all seiner Predigten. Allerdings ist sich Tauler über die Art und Weise sowie den Zeitpunkt dieser Erfahrung unsicher. Taulers Begründung seiner Predigttätigkeit, zu der er sich wegen seiner fehlenden Erfahrung genötigt sieht, läßt seine Grundeinstellung als Seelsorger deutlich werden:

»Glaubt nicht, daß ich mir anmaße, bis in den Grund gekommen zu sein, auch wenn kein Lehrer lehren soll, was er nicht selbst in seinem eigenen Leben erfahren hat. Doch reicht es zur Not, daß er es liebe und anstrebe und nichts dagegen tue. Doch wißt, daß es anders nicht sein kann« (V 41,175).

Dies heißt: als Seelsorger verfügt Tauler nicht über die Erfahrung, um die sein gesamtes Predigen kreist. Wenn er sie dennoch immer wieder thematisiert, geschieht dies demnach nicht, weil er den Inhalt gemachter Erfahrung mitteilen möchte, sondern weil er seine Zuhörer zu eigener Erfahrung motivieren will. Es geht ihm darum, seine Zuhörer in Beziehung zu bringen zu dem, dem er sich selbst in Liebe verbunden fühlt. Damit wird die Predigt zur Zeit, wo durch die Thematisierung der Beziehung von Gott und Mensch die gewohnten Bezüge des Alltags unterbrochen und Prediger wie Zuhörer im Erproben möglicher Sichtweisen, Einstellungen und Verhaltensweisen dahin gebracht werden, das eigene Leben im Horizont Gottes sowie Gott im Bereich des eigenen Lebens wahrzunehmen und wahrzumachen.

Anmerkungen

1 Zitiert wird nach: Ferdinand Vetter, Die Predigten Taulers. Berlin 1910 (Deutsche Texte des Mittelalters XII); zitiert als V mit Predigtnummer und Seitenzahl.
2 Abgedruckt in: Ferdinand Vetter (Hg.), Die Predigten Taulers, Berlin 1910, S. 159,29–162,23.

Literatur

Johannes Tauler, Gotteserfahrung und Weg in die Welt. Herausgegeben, eingeleitet und übersetzt von Louise Gnädinger, Olten 1983.

Johannes Tauler, Predigten. Übertragen und herausgegeben von Georg Hofmann, Freiburg i.Br. 1961; Neudruck mit einer Einführung von Alois M. Haas (= Christliche Meister, Band 2 und 3), 2 Bände, Einsiedeln 1979.

Louise Gnädinger, Johannes Tauler. Lebenswelt und mystische Lehre, München 1993.

Alois M. Haas, Nim din selbes war. Studien zur Lehre von der Selbsterkenntnis bei Meister Eckhart, Johannes Tauler und Heinrich Seuse (= Dokimion, Band 3), Freiburg/Schweiz 1971.

Ders., Sermo mysticus. Studien zu Theologie und Sprache der deutschen Mystik (= Dokimion, Band 4), Freiburg/Schweiz 1979.

Ignaz Weilner, Johannes Taulers Bekehrungsweg. Die Erfahrungsgrundlagen seiner Mystik (= Studien zur Geschichte der katholischen Moraltheologie, Band 10), Regensburg 1961.

Caterina von Siena

»Die Braut auf dem Bett von Blut und Feuer«

Hanna-Barbara Gerl

I. Biographie

Die Mitte des von Krisen gepeinigten 14. Jahrhunderts kennt ein einschneidendes Datum: die Schwarze Pest von 1348; Caterina (1347–1380) ist gerade ein Jahr alt. Unaufhaltsam Europa durcheilend, riß die Pest etwa ein Drittel der Bevölkerung mit sich, blitzartig, wo immer sie eintraf. Das Grauen dieser Epidemie drang in alle Lebensbereiche: Tod hing in der Luft, ein anschaulicher, handgreiflicher Schatten des Lebens. Siena verlor die Hälfte seiner Bevölkerung und war gezwungen, den Bau der größten Kathedrale der Welt einzustellen – der heutige Dom besteht nur aus dem Querschiff. 1374 rollte eine zweite große Welle der Pest; Caterina verliert zwei Pflegekinder sowie acht Neffen und Nichten. Allgegenwärtig durchtränkte der Tod auch die Literatur: Francesco Petrarca (1304–1374) stößt die abendländische Reflexion an mit seinen »Gesprächen über die Weltverachtung« und den stoisch unterlegten »Heilmitteln gegen Glück und Unglück«. Eitelkeit, tiefe Vergeblichkeit, Auslieferung an das Ende, *miseria hominis* sind die Akkorde: das Leben verlor die Zuversicht des wenigstens auf Zeit Gesicherten. Petrarca kennt eine »Pest des Geistes«, *pestis animi*, die Willensträgheit mit der Grenze zur Gemütskrankheit, Trostlosigkeit: *acedia*. »Keine Wunde in mir ist so alt, daß sie durch Vergessenheit vernichtet wäre; frisch ist alles, was mich peinigt. . . . Hinzu kommen auch Haß und Verachtung gegenüber der menschlichen Lage (*humanae conditionis*). Von alledem überwältigt, kann ich nicht anders als tieftraurig sein.«[1] Das Todesmotiv, ja die fast magische Zelebration des Todes (als wollte man den Allherrscher in solcher Verherrlichung bannen) durchzieht den »Herbst des Mittelalters«[2]. Die große Pest von 1348 wird eigenartigerweise zeit-

Caterina von Siena vor Urban VI. und den Kardinälen

gleich von einem Erdbeben begleitet, das sich auch in den Folgejahren immer wieder rührt – von Italien bis in die Niederlande – und eine apokalyptische Grundstimmung herausfordert.[3]

Die unmittelbare Bedrohung für Leib und Leben schien jedoch nur ein kleinerer Spiegel von unüberschaubaren, großräumigen Umwälzungen in der Politik. Die Päpste hatten schon zu Beginn des 13. Jahrhunderts aus politischen Rücksichten Rom verlassen müssen – Avignon wurde zum »Gegen-Rom« erhoben, gedeckt vom zynischen Satz Charles' V., Rom sei, wo immer sich der Papst gerade aufhalte. Birgida von Schweden (1303–1373), in vieler Hinsicht die »ältere Schwester« Caterinas, sieht auf einer Pilgerreise nach Compostela in Avignon die Dämonen hausen. Als sie im Heiligen Jahr 1350 nach Rom zieht, findet sie dort bereits die ehrwürdigen Stätten am Zerbröckeln. »Kirchen ohne Dach, von Hunden bewohnt, mordender Adel, Priester, die im Golde wühlen, ihre Befugnisse verkaufen. ›Verbraucht in Sünden schwimmen die Seelen zur Hölle‹«.[4] Petrarca brandmarkt zur selben Zeit die Huren-Stadt Babylon-Avignon in seinem »Buch ohne Namen« als Hauptstadt aller Verworfenheiten, Weltmitte der Todsünden. In drei Sonetten ruft er die äußersten Bilder auf für die »babylonische Gefangenschaft« der Kirche:

»In deinen Räumen – Lärm von wilden Tänzen,
Mädchen und Greise! Satan tritt die Bälge,
Schürt rings die Glut, läßt rot die Spiegel glänzen.«[5]

Die kaiserliche Macht hielt sich fern von Italien, wo sich die alte Feudalordnung in entsetzlichen Krämpfen auflöste. Dante nennt sein Vaterland eine »wilde Stute, bösartig, unbändig und grausam«.[6] Die langwierigen Fehden der italienischen Stadtstaaten, die unaufhörliche Selbstzerfleischung – mit Hilfe ausländischer Söldner – und die politische Dauerunruhe scheinen unbefriedbar. Am Ende des Jahrhunderts gibt es zwei Kaiser, zwei und schließlich drei Päpste: die verheerendste Zerrüttung der höchsten Ordnungsmächte in Europa, womit im Grunde auch das Ende des Mittelalters markiert ist. Die äußere wie innere Zerstörung des Jahrhunderts wird an den Massenpsychosen sichtbar, die die Öffentlichkeit heimsuchen: Geißlerzüge wollen die Geschehnisse als Strafgericht deuten und durch Selbstquälung aufhalten.[7]

Aus solchen Schattierungen taucht das »herbstliche« Lebensgefühl der Zeit Caterinas auf: Wand an Wand mit dem Tod gestaltet sich der Alltag der reichen Stadt Siena. Als Rückseite dieser Todesnähe lebt die Zeit eine betonte Körperlichkeit und Anspannung aller Sinne, fast bis zur Brutalität. Jede mittelalterliche Stadt ist in einem heute unvorstellbaren Maße sinnlich geprägt: von Farben, von Geräuschen und vor allem von Gerüchen. Caterina, 1347 gerade vor der mörderischen Pest geboren, wächst in einem Färberhaus zwischen Gerüchen auf; sie wird später das Blut eines Hingerichteten nicht aus ihren Kleidern waschen, weil sie darin das Blut Jesu riecht; sie wird auch dem Gestank der Verwesung nachgehen, wenn sie Tote in verlassenen Pesthäusern sucht, auf ihrem Mantel vor die Stadt schleift und dort begräbt – am Beginn ihrer »öffentlichen« Laufbahn, etwas älter als 20 Jahre. Caterina ist von der Anlage her sinnlich, auch geschlechtlich sinnlich – ihr Leib irritiert und quält sie immer wieder. Sie bändigt (nicht ohne Mühe) ihre Geschlechtlichkeit; die Sinne bleiben aber ihre Grundmotorik. Caterina riecht und schmeckt die Welt und Gott. *Sapientia*: bei ihr wirklich »Geschmack« und nicht bloß Weisheit.

Das Elternhaus Benincasa, reich im reichen Siena, ist eine vielfältige Welt: Zweiundzwanzig leibliche Geschwister, viele davon schon verheiratet und mit eigenen Kindern, Domestiken und Arbeiter in der Färberei ergeben einen übergroßen Haushalt. Auch der Tod ist anwesend: Er nimmt Caterinas Zwillingsschwester als Säugling mit; Caterina überlebt und wird von der Mutter, Monna Lapa (einer Tochter des Dichters Puccio Piacenti), als letztes, vierundzwanzigstes Kind lange gestillt. (Ein noch späteres Schwesterchen stirbt nach der Geburt.) Die Kleine nimmt früh die bösen Unruhen ihrer Zeit wahr, auch die Dauerbedrohung der Vaterstadt durch das feindliche Florenz, das tatsächlich über die kulturell und ästhetisch raffiniertere Stadt siegen wird.

Im Alter von sieben Jahren erfährt das wache und verletzliche Kind Trost: Über der Nachbarkirche San Domenico erscheint ihr Christus in weißen, päpstlichen Gewändern, von ebenfalls weißgekleideten Heiligen umringt. Im Lächeln und im Segen Christi empfindet sie sich erstmals ihm tief verbunden, von Grund auf eigen. Sie beginnt, ihm zu dienen: In Bußübungen geißelt sie sich mit ihren kindlichen Freundinnen. Später wählt die Heranwachsende in einem Traum zwischen verschiedenen Kleidern den weißen Mantel des Dominikus. Die Familie knüpft freilich andere Absichten an das schöne Mädchen; die Mutter läßt sie modisch ihre Haare bleichen, man denkt an günstige Heirat. Doch eines Tages erscheint Caterina bei Tisch mit rasiertem Kopf und eröffnet der skandalisierten Familie, sie möchte Mantellatin im Drittorden der Dominikaner werden. Der Wunsch erscheint sachlich unerfüllbar: Zum Drittorden zählen nur ältere, in der Regel verwitwete Frauen, die die Werke der Nächstenliebe und Buße unklausuriert betreiben. So wehrt nicht nur die Familie, sondern auch der Orden ab: Caterina ist zu jung und anziehend. Darauf fällt sie in eine schwere, sichtlich seelisch ausgelöste Krankheit, die ihr Äußeres entstellt. Vor der Entschiedenheit der Siebzehnjährigen geben Familie und Orden nach: 1364 wird Caterina Mantellatin, was zunächst Gebet und Barmherzigkeit meint und den Verbleib im Elternhaus voraussetzt.

Nun tritt eine weitere Merkwürdigkeit ein, nachdem der Starrsinn durchgesetzt ist: Caterina lebt drei Jahre lang schweigend und betend in einer Kammer, ißt allein, schläft wenig, verläßt den Raum nur zum Gottesdienst, ist für die Familie und die sonstige Welt wie gestorben – vollzieht also gerade nicht die Aufgaben einer Mantellatin. In diese stummen, von außen nicht einsichtigen Jahre fallen unbeschreibliche Erlebnisse: die geistliche Vermählung mit Christus, der Herzenstausch, eine mehrstündige Todesstarre bei der Einung mit Gott.

Mit einundzwanzig Jahren erscheint Caterina unerwartet wieder zum Essen am gemeinsamen Tisch und übernimmt nun zum erstenmal Außendienste: Krankenpflege (darunter einer böszüngigen Frau, die ihr geschlechtliche Laster nachschreit), Armenspeisung und -kleidung (wie Franziskus gibt sie dabei einmal ihr eigenes Gewand weg und greift auch, vom Vater geduldet, in die Kleidertruhe zuhause); Trostgespräche mit Gefangenen; Begleitung von Todeskandidaten zur Richtstätte – all dies unterlegt von einer unerklärlichen Bekehrungsgabe und Überzeugungskraft. Fast unmittelbar scharen sich Anhänger beiderlei Geschlechts und aus allen sozialen Schichten um sie: Eine »famiglia« umgibt die »dolcissima mamma« und wird von ihr zu Gebet und *caritas* angespornt. Kirchlicher Verdacht bleibt nicht aus: Ihr Orden bestellt sie im Mai 1374 vor das Generalkapitel in Florenz, um ihre eigenartige Lebensführung – wohl auch ihre Visionen – zu durchleuchten. Caterina besteht das Verhör offenbar glänzend. Sie gewinnt sogar nicht vorausgesehene Hilfe: Der Dominikaner Raimund von Capua wird ihr als geistlicher Begleiter zugeordnet, der sie in ihren neu zuwachsenden Aufgaben bedeutend unterstützt und später ihre Lebensbeschreibung mit dem Blick des vertrauten und doch nicht unterscheidungslosen Zeugen niederlegt.

Caterina hat nur noch sechs Jahre Lebenszeit, um jene kaum vergleichbare politische Wirkung zu erreichen, die bis heute mit ihrem Namen verknüpft ist. 1375 verwirrte sich die schlechte politische Lage Oberitaliens ins Heillose, Florenz rief zu einer antipäpstlichen Liga auf. Sein Banner »Libertas« war freilich selbst nicht national, sondern durchaus eigensüchtig gedacht. Gewonnen wurde zuerst das starke Visconti-Mailand; Pisa und Lucca bedenken den Beitritt, als Caterina im Gefühl nicht wieder gutzumachender Not ihr gewohntes Handeln sprengt. Sie reist in die beiden Städte, entwirft eine Aussöhnung, schreibt starke und klare

Briefe: kein Bündnis irgendeiner Art gegen den Papst, sofortige Rückkehr des Papsttums von Avignon nach Rom, um den Frieden jenseits aller politischen Interessen zu vermitteln, Verlegung der ausländischen Söldnerbanden aus Italien auf einen würdigeren Kampfplatz, die Eroberung Jerusalems. Den Schlüssel dieser verflochtenen Denkwege aus der Misere bildet das Papsttum, das sich bisher ähnlichen Appellen verschlossen hatte.

Für Caterina gilt nur eines: das Unerreichbare doch zu erreichen. 1375 von Pisa aus, Schritt für Schritt, sucht sie das Verhängnis zu entflechten: Zunächst versendet sie Aufrufe zum Kreuzzug, um die verhaßten Söldner einzubinden in die Ritterschaft, um das christliche Zypern von der Türkengefahr zu entsetzen, um das Heilige Land zu befreien und die italienischen Händel durch den gemeinsamen Feind zu einen. Kein einziges dieser Ziele gelingt, im Gegenteil verkehrt sich alles ins Fruchtlose: Im Juli 1375, zeitgleich zur päpstlichen Kreuzzugsbulle, schließen sich auch das heimatliche Siena, danach Pisa und Lucca der antipäpstlichen Liga an; Perugia und Bologna empören sich gegen Rom. Caterina empfängt zu dieser Zeit in Pisa – in fünf durchbohrenden Lichtstrahlen – die Wundmale Christi, die auf ihren Wunsch hin unsichtbar bleiben. Nun verdichtet sich alles bei ihr auf den einzigen Ausweg, das von den Franzosen politisch mißbrauchte Papsttum von seinem Schmutz zu reinigen. Seit Februar 1376 schreibt Caterina an Gregor XI. (1329–1378) Mahnungen, Warnungen, Nötigungen. Sie tritt für das in Bann stehende Florenz ein (das sie zwei Jahre später ermorden will): »Man kann den Teufel nicht mit dem Beelzebub austreiben und durch Krieg keinen Frieden gewinnen. Frieden, Frieden, Frieden, liebster Vater, und keinen Krieg mehr.«[8] Schließlich wird Caterina, die politisch Naive, vom listenreichen Florenz als Vermittlerin im Juni 1376 nach Avignon gesandt, ohne daß Florenz ernsthaft an einer Befriedung gelegen war. In Avignon spricht Caterina mit aller Glut und mit Freimut; tatsächlich geschieht das Unerwartbare. Der von seiner Familie und der französischen Krone gegängelte Gregor gibt dem Mädchen nach, in welchem er wohl eine Botin, untergründig an sein schlechtes Gewissen rührend, sah. Caterina hatte freilich die Rückkehr des Papstes waffenlos, nur mit einem Kreuz in der Hand, gewünscht. Der Franzose schätzte die Italiener anders ein; ein Heer von zweitausend Mann bewegte sich mit ihm vom September 1376 bis Januar 1377 durch Oberitalien. Eine Schandtat vergiftete kurz nach der Ankunft des Papstes in Rom die Lage aufs äußerste. Durch einen Befehlshaber der bretonischen Söldnertruppen, den skrupellosen Kardinal Robert von Genf, kam es im Februar 1377 zu einem widerwärtigen Abschlachten von dreitausend Menschen in Cesena. Caterina schreibt voll brennender Trauer nach Rom: »Ach, mein Vater, wie unglücklich bin ich. Gott haben wir den Krieg erklärt! Dem Fluch des Todes sind wir verfallen. Satan besitzt offenbar die Herrschaft über die Welt. Bei solchen Kriegen und Wirren können Sie doch keine einzige ruhige Stunde haben. Ich möchte Sie bitten, Frieden zu gewähren unter jeder Bedingung, einzig mit Rücksicht auf Wahrung Ihres Gewissens. Sie müssen auf friedliebende Personen hören, nicht auf Kriegshetzer, selbst wenn man den Krieg nur aus Eifer für die Gerechtigkeit führen sollte. Es ist viel besser, das Geld des weltlichen Besitzes fahren zu lassen als das Gold des geistlichen Besitzes. Frieden, Frieden um der Liebe des Gekreuzigten willen, nicht mehr Krieg! Sonst ist uns nicht zu helfen. Ich kann nicht mehr!«[9] Kurz vor einem sich abzeichnenden Friedensschluß mit Florenz stirbt Gregor XI. im März 1378, nicht ohne den bitteren Satz geäußert zu haben, er würde keiner weiblichen Prophetin mehr Glauben schenken. Im Juni desselben Jahres gerät Caterina in einen Aufstand in Florenz, bei welchem ein gedungener Mörder sie anfällt. Sofort vom Gedanken eines notwendigen Opfers erfüllt, ruft sie: »Stoß zu!«, was den Mann voller Verwirrung fliehen läßt. Tatsächlich kommt im Juli 1378 der von Caterina selig begrüßte Friede zustande, der Florenz aus dem Kirchenbann löst. Unmittelbar danach verdichtet sich das Unheil endgültig.

Der neue Papst Urban VI., ein Neapolitaner aufrichtigen, jedoch cholerisch-ungeschickten Charakters, erhält schon im August 1378 einen französischen Gegenpapst, eben jenen zynischen »Schlächter von Cesena«. Caterina eilt mit einigen ihrer Famiglia nach Rom, um das Schisma zu schließen und den Papst in seinem vielfach übereilten Handeln zu beraten. Bereits todkrank schleppt sie sich jeden Morgen nach St. Peter zur Messe. Dabei sieht sie eines Morgens in der Vorhalle das Mosaik Giottos mit dem Kirchenschifflein auf ihre Schultern stürzen. Man trägt die Zusammengebrochene heim zu einem schweren Sterben. Ihr leibliches und noch mehr geistiges Martyrium für die Einheit der Kirche endet am 29. April 1380 in Rom, eine unverhüllte Ergebnislosigkeit vor Augen: Das Große Abendländische Schisma spaltet und zerreißt die Christenheit, zuletzt zwischen drei Päpsten geteilt, noch bis zum Konzil von Konstanz 1415.

Es blieben Caterinas Briefe, 381 erstrangige Geschichtsdokumente des 14. Jahrhunderts, deren Adressaten quer durch die Stände gehen: an Päpste, Kardinäle, Bischöfe, den hohen und niederen Klerus, Könige und Königinnen, Herzöge, Condottieri, Damen der hohen Aristokratie, Mantellatinnen-Mitschwestern, Familienangehörige, Handwerker, Künstler, Ärzte und Juristen, Scholaren und Leute aus dem Volk. Leider haben spätere Kopisten meist die Alltags-Mitteilungen entfernt, so daß Caterinas privates Bild darin kaum auftaucht, es sei denn in der eigenartigen Sprachkraft und Geradlinigkeit auch gegenüber den höchsten Potentaten.[10] Es blieb ihr Hauptwerk von 1377/78, »Libro della divina dottrina volgarmente detto dialogo della divina provvidenza«[11], das auch ihre hochtheologischen Gebete enthält. Die Jungfrau und Prophetin mit der Lilie wurde zur Patronin Italiens (1933) und insbesondere Roms (1866) ernannt und von Paul VI. 1971 neben Teresa von Avila zur Kirchenlehrerin erhoben – eine bislang unvorstellbare Auszeichnung.

II. Exemplarische Texte

Brief an Don Guglielmo Rainaud, Generalprior der Kartäuser

(in: Caterina von Siena, Gottes Vorsehung, hrg. v. L. Gnädinger, München 1989, 80f.)

»Habt also Hunger und Durst. Ich sehe jedoch nicht, daß man diesen Hunger ohne Vermittlung des Blutes haben könnte, und deswegen sagte ich, daß ich Euch im Blute des gekreuzigten Christus gebadet und versenkt sehen möchte. Denn im Blut verliert sich die Liebe zum eigenen Leben, zu dieser verkehrten Anhänglichkeit, die der Mensch sich selbst gegenüber hat, jene Liebe, die verhindert, daß Gerechtigkeit geschieht aus Furcht, die Stellung zu verlieren, oder um den Menschen mehr entgegenzukommen und zu gefallen als Gott; sie verhindert die Vorgesetzten, nach dem Willen Gottes zu handeln. Zwar hat sie kein gutes Gewissen, doch nach Gutdünken und Belieben wird gehandelt, und dies ist es, was das Ordensleben verdarb und noch verdirbt, indem sie die Prälaten nicht tadelt oder tadeln läßt, sondern sie ungebessert und unbesonnen verbleiben macht. Deshalb verdirbt der schlechte Vorgesetzte die Untergebenen, wie der gute sie fördert. Und all dies geht aus der Eigenliebe hervor. Im Blute Christi verliert man diese Liebe und erwirbt eine grenzenlose Liebe, da man erkennt, daß er aus Liebe uns sein Leben schenkte, um diesen Adoptivsohn des Menschengeschlechts loszukaufen. Sieht der Mensch so viel Liebe, weckt diese Liebe wiederum Liebe, welche die Neigung und das Verlangen dahin bringt, zu lieben was Gott liebt, und zu hassen, was er haßt. Und weil er sieht, daß Gott sein Geschöpf, in dem Vernunft wohnt, liebt, empfängt seine Seele eine Liebe zum Heil der Seelen, so sehr, daß es scheint, er könne sich nicht ersättigen. Er verabscheut die Laster und Sünden, weil sie nicht aus Gott sind, und liebt die Tugenden in ihnen zur Ehre Gottes. Davon verliert er die Lauheit und wird eifrig; er verliert die Liebe zu seinem Leib und gäbe sich tausend Toden hin, wäre es notwendig. Er verliert die Blindheit und hat das Licht wiedererlangt, denn die Wolke der Eigenliebe hat sich weggehoben und die Sonne der göttlichen Liebe zur Liebe Gottes, die in sich alle Unwissenheit verzehrte, ist aufgegangen. Und all dies sog er aus dem Blut.«

»Dialogo della divina Provvidenza«

(in: Caterina von Siena, Gottes Vorsehung, hrg. v. L. Gnädinger, München 1989, 250.252f.)

»Jedes vernunftbegabte Geschöpf hat einen eigenen Weinberg, das ist der Weinberg seiner Seele, in welchem der Wille mit seiner freien Entscheidungskraft in der Zeit Arbeiter ist, nämlich so lange das Leben währt. Ist die Zeit vorbei, kann keine Arbeit mehr verrichtet werden, weder eine gute noch eine schlechte. Doch während es lebt, kann es seinen Weinberg, in den ich es stellte, bebauen. Und jener Arbeiter der Seele empfing solche Kraft, daß weder der Teufel noch irgend ein Geschöpf sie ihm nehmen kann, wenn er es nicht will; denn als er die heilige Taufe empfing, wurde er so gestärkt und wurde ihm das Messer der Tugendliebe und des Sündenhasses gegeben. Diese Liebe und diesen Haß findet er im Blute, denn aus Liebe zu euch und aus Haß auf die Sünde starb mein eingeborener Sohn, euch sein Blut hingebend, . . .

Jene sind wahre Winzer und bearbeiten ihre Seele gut, die alle Eigenliebe wegnehmen, indem sie das Erdreich ihrer Neigung mir zuwenden. Und die den Keim der Gnade, den sie in der heiligen Taufe empfingen, wachsen lassen. Bearbeiten sie das Ihrige, pflegen sie auch dasjenige ihres Nächsten, und sie können das eine nicht bearbeiten ohne das andere. Du weißt ja schon, daß ich dir sagte, jedes Übel und alles Gute vollziehe sich über die Vermittlung des Nächsten. Denn ihr alle seid meine Arbeiter, die von mir, dem ewigen Winzer, ausgingen, der euch vereinigte und dem Weinstock durch die Einheit, die ich mit euch einging, aufpfropfte.

Behalte im Gedächtnis, daß alle Geschöpfe mit Vernunft ihren Weinberg für sich haben; dieser aber ist, ohne irgend ein Zwischending, mit dem ihres Nächsten verbunden, nämlich der eine mit dem anderen, und so sehr sind sie verbunden, daß keiner das Gute für sich und nicht auch für den Nächsten tun kann, noch das Schlechte nicht auch für ihn tut.«

Brief an Fr. Jeronimo von Siena, Augustinereremit

(in: Caterina von Siena, Gottes Vorsehung, hrg. v. L. Gnädinger, München 1989, 84f.)

»Es gibt kein Ostermahl außer dem des unbefleckten Lammes, das heißt dasselbe, welches er seinen lieben Jüngern aus sich zubereitete. O liebstes Lamm, gebraten am Feuer von Gottes Liebe und am Spieß des heiligsten Kreuzes! O ganz köstliche Speise, reich an Wonne, an Freude und Kräftigung! In Dir mangelt uns nichts: denn der Seele, die Dir in Wahrheit dient, bist Du Tisch, Speise und Diener geworden. Wir sehen in der Tat, daß der Vater dabei der Tisch ist – er ist auch Lager, auf dem die Seele sich ausruhen kann –, wir sehen das Wort seines eingeborenen Sohnes, das sich Dir mit gewaltigem Liebesfeuer zur Speise gab. Wer brachte es Dir? Der Diener heiliger Geist. Und in seiner maßlosen Liebe uns gegenüber ist er nicht zufrieden damit, daß wir durch andere bedient seien, er selbst will Diener sein. . . .

Entzündet denn, entzündet das Feuer des heiligen Verlangens! Und betrachtet das geopferte Lamm am Holze des heiligsten Kreuzes, denn anders können wir nicht Mahl halten an dieser süßen und ehrwürdigen Tafel. Trachtet, daß in Eurer Zelle der Seele der Baum des heiligsten Kreuzes immer eingepflanzt und erhoben sei; denn an jenem Baume werdet ihr die Frucht des wahren Gehorsams, der Geduld und der tiefen Demut pflücken: alles Selbstgefallen und alle Eigenliebe werden in Euch ersterben und Ihr werdet den Hunger verspüren, Seelen zu essen und zu genießen, indem Ihr erkennt, daß das Lamm zu unserem Heil und zur Ehre Gottes sich erniedrigte und sich selbst zum überaus schmachvollen Tode am Kreuz hingegeben hat, wie ein Tor, liebestrunken und verliebt unsertwegen. Nun, dies ist das Osterfest, das ich mit Euch zu halten wünsche.«

Brief an Fr. Raimondo von Capua

(in: Caterina von Siena, Gottes Vorsehung, hrg. v. L. Gnädinger, München 1989, 116f.)

»Ich will also, daß Ihr Euch einschließt in die geöffnete Seite des Sohnes Gottes, die ein offener Ladenraum ist, von Duft so erfüllt, daß selbst die Sünde davon wohlriechend wird. Dort ruht die Braut auf dem Bette des Feuers und des Blutes; dort wird sichtbar und eröffnet sich ihr das Geheimnis des Herzens des Gottessohnes. O angezapftes Faß, aus dem du zu trinken reichst und berauschest jedes liebeerfüllte Verlangen! Und Licht und Freude gibst jedem Geiste, jedes Gedächtnis erfüllst, das sich um dich bemüht, bis es nichts anderes behalten, noch anderes begreifen, noch anderes lieben kann, als diesen liebsten und guten Jesus! Blut und Feuer, unfaßbare Liebe! Und da meine Seele beglückt sein wird, Euch so versenkt zu sehen, so will ich, daß Ihr es machet wie der, welcher das Wasser mit dem Eimer schöpft und es über alles ausgießt; und so gießt aus das Wasser des heiligen Verlangens über das Haupt Eurer Brüder, die unsere Glieder sind, eins in dem Körper der holden Braut. . . .

Ich habe den besucht, von dem Ihr wißt: und es stärkte und tröstete ihn so sehr, daß er beichtete und in guter Verfassung war. Er bat mich, um Gottes willen zu versprechen, daß ich, wenn die Zeit des Gerichtes gekommen wäre, bei ihm sei; ich versprach und hielt es. Am Morgen, vor dem Zeichen der Glocke, begab ich mich zu ihm; und es verschaffte ihm starken Trost. Ich führte ihn zur Messe, und er empfing die heilige Kommunion, die er nie mehr empfangen hatte. Sein Wille war ergeben und unterworfen dem Willen Gottes, und es war ihm nur die Furcht geblieben, nicht stark zu sein im letzten Augenblick. Aber die unendliche und glühende Güte Gottes überlistete ihn, indem sie durch mich ein so großes Verlangen nach Gott in ihm erweckte, daß er ohne ihn nicht mehr sein konnte. Er sagte: ›Bleibe bei mir und verlasse mich nicht, so geht es mir nur gut, so sterbe ich zufrieden.‹ Und er legte sein Haupt an meine Brust. Da fühlte ich ein Frohlocken und einen Geruch seines Blutes, und es war nicht ohne den Geruch des meinen, das ich vergießen möchte für den liebsten Bräutigam Jesus. Während das Verlangen in mir wuchs und ich die Furcht fühlte, die ihn bewegte, sagte ich: ›Mut, mein lieber Bruder! Denn bald wird Hochzeit sein. Du wirst hinkommen, getaucht in das Blut des göttlichen Sohnes, mit dem süßen Namen Jesus, von dem ich nicht will, daß er je deinem Gedächtnis entfalle. Und ich werde dich am Richtplatz erwarten.‹

Nun denkt, mein Vater und Sohn, daß sein Herz jede Furcht verlor, die Trauer auf seinem Angesicht sich in Freude wandelte, er sich freute und frohlockte und sagte: ›Woher kommt mir so große Gnade, daß die Wonne meiner Seele an der heiligen Stätte des Gerichtes mich erwarten will?‹ Seht, zu solchem Lichte war er gelangt, daß er die Stätte des Gerichtes heilig nannte. Und er sagte: ›Voll Kraft und Freude will ich hingehen; und es scheinen mir tausend Jahre bis dahin, wenn ich denke, daß er mich dort erwartet.‹ Und so liebreiche Worte sprach er, daß es zum Bersten war, wie Gottes Güte in ihm wirkte.«

Brief an Messer Bartolomeo della Pace (einen Condottiere), 2. Hälfte 1375

(in: Katharina von Siena, Politische Briefe, hrg. v. F. Strobel, Einsiedeln-Köln 1944, 114ff.)

»Ich wünsche, in Ihnen einen männlichen Ritter zu sehen, ohne Furcht! Denn die knechtische Furcht zerstört die Kraft der Seele und kann dem Schöpfer nicht gefallen. Es geziemt sich deshalb, diese Furcht gänzlich zu beseitigen. Der Mensch hat keinen Grund zur Furcht. Denn Gott hat ihn stark gemacht gegen jeden Feind. . . .

Ja, die Feinde sind besiegt, der Mensch ist wieder stark, so stark, daß niemand gegen seinen Willen zu unterliegen braucht. Gott hat uns diese Willenskraft gegeben, die der Fels der Seele ist, die weder Dämon noch Geschöpfe mir nehmen können. . . .

Folgen Sie Ihrer edlen Seele, die Gott Ihnen gegeben hat! In Liebe und freiem Willen hüllen Sie sich in diesen Panzer der göttlichen Liebe! Und kein Teufel und kein Mensch wird sie Ihnen nehmen können. So bekleidet und gepanzert mit dem Dolch des Hasses und der Liebe, werden Sie die knechtische Menschenfurcht besiegen und Ihre Seelenburg besitzen. Weichen Sie Heimsuchungen und Mühen nicht mehr feige aus, die Sie aushalten können. Schauen Sie nicht mehr zurück! Das würde heißen, daß man den Pfad der Tugend zu gehen beginnt und dann sich wieder nach dem Auswurf seiner Todsünden umdreht (vgl. 2. Petr 2,22: ›Der Hund kehrt zurück zu seinem Auswurf.‹) Nicht so will ich es, sondern wirkliche Ausdauer bis zum letzten! Nicht das Beginnen wird belohnt und ist der Krone würdig, sondern einzig und allein das Durchhalten! Feigheit ist es, etwas zu beginnen und es nicht zu Ende zu führen! Welche Schande würde der Ritter auf sich nehmen; wenn er mitten in der Schlacht davonlaufen wollte! . . .

Entzünden Sie Ihr Herz und Ihre Seele in Christus Jesus in Liebe und Verlangen! Antworten Sie auf eine solche Liebe mit Gegenliebe, auf Leben mit Leben, auf Blut mit Blut! Ich lade Sie ein im Namen des Gekreuzigten, sein Blut mit Ihrem Blut zu bezahlen, sobald der von den Dienern Gottes erwartete Augenblick kommt, um zurückzuholen, was uns genommen ward: das Grabesheiligtum Christi! Und so die Ungläubigen zu unsern Brüdern zu machen, erlöst im Blute Christi wie wir! Den heiligen Ort aus ihren Händen zu befreien und ihre Seelen dem Dämon und dem Unglauben zu entreißen! . . .

Eilen Sie mit Freude und Sehnsucht zu diesem süßen und herrlichen Hochzeitsmahl, wo Gott selbst Tafel, Speise und Diener in einem ist. Gott Vater ist die Hochzeitstafel, die alles Sein in sich enthält; Gott Sohn die Hochzeitsspeise, und der Heilige Geist die Aufwartung, die Liebe, durch die Gott sich uns geschenkt hat und immer noch schenkt. . . . Und selbst wenn wir nicht aufrecht gehen könnten, wir müßten hinzukriechen, um ihm unsere Liebe zu zeigen, um ihm unser Leben zu schenken aus Liebe zum göttlichen Leben; unsere Sünden und Verfehlungen mit unserm Leibe zu bezahlen, durch den wir gesündigt haben.

Das ist der süße und heilige Rachekrieg gegen uns selbst. Wenn einmal die Sinnlichkeit dieses gebrechlichen Körpers überwunden sein wird, dann werden wir immer Sieger sein. Unsere Vernunft und unsere Seele wird freie Herrin sein und Gott besitzen, das ewige höchste Gut. Verlieren wir keine Zeit mehr, teuerster Vater! Folgen Sie den Spuren des Gekreuzigten, waschen Sie sich rein in seinem Blut, bergen Sie sich in seinen Wunden!« . . .

Brief an Urban VI. – Mitte August 1378

(in: Katharina von Siena, Politische Briefe, hrg. v. F. Strobel, Einsiedeln-Köln 1944, 184ff.)

»Ich wünschte von Ihnen alle Bitterkeit genommen zu sehen und alle Betrübnis und Pein. Nur jene süße Pein möge Ihnen bleiben, die die Seele nährt und stärkt, weil sie hervorgeht aus dem Feuer der göttlichen Liebe. Mit andern Worten: die Pein des Schmerzes und der Bitternis über unsere Schuld und über die Entehrung Gottes, wie sie überall in der Christenheit und im mystischen Leib der heiligen Kirche geschieht. Und über die Verdammnis der Ungläubigen, die doch auch erlöst sind wie wir durch das Blut Christi – zu dem Sie, heiligster Vater, die Schlüssel besitzen –, sich aber in der Gewalt Satans befinden. Das ist die Pein, die die Seele nährt in der Ehre Gottes und sie speist an der Tafel des heiligen Kreuzes mit der Speise der Seelen und sie stärkt, indem sie ihr die Schwäche der Selbstsucht nimmt, die die Seele verbittern und verkümmern läßt, der Liebe beraubt und sich selbst unerträglich macht! Aber wer in sich jene süße Bitternis trägt, verjagt das Bittere, da er nicht sich selbst sucht, sondern sich und die Geschöpfe in Gott, ohne Eigennutz und Eigenliebe.

Es scheint, heiligster Vater, daß die ewige Wahrheit aus Ihnen einen zweiten Christus machen will, weil erstens Sie sein Stellvertreter, Christus auf Erden, sind und dann weil er will, daß Sie in bitterem Erdulden seine und Ihre süße Braut reformieren sollen, die so lange Zeit leblos gewesen ist. Nicht daß sie an sich selbst eine Todeswunde erleiden oder des Feuers der göttlichen Liebe beraubt werden könnte, wohl aber ihre Glieder, die sich an ihrer Brust nähren und durch ihre Laster sie bleich und krank gemacht haben. Ausgesaugt haben sie ihr das Blut hinterrücks mit ihrer Selbstsucht. Jetzt ist die Zeit gekommen! Er will, daß Sie sein Werkzeug sind und durch Sie die Kirche erneuert wird, indem Sie die vielen Leiden und Verfolgungen auf sich nehmen. Aus dieser Pein und Betrübnis wird sie als ganz reine Jungfrau und unter Vernichtung alles Alten erneuert hervorgehen (vgl. Eph 5,25–27 über Christi Liebe zur Kirche, die er reinigt!).

Freuen wir uns also dieser süßen Bitternis, nach welcher die Stärkung in großer Kraft kommen wird. Seien Sie ein Baum an Liebe, eingesenkt in den Baum des Lebens, Jesus Christus. Aus diesem Baum erwachse in Ihrem Gemüt die Blüte der Tugend und werde zur Frucht, zum Hunger nach der Ehre Gottes und dem Heil Ihrer Schafe. Diese Frucht scheint wohl anfangs bitter zu schmecken, wenn man sie in heiligem Eifer kostet. Aber wenn der Mensch entschlossen ist, alles bis zum Tode zu erdulden für den gekreuzigten Christus, dann wird sie süß. Wie es mit der Pomeranze, die an sich ganz bitter ist, geschehen mag: Man entfernt den Gröps und legt sie in kochendes Wasser, und siehe, ihr Aroma wird kräftig angenehm und ihr Äußeres ganz golden. Wohin ging denn die Bitterkeit, die wir anfänglich so unangenehm empfanden? Ins Wasser und ins Feuer. So geht es der Seele, heiligster Vater, wenn sie die Tugend zu lieben beginnt. In ihrer Unvollkommenheit erscheint ihr das anfänglich bitter. Sie muß aber nur zum Heilmittel des Blutes Christi greifen. Hier erhält sie das Wasser, die Gnade, das alles bittere, geradezu schmerzende Empfinden hinwegnimmt. Und da das Blut nicht ohne Feuer ist, vergossen im Feuer der Liebe, so kann man wirklich sagen, daß Feuer und Wasser es sind, die die Bitterkeit herausziehen, nachdem zuvor der Gröps, das heißt die Eigenliebe, entfernt worden. Und sie erfüllen die Seele mit Mut und Kraft und Ausdauer, mit einer Geduld, die vereint ist mit dem Honig tiefer Demut und Selbsterkenntnis. Denn in der Zeit der Bitternis erkennt der Mensch besser sich selbst und die Güte seines Schöpfers. Ist die Frucht so wieder gefüllt und zugemacht, erscheint sie außen als goldene Hülle, die das Innere umgibt. Es ist das Gold der Reinheit mit dem Glanz entflammter Liebe. Dieses Gold gibt sich nach außen kund in wahrer Geduld gegen den Nächsten, ohne Laune, in Herzensmilde. Es bleibt einzig jene süße Bitterkeit, die wir ob der Beleidigung Gottes und dem Schaden der Seelen schmerzend empfinden.«

III. Wirkung – Caterinas Gabe der Seelenführung

Die dreiunddreißig Lebensjahre der Färberstochter fallen bereits auf den flüchtigen Blick durch das Abweichen von aller, auch der religiösen Norm auf. Lange bleibt undeutlich, *was* eigentlich ihre Aufgabe außerhalb des »normalen« Ordenslebens sein könnte. Wie es Caterinas früher Liebe zu Gebet und Kasteiung entspricht, hätte man erwarten können, sie würde sich den Nachbarinnen, streng klausurierten Dominikanerinnen, anschließen. Stattdessen wählt sie mit siebzehn Jahren die Lebensform älterer, frommer Witwen, die zwar Gelübde ablegen, aber doch selbständig »in der Welt« bleiben. Diese Bindung ist ein merkwürdiger Kompromiß zwischen Kloster und relativer Freiheit; das Mädchen nutzt auch gerade diese Unabhängigkeit für die freie Bewegung – je länger je mehr gewährt man ihr überall Zutritt. Caterina wird ein Mittel der Reinigung für die Zeit, ein Katalysator des göttlichen Willens.

Woher rührt ihr – weder durch Amt noch Stand noch Ausbildung gesicherter – Einfluß auf die Herzen? Caterina ist »ungelehrter Mund« und dennoch ist ihr Wissen treffsicher, »eingegossen, nicht erworben«, wie der Humanistenpapst Pius II. (Enea Silvio Piccolomini) zur Begründung der Heiligsprechung 1461 lakonisch sagte: »Sie war mehr Lehrerin als Schülerin, so daß sie Professoren und selbst Bischöfen großer Kirchen die schwierigsten, die Gottheit betreffenden Fragen mit großer Weisheit beantwortete und dieselben so vollkommen befriedigte, daß die, die wie Wölfe und wilde Löwen gekommen waren, wie gezähmte Lämmer von ihr gingen.«[12] Die *illitterata* kann nicht lesen und schreiben, hilft sich mit Diktieren oft mehrerer Briefe auf einmal. Wie sehr aber ist die Ungebildete eine Kennerin und Leserin des menschlichen Herzens: Sie besitzt das Charisma des durchdringenden Blickes bis auf den Grund der Seele. Vielen, die sie um Rat angingen, enthüllte sie erst die oft unbewußte Wurzel ihrer Verwirrungen. Hier tritt eine Seelenschau zu Tage, eine Kenntnis – fern allen Bücherstudiums – der Untiefen der menschlichen Seele und der abgründigen Tiefen Gottes. Mit welcher Souveränität konnte sie – anders als zwei Generationen später Jeanne d'Arc – vor den Schultheologen der Dominikaner, des Inquisitionsordens, bestehen!

Zu der Gabe der Hellsicht kommt das Charisma des warmen Trostes einer »dolcissima mamma«, wie das Volk sie rasch nannte. Und – dem Trost verwandt – das Charisma der Bekehrung: alt-verfeindete Familien öffneten sich unter ihrem Zuspruch; ein zum Tod verurteilter junger Adeliger verlor bei Caterinas Gefängnisbesuch alle Verstocktheit und ging fast freudig mit ihr zum Sieneser Richtplatz, wo sie ihn küßte, sein Haupt hielt und es in ihren Kleidern auffing – hier war es, wo sie das Blut nicht auswaschen wollte.

Caterina hält alles Irreguläre ihres Lebensstiles und einzigartigen Auftrages durch kraft der Überzeugung, unmittelbar von Gott ergriffen zu sein. Dies ist die von ihr ausstrahlende Stärke. Ihre drängenden, ja vorwurfsvollen Adressen nach Avignon und an die Großen der Zeit ebenso wie ihre verpflichtenden Ratschläge an die Ratsuchenden entspringen dem Willen Gottes, mit dem sie eins ist – »Ich will es, und Gott will es«, steht in manchen Briefen. Bestätigt wird Caterina durch ihre mystische Vermählung und die nur ihr offenbaren Wundmale. Sie wirkt nur aus diesem Bezug nach oben. Innen und Oben sind bei ihr in einem unendlichen, stärkenden Zwiegespräch. Das macht sie furchtlos, dabei liebenswürdig und klar.

Es ist diese Klarheit, die sie auf die Seelen überträgt, weil sie noch für die größten Übel unmittelbare und sofortige Heilung weiß. Es ist ihre wunderbare Sicht des alles auslöschenden Blutes Jesu, das sie den Kranken, Verworfenen, Mördern, Ratlosen verspricht. Es ist ihre wunderbare Sicherheit über die jederzeit mögliche Neuwerdung, die ihr die Freunde zutreibt und die Feinde bezwingt. Denn Caterina bildet kraft Erfahrung eine Theologie des Blutes aus, dichtestes Sinnbild der Nähe und des Verströmens Gottes. Blut hat verschiedene Eigenschaften, die sich zu dem einen Wirkstoff der Gnade verbinden: Es nährt, es reinigt im Waschen, es berauscht. Und etwas gänzlich Caterina Eigentümliches: Blut wärmt, es erhellt, ja es ist selbst Feuer und Licht. Caterina vereint damit – nicht angelesen, sondern empfunden – die schwere Stofflichkeit des Blutes mit dem geistigsten Element: Blut wird auf Flamme durchsichtig. Oder auch: Leiden wird auf Verklärung durchsichtig. Caterina kennt keine Leibfeindlichkeit, im Gegenteil: Erlösung beginnt in Fleisch und Blut, genau wie Jesus in Fleisch und Blut gemartert wurde. Und selbst das Blut eines Verbrechers *wird* in der Reue zum Blut Jesu.

Caterinas Seelenführung ist nicht nur eine Konfrontation mit dieser alles durchdringenden, alles tilgenden, alles erneuernden Kraft, sie ist folgerichtig ohne Zögern eine unmittelbare Rückführung in die Kirche. Denn die Kirche ißt und trinkt in ihren Feiern diesen bis aufs Blut geöffneten Leib. Sie selbst ist Leib, der in jedem seiner Glieder ergriffen, gefordert, in der Erlösung ausgepreßt wird, bis er der göttlichen Liebe ein offenes Haus bietet, bis nämlich der Blutstrom die abgestorbenen und tauben Glieder wieder erreicht. Die Kirche wird ihr zur »Braut auf dem Bett von Blut und Feuer«. Und Blut ist – nochmals – der Wirkstoff, der alle gleichermaßen erreicht, alle eins sein läßt, alle im selben Rhythmus durchpulst. Seelenführung ist Eintauchen in das Blut, das die Kirche verwaltet, austeilt, als Flamme hütet. Kirche ist der Raum, wo alle im selben (Über)Maße gewaschen, gespeist, getränkt, gerichtet, an ihren Sünden zerstört und wieder an das strömende Leben angeschlossen werden. Kirche ist kein Automatismus und keine Magie; man muß ihre Heilungen mit vollem, heftigem Einsatz suchen – wie ein Todkranker den Arzt sucht. Wird das Blut Christi in der Liturgie nicht getrunken und geliebt, so nimmt die Kraft des Zerfalls überhand, und das nicht minder heftig. »Weißt du, was die Nachtzeit ist? Die dunkle Nacht der Todsünde ist es, wenn die Seele des Gnadenlichtes beraubt ist. In dieser Nacht fängt sie rein gar nichts, denn sie wirft ihre Liebe nicht ins lebendige Meer aus, sondern ins tote, wo nur Schuld ist, also nichts. Umsonst plagen sie sich ab in großen, unerträglichen Qualen ohne jeglichen Nutzen; wahrlich, solche machen sich zu Märtyrern des Teufels, nicht aber des gekreuzigten Christus.«[13]

Diese Kirchenlehrerin lebt aus der nicht selbstbewußten, sondern selbstvergessenen Kindschaft, mit der sie die anderen Kinder derselben Mutter anspricht. Ihre Vertrautheit mit den »stinkenden Sünden und Fäulnissen« schirmt sie von niemandem ab (außer daß sie zuweilen mit dem Brechreiz kämpft); Caterina ist nicht überheblich, sie ist betrübt – über das Häßliche, das doch einer so gründlichen Wandlung ins Schöne zugänglich wäre. Um so überzeugender wirkt ihr Drängen auf Heilung durch die Verwalter des Heils, die ihrerseits – das ist Caterinas anhaltender Kummer – der Wandlung durch das Blut so dringlich bedürften.

Vielleicht läßt sich sagen: Caterina drängt die Todkranken an den Ort, an dem die Kirche einfach und im tiefsten Sinne Mutter ist.[14] An den Ort, in dem alle ihre mütterlichen Gaben, ihre Sakramente wurzeln: Geburt durch die Taufe, Nahrung durch Blut und Fleisch, Bad durch die Absolution und Ölung zur letzten Reise. Zugleich ist Kirche in weiterer Wirkung auch der Ort, an dem einer für den anderen zur Nahrung und zum Trank werden kann: Stellvertretung aller Wiedergeborenen füreinander, da in allen dasselbe Blut kreist – wie auch Caterina die Sünden anderer zu büßen, für andere sich zu zermartern bereit war. Alle neu belebten Seelen öffnen sich von selbst, sofern sie dem Blut wieder »angeschlossen« sind, auf Hingabe, Stellvertretung, Austausch, Ergänzung. Daher ist die Grundkontur der Sünde klar daran abzunehmen, daß sie zur Vereinzelung zwingt, zur Eigenliebe, Selbstherrlichkeit – als verdorrte Traube, die vom Weinstock abfällt.

Ein letzter schöner Grund für die Heiligung (= Ganzwerdung) des einzelnen nur zusammen mit dem ganzen Weinberg der Kirche liegt, noch einmal vertieft, im eigentümlichen Charakter der göttlichen Liebe. Sie ist ohne alle Vorleistungen gegeben, überströmend und ohne Berechnung. Das Haupt ist es, von dem alle Kraft, und zwar im Übermaß ausgeht – der Vergleich mit dem flutenden Meer drängt sich auf. »In Wahrheit, dieses Licht ist ein Meer – denn die Seele schwelgt in Dir, ewige Dreieinigkeit, Meer des Friedens. Das Wasser dieses Meeres ist nicht trübe; es ängstigt die Seele nicht, denn sie kennt die Wahrheit. Es ist eine

Tiefe, die süße Geheimnisse offenbart, so daß die Seele, wo das Licht Deines Glaubens im Überfluß vorhanden ist, ihres Glaubens gewiß bleibt.«[15] Dieses Übermaß erweckt eine besondere menschliche Liebe: die selbst überströmt. Diese gleichsam naturnotwendige Liebe muß ebenfalls dem anderen mehr tun als erwartet; grund- und antwortlos muß sie ihm zuvorkommen als ein Echo der überwältigenden Erstliebe Gottes. Fortsetzung seiner Dynamik, die sich einzig aus ihm speist, deswegen keine Bestätigung braucht. Alle Beziehungen erhalten so den Charakter eines Geschenks, das aber nicht auf Gegengaben aus ist. Gerade die »Nutzlosigkeit« des Schenkens holt eigentümlich Gottes Vorbild ein; gerade das Vergebliche nähert sich ihm. So geht die Antwort auf Gott unmittelbar an den Nächsten, nicht unmittelbar zurück. Kirche: Dynamik des Hauptes in seinen Gliedern, durch die Glieder »umsonst« weitergegeben; ihr Grundcharakter: Überfluß.

Caterinas Charisma (auch bezwingender Charme) liegt darin, die gleiche nicht demütigende, sondern wundervoll geborgene Kindschaft aller, ihre Erneuerung durch die Kirche, den Anteil am Lebensüberschuß ihres Hauptes begriffen zu haben. Diese Kindschaft nährt sich in hoch realistischer Weise vom Gesamtleib, nimmt daraus Kraft und gibt sie zurück. Aus der Nahrung stammt das jedem entsprechende, ganz eigene Maß des Zurückgebens, und je mehr erstattet wird, desto mehr wird gekräftigt: »Alle habe ich Euch in den Weinberg des Gehorsams geschickt, um auf verschiedene Art darin zu arbeiten. Jedem wird der Lohn nach dem Maß seiner Liebe entrichtet und nicht nach dem geleisteten Werk und der aufgewendeten Zeit. . . . Nach der Liebe ihres Gehorsams empfängt die Seele ihren Lohn und füllt ihr Gefäß in Mir, dem friedvollen Meer.«[16]

Anmerkungen

1 Secretum/De contemptu mundi (Gespräche über die Weltverachtung, dt. von H. Hefele, Jena 1910/Berlin 1913); hier zit. nach Rudolf Schottlaender, Einleitung in: Francesco Petrarca, Heilmittel gegen Glück und Unglück (De remediis utriusque fortunae), München 1988, 30f.

2 Vgl. Kap. XI »Das Bild des Todes« bei Johan Huizinga, Herbst des Mittelalters. Studien über Lebens- und Geistesformen des 14. und 15. Jahrhunderts in Frankreich und in den Niederlanden (1941), Stuttgart 1987.

3 Francesco Petrarca, Dichtung und Prosa, Berlin 1968, 421f. (Seniles X, 2; Brief an Guido Scetten in Genua vom Herbst 1367).

4 Reinhold Schneider, Pfeiler im Strom, Wiesbaden 1958, 194f.

5 Canzoniere 136, zit. nach R. Schottlaender, a.a.O., 16. Vgl. Canzoniere 137 und 138.
6 Purgatorio VIII, 94–101.
7 Barbara Tuchman, Der ferne Spiegel. Das dramatische 14. Jahrhundert, München ^{5}1985, 115–118.
8 Brief 218.
9 Zitiert nach: Werner Pleister, Caterina von Siena, in: Exempla historica Bd. 25, Humanismus, Renaissance und Reformation, Frankfurt 1983, 31.
10 Die vollständige italienische Ausgabe lautet: S. Caterina da Siena, Epistolario. Introduzione e note a cura di D. Umberto Meattini, Roma ^{3}1979. – Auswahl (aus »Libro« und »Epistolario«): Caterina von Siena, Gotteserfahrung und Weg in die Welt, hg., eingel. u. übers. v. Louise Gnädinger, Olten/Freiburg 1980; auch u.d.T.: Caterina von Siena, Gottes Vorsehung, München 1989.
11 Dt.: Caterina von Siena, Gespräch von Gottes Vorsehung. Eingeleitet von E. Sommer-von Seckendorff und H. U. von Balthasar, Einsiedeln 1964.
12 W. Pleister, Caterina von Siena, 18. Das Brevier vom 30. April wiederholt den zentralen Satz: »Doctrina eius infusa, non acquisita fuit.«
13 Caterina von Siena, Gottes Vorsehung, 146.
14 Zum »gynäkologischen« Verständnis der Taufe bei den Kirchenvätern s. Hanna-Barbara Gerl, Die bekannte Unbekannte. Frauen-Bilder in der Kultur- und Geistesgeschichte, Mainz ^{3}1993, Kap. III.
15 Gebet, in: Lisa Sergio (Hg.), Sei Du mit mir. Frauengebete, Frankfurt 1985, 24.
16 Caterina von Siena, Gottes Vorsehung. 165.

Literatur

S. Caterina da Siena, Epistolario. Introduzione e note a cura di D. Umberto Meattini, Roma ^{3}1979.

Briefe der hl. Caterina von Siena, hg. v. T. M. Käppeli, Oldenburg 1931.

Katharina von Siena, Politische Briefe. Übers. u. eingel. v. Ferdinand Strobel, Einsiedeln 1944; auch u.d.T.: Engagiert aus Glauben, Zürich 1990.

Caterina von Siena, Gotteserfahrung und Weg in die Welt, hg., eingel. u. übers. v. Louise Gnädinger, Olten/Freiburg 1980; auch u.d.T.: Caterina von Siena, Gottes Vorsehung, München (serie piper 527) 1989.

Caterina von Siena, Gespräch von Gottes Vorsehung. Eingel. v. Ellen Sommer-von Seckendorff/H. U. von Balthasar, Einsiedeln 1964.

*

Hanna-Barbara Gerl, Caterina von Siena oder Die Sinnlichkeit der Gnade, in: Karin Walter (Hg.), Sanft und rebellisch. Mütter der Christenheit – von Frauen neu entdeckt, Freiburg 1990, 182–194.

Paul Hirtz, Das Geschöpf der Liebe. Die Theologie der Caterina von Siena, Trier 1988.

Werner Pleister, Caterina von Siena, in: Exempla historica Bd. 25: Humanismus, Renaissance und Reformation, Frankfurt 1983.

Raimund von Capua, Legenda maior/Das Leben der hl. Katherina von Siena, hg., eingel. u. übers. v. A. Schenker, Düsseldorf 1965.
Barbara Tuchman, Der ferne Spiegel. Das dramatische 14. Jahrhundert, München ^{5}1985.
Sigrid Undset, Katharina Benincasa, Bonn 1953.
Lina Zanini (Hg.), Bibliografia analitica di S. Caterina da Siena. Centro Nazionale di Studi Cateriniani, 2 Bde., Roma I, 1901–1950; II, 1951–1975.

Thomas von Kempen

Thomas von Kempen

Gerhard Ruhbach

I. Biographie

Thomas Hemerken wurde in einer unruhigen Zeit geboren. Die Einheit des Reiches war mit dem staufischen Kaisertum und die Einheit der Kirche mit den Papstschismen und der konziliaren Bewegung zerbrochen. Das späte Mittelalter bietet daher ein tief zwiespältiges Bild: es ist revolutionär und reaktionär zugleich, skeptisch-resigniert und schwärmerisch-hoffnungsvoll. Reformbewegungen sprießen wie Pilze aus dem Boden, vor allem in England durch Wycliff und in Böhmen durch dessen Schüler Hus, aber auch in vielen Klöstern des sonstigen Europa und in den offeneren Gemeinschaften der Beginen und Begarden oder wie die neueren Gründungen alle heißen. Vielleicht die wirkungsvollste Neugründung unter ihnen war die Gemeinschaft der Brüder und Schwestern vom gemeinsamen Leben, die in der Nachfolge der Waldenser und Franziskaner eine der großen Laienbewegungen der Kirchengeschichte darstellt und als Hauptträgerin der *devotio moderna* bezeichnet wird. Sie hat Kirche von innen her eindringlich geprägt und erneuert. Von Geert Groote (1350–1393) begründet, breitete sie sich von den Niederlanden bis weit in den Osten Europas aus, und das Fraterhaus in Herford, das mit Luther und Melanchthon korrespondierte, stand noch im 16. Jahrhundert in einiger Blüte. Die urchristliche Lebensform, ohne Gelübde und Klostermauern gelebt, sollte erneuert werden, ebenso die Predigt der Buße und die einfache Nachfolge Christi. Die damit unterschwellig verbundene Kirchenkritik zog den Brüdern allerdings mancherlei Feindschaft von Bettelmönchen, Klerikern, aber auch Handwerkern zu, die in ihnen unliebsame Konkurrenten erblickten. Hätte sich der berühmte Johannes

Gerson nicht auf dem Konstanzer Konzil für sie eingesetzt, möglicherweise hätten die Brüder die erste Generation nicht überlebt.

In dieser Gemeinschaft wurde Thomas entscheidend geprägt, und ihr blieb er zeitlebens verbunden. 1380, vielleicht schon 1379, wurde er als Sohn des Handwerkers Johannes Hemerken in Kempen am Niederrhein geboren. Mit 12 Jahren von seinem Bruder mit einer Empfehlung versehen, kam er nach Deventer in das erste Bruderhaus, das zusammen mit Geert Groote von Florens Radewijns begründet und geleitet wurde. Dort verbrachte er acht für ihn überaus wichtige Jahre und seinem Lehrer Florentius setzte er später in einer eigenen Schrift ein rühmendes Denkmal.

Zwar wurde er kein »Frater«, sondern trat 1399 in das 1398 neu gegründete Kloster der Regularkanoniker vom Orden des Heiligen Augustin auf dem Agnetenberg bei Zwolle ein, offenbar aus Zuneigung zu seinem älteren Bruder, der ihn 1392 nach Deventer vermittelt hatte und inzwischen im neuen Kloster als Prior wirkte, aber augenscheinlich auch geschickt von seinem Lehrer Florens Radewijns. Bis zu seinem Tod am 25. 7. 1471, über 70 Jahre hin also, hat er auf dem Agnetenberg gewirkt, 52 Jahre nach seiner Einkleidung und 58 Jahre nach seiner Priesterweihe. Er lebte dort wie einer der Brüder vom gemeinsamen Leben, viermal schrieb er die ganze Bibel ab (in fünf Bänden), viele Bücher anderer Autoren (z.B. das Meßbuch der Kirche und Schriften Bernhards von Clairvaux), die teils im Kloster benutzt, teils nach außen verkauft wurden. Außerdem verfaßte er zahlreiche eigene Abhandlungen, von denen 38 (39?) Werke meist kleineren Umfangs überliefert sind (z.B. Alleingespräch der Seele; Über die Menschwerdung Christi; Von der Einsamkeit und dem Stillschweigen etc.)

Sie sind durchweg spirituellen, biographischen oder klostergeschichtlichen Inhalts. Schon 1474 – inzwischen war die Buchdruckerkunst erfunden – wurden seine »Predigten, Briefe und anderen kleineren Werke« gedruckt, bereits drei Jahre nach seinem Tod. Im Kloster selbst wirkte er einige Zeit als Ökonom, zweimal wurde er zum Subprior bestimmt und über lange Jahre hin war er Novizenmeister. Seine Novizen hatte er augenscheinlich im Auge, als er seine Werke niederschrieb.

Im übrigen wissen wir von ihm als Menschen und Christen nahezu nichts. Aber das entsprach der Grundeinstellung der devotio moderna und überhaupt der geistlichen Literatur im Mittelalter. Thomas selbst hatte den Wahlspruch der Fraterherren aufgezeichnet: »Liebe es, unbekannt zu bleiben und für nichts geachtet zu werden« (Imit. I 2,5). Immer wieder verweist er darauf, daß menschlicher Ruhm eitel sei (vgl. I 2,15;

I 3,14; II 2,3; II 6,14; III 15,20; III 40,18 u. a.): »Achte nicht darauf, wer etwas sagt, sondern was er sagt« (I 5,6). Deshalb ist die Verfasserschaft der Imitatio immer wieder in die Auseinandersetzung geraten und im Laufe der Diskussion etwa 35 Autoren, zumeist Geert Groote und Johannes Gerson, zugewiesen worden. Aber Sicherheit in dieser Frage wird nicht zu erzielen sein bei einem Werk, das so durchtränkt ist von der Spiritualität vieler Jahrhunderte, so daß die Originalität des Autors ohnehin hinter der Tradition zurücktritt, die er vermittelt. Darin besteht Konsens, daß die Imitatio in ihrer ersten Fassung zwischen 1414 und 1425 entstanden ist und daß Thomas selbst sie jedenfalls abgeschrieben, wenn nicht verfaßt hat. Immer noch teilt sich die Forschung in zwei Lager hinsichtlich der Verfasserschaft, die »Kempisten« und die »Präkempisten«. In der letzten Zeit haben die Kempisten wieder mehr Anhänger gefunden. Daß Thomas die Imitatio nicht nur gekannt, sondern mit aller Liebe (ab)geschrieben und sich ihrem Inhalt verpflichtet gefühlt hatte, davon geben auch die anderen erhaltenen Schriften deutlich Auskunft. Wenn man ihm die Verfasserschaft der Imitatio auch nicht eindeutig zusprechen kann, ebenso wenig eindeutig wird man sie ihm absprechen können. In seinem Sinn ist es, die Verfasserfrage nicht zum Zentrum zu machen, sondern den Inhalt dieses Büchleins zu würdigen. Lediglich der Wirkung der Imitatio sei noch kurz Aufmerksamkeit geschenkt.

Neben der Heiligen Schrift hat kein anderes Buch der christlichen Kirche solche Verbreitung gefunden wie die Imitatio. Über 100 Handschriften sind uns überliefert; ca. 3.000 Ausgaben, meist doppelsprachig, sind im Laufe der Jahrhunderte herausgekommen, und in etwa 100 Sprachen ist die »Nachfolge« übersetzt worden. Papst Johannes XXIII. hat sie sein ganzes Leben über benutzt und zur Lektüre empfohlen; Papst Johannes Paul I. hat sie bei seinem Tod auf dem Schreibtisch liegen gehabt. Ignatius von Loyola las täglich in ihr und empfahl sie seinem Orden zu regelmäßigem Gebrauch. Viele Heilige der katholischen Kirche erwähnen die »Nachfolge« rühmend, Carlo Borromeo, Petrus Canisius und Robert Bellarmin, Filippo Neri und Franz von Sales, Luther und Calvin haben sie zwar nicht ausdrücklich zitiert, aber mancherlei Anspielungen zeigen, daß sie die Nachfolge kennen. Besondere Verbreitung fand sie im frühen Pietismus. Johann Arndt und Gottfried Arnold, Pierre Poiret und Gerhard Tersteegen übersetzten sie ins Deutsche oder Französische, und der Vater des Methodismus, John Wesley, kam über der Lektüre der Imitatio zum Studium der Theologie und dann zu der von ihm begründeten Kirchenreform. Auch viele Nichttheologen haben dieses Buch regelmäßig zur Betrachtung verwandt, Georg Graf von Hertling, Robert

Schuman und Dag Hammarskjöld, in dessen Gepäck die Nachfolge nach seinem Flugzeugabsturz gefunden wurde. Besonders in der nationalsozialistischen Kirchenverfolgung hat sie unter evangelischen und katholischen Märtyrern ihre Wertschätzung gefunden, z.B. bei Dietrich Bonhoeffer, Maximilian Kolbe und Edith Stein. Unzählige andere Zeugen ließen sich noch nennen. Seit 1987 gibt es in Kempen ein Thomas-Archiv und seit 1993 einen Thomas-Verein, der sich um die Sammlung der Quellen und der Literatur zu Thomas bemüht.

Das neue Interesse an Seelsorge und Beratung, Meditation und Spiritualität hat in der Imitatio vor allem genuin christliche Aspekte der Frömmigkeit wieder entdeckt. Der deutsche Jesuit Josef Sudbrack und der indische Theologe Eknath Easwaran haben zur »Nachfolge« tiefgründige Betrachtungen geschrieben.

Die Imitatio ist ein Erbauungsbuch; sie hat ihre Wurzeln und ihren Hintergrund in der Heiligen Schrift und der Übung des Glaubens, wie sie seit den altkirchlichen Wüstenvätern im Mönchtum und in der kirchlichen Frömmigkeit praktiziert wurde. Der Zugang zu ihrem Inhalt, zu dem Weg, auf den sie den Leser einlädt, ist allerdings nicht leicht zu gewinnen. Man muß z.B. den Protestcharakter begreifen, der sich einerseits gegen die Aktivität der neuen Laienbewegung wendet, andererseits gegen den Wissenschaftsoptimismus des 13. und 14. Jahrhunderts. »Laß ab von vielem Wissen, es lenkt dich ab und trügt« (I 2,5). »Ganz gewiß wird man am Tage des Gerichtes nicht fragen: Was habt ihr gelesen?, sondern: was habt ihr getan?« (I 3,26).

Auch darin setzte die Imitatio ein Zeichen, daß sie nicht das Man der Gesellschaft, nicht das Wir der Kirche anspricht, sondern den weithin allein gelassenen Einzelnen. Man kann ihr vorwerfen, sie hätte die Gemeinschaftsaufgabe des Christentums vernachlässigt, aber dieser Anspruch stößt ins Leere. Die »Brüder vom gemeinsamen Leben« hatten erfahren, daß ihnen gerade aus der Kraft einer bewährten vita communis das Ja zum einzelnen erwuchs. Thomas war kein Eremit; seine Erfahrung des eigenen Ichs wie seine Anrede an das Du kommen aus einer ihn tragenden Gemeinschaft und sind offen für Kommunikation in mancherlei Sinn des Wortes. »Noch der spätmittelalterliche Mensch stand so tief in der kulturellen und religiösen Einheit des Abendlandes, daß die Frage nach der Gemeinschaft nicht gestellt wurde. Gemeinschaft war einfach da« (Sudbrack). Freilich war diese Gesellschaft innerhalb der Unruhe der Zeiten stärker als früher auf »Trost« angewiesen; dieser aber war nicht abstrakt, sondern nur persönlich, also über den einzelnen zu vermitteln. Hierin öffnet sich die pastorale Bedeutung der Imitatio.

Allerdings hat der Zeitgenosse auch seine Schwierigkeiten mit diesem Buch, z.B. im Umgang der Imitatio mit der Heiligen Schrift. Die Nähe zur Bibel steht zwar außer Frage, und 1159 direkte und indirekte Schriftbezüge wurden nachgewiesen. Aber die Erfahrung der Väter und die Geltung der Schrift wird nicht voneinander abgehoben. Eine andere Schwierigkeit liegt in der bewußten und gewollten Einseitigkeit der »Nachfolge«, aber darin beruht gewiß auch Stärke und Wirkung der Imitatio. Für den Katholiken wird anstößig sein, daß die Kirche und ihr Amt, die Theologie und das Kirchenrecht, der ganze Bereich der Volksfrömmigkeit, wie er in der Marien- und Heiligenverehrung bzw. in der Sakraments- und Ablaßpraxis begegnet, nahezu gar nicht erwähnt wird. Dem Protestanten wird vor allem der fehlende Weltbezug und die ihm unbekannte Intensität des geistlichen Umgangs mit Gott Schwierigkeiten machen. Jedenfalls wird man dem Büchlein nicht gerecht, wenn man es nur als Lebensweisheit liest und alles Störende beiseite läßt. Selbst wenn manche Äußerungen – zumal wegen ihrer Kürze – weisheitlichen Charakter zu haben scheinen, Thomas hat sie nicht sapiential, sondern pastoral gemeint.

II. Exemplarische Texte

Die Imitatio Christi ist das Grundbuch des Thomas. In keiner seiner weiteren Schriften, auch nicht in den Briefen und Predigten, geht er inhaltlich über das hinaus, was er in der Imitatio darlegt. Die kurzgefaßten Sätze erinnern an die »Sprüche der Väter« in der ägyptischen Wüste. Der Hörer bzw. der Leser soll sie mitnehmen, mit ihnen umgehen und über ihnen das Herzensgebet mit Gott beginnen. Die im folgenden ausgewählten Stücke stören nicht den Zusammenhang des Originals. Die einzelnen Sätze sind auch im Urtext bestenfalls über ein größeres Stichwort, z.B. Anfechtung, miteinander verbunden, haben ihren Sinn und ihren Impuls in dem anderen, jedoch in sich selbst.

- Ich will lieber Reue empfinden als ihren Begriff kennen (I 1,9).
- Brüchig sind wir alle, aber keiner gelte dir brüchiger als du selbst (I 2,19).
- Oft ekelt mich, vielerlei zu lesen und zu hören. In dir ist das Ganze, das ich will und wünsche (I 3,12).
- Je mehr einer mit sich eins und innerlich einfältig geworden ist, desto reicher und tiefer erkennt er ohne Mühe. Er empfängt das Licht und die Erkenntnis von oben (I 3,14).
- Die meisten ziehen Wissen einem rechten Leben vor, darum irren sie oft und bringen wenig oder gar keine Frucht (I 3,24).
- Vollbringe, was dir ist, und Gott wird deinem guten Willen aufhelfen (I 7,4).

- Viele gehorchen aus Zwang, nicht aus Liebe. Sie haben ihre Last und murren leicht. Sie werden im Geiste nicht frei, es sei denn, sie ordnen sich unter aus vollem Herzen um Gottes willen (I 9,3).
- Warum reden wir nur so gerne und schwatzen zusammen, da wir doch kaum ohne Belastung wieder ins Schweigen gehen? (I 10,4).
- Die äußere Tröstung wird dem inneren, göttlichen Trost sehr abträglich (I 10,8).
- Wenn du Kleinigkeiten nicht überwindest, wie wirst du Schwierigkeiten bewältigen? (I 11,20).
- Es tut uns gut, auf Widerwärtigkeiten und Gegensätze zu stoßen. Sie rufen dem Menschen oft ins Herz, wie heimatlos er hier ist, und lehren ihn, keine Hoffnung auf ein weltlich Ding zu setzen (I 12,1).
- So lange wir hier leben, können wir nicht ohne Angst und ohne Anfechtung sein (I 13,1).
- Der Keim zur Versuchung schlummert in uns, wir sind im Begehren geboren. Die eine Anfechtung geht, die andere kommt. Wir werden immer etwas zu leiden haben, weil wir das Gute an unserem Glück verdorben haben (I 13,9–10).
- Das ist aller Anfechtungen Ursache: das unbeständige Herz und ein geringes Zutrauen zu Gott. Was einer kann, weiß er oft nicht. Was einer ist, erweist die Anfechtung (I 13,16 und 19).
- Zuerst naht dir ein leiser Gedanke, dann ein starkes Bild, dann das Gefallen daran und ein frecher Anstoß, schließlich sagt der Wille ja. So wird der böse Feind nach und nach Herr des Ganzen, wenn ihm nicht anfänglich widerstanden wird (I 13, 22–23).
- Manche werden vor großen Anfechtungen bewahrt und unterliegen häufig in Alltäglichkeiten. Sie sollen so gedemütigt werden, sich selber nie in großen Dingen zu vertrauen, wo sie in gewöhnlichen schwach werden (I 14, 32).
- Kannst du dich nicht dauernd in dir sammeln, so tue es zuweilen, zumindest einmal am Tage, morgens oder abends (I 19,15).
- Suche dir eine gelegene Zeit, um für dich zu sein. Betrachte häufig die Wohltaten Gottes. Nimm Abschied von allem Absonderlichen (I 20, 1–2).
- Es ist leichter, ganz zu schweigen, als in Worten nicht auszugleiten. Es ist leichter, daheim zu bleiben, als sich draußen vollkommen in acht zu nehmen. Wer also zu einem innerlichen und geistlichen Menschen reifen will, muß sich mit Jesus von der Menge sondern (I 20, 7–9).
- Achte immer zuerst auf dich, mahne zunächst dich und dann die Freunde (I 21, 12).
- Warum willst du deinen Vorsatz vertagen? Steh auf, beginne augenblicklich und erkläre: jetzt ist der Augenblick der Tat, jetzt die Stunde zum Streit, jetzt gute Zeit zur Besserung. Der Tag des Unglücks und der Anfechtung ist die Gelegenheit der Auszeichnung (I 22, 21–22).
- Selig, wer seine Sterbestunde allezeit vor Augen hat und sich täglich zum Sterben rüstet. Des Morgens glaube nicht, den Abend zu erleben. Des Abends

wage nicht, dir den Morgen zu versprechen. Sei allezeit bereit und lebe so, daß dich der Tod nie überrascht (I 23,15,17–19).

- Krankheiten bessern nur wenige. Die viel reisen, werden nur selten heilig (I 23,25).
- O hätten wir nichts anderes zu tun, als unserem Gott aus ganzem Herzen zu lobsingen! (I 25,37).
- Gedenke immer des Endes und wisse: verlorene Zeit kommt nie wieder (I 25,42).
- Ein innerlicher Mensch sammelt sich schnell, denn er vergibt sich nie ganz an Äußeres. Weil du dir selbst noch nicht völlig gestorben und von allem Irdischen gelöst bist, ärgert und verwirrt dich so vieles. Lege kein Gewicht darauf, wer für oder wider dich ist. Dies aber sei deines Herzens Sorge, daß Gott mit dir in allem sei, was du tust (II 2,1).
- Dem Demütigen entschleiert Gott seine Geheimnisse, ihn lädt er sanft zu sich und zieht ihn an sich (II 3,10).
- Schaffe zuerst Frieden in dir, dann kannst du andere zum Frieden führen. Ein Friedfertiger stiftet mehr Nutzen als ein Gelehrter (II 3,1–2).
- Manche haben selbst keinen Frieden und lassen auch die anderen nicht in Frieden. Sie fallen anderen zur Last, sich selbst aber am meisten. Gleichwohl besteht unser ganzer Friede in diesem armen Leben eher im demütigen Ertragen des Unangenehmen als im Nichtempfinden (II 3,16.18).
- Oft handeln wir schlecht, aber was noch schlimmer ist, wir entschuldigen uns (II 5,4).
- Was wir von anderen auszustehen haben, fühlen wir schnell und kreiden es an. Was aber die anderen von uns hinnehmen, das sehen wir gar nicht (II 5, 7).
- Man muß Liebes für Liebstes lassen. Jesus will über alles geliebt sein. Die Liebe zu einem Geschöpf ist trügerisch und unstet; die Liebe zu Jesus ist treu und beständig (II 7,2–3).
- Dein Geliebter duldet keinen anderen. Er will dein Herz allein haben und als König auf seinem Throne sitzen (II 7,8).
- Ohne Freund kannst du nicht wohl leben. Wenn Jesus nicht dein Freund vor allen Freunden ist, wirst du tieftraurig und trostlos (II 8,18).
- Wenn Gott tröstet, fällt es nicht schwer, menschlichen Trost zu verachten. Des menschlichen und göttlichen Trostes entraten zu können, zur Ehre Gottes die Verbannung seines Herzens aushalten, in keinem Ding sich selbst suchen oder auf Verdienst sehen, das ist groß zu nennen. Wir haben Trost gern. Widerstrebend nur legt der Mensch sich selber ab (II 9, 1–2, 6).
- Wer Christus wahrhaft liebt und eifrig den Tugenden folgt, verfällt nicht menschlichen Tröstungen, er sucht nicht fühlbare Süßigkeit, sondern eher strenge Übungen und harte Arbeit um Christi willen. Wenn Gott einen geistlichen Trost gibt, nimm ihn dankbar an, betrachte ihn aber als Gottes Geschenk, nicht als dein Verdienst (II 9, 13–14).
- Was suchest du Ruhe, wo du zur Arbeit geboren bist? Richte dich eher auf Gedulden als auf Tröstung, eher auf das Kreuz als auf Triumph ein (II, 10, 1–2).

- Wenn Jesus schweigt und die Menschen ein wenig allein läßt, verfallen sie in Trauer und geistliche Mutlosigkeit (II 11, 9).
- Das Kreuz steht immer bereit, es wartet allerorts auf dich (II 12,20).
- Du kannst nicht flüchten, wohin du auch fliehst. Denn wohin du auch gehst, du bringst dich mit, immer findest du dich (II 12,21).
- Rüste dich, in diesem elenden Leben viel Leid und vielerlei Drangsal zu ertragen. Wo du auch bist, es wird so sein; wohin du dich auch birgst, du wirst es so finden. Es muß so sein: es gibt kein Mittel, der Drangsal und dem Leid zu entfliehen, als sich zu gedulden (II 12, 42–43).
- Bist du so, wie du sein sollst, nämlich gerüstet zu Leiden und Tod, dann wird es schnell mit dir besser, der Friede wird dein Teil (II 12,49).
- Löse mich von jeder schlechten Neigung ungeordneter Liebe, daß ich mit dir wandle in großer Herzensfreiheit (III 4, 6).
- Aus dir selbst zielst du nur ins Nichts. Du fällst leicht, du unterliegst sofort, du bist sogleich verwirrt, im Nu zerstreut (III 4,10).
- Eia, Herr Gott, mein heiliger Liebhaber, mein ganzes Innere jubelt bei deinem Kommen (III 5, 4).
- Der Liebende hat Flügel, er läuft voller Freude, er ist frei und nirgends gebunden. Er sieht nicht auf Geschenke, sondern wendet sich über alle Gaben hinweg zu dem, der sie gibt (III 5,16).
- Die Liebe ist immer wach, sie schläft im Schlafen nicht. Wer liebt, der weiß, was Liebe heißt (III 5,20.22).
- Der Fortschritt im geistlichen Leben liegt nicht darin, die Gnade der Tröstung zu haben, sondern vielmehr darin, in Selbstverleugnung und Geduld deren Entzug demütig zu ertragen, jedoch so, daß du im Beten nicht erlahmst noch deine sonstigen täglichen Übungen fahren läßt (III 7, 4).
- Neulinge und Unerfahrene auf dem Wege Gottes lassen sich leicht täuschen und aus der Bahn werfen, wenn sie sich nicht von Berufenen raten und leiten lassen (III 7, 11).
- Sobald du, Herr, mich ansiehst, werde ich stark und mit neuer Freude erfüllt (III 8, 6).
- Meine unordentliche Liebe hat mich zugrunde gerichtet. Mein reines Streben zu dir brachte mich zu dir und gleichermaßen zu mir (III 8,9).
- Mein Sohn, ich muß dein höchstes und letztes Ziel sein, wenn du wahrhaft glücklich sein willst. Diese Absicht reinigt deine Liebe, die sich zu oft dir selbst und den Geschöpfen zuwendet. Wo du dich selbst suchst, versagst und verdurstest du (III 9,1–3).
- Von zwei Übeln muß man stets das geringere wählen (III 12,6).
- Mein Sohn, wer sich vom Gehorsam zu befreien sucht, entzieht sich der Gnade. Wer nur sein Eigenes will, verdient das Gemeinsame (III 13, 1).
- Der äußere Feind wird leichter überwunden, wenn der innere Mensch wohl geordnet lebt. Du bist dir selbst der schlimmste und lästigste Feind, wenn du nicht in Eintracht lebst mit dem Geist Gottes (III 13,5).

- Du weißt, Herr, wie wenig ich leiden mag, und daß ich bei einer kleinen Schwierigkeit leicht aus der Bahn geworfen werde (III 19,20).
- Ich bekenne dir, Herr, meine Schwäche. Eine Kleinigkeit schlägt mich oft völlig nieder. Ich beschließe, entschlossen zu handeln, droht aber auch nur eine geringe Versuchung, wird mir sehr angst. Der Anlaß zu einer großen Versuchung ist zuweilen belanglos. Während ich mich ein Weilchen sicher fühle, bin ich, ehe ichs versehe, von einem Windhauch umgeworfen. Sieh darum auf meine Armut und Gebrechlichkeit, du kennst sie (III 20, 1–6).
- So soll einer die Armut und Nichtigkeit seiner Person betrachten, ohne Schwermut, Traurigkeit oder Ekel zu empfinden, vielmehr Trost und große Freude (III 22, 14).
- Reiße mich endgültig weg von jedem Trost der Geschöpfe, der nicht Dauer hat! Denn nichts Geschaffenes kann meinen Hunger ganz und endgültig stillen (III 24, 25).
- Du mußt nicht für andere einstehen, dein eigenes Leben mußt du einmal verantworten. Was mischt du dich denn ein? (III 24, 4).
- Mein Sohn, du mußt dein Ganzes für das Ganze geben und nichts für dich selber haben (III 27,1).
- Warum überläßt du mir nicht dein volles Herz mit allem, was du haben und wünschen magst? (III 27, 6).
- Das lautere Auge vieler Menschen verdunkelt sich, sie blicken gerne auf die Freude, die ihnen über den Weg läuft, selten wird einer ganz frei befunden von Selbstsucht. Sie ist unser aller Muttermal (III 34,6–7).
- »Mein Gott und mein Alles!« (so der Heilige Franz). Dem Verstande genügt der Satz einmal, dem Liebenden wird es eine Wonne sein, ihn häufig zu wiederholen (III 34, 3).
- Die Liebe zum Freund muß aus mir fließen. Wer dir, mein Sohn, gut und liebenswert erscheint in dieser Zeit, den mußt du meinetwegen lieben (III 42,3).
- Lies nie ein Buch, nur um gelehrter oder weiser zu erscheinen! Wenn du vieles liest und weißt, so muß du doch immer zu dem einen Anfang zurückkehren (III 43, 3,5).
- Was ich selbst nicht mag, davor muß ich mich unbedingt hüten. Wie gut und friedsam ist's, über andere zu schweigen und nicht alles unbesehen zu glauben und leichthin weiterzutragen (III 45,27–28).
- Was du tust, tue ganz! Mühe dich treu in meinem Weinberg! Ich bin dein Lohn. Schreibe, lese, singe, seufze, schweige, bete, dulde mannhaft – das ewige Leben ist all dieser und größerer Kämpfe wert (III 47,8).
- Deine Barmherzigkeit verzeihe mir, so oft ich im Gebet meine Gedanken nicht bei dir habe! Ich muß es bekennen: ich bin sehr zerstreut. Ich bin oft nicht dort, wo ich sitze oder stehe, sondern weile in Gedanken irgendwo (III 48, 27–29).
- Ich bin da, spricht der Herr, erwarte mich, bis das Reich Gottes kommt. Du mußt auf Erden noch erprobt und in vielen Fächern geübt werden (III 49, 13–14).

- Wähle die Stille, liebe allein zu sein, suche niemandes Unterhaltung, bete innig zu Gott, daß dein Geist und Gewissen reuig und rein bleibe. Du kannst nicht bei mir sein und zugleich das Vergängliche genießen (III 53, 3.5).
- Die Natur ist süchtig, sie nimmt lieber, statt zu geben. Sie liebt nur sich. Die Gnade ist gütig und gemeinsinnig, sie meidet alles Besondere und begnügt sich mit Wenigem (III 54, 19–20).
- Hüte dich, mein Sohn, vorwitzig über Dinge zu sprechen, die deine Erfahrung übersteigen (III 58, 27).
- Wenn du mich vielen Versuchungen und Plagen unterwirfst, so bestimmst du doch alles zu meinem Nutzen. Du prüfst deine Geliebten auf tausend Weisen. In dieser Prüfung muß man dich nicht weniger lieben und loben, als wenn du mich mit himmlischen Tröstungen erfüllst (III 59,11–12).
- Selten bin ich ganz gesammelt, noch seltener ohne Zerstreuung (IV 1,27).
- Gib dich mir, Herr, und ich habe genug. Außer dir tröstet kein Trost. Ohne dich kann ich nicht sein, ohne deinen Besuch nicht leben (IV 3,6–7).
- Was du nebenher gibst, beachte ich nicht. Ich will nicht dein Geschenk, ich will dich (IV 8, 4).
- Man findet so wenig erleuchtete und innerlich freie Menschen, weil sie sich selbst nicht völlig aufgeben können (IV 9,10).
- Jeder Liebende bietet dem Geliebten den besten und schönsten Platz. Daran gibt sich die Liebe zu erkennen (IV 12,6).
- Ich habe dich gerufen, ich gebiete es, ich ersetze, was dir fehlt: Komm und empfange mich! (IV 12,10).
- Möchte mich deine Gegenwart ganz entzünden, mich ausbrennen und in dich umschmelzen, daß ich durch die Gnade der inneren Einung und die Glut deiner Liebe mit dir umgeschaffen werde zu einem Geist. Laß mich nicht hungrig und trocken von dir gehen ! (IV 16,11).

III. Wirkung

Hält man sich vor Augen, daß die Selbstgespräche des Christen mit Gott immer auch exemplarisch für andere Christen gelten, bedenkt man, daß die Betrachtungen des Thomas weithin auf das Gespräch und die Seelsorge mit seinen Novizen zugeschnitten sind, dann vermag man den Reichtum seiner Schrift zu erahnen. Immer geht es ihm darum, daß Glauben zur Übung, Reden zum Hören und Hören zum Verweilen wird. Der ganze Mensch soll in Betroffenheit und Bewegung geraten. So ruft die Imitatio aus der halbierten in die ganze Nachfolge, aus dem Denken ins Leben, in den Vollzug des Glaubens. Sie läßt erfahren, daß sich Identität gerade in der Differenz zu sich selbst ergibt. Damit kommt die Tiefe der Ich-Du-Meditation, des Gespräches zwischen dem Herrn und seinem Dienst in Blick. »Ich bin oft ganz nah, wo du dich weit von mir wähnst« (III 30,18). Allerdings ist der auf diese Weise zugesprochene und erfahrene Trost nicht billig und nicht ohne weiteres zu haben. »Meinst du, du könntest jederzeit nach Belieben geistlichen Trost genießen? Willst du auf der Stelle dein eigen nennen, was viele nach reichlichen Tränen und großen Mühen kaum erlangten?« (III,35,13, III 36,16). Damit wird beständig und geduldig auf den Weg des Glaubens geführt, den der Herr seinem Jünger deshalb zumutet, weil er ihm vorangegangen ist. Die Zumutung, aus den Gedanken ins Leben, aus dem Begriff in den Vollzug, aus dem Außen ins Innen und dann erst wieder in den Alltag der Welt zurück, zu einem Leben der Übung, dazu fordert Thomas seine Leser auf. Die Zumutungen seiner Seelsorge lassen sich in Folgendem zusammenfassen:

1. Unser Leben vollzieht sich stets angesichts des Todes. Sich selbst vergessen, sich selbst sterben, nur das führt zur Liebe des anderen, zur Begegnung mit Gott. »Gib Jesus Platz und verweigere allem Übrigen den Zutritt« (II 1,9). Nicht zufällig wird das Herzensgebet des Franz von Assisi mehrfach zitiert: »Mein Gott – mein Alles«.

2. Die Imitatio leitet nicht einfach zur Selbsterkenntnis, sondern zur »Du-Erfahrung« an, ohne die das Ich seinen Ort nicht finden kann. Dies ist keine Entsagungsfrömmigkeit und will auch nicht Weltverachtung verherrlichen, sondern dies ermöglicht Ich- und Weltbejahung aus der Distanz, weil sie nicht aus mir, sondern über Christus gewonnen wird. Deshalb beschäftigt sich das ganze letzte Buch der Imitatio nur mit der Sakramentsgemeinschaft. »Ohne diese beiden Hilfen könnte ich nicht leben. Das Wort Gottes ist meiner Seele Licht und dein Sakrament das Brot des Lebens« (IV 11,23). An der Imitatio läßt sich lernen, daß Gottes Liebe immer auch Nächstenliebe meint, daß Hinwendung zu Gott Verantwortung für die Welt einschließt. Schwierig für den neuzeitlichen Leser ist die Tatsache, daß Thomas den Menschen nicht auf aktive Hoffnung, sondern auf Demut und Geduld anspricht, unter Hinweis auf die Realität des Kreuzes. Aber er weiß etwas von der drängerischen Ungeduld, der tiefen Freud- und Trostlosigkeit des Christen, der sich des Ursprungs und der Rückkehr zur Mitte beraubt hat. Deshalb ist die schöne Formulierung von der »Sehnsucht nach Sehnsucht« (IV 14,31) ein kräftiger Impuls zum Aufbruch und zum Aushalten und Durchhalten in der Not zugleich.

3. Schließlich bleibt darauf hinzuweisen, daß die visitatio-Frömmigkeit der »Nachfolge« die Wirklichkeit der Anfechtungserfahrung als Verwirrung, Bewährung und alles in allem als tentatio (Anspannung) in einem überaus urchristlichen Sinn aufnimmt und durch die verschiedenen Angebote der Tröstung zu getrostem, standhaftem Glauben anleitet:

»Der Christ schaut nicht auf die eigene Frömmigkeit und Tröstung, sondern über alle Frömmigkeit und Tröstung auf den Ruhm und die Ehre Gottes« (IV 15,14). In dem »Gott allein« (I 1,11; II 8,23 u. a.), in dem Angebot eines vorreflektierten, erfahrenen und auf weitere Erfahrung zielenden Trostes, liegt die pastorale Hilfe für ihn selbst und seine Novizen, für Christen und Nichtchristen aller Zeiten – gerade in der Selbstverständlichkeit und Unaufdringlichkeit seines Zeugnisses.

Literatur

Die vier Bücher der Nachfolge Christi, übers. von Paul Mons, Regensburg 1959 (für die Zitate benutzte Ausgabe).

Eknath Easwaran, Mit den Augen der Liebe. Nachfolge Christi mit Thomas von Kempen, Freiburg 1993.

Gisbert Kranz, Thomas von Kempen, Der stille Reformer vom Niederrhein, Moers 1993.

Thomas von Kempen, Beiträge zum 500. Todesjahr, Kempen 1971.

Josef Sudbrack, Personale Meditation. Die vier Bücher von der Nachfolge Christi – neu betrachtet, Düsseldorf 1973.

Autorenverzeichnis

Kristlieb Adloff

Jahrgang 1934, Pfarrer in Pullach/Isartal, in Bochum 1970 zum Dr. theol. promoviert mit einer homiletischen Untersuchung zum Zweiten Korintherbrief, seit 1980 theologischer Lehrer am Missionsseminar Hermannsburg für Biblische Theologie und Homiletik. Im christlich-jüdischen Dialog sieht der Autor die Chance für eine grundlegende Neubesinnung in Theologie und Kirche.

Letzte *Buchveröffentlichung:*
Die Predigtwoche. Ein homiletisches Exerzitium, Göttingen 1988.

Hartmut Bärend

geb. 1942 in Berlin, 1967–1970 Vikar und Pastor in Berlin; 1970–1973 Wissenschaftlicher Assistent in Münster; 1973–1977 Theologischer Referent von Bischof D. Kurt Scharf und Bischof Martin Kruse; seit 1977 Direktor der Arbeitsgemeinschaft MBK in Bad Salzuflen; Stellvertretender Vorsitzender der Arbeitsgemeinschaft Missionarische Dienste (AMD).

Veröffentlichungen:
Anleitung zum Bibelstudium, Wuppertal 1977.
Der Zeuge als Jünger – der Jünger als Zeuge, Dillenburg 1986.
Seelsorge im Haus der Gemeinde, in: Brennpunkt Seelsorge, 2/1992, 28ff.

Ingo Baldermann

1929 in Berlin geboren, nach Lehramts- und Theologiestudium seit 1957 in religionspädagogischer Arbeit, zunächst als Pfarrer, dann als Dozent an der Universität Hamburg, schließlich als Professor an der PH, seit 1972 an der Universität – Gesamthochschule Siegen. Promotion 1963 in Hamburg; Thema der Arbeit: Biblische Didaktik. Das ist auch das Thema meines Lebens geblieben.

Die wichtigsten *Veröffentlichungen:*

Der biblische Unterricht, Braunschweig 1969.

Die Bibel – Buch des Lernens, Göttingen 1980 (Einführung in die Bibel, Göttingen [4]1993).

Wer hört mein Weinen? Kinder entdecken sich selbst in den Psalmen, Neukirchen [3]1992.

Ich werde nicht sterben sondern leben. Psalmen als Gebrauchstexte, Neukirchen 1990.

Gottes Reich – Hoffnung für Kinder. Entdeckungen mit Kindern in den Evangelien, Neukirchen [2]1993.

Der Himmel ist offen. Jesus aus Nazareth – eine Hoffnung für heute, München [2]1993.

Wolfgang A. Bienert

geb. 1939; Studium der ev. Theologie, Göttingen, Berlin (1959–1963); Vikariat: Caracas/Venezuela (1964), Hildesheim (1965–67); wiss. Assistent Bonn (1967–1977) – Promotion 1972; Habilitation für Kirchengeschichte 1977; Pastor in Munster/Örtze (1977/8); Dozent für Kirchen- und Missionsgeschichte am Missionsseminar Hermannsburg (1977–1983); seit 1983 Prof. f. Kirchengeschichte (Patristik) an der Universität Marburg.

Veröffentlichungen:

»Allegoria« und »Anagoge« bei Didymus dem Blinden von Alexandrien, Berlin 1972.

Dionysius von Alexandrien. Das erhaltene Werk, Stuttgart 1972.

Dionysius von Alexandrien. Zur Frage des Origenismus im 3. Jh., Berlin 1978.

Zus. mit G. Koch, Kirchengeschichte I / Christliche Archäologie, Stuttgart 1989.

Beiträge (vor allem zur Patristik) in Zeitschriften, Sammelbänden und Lexika: TRE, EKL[3], Theologenlexikon (hg. v. W. Härle/H. Wagner, 1987), EvLexThGem (ab 1992), LThK[3] (ab 1993) u. a.

Michael Egerding

Dr. phil., geb. 1952, studierte Germanistik und Kath. Theologie in Tübingen und promovierte 1984 mit einer Arbeit über Meister Eckhart.

Veröffentlichungen:

u. a. zu Mechthild von Magdeburg, Johannes Tauler und zum Thema ›Einsamkeit‹ in der Deutschen Mystik. Arbeitsschwerpunkt: Sprache und Erfahrung in der Deutschen Mystik.

Hanna-Barbara Gerl-Falkovitz

Geboren 1945 in Oberwappenöst/Oberpfalz; Studium der Philosophie, Germanistik und Politische Wissenschaften in München; 1970 Promotion in Philosophie der Renaissance; 1975–1984 Studienleiterin auf Burg Rothenfels am Main; 1979 Habilitation; 1980–1989 Privatdozentin und Akademische Oberrätin an der Universität München (Lehrstuhl für Philosophie der Renaissance und Seminar für christliche Weltanschauung); Lehrstuhlvertretung an der Universität Bayreuth und Gastprofessorin an der Kath. Universität Eichstätt; 1989–1992 Professorin für Philosophie an der Pädagogischen Hochschule Weingarten; 1992/93 Lehrstuhlvertretung am Seminar für christliche Weltanschauung (Guardini-Institut) München; seit 1993 Professorin für Religionsphilosophie an der Technischen Universität Dresden.

Veröffentlichungen:
Romano Guardini (1885–1968). Leben und Werk, Mainz ³1987.
Die bekannte Unbekannte. Frauen-Bilder aus der Kultur- und Geistesgeschichte, Mainz ²1989.
Anfechtung und Treue. Romano Guardinis geistige Gestalt in ihrer heutigen Bedeutung, Donauwörth 1989.
Einführung in die Philosophie der Renaissance, Darmstadt 1989.
Maria und die Situation des Glaubens in Deutschland, Vallendar 1990.
Unerbittliches Licht. Edith Stein – Philosophie, Mystik, Leben, Mainz 1991.
Wider das Geistlose im Zeitgeist. 20 Essays zu Religion und Kultur, München 1992.
Nach dem Jahrhundert der Wölfe. Werte im Aufbruch, Zürich 1992.
Maria und der Alltag: ein unpathetisches Begegnen, Leutesdorf 1993.
Die zweite Schöpfung der Welt. Renaissance-Etüden, Mainz 1993.

Heinrich Holze

Dr. theol., Privatdozent an der Kirchlichen Hochschule Bethel, Studiensekretär beim Lutherischen Weltbund in Genf.

Veröffentlichungen:
Könobitische Gebetspraxis und individuelle Gebetserfahrung in den pachomianischen Klöstern, WuD 21, Bielefeld 1991, 133–147.
Erfahrung und Theologie im frühen Mönchtum. Untersuchungen zu einer Theologie des monastischen Lebens bei den ägyptischen Mönchsvätern, Johannes Cassian und Benedikt von Nursia, Göttingen 1992 (FKDG 48).
Schrifterfahrung und Christusnachfolge im pachomianischen Mönchtum, ThZ 49, Basel 1993, 52–63.
Genugtuung Gottes oder Heilung des Menschen? Das Verständnis der Buße bei Tertullian, Klemens von Alexandrien und den ägyptischen Anachoreten, KuD 39, Göttingen 1993, 224–246.
Schweigen und Gotteserfahrung bei den ägyptischen Mönchsvätern, EuA 69, Beuron 1993, 314–321.

Christoph Jacob

Studium der Philosophie und Theologie in Frankfurt/Sankt Georgen, Leuven und Bonn; wissenschaftlicher Assistent am Seminar für Alte Kirchengeschichte in Münster.

Veröffentlichungen:
»Arkandisziplin«, Allegorese, Mystagogie. Ein neuer Zugang zur Theologie des Ambrosius von Mailand (Theoph. 32), Frankfurt 1990.
Allegorese: Rhetorik, Ästhetik, Theologie, in: Neue Formen der Schriftauslegung, hrsg. v. Th. Sternberg (QD 140), Freiburg 1992, 131–163.
Kleinere Beiträge in versch. Zeitschriften, Lexika und Sammelwerken.

Christian Möller

Promotion 1968 in Marburg; bis 1972 Pfarramt in Wolfhagen bei Kassel; 1972 bis 1988 Professur an der Kirchlichen Hochschule Wuppertal; Professor für Praktische Theologie an der Universität Heidelberg seit 1988.

Veröffentlichungen (in Auswahl):
Von der Predigt zum Text, München 1970.
seelsorglich predigen, Göttingen 1983 (^{2}1990).
Lehre vom Gemeindeaufbau, Bd. 1 und 2, Göttingen 1987 und 1990.
Gottesdienst als Gemeindeaufbau, Göttingen 1988.
»Wenn der Herr nicht das Haus baut . . .«, Briefe an Kirchenälteste zum Gemeindeaufbau, Göttingen 1993 (^{4}1994).

Adolf Martin Ritter

geb. 1933, 1953–1958 Studium in Marburg, Heidelberg, Göttingen; Promotion 1962 in Heidelberg, Habilitation 1970 in Göttingen; seit 1981 Professor für Kirchengeschichte an der Universität Heidelberg.

Veröffentlichungen (in Auswahl):
Das Konzil von Konstantinopel und sein Symbol, 1965.
Charisma im Verständnis des Johannes Chrysostomos und seiner Zeit, 1972.
Alte Kirche, 1977 (^{4}1987).
Dogma und Lehre in der Alten Kirche, in: C. Andresen (Hg.), Handbuch der Dogmen- und Theologiegeschichte I, 1982.
Mystik in den Traditionen des kirchlichen Ostens und Westens, 1987.
Geschichte des Christentums I/1. Das Altertum (m. C. Andresen), 1992.

Gerhard Ruhbach

geb. 1933, Studium der evangelischen Theologie und Klassischen Philologie in Bethel, München und Heidelberg, Promotion zum Dr. theol. 1962 und Habilitation für das Fach Kirchengeschichte 1966, beides in Heidelberg, 1967 Berufung auf den Lehrstuhl für Kirchen- und Dogmengeschichte an der Kirchlichen Hochschule Bethel, seit 1974 Konventual des lutherischen Klosters Amelungsborn und Spiritual der Familiaritas.

Veröffentlichungen (in Auswahl):
1. Kirchengeschichte. Studienbücher Theologie, Gütersloh 1974.
2. Meditation. Versuche – Wege – Erfahrungen (Hg.), Göttingen 1976.
3. Große Mystiker. Leben und Wirken (Hg. mit Josef Sudbrack), München 1984.
4. Theologie und Spiritualität. Beiträge zur Gestaltwerdung des christlichen Glaubens, Göttingen 1987.
5. Christliche Mystik. Texte aus zwei Jahrtausenden (Hg. mit Josef Sudbrack), München 1989.

Bernardin Schellenberger

Jahrgang 1944, 1966–1983 im Orden der Reformierten Zisterzienser (Trappisten); Theologiestudium, Priesterweihe; Prior und Novizenmeister. 1983–1991 Seelsorger in Süddeutschland. Seit 1991 verheiratet, Hausmann und freier Schriftsteller.

Alfred Schindler

geb. 1934 in Zürich, Professor für ältere Kirchengeschichte in Zürich 1966–70, in Heidelberg bis 1979, danach in Bern bis 1990. Professor für Kirchengeschichte und Leiter des Instituts für schweizerische Reformationsgeschichte in Zürich seit 1990.

Veröffentlichungen
zu Augustin, seinem historischen Umkreis und seiner Wirkung vor allem in der Reformation, aber auch in der heutigen Oekumene.

Margot Schmidt

Dr. phil., Leitung des Forschungsvorhabens für Geistliche Literatur des Mittelalters (Askese/Mystik) an der Katholischen Universität Eichstätt, Theologische Fakultät.

Veröffentlichungen:
Beiträge aus dem Gebiet der mittelalterlichen Mystik und ihrer Verflechtung mit der Vätertheologie.
Mithg. der Reihe: Mystik in Geschichte und Gegenwart. Texte und Untersuchungen. Die fragende Schau der Hl. Hildegard, 1992, u. a.

Manfred Seitz

geb. 1928, Studium der evangelischen Theologie in Neuendettelsau, Heidelberg und Erlangen; 1951–1953 Vikar in Berchtesgaden; 1953–1958 wiss. Assistent in Erlangen; 1958–1961 Studentenpfarrer in Nürnberg; 1961–1963 Referent des bayrischen Landesbischofs; 1964–1966 Dozent am Pastoralkolleg in Neuendettelsau; 1966–1972 Professor für Praktische Theologie in Heidelberg; seit 1972 Professor für Praktische Theologie an der Universität Erlangen.

Veröffentlichungen (Auswahl):
Hermann Bezzel. Theologie, Darstellung, Form seiner Verkündigung, Wuppertal ²1987.
Praxis des Glaubens. Gottesdienst, Seelsorge und Spiritualität, Göttingen ³1985.
Erneuerung der Gemeinde. Gemeindeaufbau und Spiritualität, Göttingen ²1991.
Ich hoffe auf dein Wort. Predigten und Ansprachen, (hg. von Rudolf Landau), Stuttgart 1993.

Josef Sudbrack

geb. 1925; Studium der Philosophie und katholischen Theologie in München-Pullach, Frankfurt, Bonn; Promotion in Bonn; Habilitation in Innsbruck; Dozent für geistliche Theologie in Innsbruck; Visiting Professor in Cambridge, Mass., Harvard University; Redaktion der Zeitschrift »Geist und Leben«.

Veröffentlichungen u. a.:
»Komm in den Garten meiner Seele«. Einführung in die christliche Mystik, 1979.
Beten ist menschlich, ²1981.
Geistliche Führung, 1981.
Auf Gott hinausgespannt. Der Weg des Meditierens, 1983.
Mystik, Selbsterfahrung – Kosmische Erfahrung – Gotteserfahrung, ³1992.
Mystik im Dialog, Christliche Tradition – Ostasiatische Tradition – Vergessene Traditionen, 1992.

Gerhard Voss

geb. 1935, Studium der katholischen Theologie in Münster, Innsbruck und Würzburg, Promotion in Exegese des Neuen Testamentes. 1958 Eintritt in die Benediktinerabtei Niederaltaich, Rektor des Ökumenischen Instituts der Abtei, seit 1968 Schriftleiter der Zeitschrift UNA SANCTA.

Volker Weymann

geb. 1941, nach Studium der Theologie in Heidelberg, Zürich, Tübingen Vikariat in der Anfangszeit einer Neubaugemeinde bei Stuttgart; nach Promotion in Systematischer Theologie seit 1974 Aufbau und Leitung der Deutschschweizerischen Arbeitsstelle für evangelische Erwachsenenbildung in Zürich; nach Habilitation seit 1983 zugleich Privatdozent, inzwischen Titularprofessor für Praktische Theologie an der Theologischen Fakultät der Universität Zürich.

Veröffentlichungen:
Trost? Orientierungsversuch zur Seelsorge, Zürich 1989.

Bildquellenverzeichnis

S. 22 Randminiatur im Evangeliar des Mönches Rabula, Mesopotamien 586, Biblioteca Medicea Laurenzia, Florenz.

S. 36 Heinz Tetzner, Gersdorf, aus: Dialog mit der Bibel. Malerei und Grafik in der DDR zu biblischen Themen, Evangelische Haupt-Bibelgesellschaft zu Berlin und Altenburg 1984, S. 95.

S. 54 Leonhard v. Matt, Buochs/Schweiz.

S. 70 Ada-Evangeliar, Hofschule Karls des Großen, um 800, Stadtbibliothek Trier.

S. 80 Matthias Grünewald, Flügel des Isenheimer Altars, 1512–1515, Unterlinden-Museum, Colmar.

S. 112 Tver Museum of History and Archaeology State Tretyakov Gallery, Moskau.

S. 132 Miniatur aus der Viviansbibel, Schule von Tours, um 846, Bibliothèque Nationale, Paris.

S. 152 Tver Museum of History and Archaeology State Tretyakov Gallery, Moskau.

S. 172 Mosaik, 5. Jh., San Ambrogio, Mailand.

S. 190 Fresko von Sandro Botticelli, vor 1495, Refektorium des Konvents Ognissanti, Florenz.

S. 208 Gemälde des Meisters von Messkirch, um 1500–1543.

S. 224 Antiphonar von Hartker, 10. Jh., Stiftsbibliothek, St. Gallen.

S. 246 Tafelgemälde des Meisters des Marienlebens, um 1480, Wallraf-Richartz-Museum, Köln.

S. 264 Margot Schmidt, Die fragende Schau der Hl. Hildegard, Johannes-Verlag, Leutersdorf 1992.

S. 288 7 Urk. 212, Niedersächsisches Staatsarchiv, Wolfenbüttel.

S. 306 Nouveau Temple, Straßburg.

S. 322 Gemälde auf einer Predella von Bernardino Fungai, 15. Jh., Casa della Santa, Siena.

S. 340 Thomas-Archiv, Kempen/Foto-Atelier Schmitz, Kempen.